文化中国书系
中国社会科学院中国文化研究中心

总主编◎王立胜 李河

思考未来
国际文化科技发展报告
（2014—2020）

张晓明 秦蓁◎著

中国书籍出版社
China Book Press

图书在版编目（CIP）数据

思考未来：国际文化科技发展报告：2014—2020 /
张晓明，秦蓁著. -- 北京：中国书籍出版社，2021.3
（中国社会科学院中国文化研究中心·文化中国书系/王立胜，李河总主编）
ISBN 978-7-5068-8164-7

Ⅰ.①思… Ⅱ.①张… ②秦… Ⅲ.①文化事业—技术革新—研究报告—世界—2014-2020 Ⅳ.①G11

中国版本图书馆CIP数据核字（2020）第242233号

思考未来：国际文化科技发展报告：2014—2020

张晓明　秦　蓁　著

责任编辑	王　淼
项目统筹	惠　鸣　孙茹茹
责任印制	孙马飞　马　芝
封面设计	程　跃
出版发行	中国书籍出版社
地　　址	北京市丰台区三路居路97号（邮编：100073）
电　　话	（010）52257143（总编室）　（010）52257140（发行部）
电子邮箱	eo@chinabp.com.cn
经　　销	全国新华书店
印　　刷	三河市顺兴印务有限公司
开　　本	787毫米×1092毫米　1/16
字　　数	410千字
印　　张	26.5
版　　次	2021年3月第1版　2021年3月第1次印刷
书　　号	ISBN 978-7-5068-8164-7
定　　价	86.00元

版权所有　翻印必究

文化中国书系编委会
（以姓氏笔画为序）

王 平　王立胜　牛　超　刘向鸿　刘建华
李　河　吴尚民　张晓明　章建刚　惠　鸣

课题总负责人

张晓明　研究员

课题研究人员

秦　蓁　李春桥　赵冬芳　曲曼宁　杨璐璐　原　磊

顾　问

刘　晖　北京市科学技术委员会　委员

其他参与人员

曹　岗　黄洪良　李国光　王夕元　付文均（北京市科学技术委员会文化科技发展处）

刘　平　张　锋　苏　颖　周　婧　蔡娜娜　曹　霞　曲俊燕

桂　超　李　煜　刘东明　李潇潇（北京市生产力促进中心）

前言

《思考未来：国际文化科技发展报告（2014—2020）》由中国文化研究中心自2013年以来推动完成的5个《国际文化科技前沿趋势研究》构成。该项研究最早得到中央文资办委托中国社会科学院中国文化研究中心设立的"文化产业重大课题研究计划"的资助，后来又得到北京市科委和北京市新视域自然科学研究院的资助，得以持续进行，逐渐形成了目前的规模。张晓明研究员对文化产业有多年的研究，敏感地意识到文化与科技的深度融合已经是全世界经济发展的重要引擎，这种融合趋势构成了对"新经济"的核心推动力，日益成为推动全球经济复苏、优化产业配置、调整产业结构的重要力量。在这一背景下，无论是政府还是企业都需要高度关注文化科技融合发展的前沿动态，深刻理解影响其发展的体制机制和政策环境，才能有效地制定相关的政策和清醒地把握发展的机遇。

基于以上认识，经过充分筹备和组织，本项研究于2013年完成首次报告，在项目评审中受到中央文资办专家委员会的一致好评。2015年起，项目转由北京市科委"软科学"项目资助，持续完成了第二、三、四次报告，并得到北京市科委的高度认可。2019年，此项研究纳入中国文化研究中心长期工作计划，并获得北京市新视域自然科学研究院资助，完成了第五次报告。2020年，中国社会科学院中国文化研究中心将本研究五次报告合并编撰，以《思考未来：国际文化科技发展报告2014—2020》为名纳入"文化中国书系"首批出版计划，成为中国文化研究中心20年研究成果的重点出版物。

中国社会科学院文化研究中心张晓明研究员是该项计划的总负责人；北京服装学院教授，中国文化研究中心博士后丁肇辰是首次报告的执行负责人；北京大学研究生秦蓁从首次报告起参加研究工作，并从第二次报告起任执行负责人。

目录

前言 / 1

本研究的背景、内容和方法 / 1
    一、研究背景 / 1
    二、研究内容 / 2
    三、研究方法 / 2
    四、研究框架 / 3

2014—2020年文化科技前沿趋势研究 / 5

2014年文化科技融合前沿趋势研究 / 6
    一、2013年全球文化科技发展趋势综述 / 6
    （一）全球经济：增长动力仍然疲弱，新一轮技术革命仍在孕育 / 6
    （二）科技趋势：通信开启4G时代，"人机融合"是未来热点 / 8
    （三）文化产业：科技是促进产业发展的主要助推力 / 11
    二、2013年文化科技趋势及案例 / 13
    （一）趋势1　博物馆：数字虚拟博物馆 / 13
    （二）趋势2　音乐：在线数字音乐成为主流 / 14
    （三）趋势3　视频：大数据分析与挖掘帮助企业了解用户 / 15
    （四）趋势4　电影：云计算与3D、IMAX技术 / 16
    （五）趋势5　家庭娱乐：作为家用数字平台的智能电视 / 18
    （六）趋势6　艺术品交易：从线下到线上 / 19
    （七）趋势7　游戏：云端游戏 / 20

（八）趋势8　教育：游戏化进程 / 22

三、2013年文化科技趋势总结 / 24

（一）云计算的普及应用 / 24

（二）移动化、社交化和大数据挖掘 / 24

（三）数字产品推动交互方式日趋人性化 / 25

（四）文化产业始终创意为王 / 25

2016年文化科技融合前沿趋势研究 / 27

一、2015年全球文化科技发展趋势综述 / 27

（一）全球经济：持续温和增长，依然存在下行风险 / 27

（二）科技发展：物联网成为关注的焦点，大数据技术发展走向深入 / 29

（三）文化产业：文化创意产业产出高于电信服务，文化创意内容驱动数字经济发展 / 33

二、2015年国际文化科技趋势案例 / 36

（一）趋势1　博物馆：智慧博物馆 / 36

（二）趋势2　旅游：智慧旅游与在线短租 / 51

（三）趋势3　音乐：流媒体音乐服务 / 62

（四）趋势4　游戏：在线直播 / 74

（五）趋势5　教育培训：游戏化学习 / 82

（六）趋势6　文化娱乐：虚拟现实（VR） / 98

（七）趋势7　创意设计：3D打印 / 108

（八）趋势8　辅助装备：可穿戴设备 / 116

三、2015年文化科技趋势总结 / 125

（一）文化领域需关注的技术 / 126

（二）文化科技融合新业态发展趋势 / 129

（三）构建数据能力是文化企业运营发展的关键 / 130

2017年文化科技融合前沿趋势研究 / 131

- 一、2016年全球文化科技发展趋势综述 / 131
  - （一）经济背景：经济活动依旧疲弱，数字经济和文化产业成为新的经济驱动力 / 131
  - （二）科技趋势："数字化"是创新思维的源泉 / 133
  - （三）文化产业："数字创意"是引领数字经济的"火车头" / 136
- 二、2016年国际文化科技趋势案例 / 139
  - （一）趋势1　博物馆：数字化战略 / 139
  - （二）趋势2　音乐：线上渠道的崛起与流媒体时代 / 150
  - （三）趋势3　视觉艺术和手工艺：手工艺品——社区凝聚创意 / 161
  - （四）趋势4　书籍和报刊：出版领域——数据重塑流程 / 167
  - （五）趋势5　时尚产业：迈向智能设计与智能制造 / 177
  - （六）趋势6　创意经济：X+人工智能 / 189
  - （七）趋势7　知识产权保护：区块链 / 202
  - （八）趋势8　可穿戴设备：智能材料与智能织物 / 213
- 三、2016年文化科技趋势总结 / 223
  - （一）新兴技术形成数字创意新的基础架构 / 223
  - （二）数字创意产业与信息技术产业同步向智能化发展 / 223
  - （三）以人为中心的"场景化设计"带动"集成式创新" / 224
  - （四）从产品技术创新转向"数据驱动"的管理创新 / 224
  - （五）创意型人力资本是数字创意产业最核心竞争力 / 224

2019年国际文化科技前沿趋势发展研究 / 227

- 一、2018年全球文化科技发展趋势综述 / 227
  - （一）全球经济：数字经济推动全球经济复苏 / 227
  - （二）科技发展：技术创新助力中国数字经济发展 / 230
  - （三）产业背景：文化科技融合带动作用凸显 / 231

二、2018年国际文化科技趋势案例 / 233

（一）趋势1　博物馆：线上博物馆 / 233

（二）趋势2　音乐：科技孕育音乐产业新形态 / 245

（三）趋势3　游戏：电子竞技 / 258

（四）趋势4　设计和创意服务：人工智能与创意相互赋能 / 268

（五）趋势5　教育：科技重新定义学习生态 / 279

（六）趋势6　文化旅游：大数据打造无缝出行体验 / 290

（七）趋势7　非竞技体育：体育科技带动新消费市场 / 301

三、2018年文化科技趋势总结 / 312

（一）文化产业从消费互联网转向产业互联网 / 312

（二）数字创意阶层崛起，带动周边专业性服务 / 314

（三）个性化定制成主流，小众市场方兴未艾 / 314

（四）社群实现价值认同，网红打造粉丝经济 / 315

（五）内容付费渐成共识，推动版权保护变革 / 316

（六）线上线下加速融合，打造无缝消费体验 / 316

（七）新兴与传统企业引领，文化科技企业协作创新 / 317

2020年文化科技融合前沿趋势研究 / 319

一、2019年全球文化科技发展趋势综述 / 319

（一）全球经济：疫情带来发展不确定性，全球经济加速向数字化过渡 / 319

（二）科技发展：步入5G商业元年，新技术蓄势待发 / 321

（三）文化产业：科技推动文化产业变革，创意促进经济发展 / 324

二、2019年文化科技趋势及案例 / 328

（一）趋势1　流媒体的内容革命：5G技术的广泛应用 / 328

（二）趋势2　创意经济：人工智能全面解放生产力 / 336

（三）趋势3　文化产品和服务营销：知识图谱和算法推荐 / 345

（四）趋势4　创意确权：基于区块链的信任机制重塑 / 355

（五）趋势5　文化旅游：在增强现实中畅享多维世界 / 362

（六）趋势6　游戏：3D传感器打造视觉新纪元 / 368

（七）趋势7　文创衍生品：4D打印/纳米级3D打印创造新形态 / 380

（八）趋势8　设计产业：当思想成为核心竞争力 / 388

三、2019年文化科技趋势总结 / 401

（一）新兴技术开启第四次工业革命，产业技术短板和瓶颈亟待破解 / 401

（二）把握新兴技术周期，为文化产业创造新价值 / 402

（三）更加流动的产业结构，文化产业向智能生态群演进 / 404

（四）积极应对新技术挑战，建立灵活、敏捷的管理机制 / 405

（五）重视创意人才的培育，增加就业的灵活性 / 406

本研究的背景、内容和方法

一、研究背景

当今世界全球化已经进入新的阶段，各国的关注重心不约而同转向国内自身的结构优化与效率提高，而这一切依赖于新技术、新材料、新能源、新模式与已有产业、资源的重新组合与架构。在新一轮全球竞争格局中，发展中国家挑战与机遇并存。我国经过改革开放40年的飞速发展，位居全球制造业第二，但是正面临国内经济发展和结构转型的关键阶段。文化产业在我国本轮发展与转型中无疑处于"战略新兴产业"的关键地位，而文化科技融合发展则是文化产业能否发挥这一作用的决定性因素。面对国内外的新形势，我们需要在纷繁复杂的资讯环境中紧盯全球文化科技融合发展的最新趋势，理解其内在的发展动力和机理，才能看清我们自身发展所处阶段与位置，辨明自身的优势与不足，制定适宜的产业政策，从而优化产业结构，提高经济效益，抢得制胜先机。

因此，文化科技前沿趋势研究的动机在于：通过对国际主流媒体前沿科技与文化资讯的搜集整理，建构系统、全面、适用的趋势预测分析框架，设计有效、可靠的预测指标体系，做出前瞻性的趋势分析预测。并且以此作为国家、企业在制定科技与文化发展战略时的参考。本研究希望对促进传统文化产业的发展创新、催生产业新型服务业态、拓展新的经济增长空间，加速国家产业结构调整、转型升级，调整科技研发力量重心，乃至提升国家软实力都有重要的实际借鉴意义。

二、研究内容

本研究以一套趋势预测评价指标体系,对境外各类主流媒体及机构所发布的科技、文化热点新闻案例、报告信息进行独立的第三方观察,分层次研究、追踪了趋势形成相关的因素,包括行业相关市场需求报告、技术研发现状及配套服务搭建。

本研究针对文化创意领域的科技应用创新动态,聚焦同时具有文化和科技属性的创新业态、产品和服务及其领先企业;课题人员选择企业或机构主要依据媒体对各领域的公开排行,确定目前文化创意各领域全球具影响力和代表性的机构、上市和非上市企业。主要数据采集来源涵盖了全球主要国际机构和咨询机构发布的报告和主流媒体信息及专利数据库;主要经济体政府公开数据和政策信息;企业新产品(服务)信息;等等。

三、研究方法

本研究是一项"趋势预测"的研究,趋势预测研究在近20年来一直是热门领域,但是也是一个公认的难题,这注定了本研究具有相当的探索性质。课题组通过热点案例的收集整理,以产品思路将其分解为市场需求、技术、服务三方面因素,进行案例的延展追踪,发现趋势的主要驱动因素和后续有可能的发展态势。

(1)文献搜集梳理:通过对国内外公开发表的文化产业及科学技术研究成果、统计数据、学术论文、内部资料等进行系统的收集和分析,梳理国内外文化科技、文化产业发展现状;

(2)工作调研:对重点文化产业企业、政府管理部门等进行调研,通过实地考察、走访、研讨、座谈等方式,了解目前文化科技融合相关产业发展现状、存在的主要问题以及文化科技创新的共性需求;

（3）案例分析：基于前期调研结果，筛选出若干典型企业和研发案例，分析文化企业在科技创新过程中面临的共性问题和科技需求；

（4）归纳与演绎：通过定性与定量相结合的方法，将座谈调研结果、产业发展研究文献数据库及典型案例进行综合分析，系统总结和归纳科技文化融合的总体态势、存在问题及发展趋势。

四、研究框架

本报告依据以下文化分类体系和技术测量方法建立了文化与科技属性兼顾的研究框架（见图1），基于此对主要文献和资讯进行比较和筛选：

（1）文化分类体系：不同的国际组织和不同的国家、地区对文化都有不同的分类标准和统计方式。比如说，主要国际机构有：联合国教科文组织（UNESCO）的文化产业统计、世界知识产权组织（WIPO）的版权产业统计、欧盟委员会（European Commission）的文化经济统计、经济合作与发展组织（OECD）的知识经济统计、联合国贸易和发展会议（UNCTAD）的创意经济统计，等等。主要国家和地区有：英国的创意产业、韩国的内容产业、香港的文化创意产业，等等。此外，许多市场咨询机构也有自己的分类（如普华永道〔PWC〕）的"娱乐与媒体行业"包含了11个产业领域），不一而足。由于本报告内容覆盖部分国内文化科技融合现状，而由国家统计局发布的《文化及相关产业分类（2012）》借鉴了《2009年联合国教科文组织文化统计框架》的分类方法，在定义和覆盖范围上可与其衔接。因此课题组最终选择了《2009年联合国教科文组织文化统计框架》作为定义文化领域的统计分类框架。

（2）技术测量方法：近年来，对新兴技术的预测、识别、跟踪、管理、演化、商业化潜力等研究日益受到国内外众多研究机构、学者以及政府的高度关注。任何一项技术都存在发展成熟的规律，可以把它理解为由科学发现（Science）、技术发明（Technology）、应用开发（Application）

和市场推广（Marketing）联结而成的连续过程。高德纳公司（Gartner）公司每年度发布"Gartner新兴技术成熟度曲线"报告，将技术从研究开发到产品生产，商业化销售的系列过程进行划分，从而测量技术的发展现状。本研究采用其作为定义前沿技术的主要方法。（见图1）

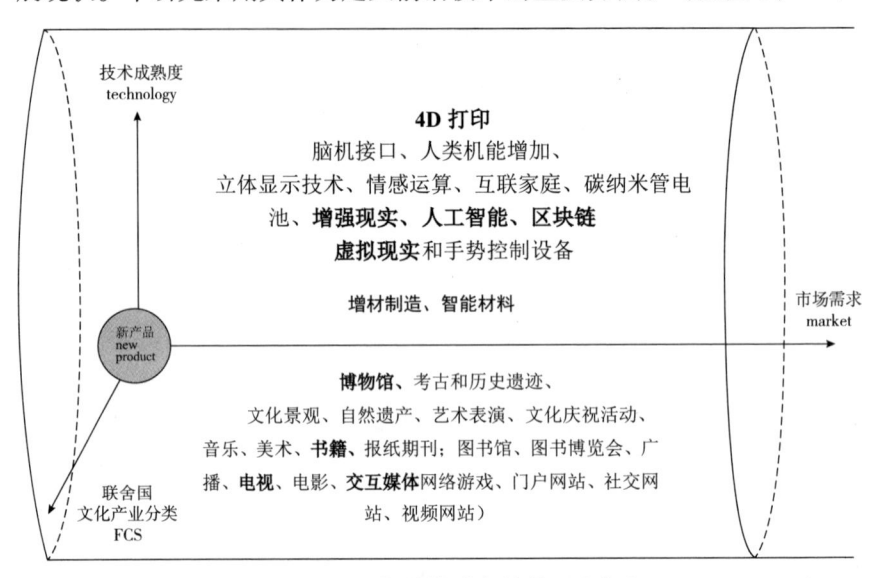

图1　国际文化科技融合趋势研究框架

本研究通过这个框架筛选国际案例和报道，再从案例中归纳出文化科技融合的新兴产品、服务及业态，构成年度报告的基本内容。

文化中国

2014—2020年文化科技前沿趋势研究

2014年文化科技融合前沿趋势研究

报告摘要：在 2013 年的 Gartner 新兴技术成熟度曲线中，"大数据、云计算、3D 打印、物联网、可穿戴设备、游戏化"等技术成为人们关注的技术，报告还提出"人机融合"的未来热点。课题研究组通过将以上年度新兴技术与产业名词组合搜寻、广泛收集、深入分析近年境外主流媒体和文化热点新闻及市场分析报告、权威科技奖项评选等多方面资讯案例，介绍并说明当今最受关注的文化科技现象、产品、商业模式背后所涉及的先进技术应用和形成的周边社会效应、市场效益，并以此为基础，对科技与文化融合趋势做出总结。

关键词：科技文化融合、大数据、云计算

一、2013 年全球文化科技发展趋势综述

（一）全球经济：增长动力仍然疲弱，新一轮技术革命仍在孕育

在世界货币基金组织（IMF）2013 年 10 月发布的《世界经济展望》中预计，2014 年世界经济将增长 3.6%。发达经济体经济增长有望持续，预计增长 2%。其中，美国经济将增长 2.6%，比上年加快 1 个百分点；欧元区触底回升，增长率将达 1%；日本后续动力可能减弱，增长率预计为 1.2%。新兴经济体和发展中国家增长 5.1%，略好于 2013 年，印度、俄罗斯等新兴大国经济增速从前几年的 6%～8% 左右回落到 3%～5% 左右（见图 2）。联合国 2013 年 12 月发布的《2014 年世界经济形势与展望》对未来两年全球经济的增长预测分别为——2014 年增长 3.0%，2015 年增长 3.3%。其中，报告预计在 2014—2015 年，美国经济增长

2.5~3%左右；欧洲和日本经济增长在1.5%左右。同时，报告也指出在发展中国家中经济增长有明显改善。包括中国在内的东亚地区经济仍然是全球增长最快的地区，预计东亚经济在2014年和2015年可以维持6%左右的增长；并认为中国在未来两年仍可维持7.5%左右的增长。而预计包括印度在内的南亚经济在2014年能恢复到5%以上的增长。撒哈拉以南的非洲国家，预计在2014年增长5%左右。综合两份报告数据来看，在2014年，发达经济体经济增长有望好于2013年，而发展中国家经济增长将有明显改善。但总体而言，全球经济增长动力仍然疲弱，经济低迷将成为新常态。

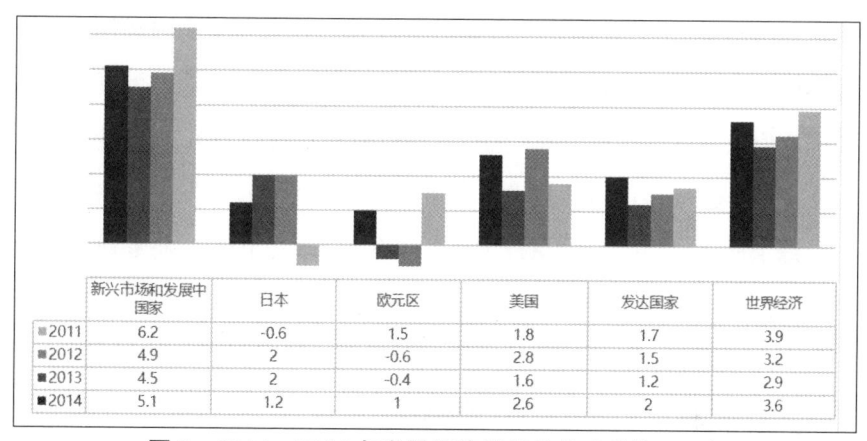

	新兴市场和发展中国家	日本	欧元区	美国	发达国家	世界经济
2011	6.2	-0.6	1.5	1.8	1.7	3.9
2012	4.9	2	-0.6	2.8	1.5	3.2
2013	4.5	2	-0.4	1.6	1.2	2.9
2014	5.1	1.2	1	2.6	2	3.6

图2　2011—2014年世界经济增长趋势（单位：%）

注：2013年和2014年为预测值
资料来源：IMF，《世界经济展望》，2013年10月

在全球经济增长缓慢的同时，经济加速向以数字和信息技术为基础的经济活动转变。研究数据显示，宽带普及率每增加10%，GDP可增加1.3%。[①]2010年互联网经济给G20国家贡献GDP的4.1%，给G8（八大工业国组织）加上韩国、瑞典、巴西、中国和印度共13国贡献GDP

---

① 国际电信联盟（ITU）和联合国教科文委员会（UNESCO）联合的宽带委员会：宽带构建未来，2010。

总量的 3.4% 和增量的 20%。[①]2011 年，对经合组织（OECD）33 个国家的研究得出 GDP 会随宽带接入速率的加倍而增加 0.3%[②]对 74 个国家 1995—2010 年的情况统计，发现移动通信普及率提高 10%，全要素劳动生产率增加 4.2 个百分点。2008—2011 年对 96 个国家统计，在总的移动通信普及率不变但随着 2G 用户替换为 3G 而使 3G 普及率提升 10% 的情况下，人均 GDP 的平均年增长率将提高 0.15 个百分点。对 14 个国家统计，若移动数据的使用加倍，人均 GDP 的平均年增长率将提高 0.5 个百分点。[③]基于以上研究，可以看到，过去的十余年中，信息技术带来的惊人变革，世界各国纷纷开启数字化转型之路——美国联邦通信委员会 2010 年提出"云优先"策略；2011 年正式发布《美国联邦政府云计算战略》营造云计算应用的社会环境，带动云计算产业的发展。之后美国政府及智库又连续发布《大数据的研究和发展计划》（2012 年 3 月）、《支持数据驱动型创新的技术与政策》（2013）等技术发展战略。

综上所述，新一轮信息技术革命正在到来，它的影响将超越计算机和互联网，已经并将继续改变信息领域企业的竞争格局，随着信息化应用的深入还将引发其他行业的变革。对于正在转变经济发展方式的中国来说既是难得的机遇也是严峻的挑战。

（二）科技趋势：通信开启 4G 时代，"人机融合"是未来热点

在过去的几十年中，回顾信息经济的发展，可以分为三个阶段：20 世纪 40 年代单部门的信息经济阶段；80 年代数字技术与其他经济部门融合阶段；90 年代，互联网商用技术日趋成熟，数字技术与网络技术逐渐融合；特别是在过去的十年中，信息技术迅速发展，世界各国加

---

① 国际电信联盟（ITU）和联合国教科文委员会（UNESCO）联合的宽带委员会：宽带 2012 状态，2012。
② 瑞典 Chalmers 工学院：宽带速率对经济的影响，2011。
③ GSM 协会报告：移动电话对经济增长有多大影响？2012。

快实施宽带战略，光纤、3G网络覆盖水平、速率大幅提升；在即将过去的3G时代，苹果iPhone及其App Store生态链引爆了3G应用市场，Android系统开放生态链则让3G应用普及。而在2009年12月全球首个正式商用4G[①]网络开始在瑞典首都斯德哥尔摩、挪威首都奥斯陆提供4G服务。2013年12月4日工信部正式向三大运营商（中国移动、中国电信和中国联通）发放4G牌照，开启国内4G网络服务时代。作为第四代移动通信技术，4G以FDD-LTE和LTE-TDD（TD-LTE）为代表，为用户提供更快速的移动网络连接；同时，通信技术的提升将与其他产业逐步融合并催生出大量新的商业模式和数字产品。

  2013年8月，高德纳公司（Gartner）发布了一年一度的"新兴技术成熟度曲线"报告（以下简称"新兴技术曲线"，见图3），由于人类和机器之间的关系正在被新兴技术重新定义，两者之间的鸿沟正在不断缩小，二者关系成为2013年Gartner新兴技术成熟度曲线的关注主题；并提出"人机融合"的未来热点和六大值得关注的新技术趋势——分别为利用科技扩增人类机能、机器取代人类、人类和机器协同工作、让机器更了解人类及环境、人类更好地了解机器、机器和人类变得更聪明；在这六个趋势之下，分别包含了多项技术（见图3）：

---

  ① 4G通信技术：是第四代的移动信息系统，是在3G技术上的一次更好的改良，其相较于3G通信技术来说一个更大的优势，是将WLAN技术和3G通信技术进行了很好地结合，使图像的传输速度更快，让传输图像的质量和图像看起来更加清晰。在智能通信设备中应用4G通信技术让用户的上网速度更加迅速，速度可以高达100Mbps。

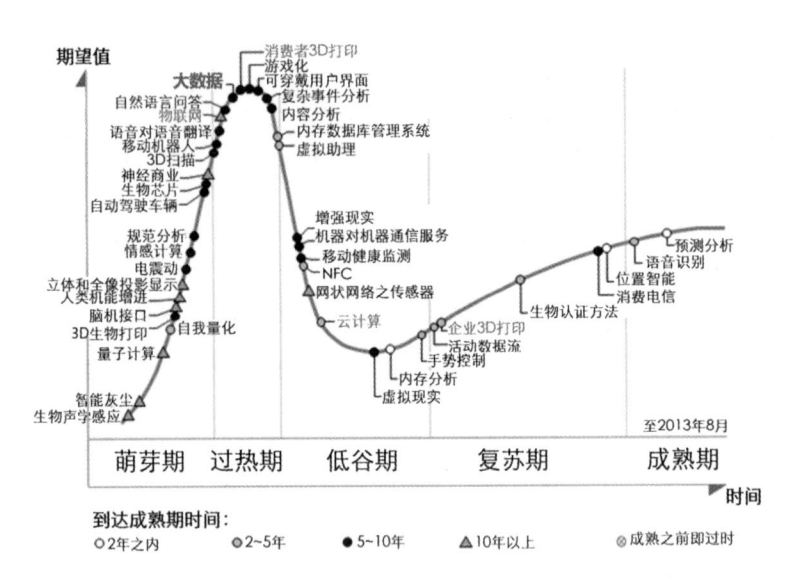

图3 2013年Gartner新兴技术成熟度曲线（来源：高德纳公司2013年8月）

表1 2013年Gartner新兴技术成熟度曲线主要技术趋势及关键技术

趋势	科技扩增人类机能	机器取代人类	人类和机器协同工作	让机器更了解人类及环境	人类更好地了解机器	机器和人类变得更聪明
关键技术	生物声学感知	全息显示	自动驾驶车辆	生物声学感应	物联网	量子计算
	自我量化	自动车辆驾驶	移动机器人	智能微尘	机器到机器的通信服务	规范性分析
	3D生物打印	移动机器人	自然语言问答	自我量化	传感器	神经网络商业
	脑机接口	虚拟助理	虚拟助理	人脑机器接口	活动流网络	自然语言问答
	人类增强		游戏化	情感计算		大数据
	语音翻译			生物芯片		复杂事件处理
	神经网络商业			3D扫描		内存数据库
	可穿戴式界面			自然语言问答		云计算
	增强现实			内容分析		内存分析
	手势控制			移动健康监测		预测分析
				手势控制		
				活动数据流		
				生物特征识别		
				位置智能		
				语音识别		

上述六大趋势涉及的关键技术中,"大数据"、消费者3D打印、游戏化和可穿戴用户界面是处于过度宣传阶段的技术。由于iPhone Siri技术的广泛应用,语音翻译技术的智能化程度被提至新高度;以美国通用和日本日产汽车为领先的汽车巨头竞相开发自动驾驶汽车,使自动驾驶汽车竞争日趋激烈;美国麻省理工学院在制造低成本、高品质全息显示器上的突破和微软全面介入全息图像领域,使得全息显示前景可期。另外,一些在2012年新兴技术曲线上出现的技术今年没有再出现,例如社交分析、想法管理、应用商店、物联网、网络电视、HTML5等技术,高德纳公司(Gartner)认为,这些技术已慢慢步入成熟,融入我们的生活中。2013年这些新技术将深刻地影响众多传统行业,同时将不断创造新产品、新需求、新业态,推动各产业形态深刻调整。

(三)文化产业:科技是促进产业发展的主要助推力

虽然全球经济仍处于增速缓慢的修复状态,但联合国教科文组织、联合国开发计划署以及联合国南南合作办公室联合发表的报告《联合国创意经济报告专刊——拓宽本地发展道路》(2013)显示,2011年世界创意产品和服务贸易总额达6240亿美元,比2002年多出两倍以上。2002年至2011年间,发展中国家在创意商品出口方面的平均年增长率为12.1%。此外,不同研究机构发布的数据显示,金融危机后,世界主要经济体的文化产业[①]发展速度普遍高于经济发展速度:2009—2012年,美国文化产业增加值年均增长5.0%,高于同期GDP年均增速2.9个百分点;2008—2012年,英国文化产业增加值年均增长3.9%,比同期GDP年均增速高出2.5个百分点;此外,联合国贸发会议2014年初预测,2015年全球文化产业占世界国内生产总值的比重将升至7%左右,每年平均提高0.7~0.8个百分点。另据普华永道(PWC)测算,预计

---

① 当前国际上尚无统一、权威的文化产业概念、定义和分类,因此也就没有世界公认的全球文化产业规模统计数据。

到 2016 年，美国、日本、中国、德国和英国娱乐和传媒业营业额将仍占据世界前 5 位，并分别比 2011 年增长 1.3 倍、1.2 倍、1.9 倍、1.2 倍和 1.2 倍（见图 3）。因此，文化产业被很多研究者视为是促进经济增长和扩大就业的重要领域。

另一方面，随着互联网接入和智能设备的爆炸性增长，不断增长和扩大的文化产业市场中最重要的趋势转变来自与互联网和数字技术结合的领域。普华永道认为，在未来五年中，文化与娱乐的增长动力将来自数字媒体；并预计来自数字媒体的收入将每年递增 13% 左右。从各领域表现来看，根据行业组织国际唱片业协会（IFPI）的数据，全球音乐行业收入在去年实现十多年来的首次增长。网络销售额第一次弥补了实体产品的收入下滑。据美国市场研究公司 eMarketer 测算，美国人 2013 年上网或使用计算机化媒体的时间将超过看电视。借助 Netflix（电影和电视）和 Spotify（音乐）等内容丰富的服务，只需要每月支付一定的费用，便可在移动设备上获取无数内容，从而吸引人们增加了数字产品开支。尽管前几年给媒体行业带来了冲击，但互联网现在已经帮助文化娱乐行业实现了新的增长。为回应这一趋势，娱乐及媒体行业公司应提高商业模式和经营方式的灵活性，因为持续的数字化创新正成为在行业中制胜的必要条件。

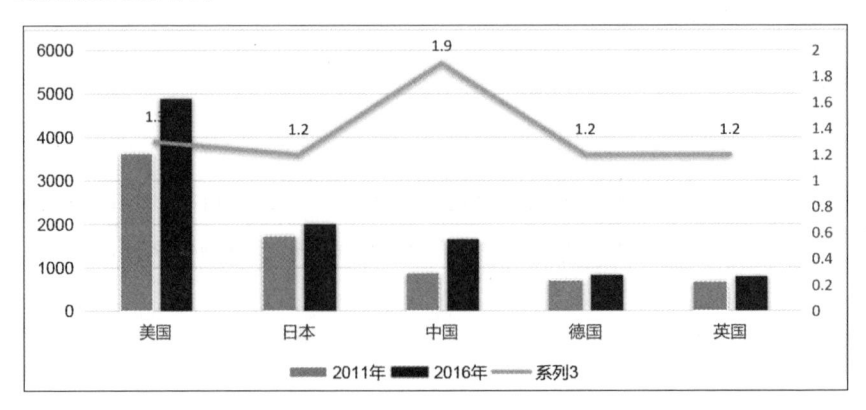

图 4 2011 年、2016 年主要经济体娱乐和传媒业营业额（单位：亿美元、倍）

注：2016 年为预测值　　资料来源：普华永道（PwC），2012 年

二、2013年文化科技趋势及案例

（一）趋势1 博物馆：数字虚拟博物馆

博物馆虚拟化的趋势是自20世纪90年代中期兴起的。时下几乎所有的西方博物馆都处于虚拟化的完成或进行当中，但受限于经费或技术条件，一直进展缓慢，大多数虚拟博物馆仍处在2D的"文字＋图片"的初级阶段，更多是对实体博物馆信息的发布与补充，数字化储存做到了，但在网上浏览的生动性方面远远不够。而现在谷歌提供技术，博物馆提供内容。二者相互碰撞，借助网络打破已有的博物馆界限，使人类文明的智慧结晶让更多人能够欣赏、学习。

谷歌艺术计划是于2011年2月正式上线，在初始仅有9个国家的17个博物馆共1000幅作品参与其中。随着项目的不断推进，如今已有来自全球44个国家264家艺术机构的40000件艺术作品可以在线浏览。谷歌还为用户提供了社交网站分享功能，甚至为中国用户单独提供了适合的分享渠道；另外还提供了虚拟展览和虚拟浏览功能。

在数字化的今天，将艺术作品甚至人类文明的所有成果进行数字化记录是一项事不宜迟的工作。我们可以看到虚拟博物馆体验形式比实体博物馆更活泼多样，随着世界各国越来越多的虚拟博物馆不断出现，各种创新的陈列、浏览、体验形式值得关注和借鉴。而形式的创新也依赖于技术的完善。

在未来，虚拟博物馆的体验还将日新月异，比如将游戏化的概念引入藏品展示中来，让观众可以像玩一场游戏一样在博物馆场景中进行漫游。而博物馆如何日趋"人性化"是谷歌艺术计划不断探究的命题，在其网站建设中，知识性、互动性、娱乐性融为了一体。同时，谷歌艺术计划的规模也在不断扩大——未来将与更多的博物馆进行线上合作。它引领着全球文明全线复制的未来，加速了博物馆数字化的进程。

（二）趋势2　音乐：在线数字音乐成为主流

随着移动互联网的发展，音乐产业发生了巨大变化；移动端音乐逐步成为人们听音乐的一种主流方式——用户可以通过音乐软件，将存储在云端的音乐内容在手机、电脑和电视等多种设备上播放、分享，无需用户再费时费力地从电脑存储器中拷贝到其他终端设备或下载，极大程度地发挥了网络互动性的特色。移动互联网也被看成是与音乐结合最为默契的载体。

根据行业组织国际唱片业协会（IFPI）的数据，全球音乐行业收入在去年实现十多年来的首次增长。网络销售额第一次弥补了实体产品的收入下滑。Spotify 和 Deezer 等音乐订阅服务既可以通过付费方式提供流媒体歌曲，也可以通过投放广告提供免费服务。在线广播同样也在增长。美国点播和广播流媒体服务 2012 年的收入约为 10 亿美元，相当于美国音乐行业全年总收入的 15%。十年前，苹果用 iTunes Store 给欧美流行音乐界带来了变革，歌迷开始逐渐抛弃 CD；如今，随着用户转向 Spotify、Pandora 和 YouTube 等提供流媒体服务的平台，更多人开始抛弃了下载，音乐行业再度经历了一场数字变革。只要在上网环境下，音乐爱好者就可以通过从"云端"获取音源，随时随地与好友分享喜爱的音乐。

面对这种大趋势的推动，各个在线数字音乐厂商也纷纷开始转型，布局移动端。从各类型企业在云音乐服务方面的布局来看：科技巨头包括苹果、谷歌、亚马逊早已分别推出了自己的云音乐服务，市场研究机构 Asymco 的分析师 Horace Dediu 结合苹果公司的数据发布了一份报告，该报告显示，iTunes 一年的音乐收入为 69 亿美元，攫取了数字音乐市场 75% 的份额。索尼 2011 年已经推出了一个全新的娱乐网络，它将允许其所有的产品，包括电视机、平板电脑、PS 游戏机等都能访问该娱乐网络上的音乐和电影。音乐流媒体服务商 Spotify 是一个在线音乐播放器软件。这家英国公司的服务模式主要有：免费模式，通过吸引用户在各种设备上使用该软件免费收听音乐，赚取其他企业的广告费用；收费模式，手机端下载收听须按月支付一定费用。Spotify 在 2013 年 3 月初公布的数据显示：该公司活跃用户达到 2400 万，其中付费用户 600 万。

有业内人士认为，在美国，随着网络带宽的增加和移动互联网的普及，以音乐流媒体服务 Spotify 为代表的付费包月海量听歌的模式，会成为主流趋势。

（三）趋势 3 视频：大数据分析与挖掘帮助企业了解用户

大数据（big data）[①]是基于用户在互联网、社交媒体上产生的海量数据而提出的科技概念。对于产业来说，大数据的意义不在于掌握庞大的数据信息，而在于对这些含有意义的数据进行专业化处理。换而言之，如果把大数据比作一种产业，那么这种产业实现盈利的关键，在于提高对数据的"加工能力"，通过"加工"实现数据的"增值"。在 2013 年的 Gartner 新兴技术成熟度曲线中，大数据处于随着技术在各行各业的不断渗透，在影视行业，大数据分析的威力也开始显露——美国视频订阅网站 Netflix 的自拍热播剧《纸牌屋》基于大数据分析拍摄而成，在 40 多个国家热播，并受到观众、媒体热捧。《纸牌屋》取得不错的收视和经济效益后，对传统影视行业造成了很大冲击，而大数据分析技术由于市场的推动也为影视及其他文化行业所关注。

《纸牌屋》是第一部整个流程从发起到流通，完全通过互联网的电视剧，视频订阅网站 Netflix 也凭借该剧名利双收。这一切，都源于 Netflix 从其 3000 万用户的收视选择、400 万条评论、300 万次主题搜索基础上分析和预测大众观剧的倾向，并根据结果投其所好制作剧集。在

---

① 维克托·迈尔·舍恩伯格、肯尼斯·库克耶：《大数据时代》，浙江人民出版社，2013。大数据指不用随机分析法（抽样调查）这样捷径，而采用所有数据进行分析处理。大数据的 5V 特点（IBM 提出）：Volume（大量）、Velocity（高速）、Variety（多样）、Value（低价值密度）、Veracity（真实性）。

播出前，利用社交网络的评价起到了很好的营销作用。同时，《纸牌屋》打破美剧播放惯例——电视台电视剧每天或每周的播放形式，将所有剧集拍摄完成后一起放在网站上供观众付费观看。而 Netflix 本身还以百万美元奖金征集算法，开放了部分数据库，向全球数学家和 IT 人士借力，共同挖掘大数据的商业价值；《纸牌屋》的成功让全球影视娱乐业都意识到了大数据的力量——拍什么、谁来拍、谁来演、怎么播，每一步都由精准细致高效的数据引导，由数千万观众的喜好决定。

从《纸牌屋》可以看出，数字平台上所产生的大量数据和反馈通过合理的分析挖掘往往能带来更直接的商业和经济价值；可以预见，全球娱乐及媒体行业的收入来源可能将从传统平台向数字平台加速转变。

（四）趋势4 电影：云计算与3D、IMAX技术

云计算：云计算是未来新一代信息技术变革、IT应用方式变革的核心——将带来工作方式和商业模式的根本性改变。而2012年是云计算快速发展的一年，各种云技术、云方案将陆续出台，

3D技术：在2009年詹姆斯·卡梅隆推出《阿凡达》后，3D电影受到了媒体、影评人、观众，甚至各大颁奖礼的一致追捧，而迄今为止，这部电影难以撼动的28亿美元全球票房足以证明其吸引力。在好莱坞大片带来的炫目视觉效果背后，是3D和IMAX技术的不断成熟与发展，以及好莱坞电影工业对云计算的应用需求——因为计算机生成的视效需要大量的计算资源，云计算云渲染的应用可以满足好莱坞电影制片厂最基础的拍摄及后期制作需要。卡梅隆通过《阿凡达》让曾备受争议的3D和IMAX技术转化为完美的电影艺术实现手段和惊人的票房生产力，而3D特效大片在创造全球票房新高的同时，极大的鼓励和刺激了全球3D电影的高速发展，促使3D技术的不断创新与完善。从3D和IMAX高清屏幕的普遍安装带动背后云计算在影视业的广泛使用，技术已经越来越成为影视行业的重要助推力。

3D 屏幕： 近年来，3D 电影进一步促进了电影的数字化进程。中国 3D 电影银幕也经历了跨越式的增长，由 2008 年的 80 块增加到 2010 年上半年的 500 块。2012 年，中国 3D 银幕数量超过 5000 块。到 2013 年底中国的 3D 银幕总数就将超过美国成为世界第一；而中国的观众总数远超过美国，成为全球第一大 3D 电影市场指日可待。

IMAX 高清： 据 IMAX 公司发言人称，公司目前与全球 52 个国家和地区拥有合作，在各地建设了大约 700 块左右 IMAX 银幕。从分布状况来看，北美是数量最多的，其中美国占有 400 块 IMAX 银幕，是 IMAX 银幕最多的国家，另外加拿大拥有 45～47 块。其次是亚太地区，中国目前有 100 块，如果按照国家分布情况算，中国目前居世界第二位，并且中国还有 127 块已经签约的银幕正在建设中。

我们从前面票房排行榜中提炼出几个案例，进行制作技术的追踪，就可以发现在欧美电影工业中云计算的应用已较为普遍：新西兰的维塔数码（Weta Digital）成立于 1993 年，是为电影提供渲染支持和特效制作的数据中心，凭借《指环王》三部曲、《金刚》和《阿凡达》已经赢得了五个奥斯卡最佳特效奖。2012 年，《超凡蜘蛛侠》在后期用 CG 来修饰、增强、润色都是在遵循真实物理法则的基础上进行的，完全依靠云计算的新技术实现。

电影艺术的发展伴随着科技的发展，在 20 世纪 20 年代和 70 年代分别出现过两次 3D 潮，由于技术成本和内容制作的局限使观众的热情很快褪去，而经过长时间的技术积累和数字化技术的推动，《阿凡达》的出现带来了第三次电影 3D 潮来临。但是，在看到技术对票房和影视业的巨大推动力量的同时，也应该冷静的思考技术在一个创意为主的行业中的位置，《阿凡达》的导演卡梅隆认为 3D 电影是电影市场技术手段的主流趋势，但也表示，"作为一部 3D 电影，你的 3D 效果好只是一个基本的要素，更重要的还是你要有好的故事，足以让观众感动。"

世界知名会计师事务所及咨询机构普华永道发布的这份《2013—

2017年全球娱乐及媒体行业展望》报告称，中国电影娱乐市场的规模将以14.7%的年均复合增长率从2012年的32.6亿美元上升到2017年的64.9亿美元。中国的票房收入亦将以15.6%的年均复合增长率在2017年达到55亿美元。

（五）趋势5　家庭娱乐：作为家用数字平台的智能电视

2011年的新兴技术曲线中，互联网电视（Internet TV）已进入"期望膨胀期"，并被认为将在5—10年内步入成熟。当时的电视制造商正推出能轻松访问内置互联网的电视机，人们可以直接通过互联网观看一切自己想看的东西。而进入2013年，电视进行了一场"智能化"变革，智能电视不仅具备传统电视收看电视台节目的功能，还能连上互联网，完成浏览新闻、点播视频、玩游戏、办公等任务。

智能电视是多种技术的集合，需要软硬件的配合——芯片技术、显示技术（4K超高清、3D功能）、操作系统（目前已上市的智能电视使用的操作系统可大体分为4类：Android、Windows、iOS及Linux）、软件和应用以及交互技术（手势控制、语音识别等等）；此外，一些新型创新企业正在专注于更为智能的电视机，在电视机内置入自动内容识别系统（Automatic Content Recognition），这种技术能够识别用户正在观看的节目的声音，并同步获取相关的社交评论，让电视机不再是傻瓜设备，为用户带来更丰富的个性化体验。可以说，电视向高清化、网络化、智能化、互动化方向发展，已经成为电视行业的共识。

美国战略分析公司数据显示，美国智能电视家庭渗透率已经达到了20%。而在中国的销售量增长迅速，已经有赶超美国的趋势，并预计到2017年中国智能电视的使用规模有望达到美国市场的两倍。对于互联网企业来说，智能电视将成为连接用户的一个新入口。当互联网企业积累了足够的家庭入口，就可以通过广告、内容和应用付费，甚至是遥控器、体感摄像头等配件的售卖等多种方式回收成本。显然智能电视已经成为新的电子产品竞争焦点。

目前,知名科技巨头苹果、谷歌等企业均推出了相关产品,其中,苹果的 iTV 虽然仍处于研发阶段但备受瞩目,主因是由于苹果已经具备相当成熟的产品服务生态链。苹果打造的硬件产品——APP Store 应用商店——iTunes 操作系统——iCloud 个人云的一体化产品加服务的做法,对于意欲征战电视市场的厂商来说不失为一个完美的范本。可以说,电视早已不是"家电"的范畴,被认为会是未来的家庭计算中心;由此,互联网厂商的入局已经成为大势所趋,随着产业链的重构——后端围绕节目制作、内容发行渠道,前端围绕广告以及运营服务的一系列变化,传统电视厂商也在改变自己的商业思路。

智能电视已成为继计算机、手机之后的第三种信息访问终端,广阔的市场前景,技术的深度冲击,在科技和市场的双重作用下,未来智能电视将作为一种家用数字平台,被广泛用于不断扩大的交互式多媒体数字内容服务领域。

(六)趋势6 艺术品交易:从线下到线上

全球最大的电商网站亚马逊(Amazon.com)的艺术网上交易平台正式在 2013 年 8 月上线。亚马逊与超过 150 家画廊合作,再一次涉水艺术品销售。艺术行业的历史非常悠久,并且很早就开始尝试线上化的改变,但进程一直不是很顺利,特别是在 1995 年的时候。大量的图片文件需要储存、市场的不透明和欺骗行为的盛行,再加上线下美术馆受欢迎,线上艺术品市场一直没有太大的突破,直到这几年 SNS 和云计算的快速发展才使得这种情况有了改观。预计未来艺术网上交易的需求市场会越来越大。

实际上,亚马逊并不是第一次涉足艺术交易市场,2000—2001 年间,亚马逊就曾与苏富比拍卖行有过合作,可惜的是该合作在 16 个月后宣告结束。而 eBay 也曾尝试艺术品销售业务,但也没什么成绩。过去 10

年间，在线销售艺术品的网站不断涌现，苏富比、佳士得等知名拍卖行，以及大小画廊也逐渐推出了网络销售渠道。但是直到近年在线艺术品交易市场才呈现爆发趋势。

目前艺术交易市场上传统的画廊、拍卖行（如嘉德、苏富比）纷纷建立自己的平台网站——有59%传统的画廊意识到网上销售艺术品的时代正在来临，他们在未来的一年中准备开展网上销售业务（数据来源：Hiscox报告）。而新兴艺术在线交易平台也正在崛起，目前艺术品在线交易有几种经营模式（见表2）：

表2 艺术品在线交易有几种经营模式（来源：公开资料）

平台名称	商业模式
亚马逊、易拍全球	平台型电商，开放给各类卖家，不直接介入交易行为，赚取佣金或会费。
嘉德—嘉德在线	网站负责征集并出售，赚取佣金或者提成。
苏富比与亚马逊合作、淘宝与保利合作	拍卖企业在第三方平台举办网络拍卖活动。
Artnet和Artprice等艺术品网站	进行网上拍卖，但这些网站的主要目标用户群体锁定在购买、收藏或者投资低端艺术品的藏家。

值得注意的是，与动辄上千万元、上亿元的天价艺术品相比，艺术品在线交易平台主打中低端艺术品市场，以亚马逊艺术网上交易平台为例，作品虽然从10美元到400多万美元不等，但其中以500美元至5000美元价格区间的作品居多。

我们可以看到，艺术品市场确实正在经历从传统的画廊和拍卖行向线上交易的转变，这种转变已经悄悄地在拍卖行和一些画廊发生，相关机构、网站将配套的展示、在线竞拍和支付及相关物流等周边服务配备成熟，带动了已有消费群体向线上转移，而亚马逊的进入无疑会急剧加速这一趋势并且开辟出新的中端蓝海消费市场。

（七）趋势7 游戏：云端游戏

由于智能设备的普及导致移动游戏市场爆发式增长，游戏机游戏业务所占有的市场份额则正在下滑。目前，移动游戏发展面临的最大问题在于游戏运行的硬件计算能力——智能手机、平板电脑的性能无法运行高质量游戏。而云游戏服务提出了解决这一问题的合理方案，云游戏之所以让人感到兴奋，是因为它让玩家摆脱对硬件的依赖，原本以平板电脑、智能电视的性能根本无法运行 XBOX360、PS3、PC 上画面精细、对硬件要求高的游戏，但通过盖凯（Gaikai）的游戏平台这些游戏几乎可以随处运行，而且画面质量不低，不影响游戏的体验。

知名游戏软件制造商 Crytek 的创始人兼首席执行官 Cevat Yerli 曾在 2009 年发表意见认为，"将云计算技术真正运用到游戏机行业，并大规模量产形成商业化的时代要到 2013 年后方可实现。因为到 2013—2015 年，随带宽进一步扩展以及全球互联网用户的增长，到那时云游戏技术才变得较为可行。"

目前，传统游戏产业链的各个游戏制作发行巨头、硬件厂商及新兴互联网科技企业都在部署云游戏服务合作，各个领域的企业利用自身优势通过云游戏服务纷纷介入游戏行业。而云游戏服务技术主要涉及高压缩比视频压缩技术、流媒体传输技术；多设备、跨终端以及云计算和基础设施服务——网络铺设、网速提升，而这其中最重要因素是压缩技术，也是让玩家在体验云游戏时几乎感觉不到延迟的关键所在。配合市场服务环境的日渐成熟，云游戏将不再是一个概念。

云游戏是一个全新的商业模式，从游戏制作、发布到消费，从软件到硬件整个产业链都发生了变化。作为云计算概念爆发后最值得期待的应用之一，云游戏被认为是游戏领域颠覆性的变革。在未来几年，高速宽带、压缩技术以及更优化的游戏体验都会进一步发展。随着终端的分化越来越严重以及云游戏提供的服务水平的不断进步，这种能够跨平台跨终端且消除了硬件制约的模式势必得到更多人接受。云游戏服务将促使本已火热的移动游戏行业进一步发展。

（八）趋势 8　教育：游戏化进程

游戏化（Gamification）：游戏化在 Gartner 新兴技术成熟度曲线中被认为是处于过热期，内涵是将游戏的机制运用到非游戏环境中，衡量并影响用户的行为。公司在诸如社交媒体上的推荐量、用户生产的内容、转化、再次访问量和全过程用户忠诚度等用户驱动的业务指标上可以获得 15% 到 250% 的提升。

市场调研公司 Ambient Insight 的一份全新研究报告（以下简称：Ambient Insight 报告）称，受益于教学应用在移动设备上的普及，教育类游戏，也就是"严肃游戏"（见图 5），将迎来一定程度上的复兴。而专注于教育技术研究的地平线报告中"基于游戏的教育"从 2004 至 2013 年反复被提及，在 2013 年的地平线报告中它更被归类于将在两到三年应用到生活中的教育技术。综合上述两份报告的交叉点，可以看到"教育游戏"的发展具有广阔前景。而近年，越来越多的企业已经或正在携带资本进入教育游戏这块新领地。

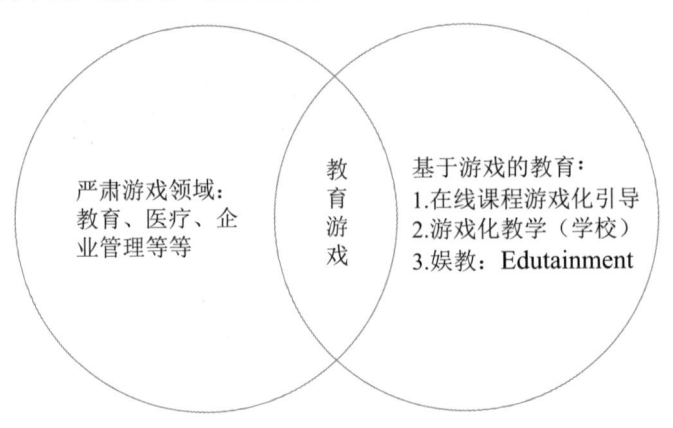

严肃游戏领域：教育、医疗、企业管理等等 | 教育游戏 | 基于游戏的教育：
1. 在线课程游戏化引导
2. 游戏化教学（学校）
3. 娱教：Edutainment

图 5　严肃游戏与基于游戏的教育交叉

当前数字娱乐产业呈现爆发性增长趋势，其交互方式（软件、硬件）对青少年行为、心理、生活习惯产生了巨大的影响，而消费者中有相当大的部分是正在接受学校教育的青少年，由于数字娱乐（主要为电子游戏）对于青少年产生了深远的社会影响，因此研究游戏对于教育的影响已势在必行，对于教育游戏的产品研发和推动我们可以从三个方面来看：政府的扶持、游戏公司、学术研究（下面案例主要以韩国为例）。

政府扶持： 从 2008 年开始，韩国文化体育观光部提出 "G- 学习项目"，积极将游戏应用到教育中，试图将游戏的趣味性和吸引力转移到教育中去。韩国首尔钵山小学、又新小学、东豆川中央高中被指定为 "G- 学习" 示范学校。2010—2012 年，韩国文化体育观光部在 "功能性游戏（Serious Game）" 方面投入 500 亿韩元（约合人民币 2.75 亿元）的预算资金进行支持，2010 年首先投入 150 亿韩元（约合人民币 8262 万元）的资金。

游戏企业研发： 2011 年，韩国网游的领军人 NCsoft 将同首尔峨山医院网瘾治疗中心合作研发适合青少年的英语游戏、汉字教育游戏。NCsoft 已经推出几款网络英语游戏，而汉字教育用游戏《魔法千字文》也正在加紧制作当中。国外早在上个世纪 80 年代初就已经有了关于教育游戏的研究。其后就有更多的教育学者如 Driskell、Dwyer、Bracey 等人认为电视游戏对教学是非常有用的，同时也在研究如何将电视游戏中激发内部动机的方法用于教学中。

教育是人类社会中的刚性需求，而当受教育主体——青少年的行为习惯被数字娱乐的交互形式（主要是电子游戏）所改变，教育内容结合游戏机制用以激发学生学习动机，增加学习参与度的教育游戏就越来越凸显其重要性。近年来，教育游戏在国外的学校中使用越来越普遍，而越来越多的实践证明教育游戏对学生的学习效果有明显辅助作用。而从市场的角度看，教育游戏实际上是游戏产业的拓展，教育类应用的付费意愿也很高，这既会对接受教育的方式产生变革性影响，或许也会为看似趋向饱和的游戏业也带来新的转折点。

三、2013 年文化科技趋势总结

近半个多世纪以来,信息技术的发展深刻影响了人们的工作和生活。目前又面临移动互联网、物联网、大数据、云计算为代表的新一轮的信息化浪潮,将重塑信息产业生态链,推动信息化与工业化深度融合,拉开新产业革命的序幕,对经济和社会及全球竞争格局将产生深刻的影响。从以上这些文化科技热点案例可以看到文化和科技的融合将产生以下几方面共通趋势:

(一)云计算的普及应用

可以看到由于云计算改变了基础的存储、计算方式,IT 行业正呈现出计算化、移动化、人性化趋势——如今,几乎所有的智能终端设备都具有计算能力,移动设备已经无处不在,而人与机器间的交互也将更加简单、方便和人性化。云计算是未来新一代信息技术变革、IT 应用方式变革的核心——将带来工作方式和商业模式的根本性改变。而 2012 年是云计算快速发展的一年,各种云技术、云方案将陆续出台,无论是早期亚马逊的 Cloud Drive,还是苹果公司推出的 iCloud、微软的 System Center 系统等,都把目标放在云计算。从上述案例中可以看到云计算对文化产业变革已发生实际影响,并开始在各领域实际应用。在影视、音乐、游戏、虚拟博物馆等趋势中提及的行业热点现象或产品均受到其不同程度影响——其目前主要作用在存储、运算、信息数据管理等方面。云计算的普及应用为海量数据的积累提供了条件。直接推动了"大数据"时代的到来。

(二)移动化、社交化和大数据挖掘

伴随移动互联网和智能终端的迅速普及,影视、音乐、游戏等内容服务进一步向移动终端迁移,视频、音乐、游戏等内容的云存储更是推动了"一云多屏"内容多渠道分发的趋势,移动数字娱乐消费已成为全球文化现象，移动数字娱乐服务将迎来更广阔市场。社交化趋势是由社交网络兴起改变了用户视听习惯形成，尼尔森发布的用户社交报告显示娱乐业最主要的收入来源——广告，其评价指标也已发生改变，广告主越来越重视来自社交网络媒体的数据。各种海量数据的积累和分析应用在云计算和社交网络的普及和推动下越来越受到文化行业的重视，文化产业在策划、营销、推广、反馈等各环节都越来越依赖数据分析进行决策。如何利用好这些数据帮助企业更好更快发展是"大数据"的核心价值所在。

（三）数字产品推动交互方式日趋人性化

数字娱乐产业的兴起和移动化趋势使人们与设备和产品的交互方式发生极大改变，在未来移动互联网交互当中，交互方式将会出现巨大的变革——包括语音识别、视觉焦点、动作感应、图像识别等，都将成为我们与互联网数据交互过程中的新方式。自然人机交互形式将会越来越受到青睐。

（四）文化产业始终创意为王

信息、移动互联网技术的发展对文化产业的商业模式、消费方式都带来很大变革。但是从案例中也可以看到，创意文化产业的根本在于内容——文化产品本身就是一种体验型产品，技术对于产品体验与产业发展只是起到辅助和促进的作用，比如3D技术确实可以辅助电影增强观众的视觉、听觉等感官体验，但是如果没有打动人心的核心内容，技术的带给人的新鲜感也只是暂时的。

世界文化产业在经历了全球化、结构调整和升级的同时，正朝着高科技化、垄断化的方向发展。发达国家凭借科技优势及文化产业规则的制定权和话语权，加速整合世界文化资源，其垄断地位进一步增强。发达国家所掌控的大型跨国公司日渐主导世界文化市场。这些跨国公司为了实现经济效益最大化和规避投资风险，凭借强大的资金实力和科技优势，不断向全球扩张、挤压弱势国家尤其是发展中国家文化产业的发展空间。全球文化产业取得大发展的同时，拉大了发达国家与发展中国家的经济和文化差距，南北之间在经济"鸿沟"之外又增添了文化"鸿沟"。未来如何在全球范围内推动文化产品和服务的多样性，帮助发展中国家和转型国家发展文化产业，使各国人民共享人类文化繁荣所带来的福祉是亟待攻克的重要课题。

2016年文化科技融合前沿趋势研究

报告摘要：《2016年文化科技融合前沿趋势研究》主要对2015年度至2016年初发生在国际文化产业的新兴热点案例进行持续追踪观察，按照《2009年联合国教科文组织文化统计框架》中文化产业分类框架，结合2015年Gartner新兴技术成熟度曲线搜寻近年境外主流媒体和文化科技热点新闻及市场分析报告、权威科技奖项评选等多方面资讯案例，在其中甄选出每个门类最具代表意义的科技与文化融合典型案例（既有文化企业、机构也有科技企业；包含产业巨头，也有获得风投青睐的新兴企业），编译并深入分析每个案例企业的业态创新、技术运用。并最终汇集整理为国际文化产业发展的趋势走向，提出应重点关注的技术。

关键词：科技文化融合、流媒体、虚拟现实、3D打印、可穿戴

一、2015年全球文化科技发展趋势综述

（一）全球经济：持续温和增长，依然存在下行风险

在世界货币基金组织（IMF）2015年10月发布的《世界经济展望》中预计，2014年世界经济将增长3.6%。发达经济体经济增长势头可望持续，预计增长2%。其中，美国经济将增长2.6%，比上年加快1个百分点；欧元区触底回升，增长率将达1%；日本后续动力可能减弱，增长率预计为1.2%。新兴经济体和发展中国家增长5.1%，略好于2013年，印度、俄罗斯等新兴大国经济增速从前几年的6%～8%左右回落到3%～5%左右（见图7）。联合国经济和社会事务部在2015年5月

发布的《2015年世界经济形势与展望》中指出，全球经济持续以温和速度增长，2015年全球经济增长率预计将达到2.8%。并预计2016年世界经济将增长3.1%。报告指出，报告预测世界主要发达国家的经济增长情况将略有好转，2015年的平均增长率将从2014年的1.6%上升至2.2%。在发展中国家方面，报告预测今年其经济平均增长率将维持在4.4%。东亚仍是全球经济增速最快的区域，2015年和2016年经济增长预计将维持在6%的水平。总体上来看，全球经济持续以温和速度增长，但依然存在下行风险。

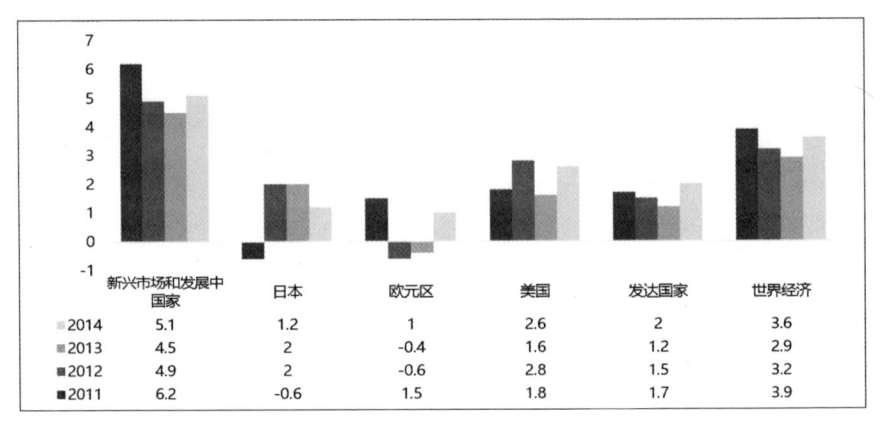

	新兴市场和发展中国家	日本	欧元区	美国	发达国家	世界经济
2014	5.1	1.2	1	2.6	2	3.6
2013	4.5	2	-0.4	1.6	1.2	2.9
2012	4.9	2	-0.6	2.8	1.5	3.2
2011	6.2	-0.6	1.5	1.8	1.7	3.9

图6 2011—2016年世界经济增长趋势（单位：%）

注：2016年和2016年为预测值

资料来源：IMF，《世界经济展望》，2015年10月

联合国贸易与发展会议发布的《2015年信息经济报告》（以下简称报告）指出，全球"企业对消费者电子商务（B2C）"正在迅速发展，每年交易总额在1万2000亿美元左右，虽然比起"企业对企业电子商务"（Business-to-business〔B2B〕E-commerce）每年高达15万亿美元的交易额要小得多，但是"企业对消费者电子商务（B2C）"增长迅速，尤其是在亚洲和非洲。随着企业和消费者越来越多地接受在线交易，发展中国家在在线商品和服务的买卖双方中扮演着更加重要的角色。在国家

方面，B2C电子商务指数[①]显示，对电子商务准备最充分的名单前十位的国家依次是卢森堡、挪威、芬兰、加拿大、瑞典、澳大利亚、丹麦、韩国、英国和以色列。在发展中经济体和新兴经济体中，名列前茅的国家或地区是韩国、中国香港和新加坡（都位于东亚），中国位列第八。但就实际上网购买率而言，人口大国巴西、中国和俄罗斯的表现突出。中国实际上已经成为全球最大的"B2C"市场。报告预计，发展中国家和转型经济体到2018年将占全球"企业对消费者电子商务"的40%左右，与此同时发达国家的份额将从70%降至60%。同时，报告认为全球电子商务的格局正在形成，其特点是越来越多的企业既提供全球性的解决方案，又提供根据本地环境认真设计的服务。这些全球性企业中，按商品总值计算，2013年世界最大的电子商务网站是阿里巴巴集团，其次是亚马逊和eBay。亚马逊、eBay、阿里巴巴和OLX等业务遍布世界各地的电子商务平台为许多小企业提供解决方案。它们可以为进入国际市场提供便利，开展贸易以及组织境内外运输和金融交易。

综合多份报告，可以看到虽然全球经济疲弱，但以电子商务为代表的信息经济正在蓬勃发展，企业和消费者正迅速地接受在线交易，特别是发展中国家，在在线商务中扮演着愈加重要的角色。

（二）科技发展：物联网成为关注的焦点，大数据技术发展走向深入

物联网是近年来国际社会所关注的焦点，美国、欧洲、日本、韩国等发达国家和地区纷纷制定和实施物联网发展战略，以期掌握物联网时代发展的主动权。2008年美国国家情报委员会发表的《2025年对美国

[①] 联合国贸易发展会议B2C电子商务指数：一个衡量电子商务准备情况的新工具 为了评估各国对电子商务的准备情况，本报告提出新的贸发会议B2C电子商务指数，涵盖了130个经济体在四个指标方面的数据：互联网的使用情况、安全的服务器、信用卡渗透情况和邮递服务。

利益潜在影响的关键技术》报告将"物联网"技术列入其中，认为其对人类社会的生产和生活带来巨大的影响。2009年，奥巴马对IBM提出以"物联网"为核心的"智慧地球"概念积极回应。欧盟相继出台《欧盟物联网行动计划》《未来物联网战略》等一系列标准、发展和投资计划；2009年10月，韩国通过了《物联网基础设施构建基本规划》；日本提出"数字日本创新计划"和"I-Japan战略2015"，把交通、医疗、智能家居、环境监测、物联网列为重点。2011年11月我国工信部发布《物联网"十二五"发展规划》，提出了我国物联网技术的十二大重点应用领域，包括智能电网、交通运输、物流产业、医疗健康等，并确定关键技术研发。

数十份来自于国际知名咨询机构在2014年度所发布的报告不约而同地从各自的视角表达了对于"物联网"的关注（报告来源分属于技术、行业、消费趋势预测）：国际数据公司（IDC）发表的一份报告显示物联网服务收入将从2012年的4.8万亿美元增长到2017年的7.3万亿美元，年复合增长率为8.8%；而到2020年，全球物联网市场规模将会增长至3.04万亿美元，而全球物联网设备将会达到300亿台。2014年Gartner新兴技术成熟度曲线中最值得关注的是物联网，取代大数据占据了新兴技术曲线的最高点（开始走向成熟的阶段），将会成为未来的主流市场。BI《数字业的未来》报告——"预计到2020年时，全球联网设备总数将达到750亿台，年平均增长率将达31%。未来更多的机器、设备、物体将成为人们生产与生活交互的一部分。在企业方面，物联网服务供应商思科在2014年3月投资10亿美元建立了目前全球最大的网际云（Intercloud）服务中心。

2015年的Gartner新兴技术成熟度曲线的主题是"众力聚合"[①]的

---

① 众力聚合：高德纳公司（Gartner）在2012年提出"众力聚合"理念（Nexus of Forces），即移动、云、社交、大数据4方面的互相联结和组合将会形成巨大力量，创造出新的巨大商机。

数字化商业发展，2015年Gartner新兴技术成熟度曲线共包括37项具有重大潜力的新技术（图7）。高德纳公司（Gartner）总结了"数字化商务"演进的6个阶段，分别为：模拟、Web、电子商务、数字化营销、数字化企业和自治。其中后三个阶段是新兴技术集中的阶段。

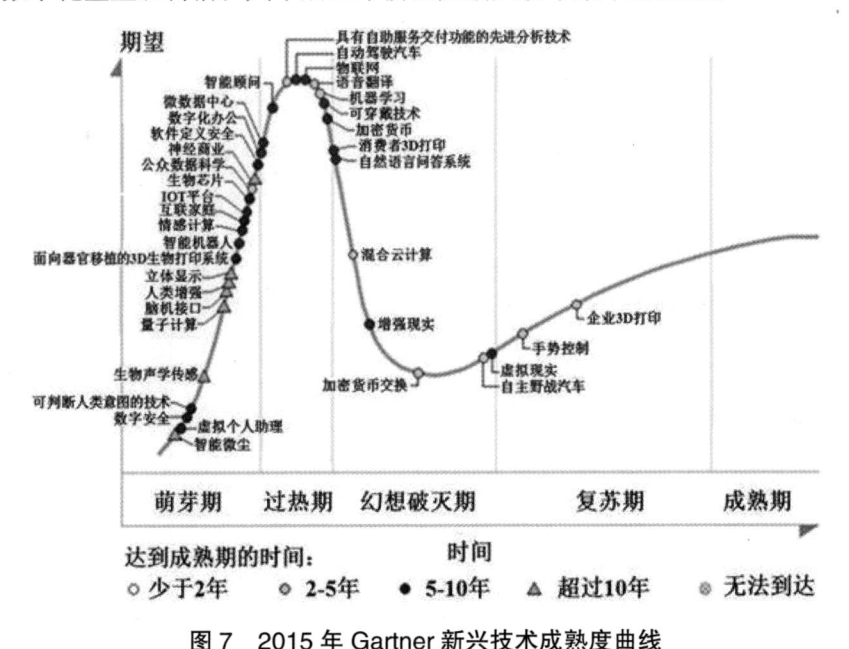

图7　2015年Gartner新兴技术成熟度曲线

与2014年相比，2015年新兴技术曲线上的新增技术包括：自我实现的高级分析、公众数据科学[①]（目前处于萌芽期，预计将会在两到五年内达到成熟期）、虚拟货币交易平台、数字化办公[②]、微型数据中心、可判断人类意图的技术、智能微尘、软件定义安全、生物声学感应、自然语言问答、机器学习（在今年的周期表中首次出现，但是已经越过了

---

① 公众数据科学：高德纳公司（Gartner）的研究人员建议培养"市民数据科学家"——人们在业务方面有一些数据技巧，可能获得过数学甚至是社会科学学士学位，由他们来探索和分析数据。

② 数字化办公：高德纳公司（Gartner）的研究人员认为："如今的员工拥有更大程度的数字灵巧性，可以通过家里的无线网络，连接和管理各种设备，在个人生活的几乎每个方面都使用应用程序和Web服务。"

过热期顶峰，现在取代了大数据的位置）等；数字安全、虚拟个人助理、脑机接口、人类机能增进、量子计算、3D 生物打印、智能机器人、情感运算、神经商业、智能顾问、混合云计算、虚拟现实、手势控制、企业 3D 打印等技术位置变化不大。脱离新兴技术曲线的技术包括：大数据、云计算、复杂事件处理、内容分析、数据科学、内存分析及数据库、机器间通信、行动健康监测、NFC 支付、规范分析、量化自我、语音识别、消费级车联网、3D 生物打印系统和扫描仪等。高德纳公司（Gartner）认为，离开新兴技术曲线的技术并非不重要，而是不再"新兴"，已经逐渐融入人们的生活。

表3 2015年 Gartner 新兴技术曲线主要技术趋势及关键技术

趋势	数字化营销	数字化业务	技术自主
关键技术	手势控制	3D 生物打印	自动驾驶汽车
	混合云计算	企业 3D 打印	生物声学传感
	物联网	人类增强	生物芯片
	机器学习	情感计算	脑机接口
	可判断人类意图的技术（People-Literate Technology）	物联网及其平台	人类增强
		生物声学传感	机器学习
	语音翻译	生物芯片	量子计算
		脑机接口	智能顾问
		公众数据科学	智能机器人
		互联家庭	虚拟个人助理
		加密货币	智能微尘
		加密货币交换	
		机器学习	
		数字化办公（Digital Dexterity）	
		数字安全	
		软件定义安全	
		微数据中心	
		量子计算	
		智能机器人	
		智能顾问	
		自然语言问答系统	
		语音翻译	

续表

趋势	数字化营销	数字化业务	技术自主
关键技术		增强现实	
		虚拟现实	
		立体显示与全息显示	
		手势控制	
		可穿戴技术	
		神经商业（Neurobusiness）	

大数据技术发展走向深入，大数据没有在2015年新兴技术曲线上出现。这一改变表明对大数据概念的炒作进入尾声，企业将会更加关注于如何应用，实时的数据分析能力日益成为核心竞争力。在2015年新兴技术曲线上，公民数据科学、微型数据中心、自我实现的高级分析与大数据直接相关，可判断人类意图的技术、物联网等与其间接相关。此外，在2015年新兴技术曲线上，物联网[①]技术呈现出明显的跨界融合特点，如自动驾驶汽车、机器学习、智能微尘、数据安全、虚拟现实、可穿戴设备等。

（三）文化产业：文化创意产业产出高于电信服务，文化创意内容驱动数字经济发展

世界经济仍处在国际金融危机后的调整过程中，各国的经济结构调整还未到位，虽然实体经济受到重创，而文化消费具有强烈需求和广阔市场前景。以法国为例：2014年法国文化部与经济部公布的联合调查报告，法国文化产业每年为国家提供578亿欧元的增值，是汽车工业的7倍（86亿欧元）。而韩国的游戏产业已成为和汽车工业等并列的国民三大经济支柱之一；普华永道发布的《2014—2018年全球娱乐及媒体行业展望》预测：2014年至2018年期间，全球娱乐及媒体行业的年均

---

① 物联网：是指通过射频识别（RFID）、红外感应器、全球定位系统和激光扫描器等信息传感设备，按约定的协议，把任何物品与互联网连接起来，进行信息交换和通信，以实现智能化识别、定位、跟踪、监控和管理的网络组织。

复合增长率预计将达到5%。其中,中国将会超过日本成为仅次于美国的世界第二大娱乐及媒体市场。以上数据充分表明文化产业在当下及未来几十年中将成为全球经济增长的主要驱动力。尤其对于我国,快速的城市化进程使人们的文化消费实力日渐提升,另一方面人们对各种文化、娱乐形式的需求逐步旺盛,而随着科技的发展,各类新兴数字形式的交付手段通过互联网的平台更好地满足这种需求,并且随着技术的进步,产品、服务与用户互动更密切,形成良性循环。

另一方面,根据"文化时代——第一张文化与创意产业全球地图（Cultural Times – The First Global Map of Cultural and Creative Industries）"[1]的报告显示,文化创意产业的产出收入达到2.25万亿美元,超过了电信服务（全球产值为1.57万亿美元）和印度的GDP（1.9万亿美元）。产业中,排名前三的行业类别是电视（4770亿美元）,视觉艺术（3910亿美元）和报纸杂志（3540亿美元）。该产业创造了2950万个工作岗位,雇佣的人数占世界总人口的1%。从业人数排名前三的行业依次为视觉艺术（673万人）,图书（367万人）和音乐（398万人）。从区域来看,亚太地区文创产业总产值7430亿美元（占文创产业全球产值的33%）,从业人员1270万（占文创产业全球从业人员的43%）。亚洲市场拥有庞大的人口驱动,诞生了很多文创产业的领军企业,如腾讯、CCTV、Yomiuri Shimbun（日本读卖新闻集团）。欧洲和北美地区是第二、第三大文化创意产业市场。拉丁美洲、非洲包括中东地区分别排名第四和第五,但文创产业资本力量看到了这两个地区大发展的机遇。报告特别指出,文化创意产业是网络经济的火车头——2013年为全球数字销售贡献了2000亿美元。文化创意内容同样促进了数码设备的销售,2013年数码设备的总产值达到5300万美元。目前为止,数字文化产品

---

[1] Ernst & Young（EY）:The first global map of cultural and creative industries, 2015, APO（https://apo.org.au/node/131686）.

是数字经济最大的收入来源，2013年B2C销售的产值达到660亿美元，网络媒体和免费流媒体网站的广告收入达到217亿美元。

当前，美、韩、日、英等文化产业发达国家将迅速发展的高新技术与文化产业相结合应用，衍生出许多文化产业新兴业态，这些新兴业态和原本业已发达的文化内容产业，成为这些国家战略性支柱产业和提升国家软实力的重要方式。伴随全球一体化趋势，国内文化产业领域的业态和竞争格局都在发生根本性变化，数字化越来越成为文化产业发展的主导方向，并且随着物联网、移动互联网、云计算、数据分析等科技发展，传统文化企业、机构运营形态将遭受冲击，传统文化企业也进入转型发展的关键时期，同时科技企业对于文化领域的介入与融合也逐步深入。

从国内来看，中国迅速发展的经济与城市化进程中庞大而愈加富裕的中产阶级网民所蕴含的文化消费潜力。据相关预测数据，至2020年，60%的中国人口将生活在城市。届时，城市居民将更富裕，受教育程度更高，同时由于网络的普及使全球化趋势日益明显，对艺术、文艺表演和其他文化活动的鉴赏也更加国际化、时尚化——因此，中国城镇化人口的增加将改变文化需求结构。另外，在数字环境下成长的年轻一代已经成为文化产业的主流消费者，他们已经习惯并且享受数字化的娱乐及交付方式，这必然促进文化产业向数字化发展。而从技术环境发展来看，软硬件的普及应用，云计算的发展、网络的不断提速等条件使文化科技融合发展技术环境已初步具备。在此基础上应加速推进科技文化融合新业态的发展——新兴文化业态引导的大众消费会是未来文化产业发展的重要增长点。

二、2015年国际文化科技趋势案例

（一）趋势1　博物馆：智慧博物馆

2000—2015年间全球博物馆迅速发展，新建博物馆已经多于整个19世纪和20世纪。随着社会的发展、科技的进步，博物馆也在发生转变。皮尤研究中心（Pew Research Center）2013年发布的《新媒体与博物馆观众参与》报告指出"网络与社交媒体现已渗透到博物馆等文化机构运作的方方面面（策展、展览、教育、慈善、活动等），成为艺术领域不可或缺的组成部分。同时，新媒体极大地提高了观众的参与度及对博物馆和藏品的理解深度"。——调查显示，77%的机构同意"艺术的概念由于数字技术的出现得到了延伸"。澳大拉西亚博物馆馆长指出，该馆在2013—2014年内共接待5100万名参观者，其中70%来自网络。此外，在美国约有75%的人通过电子设备进行艺术的视听体验，而非亲临艺术活动现场。《地平线报告：博物馆教育》指出，Twitter、Facebook等社交媒体平台和网站正在逐步替代实体性的博物馆体验。从经营的角度，无所不在的技术正在影响博物馆的战略制定和数字策略，这些策略涉及硬件、软件、经营发展和评估维度等诸多方面；从社会、文化、教育功能角度，各国政府纷纷推出相关政策，并配合专项资金扶持。

1. 定义与应用

智慧博物馆这一概念来自于2009年IBM提出的智慧地球[①]概念，是一种以是物联网、云计算、大数据等技术作为支撑的新型博物馆形态，

---

①　智慧地球：以物联网技术为依托，就是把感应器嵌入和装备到电网、铁路、桥梁、隧道、公路、建筑、供水系统、大坝、油气管道等各种物体中，并且被普遍连接，形成所谓"物联网"，然后将"物联网"与现有的互联网整合起来，实现人类社会与物理系统的整合。这一概念由IBM首席执行官彭明盛首次提出。

是物、人、数据的动态多元信息传递模式。实质上这是博物馆深度信息化的一种表现——对内，通过在博物馆中建立全面的动态感知设备，实现随时随地获取和传递观众、藏品、展厅、库房等要素及其相互之间关系的变化，并基于智能信息整合，促进整个博物馆系统的自适应性调整和优化（见图8）。目前，国际上没有明确的"智慧博物馆"概念，在2012年IBM与法国卢浮宫合作时引出"smart museum"这个称谓。但是从国外博物馆信息化的角度来看，深入程度和对于新技术的探索比国内要丰富很多。

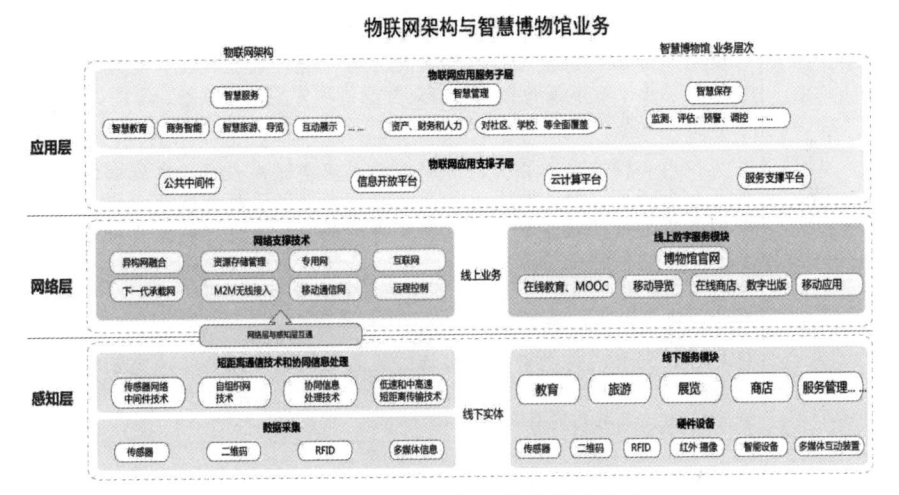

图8　物联网框架与智慧博物馆业务

对外，基于智慧城市规划建立博物馆与城市其他部门的联接、沟通，信息共享和交换，实现更透彻的感应和度量、更全面的互联互通（消除信息孤岛）、更深入的智能洞察。因此"智慧博物馆"的建设不仅是考虑其内部软硬件的构建，还要将博物馆置于智慧城市、智慧地球的整体发展中规划，（1）考虑它与图书馆、档案馆三馆联接后：人与人之间知识的交流和分享，对于城市公众教育、文化发展的提升；（2）通过网络传播，区域与区域、国与国之间的文化交融与沟通；（3）在未来学习型社会中承担的责任。

2. 技术及分类

智慧博物馆所说的"智慧"意味着技术上可以实现：一、全方位感知、获取事物信息数据的能力；二、依托信息数据采集进行分析、推理的能力；三、对信息、数据理解和决策的反馈能力；所以，数据是智慧的核心。通过物联网、云计算、数据分析在功能上可以实现：智慧保护、智慧管理、智慧服务（见表4）。

表4　智慧博物馆功能及技术

功能	详情
智慧保存	主要基于智能感知技术和无损检测技术，针对博物馆藏品保存状态、环境及周边影响因素进行全面量化分析，进行数据挖掘、处理，预防文物损坏并提前掌握其各项特征，智能实现完整的"监测、评估、预警、调控"预防性保护流程。
智慧管理	分为馆内和馆外两部分，内部管理重点围绕馆内资产（实体和数字、藏品和资产）、财务和人力三个主要方面进行管理智能化升级。外部管理是通过加强对博物馆以外相关者的联系，实现博物馆自身运营、服务能力的提升。随着博物馆体制、机制改革的不断深入，外部联系将进一步扩展延伸，由观众服务发展到社会服务，实现对社区、学校、社会团体、企业、媒体及公众的全面覆盖。
智慧服务	针对公众需求，实现公众与博物馆藏品（或数字化内容）交互的高度完美融合，为公众提供无处不在的服务，主要包括展示体验、教育研究、分享传播、旅游与商务等方面。

3. 国际发展概况

国家政策及资助：近年，各国对于博物馆、图书馆等公共文化机构的预算及博物馆数字资源平台建设等方面的资金不断增加；其中，美国政府大力推进文化数字化建设、多元文化研究；在执行层面表现为美国公共文化机构获得更多、更全面的支持。2015年，美国总统奥巴马向美国国会提交的2016财年预算中，政府拨给美国博物馆和图书馆服务协会的预算约为2.374亿美元；国家艺术基金会、国家人文基金会等联邦资助文化机构预算也实现小幅上涨。并且，奥巴马要求在2015财年标准上增加960万美元投入，其中880万美元用于支持国家数字平台建设，通过美国博物馆和图书馆服务协会的拨款项目给予图书馆530万美元、博物馆 350 万美元支持。奥巴马政府一直致力于推动美联邦数据开放式访问计划，加快数字化建设得到了全国公共文化机构的高度重视。根据 2016 财年预算，美国博物馆和图书馆服务协会计划在 2016 财年把投入重点放在两个战略领域：第一，图书馆和博物馆的国家数字平台服务，包括增加资金支持国家数字平台建设，帮助图书馆、博物馆、档案馆开展数字内容服务，让更多的美国人可以通过网络自由访问图书馆、档案馆、博物馆的资源。第二，对图书馆和博物馆专业人员进行继续教育，增加基本专业技能学习和 21 世纪发展技能培训项目。

随着欧洲经济和文化的发展以及与美国的竞争加剧，欧盟加强了对文化发展的扶持，对博物馆的发展也不例外。如"AQUARELLE（水彩画）计划"支援欧洲各国博物馆与相关机构通过网络共享各自的数字典藏。AQUARELLE 是一个在欧盟立项的远程信息学（TELEMATICS）应用项目，它是运用多媒体技术构建一个共享欧洲文化遗产的信息工程项目。该项目由英国、法国、意大利、希腊的相关机构合作进行。这个项目的重点是开发一个良好的资源发现系统。同时，建设两个图文并茂的文物资源库（法国巴黎的数字卢浮宫及意大利佛罗伦萨始建于 1560 年的数字乌菲齐美术馆）。其中，法国是欧洲拥有博物馆数量最多的国家，在资源数字化方面，由法国文化与交流部统一规划和组织，并给予经费支持。1998 年开始，法国文化部发布了文化内容资源的数字化计划（据称有 40 个项目），法国国家图书馆和国家博物馆等被定位为该计划的公众观察点。

在亚洲地区，新加坡在《文艺复兴城市 3.0》（规划期为 2008—2015 年）框架下[①]，为了更好地发展、保护及推广新加坡文化遗产，新加坡《文化遗产发展计划》随之出台，由新加坡国家文物局负责实施。《文化遗产发展计划》与《文艺复兴城市》计划的愿景基本保持一致，即将

---

① 薛菁华：《新加坡文化遗产发展计划》，2015。

新加坡打造成"独一无二的全球文化遗产中心"。作为全球文化遗产中心，国家文物局希望新加坡实现四大目标——创作独特的文化遗产内容；建立全球化的文化遗产标准；建立良好的社会合作关系；打造创新型的文化遗产生态体系。国家文物局采取了六大战略措施实现上述目标和愿景：一、创作"新加坡制造"的文化遗产内容；二、将新加坡推上世界的舞台；三、让新加坡人看到世界一流的藏品；四、参与的社会，成长的国家；五、吸引人才，提升能力；六、享受并重塑文化遗产资源。其中包含大量在线方式，如：国家文物局设立了一系列的网站，如在线档案网站A2O、新加坡文化遗产博客Yesterday.sg、传递记忆或记录家族传家宝的社区维基网站MyStory Portal、新加坡国家藏品和艺术品的在线资源库SG Cool。后续，新加坡国家文物局还将利用更多Web2.0在线资源，如脸谱（Facebook）、博客以及维基等，将文化遗产网络覆盖各个角落。并且在2008年9月，"文化遗产产业激励计划"正式启动，主要为文化遗产生态体系内的从业人员提供金融帮助，辅助他们发展原创作品。

主要机构及发展：在欧美，各国博物馆基于多年信息、物联网技术的渗透与改造，在提升其保存和管理能力的基础上，大部分博物馆提出了整体数字战略规划，整合其线上线下业务，连接社会其他部门。如英国泰特美术馆提出了"数字作为一切的维度（Digital as a Dimension of Everything）"的数字策略。MoMA（美国纽约现代艺术馆）新任命的数字内容和策略主管首要的任务是"运用技术将物理与虚拟业务连接整合"，值得一提的是中国故宫博物馆2015年提出的"数字社区计划"；可以看到国际上主要博物馆都在将实体与数字业务统和（或在制定业务发展时考虑技术的融入，或在积极探索新技术的应用），消除博物馆的物理边界。从海外博物馆的发展经验来看：技术是基础、数据分析是手段、应用才是真正的核心，想要使智慧博物馆产生真正的作用，关键就在于能够让广大访问者从浏览中有所得。

4. 国际前沿案例

全球博物馆都在努力找出自己独特的定位与发展方向，因此对于现今的博物馆而言，其在经营与展览规划上面临比以前更多的挑战，运用传统技术手段和运作模式远远不能满足需求。以下通过卢浮宫（从2007年到2014年连续7年蝉联全球博物院调查榜榜首）和MoMA（纽约现代艺术馆，2014年美国纽约市十大最受欢迎展览中占据8个）为例，来观察国外领先艺术文化机构如何借助新技术更好的应对机遇与挑战。由于基于物联网技术的"智慧博物馆"数字战略是将线上与线下、虚拟与现实融合。

案例一：卢浮宫博物馆（Louvre）

法国卢浮宫博物馆始建于1204年，1793年改为国家艺术博物馆。根据TEA主题娱乐协会（Themed Entertainment Association）及顾问集团AECOM联合发布的《2014年全球主题公园和博物馆报告》和英国《艺术新闻报》日前公布的由其统计的2014年度全球博物馆参观统计数据，两份报告中均显示2014年卢浮宫再一次成为全球实体访问量第一的博物馆，其中全球博物馆参观统计数据显示2014年卢浮宫接待访客为9260000人次。

在2012年，IBM宣布与巴黎卢浮宫博物馆合作，建设欧洲第一个智慧博物馆（smart museum）[①]——使用传感器，实时数据分析和其他互联网时代工具使博物馆更智能化。作为欧洲访问量最大的博物馆之一，卢浮宫拥有超过60000平方米的建筑面积，2012年实体博物馆接待游客880万人次。在与IBM合作之前，卢浮宫为了达到每日让大部分展厅能够开放接待众多游客的目的，全年需要处理超过65000次修理和访问维护，其中涉及数百个供应商。合作后，卢浮宫使用IBM提供的

[①] 智慧博物馆：智慧博物馆的概念源自于2008年IBM公司提出的智慧地球概念，后续衍生出了智慧城市、智慧校园等多个概念，它们的实质都是利用先进的信息技术（物联网等）实现对城市、机构、组织的智慧式管理和运行连接。

Maximo Asset Management①软件来构建一个集成数据库和共享信息资源库，IBM Maximo 由六个关键的管理模块组成——包括资产、工作、服务、合同、物资与采购管理。IBM Maximo 软件的使用自然有效地协调规划、清洗、维护、取暖，照明，控制卢浮宫 2500 扇门的锁定系统。卢浮宫的管理系统还可以从个博物馆内的个体系统聚合数据，提供给博物馆工作人员及其供应商，提供每一处资产连贯和实时的信息。此外，软件提供了设施设备和系统的性能可靠性预测观察，使博物馆工作人员更好地确定哪些资产需要维修或更换；系统同时还建立整个博物馆和其分馆维护工的优先级并自动匹配工作任务给合适的承包商。通过智能管理系统，卢浮宫可以在保护和维护艺术品的同时保持场馆每年面对近千万计的顾客开放访问。IBM 表示，其与卢浮宫合作只是处于初期阶段。博物馆安装智能系统不仅是更便捷的实施管理和保存功能，最重要的还是为公众提供更好的服务，以及拓展文化的可达范围和可访问性。

游客行为数据助力博物馆管理：2014 年，卢浮宫与 MIT（麻省理工学院）Senseable City 实验室进行了一项合作研究，在这个研究中，MIT 试图分析在卢浮宫内游客的行为——使用蓝牙距离检测方法（MIT 开发的交通数据采集系统 Sanfeliu、Llacer Gramunt，Punsola，&2010），博物馆和研究人员利用传感器数据分析获得准确的关于游客路线的信息，监测从手机发射的蓝牙信号，研究人员测量了随时间变化的游客流，这个项目是为了应对卢浮宫内经常遭受的"超级拥塞（hyper congestion）"现象（即游客的数量超过了博物馆的物理空间的能力），研究分析结果揭示了不同类型（访问时间长短）的游客在馆内不同时空的行为模式：他们花了多长时间探索画廊，以什么样的路径观看每一件艺术作品，并做出了完整的研究报告。游客行为和体验是了解博物馆管

---

① IBM Maximo Asset Management software：是一款 IBM 推出的资产管理软件平台，提供涵盖整个企业中所有资产类型——生产、设施、运输和 IT——的全面视图。

理的最重要的因素之一，这项研究提供了一种新的方式研究博物馆内游客行为与展品的关系。这些发现增加对于游客行为的理解，疏导游客流量、管理和引导参观行程都有重要作用，是提高博物馆环境和游客体验的关键。传统的生成数据是通过人力观察和调研。而传感器技术彻底改变了人类行为收集数据的过程——基于量化博物馆访问模式的大数据提供了新的机会应用计算和比较分析技术。

卢浮宫总监亨利·罗瑞特（Herry Loyrette）近年在接受法新社采访时表示："数字博物馆的发展已成为一种战略问题——人们的习惯已经发生变化。但这给我们提供了一个巨大的机会来扩展博物馆的领土，并与我们的访问者建立一种更持久的关系。"而通过上述与 IBM 的合作，卢浮宫近年利用网络及软硬件技术增加文化可访问性以及整合传统业务包含：教育与衍生品商务、导览展示、募资、数据应用等方面。因此，需要制定合理的数字战略，综合性的运用新技术达成愿景。

展示体验：馆内智能导览：卢浮宫基于内容数字化建设的不断完善和馆内网络及智能系统的搭建，越来越多的在展览展示的过程中会使用技术手段增加访问者与博物馆（展品、人、空间）的互动，并提升其访问体验，在馆内可以利用传感器、GPS 定位、FRID 等技术识别、定位游客的位置并实时推送其感兴趣的内容。如，卢浮宫在 2012 年与知名游戏厂商任天堂合作，使用其生产的开发的掌上游戏机 3DS XL。3DS XL 有更新位置检索、裸眼立体效果以及高分辨率照片等一系列功能。卢浮宫 3DS XL 智能导览向博物馆参观者介绍卢浮宫的各种艺术品背景、来源以及创作过程。还可以通过与馆内传感器配合提醒人们在卢浮宫游览时不要错过某些重要作品。任天堂同时在其 3DS 网上商店中发布《Nintendo 3DS Guide：Louvre》。参观者可以从网上商店以 19.99 美金下载这个应用。

DNP 媒体实验室：展台式或嵌入式触摸屏多媒体电脑、互动投影仪、电子虚拟互动系统、多媒体互动游戏等多媒体技术在国内外大型博物馆已得到了较为广泛的应用，在卢浮宫内建有 DNP 博物馆数字媒体实验室。实验室分为多个主题，如古希腊、埃及、西班牙等等。主要通过最尖端的多媒体互动手段和有趣的多媒体资源，帮助游客更好的理解馆藏文物背后的历史、文化背景。比如实验室中埃及文物部分，会引导参观者加深对埃及艺术的理解和解读古老的石碑，游客在其中可以做各种互动游戏享受一种科技创新的博物馆体验。古希腊展厅部分也有互动地图，在动画地图的帮助下，发现古希腊世界的关键日期和地点，寻找在卢浮宫中展出的杰作。此外还能利用馆内 Wi-Fi 和手机中的增强现实技术进行智能导览。

自带设备：随着智能设备的普及，游客通过馆内网络，可以直接访问卢浮宫官方音频导览或在官网和苹果 App Store 上下载移动 App 进行导览解说。

教育与资源共享：2002 年，馆长亨利·卢瓦雷特表示卢浮宫要做世界上拥有最完备教育功能的虚拟博物馆。2004 年 7 月，卢浮宫把 3.5 万件馆内公开展示的藏品以及 13 万件库藏绘画放上网站，并提供了法语、英语、西班牙语和日语四种版本的 3D 虚拟参观项目。在卢浮宫官网上有全面的各类教育计划——从家庭到学校（K12）、从学龄前到成人游客。其中有一部分通过网络多媒体形式在线展示，例如像"透过孩子的眼睛（Through Children's Eyes）"卢浮宫专家会在线回答从 5 到 11 岁学生的关于博物馆和艺术作品的问题。"艺术元素（The Elements of Art）"是为了深入研究基于视觉艺术相关概念，通过一系列主题视频比较不同时期、不同类型的作品。在线课程及各种交互的形式将博物馆教育功能延展至全球，同时也是博物馆自身品牌和文化理念的传播。

多媒体数据库：卢浮宫 1966 年成立了博物馆文物修复处。经过多年发展，修复处逐渐演变成为法国乃至欧洲文物修复的核心力量——法国博物馆研究中心。目前法国博物馆研究中心的"欧洲开放研究系统"平台已经成为法国文物信息量最大的资料库——储存了 30.2 万张高清图片（包括大量三维和多光谱带图像）、4万多份研究报告、3.35万份文物档案以及6万余件文物的修复详细资料，研究中心还准备将1931年成立以来的存档资料全部数字化处理，该计划将会为平台新增1.5万份研究报告。这是专业人员的重要科研工具，更是公众了解文物信息的主要渠道。同时卢浮宫官网还有专门的数据库链接，包含了五个主要在线数据库供各类人士访问。同时设有多个全球性研究计划，让全球学者可以通过网络参与其中。

开源工具馆际连接：欧洲的博物馆、图书馆、档案馆众多并拥有大量珍贵史料。馆藏资料之间存在复杂的深刻联系，但馆员们缺乏必要的技术手段来有效地联系和分享它们。博物馆和图书馆通常采用自己的数据加密和呈现方式，这往往意味着数据将无法被其他机构通过搜索引擎有效地获取。由欧盟资助的"图书馆关联范式数据下的自动发布"（Automaticpublication under Linked Data Paradigm of library Data，ALIADA）项目开发了一种名为ALIADA1.0的工具，可克服当前馆藏数据分享的局限，实现图书馆、档案馆和博物馆自动关联、发布各自的馆藏。它能使各馆馆藏数据在开放云数据平台实现自动发布。该工具配有用户指南，使用者可根据具体情况进行针对性定制化扩充。该工具主要由四部分组成：用户接口组件；将选中内容转换为RDF（资源描述框架）数据集的转换组件；连接RDF数据集和在开放云数据平台发布的预定义外部数据列表的连接组件；在开放云数据平台发布经验证的RDF数据集的发布组件。

分享传播：卢浮宫1994年建立了自己的官方网站，从最初的单一形式"过渡到可以互动的Web2.0，新技术全面运用增强（使用3D影像虚拟参观；使用高清图像技术在线查看作品细节）访客体验，以及与社交网站的链接"。2004年，卢浮宫就把3.5万件馆内公开展示的藏品以及13万件库藏绘画放到网站上，并提供法语、英语、西班牙语和日语4种版本的3D影像虚拟参观。截至2012年，卢浮宫网站浏览量突破

1100万人次，比当年卢浮宫接待的游客人数多100万人次。目前博物馆还拥有多款App应用。其中The Louvre Audio Guide App：包含超过3小时的音频评论，卢浮宫的策展人，讲师分享他们对卢浮宫及其宝藏的理解。还有两个访问选项："旅游"指南和一个基于艺术品描述的主题游览选择。

网站与移动应用的配合应用使文化可访性的接触范围大大增加。卢浮宫官方网站每年访问量超过1000万人次，超过实体访问量；而官方移动应用已超过400万人次的下载量。此外，卢浮宫也与任天堂公司接触，希望其为卢浮宫设计一个教育性质的游戏软件[1]。这一系列举措与原有的实体线下服务结合并形成贯通衍生品电子商务、教育研究、展览旅游跨界合作的智慧服务链。

社交媒体：目前来说，登录卢浮宫网站的人都是已经对博物馆产生兴趣的访客，但是博物馆如何挖掘新的访客成为博物馆面临的问题。卢浮宫博物馆借助社交平台如Facebook、Twitter，Pinterest，或Instagram挖掘更多新的、年轻的观众。同样，视频、应用程序网站可以增加其传播度，并且还利用自身功能与活动和其他教育类、音乐类网站合作。

案例二：纽约现代艺术博物馆（MoMA）

MoMA（现代艺术博物馆，下简称MoMA）始建于1929年，展品包括雕塑、版画、摄影、印刷品、商业设计、电影、建筑、家具及装置艺术等项目，并首次将电影列入了艺术的范畴。MoMA的主要负责人在2014年接受采访时说："我们意识到有许多数字项目发展中，经常彼此独立的。我们开始认真考虑把所有这些不同的线索连接起来。"在2014年，MoMA特别设立了一个新职位——数字内容和策略主管，聘请了格林威治皇家博物馆的前设计和数字媒体主管担任，她的首要任务

---

[1] 雅克·朗格：《新卢浮宫之战：卢浮宫浴火重生记》，董强译，中央编译出版社，2014。

是连接博物馆游客物理和数字体验。以下是 MoMA 近年进行的一系列数字化行动。

数字资产管理：1959 年，第一个保护部门在纽约现代艺术博物馆成立，目前已包括雕塑、报告、摄影以及最近的数字媒体等多保护。由于 MoMA 是一间现代艺术博物馆，自身藏品中包含大量新媒体、录影、视频、电影等，所以在藏品保存中侧重于数字作品的保存。MoMA 目前的收藏包含来自世界各地的近 200000 件作品，跨越近 150 年历史，收藏品的范围也在不断在扩大。官方网站上有来自 10000 名艺术家的近 60000 件艺术作品。由于藏品多为现当代艺术，所以其中有超过 22000 部电影，视频，和媒体作品、电影剧照、脚本、海报和历史文献。还持有大约 2TB 的历史和法律文件档案，馆内大量藏品及图片资产以及与他们相关的数据。早期一直存储在各种 CD 和硬盘中。随着 MoMA 的收藏不断增加，博物馆管理者意识到需要更复杂的管理工具用于处理数字图像、文档和富媒体文件。MoMA 选中 NetXposure[1] 公司基于网络的数字资产管理的解决方案，来管理巨大的图像，文档和富媒体文件库。NetXposure 提供的方案分为：数字资产管理、Mac OS X 服务器、苹果 Xserve RAID[2]，数字资产管理系统主要包含自动化集成 NetXposure 企业解决方案与美术馆系统的 TMS 艺术数据库两几部分，使用 NetXposure 作为博物馆的集中式存储库的图片、照片和富媒体文件，纽约现代艺术博物馆能够扩大其数字资产在多个博物馆和在线渠道的使用，减少检索存储在不同的地方无组织资产的时间。

---

[1] NetXposure：成立在 1995 年的软件产品制作公司，并授权组织有效地创建、管理、分发数字内容市场。

[2] Xserve RAID：是苹果电脑已停止生产的机架型大量存储媒体。最后发布的型号可以最大用到 14 个热抽换（热插拔）的 IDE 硬盘驱动器，最大容量是 7TB，支持多种版本的磁盘阵列。机架高度是 3U。其内置有两个光纤通道端口（Fibre Channel）供数据传输用，还有一个以太网端口给远程管理使用。它也有备援的散热单元／电源供应器以及磁盘阵列控制器。

数字保存：在 2011 年，博物馆展开了一次大规模的将原有模拟信号视频数字化的项目。因为博物馆收藏视频艺术的历史悠久，视频收藏品包含多种格式，而录影带（视频磁带）一直普遍用于快速的新闻生产和家庭录影，这种硬件的质地并不利于长久保存。因此，所有视频艺术收藏品面临最主要的危险是：因为年代久远和材质固有的脆弱性而不能播放。MoMA 将陈旧的模拟视频转化为数字格式过程中，内容方面最大的问题是必须对视频信号进行分析，确保尽可能接近的模拟原始和艺术家的意图。技术方面则需要采用了标准化数字格式，并注意到其格式的长久性应用，以便后续的管理者可以方便调用。

MoMA 的数字视频作品都存储于其内部数字存储系统，由于作品数量不断增加，预期到 2025 年存储量将远远超过现有存储承载量，MoMA 与一家名为"Artefactual Systems"的公司共同设计一个全新"存储仓库"，目前开发进入最后阶段（2015 年完工）。该系统将包括一个小的硬盘集群，但对于主要长期存储，它增加了一个新元素：数据磁带。当数字文件第一次存储，会被放在光盘中，但此后不久自动复制到数据磁带，并且这一过程是全自动化控制完成。该系统可以在三个地方存储海量数字素材：包括博物馆本地、位于美国长岛的艺术储存设施、和宾夕法尼亚州哈姆林的电影保护中心。实际上 MoMA 从 2010 年开始就一直使用谷歌的云服务，由于怕单一存储会出现安全问题，将其中一部分转移到了亚马逊的云服务。

展示与体验：MoMA 最大的特色展现在展品的多元化和展览策划的多样性上，《艺术新闻》曾经针对从 2007 年到 2013 年间在美国 68 家博物馆举办的 590 次个展进行分析，在 20 个最受欢迎的个展中，MoMA 组织了其中的 17 个（古根海姆博物馆和旧金山现代艺术博物馆举办了其余的 3 个）。据《艺术新闻》统计数据，2014 年纽约参观人数最多的 10 个展览中有 8 个来自 MoMA。在纽约参观人数最多的 30 个展览中，MoMA 占了 21 个。

数字休息室：今天，博物馆面对的一个重大的挑战和契机是博物馆体验通常仅限于现场游客。随着博物馆在线内容的发展，重要的是要强调两个不同的目标：（1）将博物馆的收藏介绍给更广泛的受众。（2）博物馆建立一个与参观者的深层联系。为了实现这两个目标，MoMA 的数字会员休息室提供了一种新的方式体验博物馆的收藏。数字会员休息室包括漫步虚拟画廊、画廊讲座视频和用幻灯片预览即将举行的展览。数字会员休息室的目标之一是为博物馆的会员提供有趣的内容，特别是不能参观博物馆物理空间的会员。数字休息室中为会员提供了艺术家的 3D 还原艺术品，使在线观者可以自有任意浏览；还让策展人参与其中，在一系列的视频中，多位策展人为观众讲解绘画与雕塑，并为作品提供专业的评论。

体验式学习：MoMA 在馆内设有 Art Lab，在这个互动的空间，孩子和成人可以利用现代艺术的数字工具和技术探索、玩耍和创建他们自己的概念想法。它允许游客超越以往对于艺术作品观看和讨论的参与方式，而是以制作等新的方式探索艺术。

The MoMA Art Lab App：是一款 iPad 应用程序，约 2013 年在苹果商店发布，目的是让七岁及以上孩子学习理解艺术。里面有九个具有博物馆藏品特性的互动活动以及艺术家描述作品的创作过程。绘画区域包括创意提示，可以输入更多的灵感，用户可以保存他们用这个应用程序创建的作品并与他人分享，包括分享到纽约现代艺术博物馆网站。这个游戏化儿童艺术应用，与馆内实体的 Art Lab 功能结合，利用电子互动产品的形式让孩子对当代艺术的理念构成有更深入的理解。

艺术在线课程：MoMA 在 2015 年上线了在线课程，这些课程是与世界最大的 MOOC[①] 提供商 Coursera 进行合作的一部分，为中小学教师提供免费的职业发展机会。同时，MoMA 也有像"战后抽象艺术的材料

---

① MOOC：大规模开放式在线课程。

与技术""现代艺术与当代艺术"这样的付费课程,需要注册付费,按照上课节奏,分为讲师主导和自我主导两类。课程的费用从99美元到139美元不等。网络课程有很多在线互动功能,通过内容的吸引在传播文化的同时又使全球的艺术爱好者互动交流,形成了内容引导的网络交流社区。线上教育是对传统博物馆教育功能的强化。

分享传播:MoMA对于新媒体传播渠道的应用做了比卢浮宫更多的尝试,不但在自己的官方网站上有详细丰富的信息和更多的互动项目。同时在移动应用方面功能形式更多样(目前在苹果App Store上拥有4款移动应用,分别是教育、旅游、官方导览、出版),并且与其他网络渠道有多方面合作——社交媒体、众筹网站平台等。MoMA不但运用社交媒体还与谷歌艺术计划合作,将馆藏放入谷歌艺术计划平台上,让更多的人可以接触到。

线下与在线商店:MoMA在博物馆馆内和馆外苏荷区Spring街开设了共4家自营的艺术商店,并且在日本东京开设了海外连锁商店。顾客可以买到书签、小摆件、手提包、装饰品等以MoMA命名的系列商品,品类上千种。除了传统衍生品,MoMA Store中还有大量科技产品:可穿戴设备(智能手环、戒指)、互动数字艺术屏等智能硬件及程序捆绑售卖,对于衍生品的开发,MoMA有自己的时间规划,按季度推出新的设计师和新品类,这些产品同样也在在线商店售卖。MoMA是最早建立网络商店的博物馆之一,进入MoMA的在线商店,可以发现文创衍生品类目繁多,家居、时尚、艺术家艺术复制品、儿童用品、电子出版等,每一类下面又细分多种子类,而且针对大众既有知名设计师或品牌上万美元的物品也有不到2美元的小纪念品,并且MoMA可以面向全球发货。

技术支撑:面对日益增长的用户需求,现有的在线商店基础设施阻碍了添加渠道与新功能的能力。2012年MoMA选择了与一间名为Mindtree的IT服务商合作,为其提供一个新的、性能增强的在线商店。Mindtree重新设计、改进了网站,分为三大部分(见表5):

表 5 Mindtree 在线商店的功能分布

整合	将新的电子商务平台与零售部门的订单管理系统、商品目录、B2B 渠道、在线商店和线下连锁店紧密集成，这可以帮助访客成为会员，享受会员在线购买折扣。
定制开发	定制设计一个新的 CSR 的工具，与当前的系统集成。显著降低系统数量，并消除了建立一个独立订单管理系统的需求。将零售点和在线商店进一步整合，让博物馆的服务代理商提供更出色的用户服务。
增加渠道	更新在线商店的礼品卡和注册表功能。使游客可以创建和管理他们的购物清单和礼品兑换卡。更新后的外观和功能为游客和会员提供更好的在线体验。

综合以上现状，可以看到 MoMA 在数字化馆藏、数字化导览、利用移动应用和网站及第三方网站，并且不断完善自己的单子商务系统。

（二）趋势 2 旅游：智慧旅游与在线短租

1. 定义与用途

智慧旅游是依托智慧城市的信息架构支持，通过物联网、云计算、新一代通信网络、高性能信息处理、智能数据挖掘等技术使旅游物理资源和信息资源得到高度系统化整合和深度开发激活，并服务公众、企业、政府等。对于公众，智慧旅游以互动体验为中心，让游客通过便携终端上网设备，主动感知和及时发布各种旅游信息，提升游客在旅游活动中的自主性、互动性和舒适性，带给游客全新的旅游体验，同时让旅游管理更加高效便捷，为旅游企业创造更大的价值。智慧旅游包含了多种类型企业——如在线旅游企业、酒店、交通、旅行、景点景区等。从以上参与方和信息数据在旅游中作用来看，市场主导企业是在线旅游企业——因为，只有当企业可以绑定用户个人 ID（身份标识号、账号）持续对个人进行信息服务时才能够获得收益，而在线旅游在个人游客行前、行中及行后可以提供全流程信息服务，在线旅游企业还能提供大量旅行过程中的用户个性化数据促进周边服务（食、宿、行、娱、乐、游）的发展。近年兴起的在线短租是在线旅游的重要细分领域和新业态。

在线短租是一种为房东及房客提供线上民宅（非标准住宿）短期租住预定交易服务（如提供房屋搜索及交易担保等）的在线服务平台，是在线旅游住宿预订业务产生的新兴业态。其代表为2008年成立的美国创新企业Airbnb，它是这一商业模式在在线旅游领域的领先企业：架构在智慧城市现代信息系统之上，利用互联网平台将世界各地闲置房源转变为新的旅游住宿市场——利用存量带动增量，被称为共享经济[①]的代表；因为绿色、可持续性被学者追捧、资本市场所看好，也被其他各领域创业者所模仿，其中打车软件Uber也属于同类模式；但是，这种新兴业态的迅速发展也与目前各国现行法律、监管体系发生冲突；而随着国内此类模式模仿者的增多和Airbnb与Uber相继入华开辟中国市场，这种模式也受到中国政府的重视，在国务院发布的《关于积极推进"互联网+"行动的指导意见》明确提出"发展共享经济，规范发展网络约租车，积极推广在线租房等新业态"。

2. 技术及分类

从技术上来说，智慧旅游系统（ITS）是智慧旅游的技术支撑体，它以在线服务为基础，通过云计算中心海量信息存储和智能运算服务的提供，满足服务端和使用端便捷地处理掌控旅游综合信息的需求。建构ITS的前期技术支撑主要包括：云计算、物联网、高速无线通信技术、地理信息系统、虚拟现实技术等。从"智慧旅游"技术层面来看涉及：传感层（物理铺设）—网络传输—数据层（云计算）—应用层（景区、

---

① 共享经济：这个术语最早由美国得克萨斯州立大学社会学教授马科斯·费尔逊（Marcus Felson）和伊利诺伊大学社会学教授琼·斯潘思（Joe L. Spaeth）于1978年发表的论文（Community Structure and Collaborative Consumption: A Routine Activity Approach）中提出。其主要特点是，包括一个由第三方创建的、以信息技术为基础的市场平台。这个第三方可以是商业机构、组织或者政府。个体借助这些平台，交换闲置物品，分享自己的知识、经验，或者向企业、某个创新项目筹集资金。2011年，共享型消费被美国《时代周刊》称为将改变世界的十大想法之一。

旅游服务、在线旅游、旅行社、酒店、交通）—智能硬件设备—用户。从参与的企业技术应用来说可以分为5个部分（见表6）。

报告以在线短租所属的在线旅游行业进行观察。因为在线旅游是智慧旅游的重要组成部分，而在线旅游由于其信息透明、性价比高、使用方便等优点，已成为旅游行业中的快速增长领域。其次，虽然共享经济模式在国外已有明显发展趋势——如，根据PWC（普华永道）2015年的一份报告，在未来五年内，共享经济的风口主要集中在五大行业，包括：旅行住宿、车辆共享、金融、人力资源、音乐及视频。但是相对国际上一些政府对于共享经济模式的鼓励政策和态度，国内还没有明确政策出台。因此，国内还是主要在智慧旅游范畴进行观察。但是，由于这种新业态的形成与社会环境氛围有较大关系，因此在国际部分会提及主要国家和地区的共享经济相关政策——观察其他国家对于"共享经济"的态度及应对方式，对于国内发展可以有所借鉴。

表6　智慧旅游产业链

企业	应用
智慧景区	电子门票系统、景区动态信息平台、自助导游讲解软件、虚拟实景的旅游应用、虚拟旅游的体验式营销、基于无线位置服务的应用、电子地图、景区对外智能化管理系统以及景区内部的智能化管理系统等。
在线旅游企业	如以携程、艺龙为代表的在线旅行企业，为旅游者提供旅行预订、旅游度假、商旅管理等服务；包含游客出行前在旅游信息平台的虚拟旅游社区系统中进行旅行前体验、旅行过程中通过便携终端上网设备登录信息平台获取权威可靠的旅游资讯和攻略。
智慧旅行社	应紧密契合当地旅游管理部门、景区、酒店、交通、餐饮、购物等多部门进行广泛的信息化合作。
智慧酒店	整合集成酒店办公软件、信用卡收费、ATM机、无线制卡等系统，形成智能化服务解决方案。客人仅需一张智能RFID卡，身份自动识别。
智慧交通	依托智慧城市的智慧交通、智慧环境等系统，帮助游客做好即时出行决策，为游客提供智能化的旅行交通服务。

3.市场与企业

从旅游整体市场来说，世界旅游组织（UNWTO）发布《2015全球旅游报告》（UNWTO Tourism Highlights 2015 Edition）显示，2014年全

球国际游客到访量达到 11.33 亿人次，国际旅游花费达 12450 亿美元。旅游和旅行行业直接和间接提供 276845000 份就业机会，占全部就业的 9.4%。预计到 2015 年，该数字将提高 2.6%，达到 283983000 份。至 2025 年，将年均提高 2.3%，达到 356911000 份就业机会，占总就业的 10.7%。世界旅行和旅游理事会 WTTC 首次预测，中国旅游产业将对 GDP 贡献比，将超过美国旅游产业对 GDP 贡献比。WTTC 总裁兼 CEO David Scowsil 表示未来 10 年中国的国内旅游市场会更加火爆。而据相关数据显示，目前国内旅游在线化渗透率仅有 8.3%，而随着网络、智能设备的更广泛应用，市场将进一步飞速增长。值得一提的是，在共享经济领域，PWC 普华永道数据显示，全球范围内的 5 个主要的共享经济体在 2013 年产生了 150 亿美元的收入。未来的市场预计会在 2025 年增长到 3350 亿美元，汽车租赁和住宿服务将占销售总额的一半。2014 年全球百亿美元市值的新创企业共有 9 家，其中即有 2 间企业为共享经济模式，分别是排名第 2 的 Uber（市值约 412 亿美元）与第 8 的 Airbnb（市值约 100 亿美元）（Wall Street Journal，2015）。以短租行业的 Airbnb 为例，它平均每晚的客流高达 425000 人，比希尔顿在全球的交易高出 22%。结合在线旅游和共享经济市场两方面报告来看，两方面市场都处于迅速增长期。

  目前，国际在线旅游行业已产生了诸多大型企业，这些旅游企业高度信息化，很早就开始依托在线数据运营及发展；在欧洲、北美，在线旅游和电子商务的历史较长，酒店、机票和租车的销售形成了很多模式。主要包括：OTA 模式，即在线旅游服务代理商，其代表为 Priceline、Expedia 和 Travelocity；全球最大最受欢迎的旅游社区 Tripadvisor；在线销售公司模式，像 Orbitz 和 Travelweb 就是由航空公司和酒店集团联合组建的公司。同时也涌现大量细分领域的创新服务企业：Route happy 能够帮助游客"以最低的价格获得最好的飞行体验"，Get Going 能让旅程变得更加智能、个性化并且经济实惠；以共享经济模式主打在线短租的美国企业 Airbnb 最为抢眼，2014 年 8 月初，Airbnb 向美国证券交易委员会（SEC）提交文件，正式披露该公司已于当年 4 月完成了额度为 4.5 亿美元的新一轮融资。加上此前的融资，这家成立于 2008 年的明星创业公司在过去六年里总融资额已经超过 8 亿美元。目前 Airbnb 的估值高达 255 亿美元，成为全球第三大估值最高的科技创业公司（同为共享经济代表的租车企业 Uber 估值达 500 亿美元，名列第一）。在 Airbnb 崛起的同时，各国都涌现出大量在线短租平台，以下为代表企业（见表 7）：

表 7 他国家在线短租平台

企业	国家	详情
FlatClub	英国	服务于校园内外的短租市场。2013 年，融资 150 万美元。
Morning Croissant	法国	提供 24 小时客服，并给租户提供全面的保险。Morning Croissant 提供了在线议价功能，用户可以和房东在平台上进行讲价。
Youtx	韩国	韩国最大短租平台，目前在亚洲多国设置了办事处
途家、小猪短租等	中国	2015 年，中国融资额度最大的两家短租平台

4. 国际发展概况

由于智慧旅游依托于智慧城市技术框架，在线短租等新业态也是基于信息技术发展而萌发的新业态，因此选择了在国际上智慧城市建设排名居于前列的国家及地区观察其智慧城市政策及建设。

美国智慧旅游的发展一直是市场化推动，政府不做过多干预，进程和社会整体信息化程度相适应——在政府大力推动网络铺设及信息化建设的政策背景下由旅游企业主导。如，美利坚航空公司和 IBM 公司于 1959 年联合开发了世界上第一个计算机订位系统 SABRE，这是美国旅游业信息化萌芽的标志。1978 年美国推出航空管制取消法案，游客购买机票的选择范围增大并使得计算机预订系统延伸到旅行代理商。旅行社建立专门的银行结账法来完成支付结算。1994 年底美国开始出现新式的"电子机票"，实行"无票旅行"方式。旅游企业营销策略也发生转变，出现了集团化和各种战略性联盟的趋势。促进旅游业方面，奥巴马政府2012年推出国家旅行和旅游战略；这一战略提出至2021年底，美国每年吸引1亿名国际游客，并配套一系列签证优惠政策。2013年来美的国际游客人数达到6980万人，同比增长5%。其中，中国来美游客达到181万人，较上一年增长23%，是美国前十大旅游市场中增速最快的国家。

欧洲地区，在旅游信息化的发展过程中，非常重视基础设施的建设和应用推广。早在2001年就开始实施"创建用户友好的个性化移动旅游服务"项目。在现有工程的建设中，欧洲部分城市采用二维码技术和城市信息系统做对接服务于旅游行业。如2012年6月，比利时首都布鲁塞尔正式推出基于智能手机的微电子旅游大全"标识都市（TAGTAGCITY）"项目，使布鲁塞尔成为世界上第一个数码移动旅游城市。该电子数码旅游大全采用近距高频无线通信芯片，制成带条码的不干胶，粘贴遍及布鲁塞尔大街小巷的博物馆、名胜古迹、商铺及餐馆。来自全球各地的游客只需用智能手机在i-nigma网站下载条码扫描器，即可在布鲁塞尔随时随地扫描"标识都市"不干胶，方便地获取相关历史文化介绍、购物优惠以及线路导航。在公共服务层面，欧洲正全面开发应用远程信息处理技术，计划在全欧洲建立专门的交通无线数据通信网，通过智能交通网络实现交通管理、导航和电子收费等功能。

在亚太地区，以新加坡、韩国为例，智慧旅游凸显"以人为本"的特性，利用科技增进游客体验。新加坡作为一个城市国家，在2006年启动了具有重要战略意义的"智慧国2015计划[①]"。为此，新加坡政

---

① "智慧国2015"计划：希望将新加坡建设成一个以资讯通信驱动的智能化国度和全球化都市，并主要通过公共、企业、国民（P-P-P）领域的共同协作创新，来实现智慧城市愿景。新加坡资讯通信发展管理局制定了四大战略：建设超高速、普适性、智能化的可信赖的资讯通信基础设施；开发具有全球竞争力的资讯通信产业；建立具有全球竞争力的资讯通信人才资源；对主要经济领域、政府部门乃至整个社会进行改造。

府建立超高速、广覆盖、智能化、安全可靠的信息通信基础设施；强化信息通信技术的尖端、创新应用。在旅游过程中体现为：（1）一站式注册服务：在新加坡商业会议旅游中广泛应用生物身份识别技术，为商业人士免去繁琐注册登记手续。（2）智能化数字服务系统：游客可通过互联网、手机、公用电话亭、交互式电视和游客中心等渠道或得一站式旅游信息和服务支持。（3）无处不在的移动旅游服务：为游客整合旅游前中后的信息服务。游客可利用智能手机等在任何时间、地点接收旅游信息。在数据方面，新加坡从2003年开始构建使用大数据的国家安全系统RHAS（风险评估与环向扫描系统），后来，这一系统继续扩展，开始为新加坡政府在住房、教育和旅游等提供帮助；如，新加坡旅游局用这一技术来分析下一个十年中哪些人会来新加坡旅游。

韩国政府对智慧旅游规划非常精细[①]，同是在大力发展网络建设（20世纪90年代开始）、智慧城市建设（2000年左右）的背景下，2011年，韩国政府发布"智慧首尔2015"计划，下大力气构建智慧城市所需基础设施，促进信息技术和公共服务产业的进步与发展，努力打造以人为本、以信赖为基础的有创造力的智慧都市。整个首尔智慧旅游工程遵循"以游客为本"的发展理念，重点提升游客的旅游体验。首尔市官方旅游信息服务平台（www.visitseoul.net），不但能够满足游客旅游路线规划、热门景点查询，还能满足游客交通、住宿、餐饮、购物、文化休闲等旅游全过程需求，平台还提供了包括韩文、英文、中文、日文四种语言平台服务，还发布了i Tour Seoul移动旅游信息服务平台（m.visitseoul.net）是基于智能手机等移动终端，以用户所处地点为中心，提供周围的景点、酒店和餐饮等旅游信息。在旅游数据应用方面，韩国官方旅游机构韩国观光公社2014年称将与中国互联网巨头百度合作，利用百度

---

① 姚国章、韩玲华：《服务消费的韩国智慧旅游公共服务平台研究》，载《中国商论》2014年，第4期，第127—128页。

关于旅游交通的移动流量数据来吸引更多中国的游客。双方签署了一份纪要，内容包括共同收集并分析来源于中国第一大搜索引擎百度的大数据，借此更准确地判断市场趋势和引入定制的旅游项目。

社会及市场环境：基于以上这些城市信息系统基础建设，大量在线旅游企业崛起，各类企业不断开辟新型服务；以在线短租这一新业态的出现和发展来说，需要从游客出行习惯、闲置房屋、社会观念和政府态度四个方面来看。

从游客出行习惯来说，仅2011年美国和欧洲的旅游住宿业总体收入中，有37%来自于度假租赁行业，营收额为850亿美元。随着游客需求越来越个性化，为在线短租提供了巨大的用户市场。按社会闲置资产来看，英国住房慈善庇护所（Housing charity Shelter）的统计报告指出，在英国大约有27.9万套私人物业被长期空置。而在美国费城，大约有4万套（栋、间）公共或私人物业被空置，按照当地的租金计算，每年至少浪费了超过2000万美元的租金。这种房地产闲置为在线短租、发展共享经济提供了大量资源。

以社会观念改变来说，共享经济的诞生正在潜移默化地影响着人们的消费观，根据普华永道的报告，现如今两个消费者中只有一人赞同"拥有实物是我展示社会地位的最好方式"的观点。这种观念在18至24岁间的"95后"格外盛行。报告还显示，在美国大约一半的成年人对共享经济有所耳闻。大约20%的消费者曾经有过亲身参与——无论是作为供应者还是需求方。在德国，12%的人通过互联网进行"合作式消费"，这一比例在14—29岁的年轻人中高达25%。2012年完成的德国"共享经济"调查显示，人们对拼车、房屋互换、二手交易的热情越来越高，并且风险资本也进入了这一领域。研究机构Sharexpo在意大利米兰进行了一项民意调查，结果显示3/4的意大利人愿意使用共享服务。Sharexpo预计，超过1000万世博会参观者可能会使用共享服务，其中460万很有可能使用。目前，大约130万人，或者说6个月里每天有7000人可能找到共享房屋。而2015年世博会期间将有600万～800万外国游客。米兰仅有5.4万间客房，而在线房屋出租平台Airbnb在这个有130万人的北方城市提供翻倍的房源，来缩小供需间的差距。

以政府态度来说，在欧洲，2014年9月，应英国商务和企业部长的要求，英国P2P创新企业Love Travel Club的创始人Debbie Wosskow对共享经济在各方面的影响作了详细阐述，对今后政策改革的方向提出颇具前瞻性的建议。英国政府的回应非常积极："我们将积极拥抱新的、颠覆性的商业模式。希望更多地企业、挑战者能够加入到这个阵营，为广大消费者提供更新、更好的产品和服务经验。"在意大利，米兰主管经济发展的官员克里斯蒂娜·塔亚尼（Cristina Tajani）在接受采访时表示，米兰正为一系列分享经济运营商登记注册，2015年，世博会期间将有600万～800万外国游客，目前米兰有5.4万间客房，而在线房屋出租平台Airbnb在这个有130万人的北方城市提供了翻倍的房源来缩小供需间的差距。除了房屋共享，米兰的交通共享也将有一些新的举措。彭博社报道称，米兰的汽车共享项目中，有5家运营商运营着1800辆车，该城市还自称有欧洲第四大自行车共享项目。研究机构Sharecrop数据显示，米兰的自行车共享系统有3600辆自行车和大约3.1万用户，在全世界居第十二位。并且，米兰将成为第一个引入电动车共享的城市，米兰还计划今年引入摩托车共享。在欧洲其他国家地区，如荷兰阿姆斯特丹等也对共享经济模式持开放、鼓励态度。但是也有反对者，如在西班牙巴塞罗那，这一模式和理念遭到强烈抵制。

在亚洲，以韩国首尔为代表，其共享城市概念已经超过了世界上其他任何城市。2012年，首尔市府建立了一个创新局，其主要任务并不是促进高新科技的孵化与成长，而是推动全市范围的美好生活共享：设施设备共享、企业事业共享、公共资源共享（特别是数字资源共享）。创新局设有专项资金与专门协会，举荐与推广大大小小的共享项目，从衣食住行方面的共享（比如晚餐共享、机动车与停车场的共享、衣物与生活用品的共享）到初创企业与公营事业的资源与利益共享的等。市政府本身的资源（从办公室到停车场）也已开始与社会共享。首尔市政府已经建造了大约 800 处共享公共设施，而该市居民已经使用这些设施超过 1.7 万次。首尔市市长朴元淳已经通过立法明确保障促进"协作消费"（collaborative consumption）。首尔市政府也在过去 18 个月内推出了十几个以共享为基调的倡议，包括"工具库""家庭共享"和门户网站 ShareHub。

5. 国际前沿案例

案例：在线短租 Airbnb

Airbnb 是 Air、Bed and Breakfast（"Air-b-n-b"）的缩写，中文名：空中食宿。是 2008 年成立的一家创业公司，主要是通过网络和移动端 App 为旅游人士和家有空房出租的房主做中介平台，为出行者提供各式各样的民宿信息。Airbnb 目前的商业模式是一种中介代理模式，每笔预订向房东收取 3% 的服务费，向房客收取 6%～12% 的服务费。撑起 Airbnb 市值的主要是它大幅增长的用户、客房量。在 2011 年，Airbnb 的服务增长了 800%；Airbnb 以惊人的速度在全世界扩展，目前已经在全世界 192 个国家约 33000 个城市提供总计达 80 万个登记客房资源。而根据《旅游走向 2030 年》报告数据显示 2014 年国际游客到访量（过夜游客）同比增加 4.3%，达到 11.33 亿人次，可以预见这一模式的市场会越来越广阔。从以下 Airbnb 公布数据可以看到其对于旅游行业的突出优势：

● 可以为旅行者提供更个性化的民宿，并且价格低廉；以旧金山为例，酒店客房平均价格约 230 美元，而 Airbnb 平均价格则低于 100 美元。

● Airbnb 提供的是一种"社交性旅游服务"，可使外来旅客更好地了解本地人的生活和文化（据称 89% 的租客希望体验本地人生活）。使用 Airbnb 服务的游客在当地逗留时间明显长于普通酒店旅客（分别是 5 天、2.8 天）并无需迁就酒店所在地，可以更随意的规划自己的旅程。

● 为有空置房的房东带来额外收入，其中 47% 的房主因为网络短租帮助其偿还房贷或房租，甚至使其免于失去房屋。

● 刺激当地旅游消费：租住 Airbnb 民宿与酒店者其他旅行消费分别是：978 美元、669 美元，高出 46%），因此对于扩大本地旅游消费功不可没。

根据以上数据，Airbnb 对于刺激旅游消费、深度体验游 / 文化旅游、平衡当地房产经济都起到一定作用。2014 年 Airbnb 公布数据：客房数量突破了百万，用户数则是 3500 万，而且这两项数据仍在飞速增长。Airbnb 自己的预计是：2015 年，公司会从这些短租房生意中获得 8.5 亿美元收入，预计到 2020 年时其营收将达到 100 亿美元。

利用数据精准服务旅行者：旅游行业是高度信息化行业，Airbnb 也不例外，通过数据分析为用户提供更优良的服务；Airbnb 成立至今已有超过 2000 万旅人通过网站（PC+ 移动）订房，并在全球累积了 120 万间房源，因此 Airbnb 拥有海量独有数据：包括旅游地、用户评论、房源描述、社区信息等。Airbnb 基于这些海量数据在大数据的运用上也有所突破：

协同过滤：Airbnb 主导制作了自动在线旅游指南。由此产生一个"协同过滤"的网络，能查找并匹配许多有地方特色的交通，餐饮，夜生活，旅游景点，购物，甚至独处的佳地。作为一种智能化的工具或方法，"协同过滤"能将某一个用户的兴趣、偏好、信息等从不同用户那里和不同数据源自动收集、预测。

智能匹配：在 Airbnb 进行的不只是简单的住宿与出租交易，而是创造了一个智能化旅行解决方案——它先通过搜索技术精准地匹配用户所需的地点、出租类型、租赁特点、有效日期、价格等，而且房主可以自定义租住细则，自由地展示自己以及自己的房屋。Airbnb 通过以下算法模型为旅人匹配旅游及住宿信息：

表8　Airbnb为旅人匹配旅游及住宿信息的模型

用户需求	算法模型	目标
用户搜寻住宿的地方	位置相关性模型（location relevance model）	会通过Airbnb社区告诉未来的客人哪里是更好的住宿地
用户寻找新的目的地体验	Airbnb社区（Airbnb Neighborhoods）	会将当地的内容编辑亲手整理的必备资料和专业的照片呈献给用户
自动匹配	问题发现小组（discovery team）	通过自然语言处理和机器学习来为用户搜索关键词提供更准确的推荐

智能化定价：2014年4月，Airbnb利用数亿笔数据以及机器学习，推出"Price Tip"服务，本着房屋的房型、地理位置、淡旺季趋势、房屋供需关系、距离入住的天数，推算合理的价格区间，每天的资料随时更新，参考价格也会随之改变。屋主能够在月历表格中填入自己预期的价码，超出或低于参考价格都会跳出提示，让你既能租出房屋又能赚到钱，Airbnb也能获取更多营收。这样的例子还有很多，如根据入住数据观察地域性特殊的淡旺季，提前为旅行者准备好房源等。同时Airbnb开发了移动用户端，能在当地基于地理位置定位房屋资源，让用户在行程中可以方便、快速地找到理想的住宿。

综上所述，Airbnb目前已成为一家利用数据为旅行者提供综合性服务的全球化智能旅游企业。其模式对于全球各国家已产生巨大影响，在各国及各领域都有其仿效者，如打车领域：中国滴滴—快的、印度打车软件Ola。在国内，这种共享经济短租模式企业在2011年也开始出现，主要集中于北京地区。

（三）趋势3　音乐：流媒体音乐服务

1.定义与应用

流媒体音乐是指采用流式传输的方式在网络播放的媒体音乐格式。流媒体音乐又叫流式媒体音乐（Streaming Media），它是指商家用一个视频传送服务器把节目当成数据包发出，传送到网络上。用户通过解压设备对这些数据进行解压后，节目就会像发送前那样显示出来。流媒体技术在视频点播、网络电台、网络视频等方面也有着广泛的应用。流媒体音乐的概念主要来自于国际唱片公会，它是由于在移动互联网背景下，流媒体技术被广泛应用，导致了由原有的数字音乐下载付费模式逐步被订阅或广告（免费）听音乐模式取代，是一种基于技术改变和普遍应用而导致服务模式改变的新业态。在国内，这样的方式早已存在，但常被称为在线音乐或移动音乐，也有比较含混称为数字音乐（但是数字音乐只是承载形式）。在国内，在2015年腾讯发布《音乐产业发展报告》中也明确使用了流媒体音乐这一概念来区分于传统的数字下载模式。

从时间上，2005年音乐流媒体市场初现，2008年世界上第一家流媒体软件服务商Spotify诞生于瑞典（目前也是流媒体音乐巨头）。因此，流媒体音乐产生的时间并不短，从最初的黑胶唱片发展到目前还处于收入主流地位的数字音乐下载形式，音乐的载体主要经历了黑胶唱片、磁带、CD和数字音乐四个阶段。从技术上，随着网络带宽的增加和移动互联网的普及，流媒体传输技术应用越来越普遍，已经成为主流使用技术（流媒体技术在2011年也被MIT技术展望中预测为关键技术）。从服务形式上，流媒体音乐服务的优势主要体现在：（1）与传统的数字音乐下载相比较而言，这种边下载边播放的流式传输方式能够使启动延时大幅缩短，极大地减少用户等待使用的时间；（2）用户可以较为低廉的价格甚至免费（广告收费）获取海量的正版音乐。（3）互动性，流媒体服务可以让用户创建个性化列表与朋友分享。（4）数据海量增长，这种联网播放会形成更多用户对音乐的偏好行为等数据留存于平台上，音乐产业链各环节企业都可以合理利用数据进行精准科学的决策及数字营销。正是基于技术上的诸多便捷，与移动互联网的应用场景更适配，流媒体音乐服务得到越来越多用户的青睐。

从产业链环节来看，音乐产业在产业链上分为上、中、下游，主要涉及流媒体音乐服务的企业分为以下几类——上游内容提供商，唱片公司、从唱片公司购买了版权的数字音乐制作公司、音乐版权人、音乐网站、音乐原创作者等内容提供者组成；中游服务提供商、电信运营商、服务平台提供商（如门户网站型公司、综合性纯 SP 公司和拥有自主音乐资源的公司、提供音乐播放设备及软件的供应商）组成；终端用户，即消费数字音乐的用户。流媒体音乐服务是处于产业链中游的音乐软件服务商。

2. 技术及分类

在流式传输的实现方案中，一般采用 HTTP/TCP 来传输控制信息，而用 RTP/UDP 来传输实时声音数据。具体的传输流程如下（见表9）：（1）Web 浏览器与 Web 服务器之间使用 HTTP/TCP 交换控制信息，以便把需要传输的实时数据从原始信息中检索出来。（2）用 HTTP 从 Web 服务器检索相关数据，由 A/V 播放器进行初始化。（3）从 Web 服务器检索出来的相关服务器的地址定位 A/V 服务器。（4）A/V 播放器与 A/V 服务器之间交换 A/V 传输所需要的实时控制协议。（5）一旦 A/V 数据抵达用户端，A/V 播放器就可播放。

表9 流媒体相关技术

名称	硬件组成	功能
编码器	由一台普通计算机、一块 Microvision 高清视频采集卡和流媒体编码软件组成。	Microvision 流媒体采集卡负责将音视频信息源输入计算机，供编码软件处理；编码软件负责将流媒体采集卡传送过来的数字音视频信号压缩成流媒体格式。如果做直播，它还负责实时将压缩好的流媒体信号上传给流媒体服务器
服务器	由流媒体软件系统的服务器部分和一台硬件服务器组成	这部分负责管理、存储、分发编码器传上来的流媒体节目
终端播放器（也叫解码器）	这部分由流媒体系统的播放软件和一台普通 PC 组成	用它来播放用户想要收看的流媒体服务器上的视频节目

3. 市场与企业

根据国际唱片工业协会数据统计，2014 年全球数字音乐的市场高达68.5亿美元，同比增长了6.9%，音乐流媒体订阅服务近年一直在急剧上升，其收入猛增39%，达到15.7亿美元，成为数字音乐增长的主要动力；而音乐下载的收入却同比下滑了8%。流媒体订阅服务的收入占全球数字音乐总收入的23%（比2013年增长5个百分点）。同时，2014年流媒体音乐服务商Spotify营收从7.47亿欧元增长至10.8亿欧元，另一家流媒体音乐服务商Pandora也达到9亿美元左右。根据美国唱片业协会2014年公布的数据，依靠广告和订阅费创收的流媒体服务支付给歌手和唱片公司的费用增长了两倍。订阅服务和广告模式已经明显显示其发展可能性。订阅服务目前成为音乐产业的业务的核心，占到了数字市场的23%，创造了16亿美元的贸易额。从整个行业来看，订阅领域还有进一步增长的潜力。

从地区上来说，根据最新的MBW数据显示，法国的流媒体音乐市场在2015年上半年有了持续的增长，与去年同期相比增长了36%。芬兰2015年上半年的CD销售量削减了一半，但是由于流媒体音乐的显著发展，芬兰的整个音乐市场收入与2014年同时期相比增长了0.5%，从1504万欧元增长至了1512万欧元,流媒体订阅收入从640万欧元增长至895欧元，增长了39.9%。近期BPI公布的数据显示英国的流媒体音乐市场在收入上有了显著的增长和发展。这两年来Spotify、Pandora等流媒体网站而迅速崛起让流媒体已经成为音乐产业中的一支重要力量，可预见逐渐攀升的流媒体将会逐渐成为最为重要的音乐传播形式之一。

从企业及来看，目前国际上领先的流媒体服务商是瑞典的Spotify和美国的Pandora。Spotify这家公司诞生于曾经盗版猖獗的瑞典，只用了5年时间，就在这个行业占据了领先地位。现在在瑞典，数字音乐91%的收入都来自流媒体。随着Spotify和Pandora这样的创新型企业迅速崛起，苹果、索尼和谷歌等科技和内容巨头纷纷跟进，亚马逊Prime Music服务于2014年6月在美国推出；在2015年推进的三大新服务有：谷歌YouTube的Music Key、流行乐歌手Jay Z的TIDAL和苹果的新订阅服务。

在国内，中国流媒体的出现几乎和其他国家同步。2009年，豆瓣FM上线；作为国内最早的网络电台，它基于算法为用户播放歌曲。目前豆瓣FM的月独立访问用户量在千万级别，并于2013年年初推出了Pro版，每月收费10元，提供更高音质和无广告的服务。显然这是在效仿Spotify的模式。不同的是，据豆瓣音乐副总裁刘瑾表示，付费用户数量远没有达到预期。这与中国数字音乐市场长期盗版盛行、用户习惯免费的行业环境相关。国内随着移动互联网的发展，流媒体音乐服务商如雨后春笋，目前，国内市场上主流的几款流媒体音乐软件是酷狗音乐、QQ音乐、网易云音乐和虾米等为国内数字音乐用户提供更多元的选择。因为国内搅动音乐行业的这些互联网公司大多已经上市，资金和规模数量级很大，并且有意拓展海外市场。这也使得它们在进入这个行业之后，愿意为版权买单。这在无形中也在帮助解决困扰中国市场已久的版权问题，同时随着新型防盗版技术越来越发达，像Spotify这样的行业领先公司使用DRM（数字权限管理技术——DRM - Digital right management）技术保护音乐厂商的版权，在音乐流媒体服务和防网络盗版技术更完善双方面作用下，或可以一定程度解决国内盗版现象。

4. 国际发展概况

国家政策及资助：从政策来说，主要体现于对于音乐创作的扶持和版权维护两方面。从原创音乐扶持的角度看，以韩国为例，韩国政府从2015年起将根据企业所属市场类别（如新兴、传统等）、内容产业领域（广播、电视、音乐等）以及国家和地区的差别（亚洲地区、欧盟国家等）等标准，为企业制定更具针对性的进军策略。并为独立音乐人提供更大支持，将新建两所独立音乐人音乐创作所，为独立音乐的发展提供有效空间。持续发掘本土优秀音乐，支持举办各类演出，引导韩国流行音乐风格多样化。

从版权方面看，20世纪末互联网的普及，网络彻底将数字音乐的优势发挥出来，一方面音乐传播成本降低，音乐完全以数字形式在网络中分享；二是音乐传播技术转移，互联网使私人分享成为音乐的主流传播方式。伴随上述变革出现的，对于法律上有两类涉及音乐产业的新主体：第一类为直接传播音乐或为音乐传播提供平台的网络服务提供者，第二类为最终用户。美国国会为此于1995年通过了《录音制品数字表演权法案》（DPRSRA），旨在"从法律上帮助音乐版权人确认数字环境下的著作权"。1998年《数字千年版权法案》（DMCA）通过后，录音制品数字表演权才涵盖了所有交互式数字播放行为。上述权利范畴的同时扩张，使一项传播行为可能包含多项权利类型，并根据不同许可模式向不同权利人支付版税。美国的数字音乐服务推行的《版权法》以及松尼波诺版权期限延长法案、数字千年版权法、停止在线盗版法案以及家庭娱乐和版权法等相关法案，对版权进行全面的保护，侵犯版权的代价极其昂贵。但是随着流媒体音乐服务的兴起，美国的两大版权机构美国广播音乐协会（BMI）是与美国作曲家、作家和出版商协会（ASACP）也在不断调整相应办法。美国版权办公室（Copyright Office）曾展开一项调查，旨在研究现行音乐授权方式的有效性。该研究极有可能取代现有模式，从而更好地满足新技术、保护音乐人的利益。

2005年，欧盟委员会宣布网络音乐服务公司只需获得单一授权许可就可以在欧盟25个成员国开展业务，以促进整个欧盟范围内网络音乐服务的许可和版税征收的一体化，2011年欧盟内部市场委员会还决定对歌手和音乐家的版权保护期由目前的50年延长至70年。此外，新加坡、澳大利亚、日本、韩国等都修改了版权法，以促进对数字音乐版权的保护。

社会及市场环境：就使用人群接受度来说，由益普索集团在13个世界领先的音乐市场所做的一项消费者调查显示，过去的6个月，有69%的互联网用户访问过经过授权的合法数字音乐服务。越来越多的公众版权意识提高，他们在意所访问的音乐网站是否具有合法授权；约38%的受访者表示他们更愿意访问在线音乐，而不想自己拥有CD或数字文件。益普索的研究还显示，在受调查的市场中，35%的消费者在过去的6个月中选择使用免费流媒体服务，与之对比，16%的用户使用了付费订阅服务。因此，在流媒体音乐付费服务还有大量增长潜力有待开发。

从国内来看，国内近几年也加快了数字音乐版权保护的探索实践。近年来，我国出台了《互联网著作权行政保护方法》和相关的司法解释，开展了一系列维权专项活动。2014年4月，首都版权联盟、百度联盟与国际唱片业协会中国代表处合作开展"清源计划"，将切断盗版音乐网站的广告收入，为正版音乐发展营造良好环境。2015年，国家版权局发布《关于责令网络音乐服务商停止未经授权传播音乐作品的通知》，国家版权局表示自2015年7月起，将启动规范网络音乐版权专项整治行动，《通知》要求各网络音乐服务商停止传播未经授权传播音乐作品，并于2015年7月31日前将未经授权传播的音乐作品全部下线。国家版权局官网称，这是为"加强对音乐作品著作权人权利的保护，规范网络传播音乐作品版权秩序"，依据《中华人民共和国著作权法》《信息网络传播权保护条例》及《著作权行政处罚实施办法》等相关规定以及"剑网2015"专项行动有关工作部署做出的决定。

今后，国家版权局主要从以下方面加强音乐版权保护：支持原创，激发音乐创作生产活力；加强音乐版权保护，创造良好发展环境；加强国际合作，让音乐作品相关权利人在世界范围内得到更好保护。同时，在《著作权法》修改草案中关于音乐版权的新条例，以及国家版权局如何加大力度做好国内音乐版权维护等方面具体措施包括将网盘、云端、音乐App等新型网络服务平台列入重点监管，加强国际合作，推动《视听表演北京条约》等与音乐相关国际条约尽快生效等内容。国家版权局版权管理司相关负责人表示，主要网络音乐服务商（包括网站和App）将纳入重点监管范围。一旦盗版大面积遏制住，形成付费局面，国内流媒体音乐市场利润将几十倍递增。

社会及市场环境：就用户习惯来说，与国际上相比，中国用户已习惯免费听歌及下载。目前中国至少有100个盗版音乐网站，其中最火爆的每月点击量可达1.685亿人次，远超合法音乐下载站点。在中国约4.78

亿人在线收听音乐——人数超过了美国全部人口数量。然而国际唱片业协会数据显示，2014年中国用户对数字音乐缴费仅为9100万美元，而美国则为35亿美元。但是，网易联合DCCI互联网数据中心发布的《校园移动音乐报告》显示，目前国内的大学生移动音乐用户规模达2450万，移动音乐渗透率高达91.4%，且音乐付费意愿为40.8%，因此，随着法制健全和年轻一代受众观念转变，付费订阅市场或许会在五年内形成。流媒体音乐这一新业态的兴起或许为我国实现"正版付费"带来机遇。

5. 国际文化科技案例

案例一：Apple music、Spotify、pandora、TIDAL

伴随着智能设备的普及，音乐流媒体市场除了Pandora和Spotify两家巨头领先全球市场之外，苹果、谷歌、亚马逊、微软都在追加资源，扩大市场份额。目前市场上受人关注的流媒体音乐平台有Apple Music、Spotify、Pandora以及由说唱歌手Jay Z主办的TIDAL（表10）。

表10 各家流媒体音乐服务对比（数据来源：Wall stree）

	Spotify（瑞典）	Pandora（美）	Apple Music（美）	TIDAL（挪威）
用户量	6000万用户其中1500万付费用户	2亿注册用户	未知	1.7万付费用户
价格/月	免费/订阅费：9.99美元	免费/订阅：5美元	免费/订阅费：9.99/14.99（家庭）美元	订阅费：9.99/19.99美元
音乐	大于3000万首		3000万首	2500万首，7.5万部音乐视频
服务特点	个性化推荐	广播、易用性	音乐广播/社群分享与影音体验、专家推荐	高质量音频

这四间企业中，Apple Music具有强势的品牌及完整的商业生态圈；Spotify是目前全球领先企业（点播模式）；Pandora拥有2亿注册用户（广播模式）；TIDAL虽然成立时间最短且用户量少，但是由于他的创办人在流行音乐界的高知名度及为音乐人带来更多收益的模式而被瞩目。

Apple Music：由于近年音乐下载服务收入下滑，越来越多的人选择流媒体音乐服务。苹果在 2014 年以 30 亿美元收购拥有流媒体音乐业务的 Beats 公司，与 iTunes 整合成为"Apple Music"流媒体音乐服务。苹果的加入将进一步加速音乐流媒体对于下载模式的取代。苹果虽然推出流媒体服务较晚，但掌握着他人所不具备的优势：如与音乐公司的深度合作关系，全球性的品牌知名度以及苹果目前拥有 8 亿张用户信用卡数据。Apple Music 的特点在于可以让艺术家通过免费或付费的方式发布音乐片段、曲目和整部专辑。在歌曲的盈利模式上，与艺术家、厂牌的合作方式。在订阅模式中，Apple 将会将 Apple Music 的收入总盈利当中 71.5% 营收提供给唱片公司，剩余的 28.5% 才是属于 Apple，但是扣除网络技术、人员等方面成本，Apple Music 获得的盈利仅仅只有几个百分点。

Spotify：2008 年 10 月在瑞典首都斯德哥尔摩正式上线，是全球最大的正版流媒体音乐服务平台。Spotify 提供的服务分为免费和付费两种，免费用户在使用 Spotify 的服务时将被插播一定的广告。而付费用户则没有广告，且可以拥有更好的音质，在移动设备上使用时也可以拥有所有的功能。Spotify 总收入广告收入大约占两成，付费订阅占八成。但要将整体营收中的 70% 支付给唱片公司和发行商。2014 年，Spotify 的全年收入为 10.8 亿欧元，亏损 1.62 亿欧元。造成亏损的主要原因还是 Spotify 需要向唱片公司支付大量的版税费用。Spotify 的目标是想成为你管理你全部音乐的一个平台，而这个平台是完完全全构建在云端的。

除了订阅播放，Spotify 也在不断尝试新的商业模式，比如为老牌摇滚乐队喷火战机乐队（Foo Fighters）做定制推广，通过 Spotify 的平台给其最活跃的粉丝发送了喷火战机相关信息的邮件。Spotify 和喷火战机联系 Spotify 上最大的粉丝会给予独家优惠并有门票赠送。Spotify 这种亲自上线做宣传的行为是流媒体服务里的第一次，对于唱片公司和音乐厂牌来说也许是未来宣传推广的新方向。对外合作方面，2014 年，Spotify 与打车软件 Uber 宣布合作，让用户在车上也能欣赏到自己喜爱的音乐，打破与司机之间无话可说的那点小尴尬。上车后的乘客只需打开 UBER 中的播放界面，就可连接车载音响系统。Spotify 近日表示，该公司计划突破现有的流媒体音乐业务框架，增加视频、播客等新服务，并将在美国、英国、德国和瑞典推出这项新服务。

Pandora：Pandora 是一个高度个性化的"私人电台"。潘多拉通过分析歌曲本身，随机推送基于用户习惯的音乐。潘多拉网络电台不设置音乐播放列表，不能播放用户选定歌曲，完全颠覆传统播放器模式。Pandora 的收入模式也是两部分：免费版的广告收入（2006 年 5 月以前没有广告）、会员版的会员费（2006 年 5 月以前，15% 的会员费收入用于延长 Pandora 音乐许可证有效期和购买带宽）以及推荐用户去 iTunes 和亚马逊网站购买在潘多拉上听到的音乐等措施上。Pandora 媒体公司同时还将商用音乐搜索服务授权给音乐销售商（如 Best Buy、Tower Records 和 AOL 等），这些销售商凭借这项服务在自助服务终端向消费者推荐新歌。Spotify 和 Pandora 之间有很大区别，二者有着不同的成本基础，且面向不同的市场。

TIDAL：TIDAL 是由嘻哈歌手 Jay Z 在 2014 年组建的音乐流媒体平台，宣称将"颠覆行业"，通过艺人收益共享的方式重拾音乐的价值。TIDAL 发布了一个上传工具——TIDAL Discovery，音乐人可以直接使用 TIDAL Discovery 把他们的音乐传到平台。目前，著名流行乐手碧昂斯、酷玩乐队、蕾哈娜、麦当娜、亚瑟小子等音乐人都将获得 TIDAL 的股权，并从用户支付的月费中获得上百万的版权费。TIDAL 将推行两种收费模式：月费为 9.99 美元的标准音质服务和月费为 19.99 美元的无损音质服务。前者将以标准的版税率为艺人支付收益，而后者则以双倍的版税率向艺人提供版税收入，并且 TIDAL 不提供免费选项，丰厚的收益将成为吸引大牌加入的原因之一。

其他流媒体服务商：谷歌推出 Google Play Music；视频平台 Youtube 也推出了移动端的音乐流媒体订阅服务 Music Key；亚马逊发布 Prime Music；微软则开发了 Xbox Music；索尼与音乐服务网站 VEVO 合作流媒

体服务。同时，日本通信应用软件 Line 正式推出流媒体音乐服务。Line Music 没有免费服务，但采用两种收费方式。用户可以每月支付 500 日元（约合 2 美元），从 150 万首曲库中享受 20 个小时的流媒体音乐服务。或者每月支付 1000 日元（约合 8 美元）换取无限制访问。学生优惠可以享受 300 日元（约 2.5 美元）和 600 日元（约 5 美元）的优惠价格。此外，早期用户还可以免费使用 2 个月。未来，网速足够快，网费足够低，智能设备（智能手机、车载音响、Google 眼镜）足够普及，流媒体听歌将会变成主流。

案例二：云计算和大数据变革音乐产业

在流媒体音乐服务早期，各家的竞争在于曲库量的大小，而从上面的表格可以看到现在音乐流媒体服务已日趋雷同，想要竞争只能通过个性化服务，个性化服务主要通过背后的数据分析算法实现，而海量的数据运算需要依托云计算（数据中心）。其中 Spotify 和 Pandora 的数据分析技术最具代表性。

Spotify 与智能推荐：用户使用 Spotify 听歌时，Spotify 会记录用户听了哪些歌，哪些歌听的时间长，哪些歌听的时间短，有哪些歌甚至没有听完就跳过了，哪些歌被用户收藏进歌单以及哪些歌被用户分享给了朋友。这些被记录下的数据通过音乐数据分析公司 The Echo Nest 提供的接口，传送到音乐数据分析公司 The Echo Nest 的数据库中，使用 The Echo Nest 的专利算法进行分析，推断出用户的喜好，然后根据 The Echo Nest 的专利匹配算法，将符合用户喜好的音乐曲目返回给 Spotify。这样，Spotify 就可以向用户推荐符合其口味的曲目。

Pandora 与音乐基因组：由于与 Spotify 的服务模式不同，因此 Pandora 对于曲风、用户连接数或点播率并不在意。Pandora 的服务流程是：当用户在 Pandora 网站上创建一个广播电台，输入自己喜欢的歌曲、音乐家名称后，Pandora 会首先对用户喜欢的歌曲的音乐结构进行分析，然后为用户播放具有类似音乐特征的其他歌曲——如，Pandora 首先找到一首

Ben Folds 的歌，然后对这首歌进行基因组分析。然后，再通过某种算法将基因组数据库中的每首歌与这首歌的基因组比较，找出具有相似特征的歌曲。音乐基因组计划始于 2000 年 1 月，所谓基因组是将音乐按特征分解——基因组中共有几种基本的类型：流行乐（Pop）、爵士乐（Jazz）、说唱（Rap）、嘻哈（Hip-hop）、电子音乐（Electronica）和世界音乐（World），并根据不同的音乐类型，还需要对基因进行细分，包括乐曲改编、拍子、形式、和声、歌词、旋律、配器、节奏、切分音、速度、即席伴奏、声部等在内的 480 多项音乐特征。

除了企业本身的挖掘分析，近几年在数据领域诞生了不少新生力量，他们开始对最新的渠道进行监控，并能提供之前尚未涉及的领域——消费者行为相关数据。

表 11　欧美几家新兴的数据服务商

名称	国家	业务
Big Champagne	美国	擅长创意作品如何被评价和消费的监控。通过对社交网络、演出门票购买、唱片销量、电台播放量等领域的监控评测得出的最受欢迎的乐曲列表。
Semetric	英国	该公司开发的监控评测工具 Musicmetric，主要用来监控社交网络活动（Facebook, Youtube, Vevo, Last.FM, SoundCloud, Instagram, MySpace, Twitter, Tumblr, ikipedia 等）和网络下载活动（主要针对非法下载），数据结果告知人们网上的音乐内容正在如何被消费。Musicmetric 系统的核心是一个建立在 Hadoop 大数据管理技术基础上的专利平台。过去几年，所有的主流厂牌和不少独立厂牌都在使用该技术，此外还包括了音乐经销商、音乐流媒体服务商、互联网巨头、国家电视台和电台广播、现场演出推广商等。
Kollector	比利时	专门为音乐产业提供数据分析的公司。主要面向版权商的同时，也为独立音乐人和独立厂牌提供音乐追踪监控服务。
Bach Technology	挪威	主要一项专利技术（Music DNA）能够对大量的歌曲"数据指纹"进行识别，通过获取互联网上的电台流媒体播放记录监测哪些歌曲被播放过。其核心业务是监控电台里正在播放哪些音乐，用户将歌曲委托给 Bach Technology 来监控，然后他们能够得到相关的报告，以得知哪些歌曲被播放过。并且，这些数据报告可以涵盖全球任何一个国家。"

此外，苹果、谷歌、亚马逊都建立了自身的云服务，其流媒体音乐服务存储、运算数据分析都至于自身云服务中；并且苹果宣称将投入10亿美元在各地建立更多数据中心。而 Spotify 和大量创新小企业在使用亚马逊的 Amazon Web Services 云服务。

（四）趋势4　游戏：在线直播

1. 定义与应用

游戏直播实际上就是玩家（职业或非职业）利用一些录制软件把自己游戏直播画面上传到直播平台，根据游戏类别、观众数量等对直播频道进行排序推荐；而这些游戏的主播则可以根据观众的订阅和广告获得收入。2014年，亚马逊以9.7亿美元收购了游戏视频平台 Twitch，引起了资本市场对于这一新兴业态的关注热潮。

游戏直播是电子竞技[①]产业的组成部分，游戏直播处于电子竞技下游的播放环节，将赛事、主播和电竞职业玩家连接起来直接互动，同时观看者也可以互动。这种形式主要是随着宽带发展普及、电子竞技行业高度发展、社会对于电子竞技认知度、接受度改变而形成的新兴业态；国际上游戏直播行业的发展与网络技术以及游戏产品的市场策略有密切的相关性，游戏直播的火爆涉及游戏及电竞产业的兴起、社会认可程度和周边技术成熟等一系列因素，随着带宽、流媒体技术、云计算、用户接受度等条件的成熟。现代游戏的互动性越来越强，电竞观众越来越多——目前，电子竞技的观众并不少于传统的足球，篮球等体育运动。游戏直播平台成为电竞市场的一项重要环节，在电竞产业链中，是为数不多的尚未充分挖掘的一个领域。

---

① 电子竞技是以竞技类电子游戏为基础，信息技术为核心的软硬件设备为器械、在信息技术营造的虚拟环境中，人与人之间的智力对抗运动。通过运动，可以锻炼和提高参与者的思维能力、反应能力、心眼四肢协调能力和意志力，培养团队精神。在统一的竞赛规则、以及在规则保障下公平进行的对抗性电子游戏比赛，电子竞技正在成为一种全新的体育运动。

2. 技术及分类

电子竞技产业链中核心的部分应该为内容授权、内容生产、内容制作和内容传播方。而周边还包含电信运营商、衍生品等。

表12 电子竞技产业链的核心部分

环节	详细
内容授权	暴雪、VALVE、完美世界等游戏厂商为内容授权方提供版权。
内容生产	WCA、NESJ、职业联赛等赛事主办方、电竞俱乐部和职业选手（主播）组成的内容生产方将游戏预热，炒至最高点，并产生粉丝效应，带来大量关注。
内容制作	赛事执行方作为后方支援，必须提供专业的内容制作。
内容传播方	内容制作完成后，通过网络游戏直播平台以及网站游戏频道等进行传播，最终到达用户。

在这个产业链中，游戏直播平台这种新商业模式的崛起可以推动电竞产业发展，通过游戏直播平台，观众几乎每天都可以观看自己喜欢的职业玩家相互之间的竞技。对职业玩家来说，通过广告、流媒体订阅费以及观众购买，他们可以获得收入。

电子游戏、电子竞技是伴随新技术而产生。技术是电子竞技产业的核心和支柱，技术的先进和更新速度直接决定其产业发展。电子竞技行业集计算机技术、网络通信技术、自动控制技术和人工智能技术、虚拟现实技术等之大成。所以，电子竞技只有在信息技术足够成熟的情况下才产生。而在游戏直播中除上述技术外，还对带宽、流媒体传输等技术有所要求。对于所需要的支撑技术与一般的视频点播在技术要求上很不一样。在线直播原理是直接通过网络连接到服务器观看，一比较占带宽，现在一般看标清视频的标准4M，高清最好是6M以上。第二服务器的承受能力，如NBA的季后赛几百万人在线观看势必有些问题。在线点播是通过视频调度服务器调度资源观看的，视频可以提前缓冲断点缓冲，确保流畅播放，调度器可以调度最优资源，如果在观看过程中调度慢的资源会自动切换。所以从技术上来说，直播技术的实现要比点播难度更高。

3. 市场与企业

根据华尔街麦考瑞报告成，目前电竞行业仍以每年29%的速度发展，成为继游戏视频和虚拟现实技术之后的第三大产业。在2014年底，全球电竞行业的关注人数已达到1.17亿人，而到2017年之后，这一数字将达到3.22亿人。而根据美国调查公司IHS的估计，电竞的观众人数将在2018年达到6.6亿。

从观众认知及规模来看，荷兰市场调研公司Newzoo2014年发布了《Newzoo全球电子竞技观众＆收入模式》，后者数据显示：2014年有2亿5百万观众观看电子竞技比赛。从2012年到2014年，电竞观众在观看上的时间也在增长，从2012年的13亿小时到2014年的37亿小时，几乎翻了三倍；这些变化得益于电竞忠实观众（即经常看电竞比赛的观众）的稳定增长，从2012年到2014年，电竞忠实观众的数字增长了约150%。预计，2017年全球电竞发烧友将从今年8900万增长至1.45亿；未来三年电竞全球认知度将以21.6%的复合年增长率增长，2017年电子竞技的认知度将达到12亿人，这些庞大的观众群将为电竞业带来巨额收入。据在亚太地区所有国家中，中国电竞市场收入规模最大，2015年预计将收入3670万美元（约合人民币2.27亿元），高于韩国电竞市场收入（2890万美元）。因此，巨大的电竞观众会为游戏直播带来发展基础。从另一个角度，游戏直播也一直是视频网站的重要内容，根据ESPN[①]发布的一组数据，综合YouTube的所有频道，音乐拥有最多的订阅用户：8500万用户；游戏订阅次之：7900万用户；而电视只有1200万用户。因此游戏直播平台作为直接连接内容、赛事与受众的互动媒介，不论是宣传还是推广都会起到巨大作用，并且直播平台的实时数据对于分析用户需求，促进游戏内容制作、改进都会产生巨大作用。

---

① ESPN：（英文：Entertainment and Sports Programming Network，即娱乐与体育节目电视网）是一间24小时专门播放体育节目的美国有线电视联播网。

国际主要的游戏直播平台有如下：在韩国的游戏直播网站也异常火爆，Azubu 是目前韩国最大的网络直播机构（综合型），不止韩国，欧美也有有许多职业战队都在此平台直播，Azubu 在世界范围内都是颇具影响力。AfreecaTV 是韩国最著名的网络游戏直播平台，每天有 3500 个频道同时播出，内容涵盖游戏、娱乐、体育及电视节目，主播超过 20 万名，PC 端加移动端日访问量（UV）超过 350 万。

4. 国际发展概况

游戏直播形式要从电竞的整体发展来看，电子竞技于 2000 年前后发端于韩国和欧美，国际上电子竞技作为体育的延伸正处于蓬勃发展中。在韩国，2014 年韩国电子游戏年产值达 33.6 亿美元，位居全球第六。韩国游戏出口额占整个"韩流"文化输出的 50%，成为国民经济的支柱之一，其中电子竞技每年为韩国带来近 5 亿美元的经济收益，电子竞技在韩国已经成功实现产业化发展，而韩国政府对于游戏产业的扶持可以说是全方位的。自 1998 年以来，在"文化立国"战略指引下，韩国政府除对网络游戏产业巨额投入外，在政策、税收、配套等方面给予了最大便利。1999 年文化观光部成立了韩国游戏促销中心，目前该中心下属的韩国游戏研发和促销协会负责为游戏产业提供必要的核心支持，其主要职责和功能是：为游戏产业政策的制定提出建议，培养人才，提供资金等方面的支持，开拓海外市场及开展国际交流等。韩国组建了韩国游戏支持中心，向韩国游戏产业提供从资金到技术等多方面支持；成立游戏投资联盟，每年向游戏产业投入 500 亿韩元以上的资金。除此之外，通过成功运作世界电子竞技大赛（WCG）这一国际性大赛，韩国成功实现了向国外推行文化战略和商业战略的目的，WCG 成为韩国拓展海外市场和进行文化输出的重要手段。在此背景下，一个名为 KeSPA（韩国电子竞技协会）的组织应运而生。该机构由政府牵头，与赛事主办方合作，目的在于管理电竞俱乐部和完善电子游戏职业化发展。与此同时，在国家政策的积极推动下，韩国加快了国民宽带的普及步伐，不但让韩国民众普遍享受到了便捷、快速的网络服务，推动基于网络的游戏等文化业态发展。时至今日，韩国的网络速度和宽带普及率在全世界都是首屈一指的。

美国相对韩国而言有很大的差异。在美国，CPL（电子竞技职业联盟）是电子竞技的主要推动者，与韩国的 WCG、法国的 ESWC（电子竞技世界杯）并称为世界三大电子竞技赛事。美国政府对电子竞技的支持远逊于韩国；但是，美国政府给予美国的软件企业"永久性研发税优惠"——据美国《国内税收》第 41 部分中有关"研究与试验税优惠"的规定，美国公司的研究性支出可享受高达 20% 的税收减免。虽然美国政府主导电子竞技的力度弱于韩国，但 CPL 依靠市场形成了独特的运营模式，其专业性强和效率高的特点深受赞助商和传媒的偏好，在市场推广方面远远高于韩国。美国去年电竞比赛的奖金已达 1200 万美元，电竞选手也有很高的社会地位。不仅如此，美国对电竞的扶持力度也慢慢加大。

社会及市场环境：韩国是一个全民电竞的国家，上到国家领导，下到平民百姓，都对电子竞技有着很浓厚的兴趣。在韩国，电竞被誉为"国技"，是韩国三大体育竞技项目，职业电竞选手高达万人，是仅次于足球和围棋的体育运动。收入丰厚的职业选手，在韩国受欢迎程度丝毫不输给体育明星，而且可以免除兵役。所以在韩国，电竞选手享受着一些电影明星和歌手的待遇，因为他们会赢得一大批国民的尊重。

韩国电子竞技产业成熟的一个最为重要标志就是赛事众多，韩国的电竞相对成熟，所以衍生出的选手也很成熟。频繁的赛事，合理的机制，使得韩国的电子竞技玩家的职业化程度达到世界水平。韩国政府的大力支持，也使得电子竞技在韩国职业化、全民化程度很高。电子竞技被韩国奥林匹克组委会确定为官方二级奥林匹克运动项目。在韩国电子竞技协会（KeSPA）推动下，韩国奥组委（KOC）最终宣布将 KeSPA 入编成为 KOC 的一员，这将意味着 KeSPA 所管辖的电竞项目将正式成为官方二级奥林匹克运动项目。

在美国，SuperData Research 报告显示，2013 年全世界有超过 7100

万人在观看竞技游戏节目，其中约有一半来自美国，每 5 个美国玩家中就有 1 人收看或参与电竞比赛。美国电竞选手也有很高的社会地位。在 2014 年，美国 Robert Morris 大学就已经正式认可电子竞技为运动项目，并成为全美首座提供专业运动奖学金给电竞选手的院校。该学院宣布，将为最优秀的 60 名 LOL 选手提供体育奖学金，减免 50% 的学费和食宿费用。提交申请的学生需要经过层层选拔，这和申请其他体育奖学金的机制一样。而很早之前，一些美国大学就开设了《星际争霸 2》的相关课程，修完这些课程同样能获得相应的学分。另外，美国移民局首度承认职业的游戏玩家可以像传统的体育运动员一样申请工作签证。这些电竞大国对于电竞已形成良好的社会氛围——对电竞选手尊重、认可、形成良好发展机制才能促使更多的人才加入而促进电竞产业发展。

在美国，Twitch 是流量最大的游戏直播平台，刚刚被亚马逊以近 10 亿美元收购，为世界所瞩目。2015 年，谷歌也发布了流媒体游戏直播服务 YouTube Gaming，在美国和英国正式上线。接下来，YouTube 将在安卓和 iOS 平台上发布对应的移动应用。美国 Valve 旗下的游戏平台 Steam 也推出视频直播功能，Steam 的新功能要注册了 Beta 版本后才能使用，它让用户可以不用退出服务，就能观看其他人玩游戏的视频，而且对所有用户开放，不只限于朋友才能观看。不光是 Steam Client 用户端，用户还可以通过 Chrome 或者 Safari 观看。通过对于国际案例的观察，可以发现游戏直播已逐渐成为国际上一种新的业态趋势，国内企业也在慢慢摸索商业模式，将其本土化。

其他创新企业，如手游直播服务提供商 Mobcrush 获得了 1000 万美元的新一轮融资。2015 年 5 月份的时候，Mobcrush 从 Raine Ventures、First Round Capital、Lowercase Capital 以及 Crunch Fund 获得了 490 万美元融资，目前该公司在 2015 年就获得了 1490 万美元的资金。手游直播服务受到资本青睐也是电竞移动化的表现之一。

游戏直播与赛事是相互促进的，国际主要电竞赛事目前有："Ti"

系列赛是 Dota2 最大国际赛事；世界三大电竞赛事——韩国"WCG"（2014年取消）、美国"CPL"、法国"ESWC"；WCA 世界电子游戏竞技大赛；英雄联盟全球冠军赛。电竞赛事类型按照主办方属性分为二种：由游戏开发商和游戏发行商主办的单项赛事以及由非游戏开发商或发行商举办的综合性赛事。开发商和发行商主办的单项在赛事规模、奖金数额、观众人数上逐渐超过第三方赛事。

5. 国际文化科技案例

案例：游戏直播平台 Twitch

2014 年亚马逊宣布以 9.7 亿美元的价格收购游戏视频直播服务提供商 Twitch。这是亚马逊历史上最大的收购交易。Twitch 在被收购前名声并不大，但是从流量数据来看却很惊人，全美互联网峰值时期流量来源的占比数据显示：流媒体网站 Netflix 排名第一占比 32%，全球搜索引擎老大谷歌占比 22%，遥遥领先第三位的苹果。而排名第四的是 Twitch，占比 1.8%，超越了 Facebook，亚马逊，Hulu 和音乐流媒体商 Pandora。

根据 Twitch 公布数据，Twitch 每月的访问量超过 3800 万，有超过 2000 万个游戏玩家汇聚到这个平台，每个访问用户在网站的日平均停留时间为 1.5 小时。其网站可以支持 28 个国家和地区的语言，包括中文简体和繁体。成立于 2011 年的 Twitch 经过短短 3 年多的发展已经成为世界上最大的游戏视频网站和社区，每月活跃用户量高达 5500 万，其月点播用户总量已超过 110 万。其视频播放范围中，游戏玩家总量超 5500 万人次，同比增长近 1000 万人次，日人均收看时长也达到 106 分钟。

盈利模式：Twitch 可以被理解为游戏界的 YouTube。Twitch 于 2011 年 6 月成立，目前已经拥有清晰的盈利模式，包括订阅视频收费、用户个性化服务售卖、广告收益等。在内容的获取上，玩家可以在直播频道中将自己的游戏直播画面上传，根据游戏类别和观众数量进行排序后，玩家就可以根据观众的订阅和广告获取相应收入。

Twitch 的内容主要是玩家在玩游戏的过程中相互竞技而产生的视频，

是一种UGC（用户创造内容）模式，为了维护用户的黏性，主要以一种兴趣社区式的方式来运营整个网站。

互动兴趣社区式：Twitch并不是一个类似于ESPN等体育频道的节目集合或者是一种单纯的直播技术平台，而是一个游戏爱好者的社区。与传统的直播频道不同，Twitch可以实现主播与观众，观众与观众之间的即时互动。主播可以实时看到观众的反应从而掌握观众到底喜欢什么样的视频直播，观众之间也可以产生有意思的话题增加视频直播的趣味性。同视频网站相比，观众不再是过去只能接收信息的观众，而变成了一个个社区的参与者。Twitch使得观众可以即时的与主播交流，因此Twitch也出现了让观众参与节目的可能，甚至，会出现诸如由所有观看直播的网友共同玩"口袋妖怪"这样的无主播节目，观众可以产生更多的互动甚至影响整个节目的决策。

多渠道适配：内容是由游戏玩家创造，包含了各种各样的热门游戏，如Dota2、LOL、Starcraft2、World of Warcraft等，其中有PC，所以基于各种不同的游戏平台、设备载体，Twitch除了PC平台的直播，近年也已经开始支持Xbox、PS平台游戏的直播，随着手游的用户量激增，也发布了手机版本，在手机上也可以使用Twitch做游戏直播。

顶尖的流媒体直播技术：Twitch打造了一个十分高效的流媒体直播平台，用不大的投入维护一个数千万活跃用户的用户群体，体验流畅。

数据分析技术助力上下游企业：Twitch的平台上聚集了大量电竞发烧友，并且从内容创作到消费整个过程都是在网络完成，因此会产生大量数据，这些数据不但对于促进网站消费和了解用户的喜好、行为习惯等具有重要价值，而且对于上游的内容提供商（游戏开发商）、发行商、运营商以及衍生行业（动漫、电影、玩具）都会产生意义。

（五）趋势5　教育培训：游戏化学习

1. 定义与应用

教育游戏是一种以游戏作为教育的手段、承载着具体教育目的，设计游戏的时候以成熟的教育学、心理学理论作为支撑，通过电子游戏的方式来完成教育过程的计算机软件，教育游戏兼具教育性和娱乐性的特点，在教学中合理有效地运用教育游戏，可以达到寓教于乐的教学效果。本报告所提及的教育游戏，是将其作为一种游戏化学习软件。在国际上对于教育游戏也有多种类似的其他表述方式，如娱教技术（Edutainment）、数字化游戏学习（Digital Game-Based Leaning）、E2游戏教学（E-game Teaching）等，在国际上对于此类游戏广义上称为严肃游戏（Serious Game 欧美）、功能游戏（韩国），包含了军事、医疗、教育等多领域应用，严肃游戏还可以应用于知识和技能的培训，例如各种驾驶技术培训、团队合作培训、服务生培训、技术工人操作培训等，但是目前在教育领域的应用和研究远远多于其他方面，因此报告中案例主要集中于教育领域应用。

而游戏化学习（Learn through Play），又称为学习游戏化，就是借助于游戏的设计机制采用游戏化的方式进行学习。它是目前比较流行的教学理论和教育实践。游戏化学习主要包括运用数字化游戏（教育游戏）和游戏学习活动两类。教师借助教育游戏软件和设计游戏活动向学习者传递特定的知识和信息。教师运用游戏化学习活动，使信息传递的过程更加生动，脱离传统的单向说教模式，将互动元素引入到沟通环节中，让学习者在轻松、愉快、积极的环境下进行学习，重视培养学生的主体性和创造性，有利于培养学生的多元智力素质。因此，教育游戏和游戏化学习放在教育信息化的范畴中看，是教学内容智能化和教学理念方式的变革；从文化产业中看，属于游戏产业向教育培训领域的延伸。

由于近年各国对于教育信息化建设都上升为国家战略，在线教育市场也蓬勃发展。因此教育技术备受关注，教育游戏与游戏化学习在多份国际教育产业及教育技术报告中不断被提及，受到各方关注。美国新媒体联盟（New Media Consortium，简称 NMC）所发布的年度《地平线报告》已经成为国际教育信息化发展的风向标。而其中连续多年在新兴教育技术中提及教育游戏与游戏化学习；并在 2014 年报告中被认为是即将要普遍进入到校园的学习方式。《2014 年度美国十大最具影响力的教育技术》也认为游戏作为一种教学手段脱颖而出。如果运用得当，好的游戏能够引导学生开展互相协作，以及批判性思维。为什么教育游戏和游戏化学习会受到各方关注，需要从全球教育信息化语境中看：（1）联合国教科文组织（UNESCO）将信息技术与教育融合发展的过程划分为四个阶段：起步、应用、融合、创新。从国内外面临的发展阶段来看，发达国家已进入应用与融合阶段。（2）从联合国教科文组织发布的《2014 全民教育全球监测报告》（以下简称报告）中指出以下全球教育主要问题来看，教育游戏软件和游戏化学习可以解决目前面临的部分问题，因为这是一种基于数字教材的教学方式。

表 13　2014 全民教育全球监测报告——全球教育主要面临的问题

问题	详情及应对
高质量学习危机明显存在	报告认为，解决儿童入学问题，首先需要足够的学校和教师，而且学习内容和怎样学习的质量问题同样重要。
重新界定教育系统目标	解决学习危机需要我们重新界定教育系统目标。报告认为，课程必须打破传统的学科分类，提供终身学习的基础和生活技能，例如灵活性、情感丰富性、独立和批判性思维，技能、知识、价值观和态度必须反映个体、国家、全球人口和当前世界的需要和期望。目前，90 多个国家在努力发展国家教育资格框架，目的是发展学生的责任、自主和自信等。
教育质量评价转向重视学习过程	目前教育质量的评价主要关注入学率、辍学率和测试结果及进展。报告指出，这些评价重视输入和输出，原因在于它们比教学过程本身更容易测量。近年，很多西方国家已经开始重视课堂教学过程，因为课堂是影响教育质量的重要因素。教育质量评价需要从重视输入和输出转向重视学习过程。

2. 技术及分类

从技术角度来说，信息技术的迅猛发展及其在教育领域中的广泛应用，为课堂教学带来了新技术和新理念的支撑。在在线教育领域中，2014年《地平线报告》中K12、高等教育、博物馆教育三个板块分别列出了近期及中长期关键技术，其中云计算、学习分析、3D打印、可穿戴、增强现实、游戏和游戏化等新型技术和方式进入课堂，新兴技术在教育中的应用，可以转变学生被动的学习方式，扭转教师低效的教学形式，改变课堂单一的教学形态：如，3D打印技术将颠覆学生的动手实践，体感技术将引发学生互动学习的新体验，教育游戏将改变学生的学习观念，游戏化虚拟社区将支撑学生大规模的合作学习。

从发展阶段来说，依据教育部"英特尔信息技术专项科研基金项目"所做"国际教育信息化发展研究"的观点，2000年以来，发达国家及少数发展中国家已经基本完成基础设施建设，并开始转向教育信息化应用层面上来。而应用阶段的特征表现为：在教育教学和教学管理普遍使用信息技术来提升教学质量和提高管理效率，教师开始注重在引入信息技术的过程中改变教学方法。但是在这一阶段，却面临着信息基础设施和资源难以满足需求的障碍。因此，越来越多的国家及国际组织开始关注新技术和新理念所带来的学与教方式的应用创新——教育游戏和游戏化学习以及混合式学习等学习方式的变革越来越受到重视。

从第二个层面的三个问题来看，第一，教育游戏和游戏化学习可以改变课堂气氛和营造多元化的学习场景，使学生能够主动接受信息。第二，作为集合了视、听、交互的多媒体软件，教育游戏可以更好地传达综合性知识，如后面提到的游戏案例"Dust"将目前国际流行的STEAM综合知识体系与故事背景有机融合在一起。教育游戏将改变学生、老师的学习观念，并且起到部分替代教师的作用。第三，设计精良、更智能化的教育游戏软件运用在课堂教学过程中，可以收集实时数据，运用学习分析技术（数据分析挖掘）对学生、教学效果作出更细腻、客观的评价。所以，引起了越来越多的教育技术研究者的关注，成为信息化教学领域的一个研究热点。从文化产业来说，作为软件产品，教育游戏开发后边际成本递减，独立使用或与传统教育机构相互配合，在市场上也拥有广阔空间。

3. 市场与企业

从在线教育市场整体投资来看，根据 EdSurge 的数据，2014 年美国的风投一共向教育科技行业注资 13.6 亿美元，这个数字创下了近年来的一次新高。其中课程产品类——采用游戏化教学机制的 Duolingo 融资额为 2000 万美元。这个语言学习软件让用户可以在做练习的过程中进行语言学习，并且在 2014 年进军中国市场和推出挑战雅思和托福考试的移动端英语水平测试。而通过交互式故事来培养孩子情绪管理能力的 If you Can 则拿到了 650 万美元的融资。教育游戏公司 Osmo 利用计算机图像识别技术，能够将虚拟游戏与现实世界结合起来，帮助孩子（主要是学龄前）们通过移动设备娱乐和学习，融资 1200 万美元，目前已有超过 2000 家学校使用其产品。除此之外，其他还有各类教育游戏及游戏化软件被风投机构所看好。

从教育游戏市场容量来看，2013 年研究机构 Ambient Insight 在报告中预测，"基于模拟的教育游戏"（包括企业培训游戏在内）市场容量，有望从 2012 年的 23 亿美元，增长到 2017 年的 66 亿美元。2013 年基于游戏的教学公司筹集资金超过 1.117 亿美元。广义的教育游戏市场（包括企业培训和教育类消费游戏在内）获得了超过 15 亿美元的风险投资。

从消费者接受度来看，娱乐软件协会（ESA，2013）和欧盟的数据显示，家长陪子女进行游戏的时间正在增长，有 91% 的儿童都在以某种形式玩游戏。美国游戏玩家的年龄层被分成几乎相等的三份，其中 18—35 岁年龄段的玩家人数占到 31%。随着平板电脑和智能手机的数量激增，游戏变成了可以在多样化设备上进行的便捷活动。根据调研机构 Ambient

Insights 数据，2014 年基于游戏的学习产品的消费者所创造的收益已经达到了 3.28 亿美元。从社会文化角度来说，随着每年游戏玩家平均年龄的不断降低，游戏文化正逐渐影响着世界上大量的人口。游戏已经跨越娱乐领域，渗透到商业、生产和教育领域，在交互技术的发展和"数字原住民"的使用习惯发生巨大改变后，教育游戏未来在学习中的使用会越来越普遍。

从内容分类上看，教育游戏属于富媒体教学资源，教育游戏将声音、文字、图片、动画、视频等融合在一起，与虚拟现实、交互技术结合；通过借鉴游戏机制设计的方法、心理学原理将传统课程电子化、趣味化。好的教育游戏软件实际融合了严谨的教学设计、脑科学、认知心理学等学科研究，以适当的教学方式插入课堂教学过程中或在非正式学习环境中使用，借助于学习分析技术、人工智能等科技手段，可以达到个性化学习、自适应学习的目的。微观上说增加学生的自主学习兴趣，减轻教师的教学负担。宏观上看，由于互联网、物联网、云计算等技术的发展，未来学习的地方将不仅限于传统教室（移动学习）——根据《2015 新媒体联盟地平线报告：博物馆教育》和国际上多间机构对于非正式学习[①]（informal education）的研究期刊（如 Creative Education 等）。各类电子化的交互学习内容和移动设备可以更多参与到传统课堂无法观察到的非正式学习过程中，收集学习过程信息（数据），增加学习评估维度，一定意义上可以促进教育改革发展及教育公平。

同时，国际上还有大量关于教育与游戏的学术会议及组织，如严肃游戏峰会（Serious Games Summit）、WISE（World Innovation Summit for Education，世界教育创新峰会）等等也在探讨研究关于教育游戏及游戏

---

① 非正式学习：世界经济与合作组织（OECD）认为，对非正式学习的深刻理解，能够为政府部门增加教育机会提供至关要的信息。2010 年，来自 22 个国家的代表共同将他们的经验编入了一份题为《认可非正规和非正式学习》的报告中，为各个国家界定非正式学习奠定了基础。

化学习。

企业应用及发展：在欧美，教育游戏的设计应用与学术结合更为紧密，如 Lumosity 是一款以认知神经科学为设计依据的电子游戏，它基于斯坦福大学、哈佛大学、加州大学伯克利分学的最新脑认知科学研究成果，设计制作了能帮助用户提高大脑核心认知能力的游戏，其效果得到了很多实证研究的支持。2015 年，在美国旧金山召开的神经游戏研讨会暨成就展（The NeuroGaming Conference and Expo）上涌现了大量基于虚拟现实技术的严肃游戏，如 Akili Interactive 公司制作了一款测定正常孩子和患有注意缺陷障碍或多动症之间大脑活动差异的 iPad 游戏。这家公司称这款游戏能在游戏过程中每秒钟监测 65 种数据。公司创意总监 Matthew Omernick 说："这款游戏能够分析出游戏玩家存在何种认知缺陷。"一家名为 Qneuro 的公司展出了一款名为"Axon Infinity: Space Academy"的教育游戏。在这款游戏中，玩家可以在跟外星人的战斗中学习数学技能。这款游戏会根据玩家的脑电图记录调整和加大游戏难度。玩家可以通过标准控制器在 iPad、Surface 电脑或者台式机上玩这个数学游戏，游戏根据你的数学能力和大脑反应进行调整。

2015 年，国际教育巨头培生在剥离旗下两大媒体资产《金融时报》（Financial Times）和《经济学人》（The Economist）后，100% 专注于教育业务。在这一板块，培生主要的业务是销售教科书，在线远程教学并开发在线教育游戏，以应对全球教育市场深刻变化与挑战。从以上发展状况，可以看到在欧美市场从游戏公司到顶尖学术机构、玩具业巨头和教育行业巨头都在开展教育游戏和游戏化学习的研究及开发。

在亚洲，2014 年，台湾大学电机系副教授叶丙成带领的学生团队，靠着一款结合教育意义的线上游戏 PaGamO 击败哈佛等 427 所大学或团队，勇夺全球第一届教学创新冠军。并且这支新创团队今年宣布：与鸿海科技集团签订投资协议，获投 600 万美金（约 1.8 亿台币）A 轮募资；此次金额也创下了台湾软件创新圈中的最高纪录。在韩国，与军事、医学等其他类型的"严肃游戏"相比，教育类尤其是语言教育类游戏拥有更广泛的用户基础以及刚性需求，一些韩国语言教育类的"严肃游戏"产品也获得了不错的市场反应，其用户维度（个人消费者、政府、企业等）以及盈利模式上已经较为清晰，如《ProjectA》以未成年人英语教育为目标，将游戏虚拟扮演与教育内容结合，属于儿童教育类"严肃游戏"范畴。特别是，历史悠久的教育机构——能率教育参与制作，为网游产品的教育内容和品质提供了一定的保证。由韩国梦想家教育娱乐公司（Dreamers Edutainment）开发的英语会话功能性游戏《Audition English》通过多种文化产业协同，实现了收益的多源化。每月以16500韩元的定额提供游戏服务，并且游戏中用户进行游戏的时候可以参考或作为学习资料使用的游戏中的对话内容被编辑成书出版（定价：12800韩元），创造出另一种收益方式。

由Eduflo公司开发，NHN HANGAME公司提供游戏服务的游戏《汉字MARU》其每月的销售额可以达到4亿~5亿韩元，如今正在向年销售额50亿韩元大关挑战。《汉字MARU》的特点是将网络教育游戏与离线学习联系起来，可以进行看、听、写综合学习。正式提供游戏服务以来，每天平均有5300多人访问网站。该游戏以低年龄层为目标进行市场营销，7—12岁的用户占23%，拥有这个年龄层子女的35~39岁的用户占21%，可以说该游戏一半以上的用户都是少年儿童。在韩国，虽然还没有具备国际影响力的教育游戏产品和学术研究成果，但是在政府扶持下，相关企业在国内市场已经取得不错的营收成绩，值得注意的是目前韩国主要的教育类"严肃网游"中教育机构也都扮演了非常重要甚至是主导的角色。

企业应用及市场发展：在中国，从市场层面看，2014年11月，教育部等五部门联合下发《构建利用信息化手段扩大优质教育资源覆盖面有效机制的实施方案》提出到2015年，全国基本实现各级各类学校"互联网"全覆盖，其中宽带接入比例达50%以上；在《教育信息化十年发展规划》提出各级政府在教育经费中按不低于8%的比例列支教育信息化经费，机构估算我国教育信息化存在千亿市场空间。而在线教育行业被认为是最具潜力的领域。

从企业层面来看，教育软件的主要研发企业集中于幼儿（学龄前）领域，很多教育机构早在几年前就开始使用互动课件的形式授课，这些多媒体课件其实就可以被视为是一种早期的严肃游戏，虽然它们的互动性还过于简单，还不能被视为是绝对意义上的游戏，但是他们存在的目的就是为了通过互动体验的环节向用户传递信息。目前我国儿童教育类游戏具典型代表意义的是宁波启点教育科技有限公司推出的《悟空识字》——是一款专门为三至八岁学龄儿童早期阅读和上小学准备的儿童识字游戏。在2014年，故宫博物院出品了一款寓教于乐的儿童教育游戏《皇帝的一天》针对的是4—10岁的儿童，将故宫文史知识转化为互动小游戏向儿童传播。而国内涉及儿童娱乐游戏的企业主要有广州百田信息科技有限公司，是中国最大的儿童互联网内容与服务提供商。公司成立于2009年6月，于2014年4月在香港联合交易所上市（百奥家庭互动，02100.HK）；上海淘米网络科技有限公司（简称淘米公司）成立于2007年，是中国第一家通过线上虚拟社区创建面向儿童寓教于乐的儿童娱乐媒体公司。于2008年推出国内首款面向6—14岁儿童的网络虚拟社区——摩尔庄园，并陆续推出了一系列面向儿童及青少年的各类线上线下产品。近年在移动端产品活跃度较高的创业企业有福建的宝宝巴士（BabyBus），专门针对学龄前儿童研发教育应用产品，2013年获得顺为基金A轮数百万美元融资；还有新东方出品的《多纳英语》系列，主要针对学龄前儿童学英语。可以看到，国内教育游戏主要针对于幼儿阶段儿童，而没有真正针对课堂内使用的教育游戏。

而从教育游戏市场使用数据来看，根据网络统计机构友盟发布的《2015年移动游戏白皮书》[①]显示：（1）教育游戏用户的年龄层分布主

---

① 《2015年移动游戏白皮书》：白皮书中对国内的移动游戏的行业整体数据、用户行为数据、手游应用商店等一系列状况进行了统计。

要集中在26—35岁，并且这一年龄段的用户量在各类游戏中处于首位，占据绝对优势（这也是生育高峰年龄段）；（2）有孩子的用户占目前所有移动游戏用户的35%，而教育游戏成为这个用户群中最受欢迎的游戏类别，在所有使用游戏中占比达到57%；（3）教育游戏付费居所有类别游戏之首（消费水平在偏高和高共计74%，远远超出其他类别）；总体来说，从另一方面印证目前国内市场上（游戏商店中）的教育类游戏主要针对幼儿，并有强烈付费意愿。

从中童研（中国儿童产业研究中心）对于儿童产业的研究数据来看，在中国特色家庭结构（4+2+1）下，儿童中心化、儿童消费随之迅速增长。80%的家庭儿童支出占家庭支出的30%~50%，孩子的消费已经成为家庭消费的最大支出之一，中国儿童产业的规模大致在1万亿左右。而从家庭教育支出方面来看，美国投行Jefferies的调查显示，2013年我国家庭的教育支出规模已将近万亿，近十年来中国家庭教育支出规模年均复合增速为10.7%。2013年中国家庭教育支出为9830亿元人民币。

综合以上数据，在儿童消费市场规模庞大，并且儿童教育游戏方面有明显的潜在市场及付费意愿。从文化产业角度，教育游戏可以形成一个新的市场增量。从教育信息化角度，是目前发展阶段所需要的富媒体数字教学资源。与国际上相比，从政府扶持到科研研究、市场产品都有大量空白，而国内巨大的人口基数又形成市场空洞。（特别是调研过程中，有的家长问："为什么国外一些好的动画片和小游戏网站不能打开？"这意味着家长对优质资源有明确需求并会去主动寻找。）

4. 国际发展概况

国家政策及资助：对于教育游戏和游戏化学习的政策可以主要来自各国教育信息化与文化产业发展两方面。在教育信息化方面，各国政府均重视顶层设计，以分阶段、渐进式来解决教育信息化面临的实际问题。例如，美国联邦政府教育部先后四次颁布了国家教育技术计划，应对不同的境遇和问题，体现了各时期的关注重点。日本政府也先后提出

e-Japan、u-Japan 和 i-Japan 三大国家信息化发展战略，从基础设施到网络互连再到信息化应用，涉及范围广，覆盖面宽，充分体现了日本政府对教育信息化政策顶层设计的重视。而在文化产业领域，美国、英国、日本、韩国也均是国际上游戏产业最为发达的国家。

2015 年 4 月消息，在美国教育部和 Games for Change 联合举办的教育类游戏峰会（The Games for Learning Sum MIT〔麻省理工〕）上，美国教育部公开表态称：电子游戏能够对儿童的教育发挥显著作用。美国教育部的教育科技部主任 Richard Culatta 表示"美国政府举办教育类游戏峰会是为了促进游戏事业和教育事业的共同发展，推动游戏公司与教育部门的合作"。同时表示，关于和教育部门的合作，游戏厂商还需要获取更多的信息，适配课程教育内容。美国教育部游戏学习主管埃里克·马丁表示："电子游戏能够评估孩子们如何解决问题，如何克服在游戏情境内所遭遇到的挑战。从这个角度来看，游戏的价值不再局限于酷或有趣，而是成了一种真正的教育解决方案。"美国教育部门最近发布的教育技术开发人员指南，其 SBIR（美国小企业创新研究计划）文件夹有一半内容是关于教育游戏。就政府资助方面，美国政府计划 2015 年对开发教育类游戏的组织或机构提供资金支持，面向所有符合资格的相关团队开放申请。"几年前我们的项目与教育主题完全无关，而现在有一半的项目都是教育类游戏。"小型企业商业创新研究计划机构（SBIR）的主任 Ed Metz 表示：对于制作教育类游戏的团队来说，现在是申请资助的一个好时机。"这样的政策对优化教育类游戏这个类别是很有帮助的"，按照相关的政策，制作教育类游戏的团队只要其规模小于 500 名员工即可在 SBIR 的网站上申请资助，资助金额从 15 万美元到 100 万美元不等。

从 2008 年开始，韩国文化体育观光部提出"G-学习项目"，积极将游戏应用到教育中，试图将游戏的趣味性和吸引力转移到教育中去。韩国首尔钵山小学、又新小学、东豆川中央高中被指定为"G-学习"示范学校；2010—2012 年，韩国文化体育观光部在"功能性游戏

（Serious Game）"方面投入500亿韩元（约合人民币2.75亿元）的预算资金进行支持，2010年首先投入150亿韩元（约合人民币8262万元）的资金。2015年，韩国文化体育观光部及韩国文化产业振兴院联合发表公告称，韩国政府将在游戏产业领域投入279亿韩元预算，开发具有竞争力的游戏产品。据介绍，韩国政府将投入54亿韩元集中对"次世代游戏[①]""功能性游戏"（指与教育、健康及训练等功能相结合的游戏产品）以及"体验型街机游戏"三大领域的产品开发进行支援。其中，自2008年逐渐兴起的"功能性游戏"持续受到韩国政府重视，在政府的支持下，一大批韩国"功能性游戏"得以诞生，内容从英语教育、文化知识普及、健康、大脑开发到国防等各个方面，呈现出多元融合的发展趋势。2011年，三星经济研究所首席研究员李元熙在发表的题为《功能性游戏——游戏产业的新潮流》报告中指出："随着游戏对社会影响力的扩大，游戏也可以用作解决各种社会问题的工具。功能性游戏还处在没有绝对强者的初期阶段，如果韩国能开发出具有韩国优势的功能性游戏，今后就能支配这个领域的世界市场。"并指出："由于功能性游戏还处于产业初期阶段，因此需要政府在技术开发和扩大市场等方面给予积极的支持。政府可以通过在直接需要功能性游戏的部门如教育、国防、公共部门等提出需求来扩大市场、诱导技术开发，这是首先要解决的课题。"2015年，韩国政府将划拨约13亿韩元用于支持这一领域持续发展。并提出政府将划拨70亿韩元资金发展地方游戏产业的计划，并针对不同地区的特点，设定了游戏产业相关的发展方案，如，大邱庆尚北道圈发展"国际化游戏产业"、釜山庆尚南道圈发展"融合型游戏产业"、全罗北道圈则发展"功能性游戏"。

研究机构及成果：教育游戏和游戏化学习是一门跨学科研究，根据

---

① 次世代游戏：指采用还未被广泛运用的先进技术进行开发的游戏，目前多用于家用游戏机领域，《魔兽世界》是网游领域的代表作之一。

北京大学教育技术专业对于 Web of Science 数据库中的三个子库 SCI-E、SSCI 和 A&HCI 的分析研究显示，电子游戏与教育研究至今已有近 50 年的发展历史，当前研究热点主要分布在游戏化学习环境、游戏化教学策略、大脑可塑性、选择性注意等方面。从学术研究方面来说，目前国际上对于电子游戏与教育研究论文发表量及影响力较为领先的是美国、英国和中国台湾地区（前三），中国大陆地区位列第 10 名，韩国没有进入前 10 位。从文献学科数量统计上看，教育学和计算机科学领域的相关研究已经以 29.78% 和 22.77%，心理学领域占 20.33%，稳居电子游戏与教育研究的前三位。美国主要的研究机构分为院校及企业资助的研究机构两种。在美国高校方面关于教育游戏相关研究由来已久，就高校研究来说国际上论文影响力前十位的高校中，美国有八所，占总数的 80%（前三名为美国伊利诺伊大学、美国威斯康星大学和美国俄亥俄州立大学），而在此领域影响力最大的学者都是来自美国罗切斯特大学脑认知科学系的教授，发表的文献以研究电子游戏与人类学习机制和大脑认知的关系为主。院校中还有美国 MIT（麻省理工）媒体实验室等都在将研究成果转化为实际应用。综上所述，美国的研究机构在电子游戏与教育研究领域所获得的学术成就远远高于其他国家（地区）。

在游戏化学习方面，2015 年，英国剑桥大学宣布与知名玩具企业乐高合作项目，乐高基金会为该项目出资 390 万美元（约合人民币 2421 万元），旨在研究游戏对学校教育、发展和学习所产生的重要影响，以游戏带动学习。在社会研究机构中，比尔盖茨基金会赞助启动了一个名为游戏化学习评估（Games, Learning and Assessment Lab，简写为 GLASS Lab，以下简称 GLASS Lab）。GLASS Lab 将研究和开发数字游戏来吸引学生，并跟进他们的学习效果。该实验室从盖茨基金会和 John D. 和 Catherine T. MacArthur 基金会获得了 1030 万美元的资助。它还支持了 EA（美国艺电公司）[①]和美国娱乐软件协会（the Entertainment Software Association）的一个非营利性设计工作室的项目，项目内容就是游戏化学习。世界顶级未来趋势智库（Institute for the Future）游戏研发总监 Jane McGonigal 与她的同事一直致力于研究运用游戏的机制设计解决现实世界问题。

在国内，《国务院关于积极推进"互联网+"行动的指导意见》中，探索新型教育服务供给方式。鼓励互联网企业与社会教育机构根据市场需求开发数字教育资源，提供网络化教育服务。鼓励学校利用数字教育资源及教育服务平台，逐步探索网络化教育新模式，扩大优质教育资源覆盖面，促进教育公平。鼓励学校通过与互联网企业合作等方式，对接线上线下教育资源，探索基础教育、职业教育等教育公共服务提供新方式。在此指导意见之下，关于教育游戏及游戏化学习方面国家促进政策及意见主要涉及教育、科普、文化、公共服务几方面。

2011 年，中国文化部市场司与韩国文化体育观光部文化产业政策局在中国举办了中韩严肃游戏论坛；同年 10 月，文化部文化市场司副司长庹祖海在网博会严肃游戏创新峰会论坛上表示，为了推动游戏产品结构更加合理，文化市场司正在考虑设置严肃游戏示范工程，文化部倡议和鼓励地方政府对严肃游戏给予支持。"希望各地已有的文化发展资金、基金和评奖能够更多向严肃游戏项目倾斜，给严肃游戏的研发推广提供更多的支持。另一方面，《国家中长期教育改革和发展规划纲要（2010—2020 年）》（以下简称《十年规划》）明确指出："信息技术对教育发展具有革命性影响，必须予以高度重视。"《十年规划》明确提出了推动教育信息化应用的目标："大力推进教育信息化应用创新与改革试点，探索教育理念与模式创新，推动教育与信息技术的深度融合，探索教育信息化可持续发展机制。通过大力开发整合各类优质教育教学资源，推

[①] EA：Electronic Arts，美国艺电公司，美国的一家互动娱乐软件公司，主要从事游戏软件制作出版等业务。

动对课程和专业的数字化改造,创新信息化教学与学习方式,提升个性化互动教学水平,创新人才培养模式,提高人才培养质量。大力推动学科工具和平台的广泛应用,培养学生自主学习、自主管理、自主服务的意识与能力。"在《2015年教育信息化工作要点》中提出,"以信息技术在教育教学中的深入普遍应用为导向,推动教育理念变革,促进教育教学模式创新……"《构建利用信息化手段扩大优质教育资源覆盖面有效机制的实施方案》指出,全面推进"优质资源班班通"。面向教育教学主战场开发优质数字教育资源;建设教育资源公共服务平台。依托平台为所有学校和师生提供数字教育资源共享与服务,有力支撑"优质资源班班通、网络学习空间人人通"。

研究机构及资助:目前国内对于教育游戏及游戏化研究的高校主要有北京大学教育学院教育技术系、南京师范大学教育游戏研究中心、南京师范大学数字娱乐研究中心、浙江师范大学教育游戏研究基地、陕西师范大学新闻与传播学院教育技术学、浙江广播电视大学、香港中文大学资讯科技教育促进中心等。以上院校目前结合政府项目在教育游戏领域都进行过一定尝试,2015年,中国教育技术协会教育游戏专业委员会成立在北京大学成立,由北京大学教育学院副院长尚俊杰教授任首届理事。来自中国教育技术协会、中央电化教育馆、北京大学、清华大学、南京大学、南京师范大学等单位的教育游戏研究者、从事教育游戏研发的教育产业部门以及北京市、天津市、大连市等教育行政主管部门代表、中小学校代表、联合国儿童基金会、微软、英特尔、AMD等国际组织代表也出现会议。

从社会机构角度来看,2010年12月,上海严肃游戏产业联盟成立,加入的企业和机构达到了十余家。2014年,中国网络科普游戏协会筹备会议举行,由中国科协主持,完美世界(北京)网络技术公司协办。对于儿童产业中教育游戏、娱乐软件市场进行研究的有中国儿童产业研究中心。还有全国教育游戏与虚拟现实学术会议(EGVR'2007)"由中国图像图形学会虚拟现实专业委员会和中国教育技术协会信息技术教育专业委员会联合主办，辽宁师范大学承办，大连民族大学、中国系统仿真学会教学娱乐仿真专业委员会，浙江大学数学娱乐与动画研究中心、南京师范大学教育游戏研究中心、中国传媒大学技术与艺术研发中心五家单位协办。

5. 国际文化科技案例

案例一：侵入式虚拟现实游戏"Dust"

侵入式虚拟现实游戏"Dust"：2015年，一款名叫"Dust"的游戏在美国正式上线。它不是一款普通的在线游戏，而是 Alternate Reality Game（侵入式虚拟现实游戏，简称 ARG），是一款专门针对 13—17 岁青少年学生设计的大型专业多人在线教育游戏。这款游戏由美国杨百翰大学（Brigham Young University）四十多位不同学科的本科生创建，来自 BYU 不同领域的多位教授进行指导，此外还有美国 NASA 的数位科学家、工程师和一些教育学者共同参与，希望学生们在这样的体验式游戏中学习和应用科学、技术、工程和数学（STEM）知识。游戏建立了一个虚拟背景：太空流星雨带来的尘云使得地球上的成年人进入昏迷状态。而参与的学生需要利用现实中的各类科学知识，通过互联网、社交网络、手机 App、图书、资料等多种媒介工具，与全国的学生玩家一起在 7 周的时间内合作解开这个虚拟故事的谜团，挽救父母的生命。学生参与这个游戏需先在游戏网站上进行注册，然后在 7 周的游戏课程中和其他的玩家一起协同合作，讨论交流想法并提出解决方案。每一周玩家都会通过邮件、社交媒体或者游戏 App 收到新的相关信息提示和科学线索，以帮助他们在游戏的研究中继续向前推进。与此同时，老师和教育学者也可以在网上及时了解掌握学生的进展。BYU 的团队专门开发了一系列的增强现实应用程序，比如可收集虚拟微生物的移动应用程序（App）、虚拟望远镜、星图浏览器以及可以分析陨石样品的火星探测车空间等等。截至 2015 年 2 月中下旬，已有超过 1200 多名中学生玩家参与其中。这个游戏创作团队也正在思考如何对学校课堂的教学模式带来创新性改变，并将这样的学习理念——从单一的课堂式学习转变为通过故事、移动

App、社交媒体等多样化工具在任何地方都可以主动获取知识的方式进行更有效的推广。

案例二：Alleyoop、WoWinSchool

Alleyoop：在游戏化学习方面，国际教育巨头企业 Pearson（培生）投资的一家名为 Alleyoop 的创业公司，致力于结合自适应学习（adaptive learning）和游戏化（gamification）帮助青少年更好地学习。Alleyoop 自己并不创造新的学习内容，而是当学生做作业遇到难题、上网搜索寻求帮助时，学生可以在 Alleyoop 的网站上找到相关的指导和练习。Alleyoop 所做的是跟踪用户是如何浏览第三方提供的活动和课程。有了这些信息，Alleyoop 就可以为每个学习者选取合适的学习资料——视频、活动，或是一对一的辅导——这些学习资料由合作网站提供，Alleyoop 则把学习资料整合到一起，组成相关的学习路径。像 Farmville（Zynga 开发的开心农场）那样，青少年可以使用虚拟货币随时访问 Alleyoop 上面的优质内容。用户通过完成各种任务来赚取"Yoops"虚拟货币。在 Alleyoop 一旦学习者的档案建立以后，Alleyoop 就开始为他们的升学甚至是职业选择作出推荐。

WoWinSchool：美国一名高中老师 Lucas Gillispie 创办了"WoWinSchool"，一个专门教授教师如何在课堂中利用《魔兽世界》进行教学的网站。尝试利用魔兽世界以及其他 MMORPG（Massively Multiplayer Online Role-Playing Game，大型多人线上角色扮演游戏）进行教学，让学生通过游戏化的方式学习英语和数学。WoWinSchool 以魔兽世界的故事与情境作为背景，将文学、写作、数学、数位公民素养、领导力线上安全知识等学习内容整合进去，经过一年的发展，WoWinSchool 就由课外活动发展为学校里的选修课，有 7 年级和 8 年级的 30 名学生参与到这个项目中。教师与学生不是面对面的传统讲课或视频教学，他们在这个虚拟世界互动、并肩作战完成指定作业，在讨论版上讨论策略或以电子邮件交换文件与资讯，并在其中使用学习管理系统。

根据以上国内外现状和案例，不难发现，教育游戏的发展处于早期，不论是从文化产业领域还是教育领域，政府都在其发展过程中起主要作用，整合科研、游戏、应用场景等各方面资源引导其发展。主要的应用机构分别有学校、教育机构、博物场馆等。

（六）趋势6 文化娱乐：虚拟现实（VR）

1. 定义与应用

虚拟现实（Virtual Reality，以下简称 VR 技术，是一种综合计算机图形技术、多媒体技术、传感器技术、人机交互技术、网络技术、立体显示技术以及仿真技术等多种技术而发展起来的综合性技术。根据 IEEE（电气和电子工程师协会）的定义，虚拟现实是指在视、听、触、嗅、味觉等方面高度逼真的计算机模拟环境，用户可与此环境进行互动，产生身临其境的体验。VR 技术给用户最大的震撼在于可以将人带入一个虚拟世界，使人可以完全沉浸，在玩游戏、观赏影视、学习时会极大的提升观者的感受。

VR 技术起源于 1965 年 Ivan Sutherland 在 IFIP 会议上所作的"终极的显示"报告中。20 世纪 80 年代美国人 Jaron Lanier 正式提出了"Virtual Reality"一词。2000 年以后，VR 技术整合发展中的 XML、JAVA 等先进技术，应用强大的 3D 计算能力和交互式技术，提高渲染质量和传输速度，进入了崭新的发展时代。由于 VR 技术在国防、医疗、教育、制造业、商业和娱乐等领域将会起到变革性作用——可以改变人机交互的方式，被誉为是继智能手机后的下一代用户交互界面。因此被认为 21 世纪最有价值的技术之一，巨头纷纷投入巨资并且不断有机构做出各类应用尝试。而巨头的涌入使这个市场将急剧升值。

2. 技术及分类

虚拟现实系统的关键技术分支分成以下 3 个技术分支：第一个技术分支是动态环境数据采集、数据输入输出和建模技术。第二个技术分支是实时三维图形生成技术。第三个技术分支是立体显示技术。国际上一般把真实世界（计算机视觉）、增强现实、增强虚拟环境、虚拟现实这4类相关技术统称为虚拟现实连续统一体（VR continuum）。按交互和浸入程度的不同，虚拟现实系统可以分为以下几类（见表14）：

表14 虚拟现实系统分类表（来源：公开资料）

类型	详细情况
桌面式VR系统	桌面式VR系统仅通过个人计算机来产生三维空间的交互场景，参与者并没有完全沉浸，仍然会受到周围现实环境的干扰。
增强式VR系统	增强式VR系统是把真实环境和虚拟环境组合在一起，使参与者既可以看到真实世界，又可以看到叠加在真实世界的虚拟对象。
沉浸式VR系统	沉浸式VR系统是一种较高级的VR系统，该类系统利用头盔显示器和数据手套等各种交互设备把参与者的视觉、听觉和其他感觉封闭起来，使其真正成为VR系统内部的一个参与者，并能利用这些交互设备操作和驾驭虚拟环境，产生一种身临其境、全心投入和完全沉浸其中的感觉。
分布式VR系统	分布式VR系统是指基于网络的虚拟环境，该类系统是在沉浸式VR系统的基础上，将位于不同物理位置的多个参与者或多个虚拟环境通过网络相连接，并共享信息，从而使参与者的协同工作达到一个更高的境界。

本报告所强调的是第三类沉浸式VR系统，因为目前市场上最热门的头戴式产品大部分为沉浸式虚拟现实技术。头戴式产品物理形态上可以归为可穿戴设备，但是其支撑技术更为复杂，有较大不同。

3.市场与企业

虚拟现实技术已经成为科技行业中一个颇为热门的领域。就市场空间来说，市场研究和咨询公司Tractica在2015年发布的一份报告中称，包括虚拟现实头盔、配件和内容在内的全球业务营收将由2014年的1.088亿美元猛增至2020年的218亿美元，年均复合增长率高达142%。随着虚拟现实头盔普及率开始达到一个临界点，虚拟现实产业创收的重点将由硬件转向内容。Tractica预计，到2017年，内容将占到虚拟现实营收的逾三分之一，到2020年时这一比例将接近三分之二。视频游戏将是销量最大的虚拟现实内容，但音乐、社交、旅游、体育和健身应用也将带来大量营收。市场调研公司TrendForce2015年发布的数据显示，2016年全球虚拟现实硬件设备的销量将达 1400 万部，从而使得这种产品类别强势登场。这家公司预计，虽然今年并没有多少虚拟现实设备售出，但这类产品在 2017 年的销量会增至 1800 万部，到 2018 年则是 2200 万部，2020 年的全球销量更是会提高至 3800 万部。目前，全世界的游戏用户多达 12 亿人，其中手机端游戏用户已经多达 10 亿人。这个庞大的游戏市场，将为虚拟现实头盔制造商，提供一个直接可以开发的巨大无比的市场空间。

从投资机构来说，投资机构英特尔资本和谷歌风投，都各自投资了 7 家相关企业。安德森霍洛维茨、Formation 8 以及高通风投各自投资了 3 家相关公司。Facebook 旗下的 Oculus、HTC、三星以及索尼等公司都进入了这个正在起步的市场。研究机构 VB Profiles 收集了 234 个虚拟现实公司，涉及领域包括应用、内容、内容开发工具、平台、实景捕捉工具、VR 内容分发平台、头显以及输入硬件。并在旧金山的 GamesBeat 2015 上展示了该"虚拟现实总观"报告，显示这些公司加起来有 40000 个员工，迄今已经筹集了 38 亿美元，估值高达 130 亿美元。其中有 3 家 10 亿美元级公司，包括 Facebook 用 20 亿美金收购的 Oculus VR 公司。三分之一的公司（82 家）在加州。纽约有 18 家，华盛顿有 10 家，加拿大有 11 家，英国有 11 家。其他的分别分布在全球各地。其中 9 家已经上市，6 家被收购了，35 家属于其他公司的附属公司，185 家是私营企业。在过去 5 年，虚拟现实领域冒出了 134 家公司。到目前 2015 年为止，有 41 家公司总共筹集了 3 亿 900 百万美元。

企业是推动 VR 技术应用和产业化的重要力量。早期科技巨头主要有：（1）IBM 公司投入上亿资金资助研发。其推出的 Bluegrass 是一个虚拟现实应用程序，能够让用户建立虚拟的会议室。（2）微软公司有人开发了诸多 VR 技术：如 3D 体感摄影机 Project Natal 导入了即时动态捕捉、影像辨识、麦克风输入、语音辨识、社群互动等功能。（3）福特公司将虚拟现实技术用于新车设计，使研发周期和费用大大降低。（4）宝马公司 2014 年宣布将推出虚拟现实眼镜，用于智慧维修和沉浸式汽车设计当中。此外，在医疗、建筑、教育等领域，虚拟现实技术也在发挥着重要的作用。但是由于成本高、技术不够完善等原因，VR 技术一直主要应用于军事、航天、医疗领域、装备制造而未被普遍民用。2014 年 Facebook 收购 Oculus Rift VR 后，才标志着 VR 技术将进入个人消费领域。随后其他科技巨头也迅速推出自己的虚拟现实设备，如谷歌推出了 Cardboard；HTC 的 HTC VIVE；三星的 Gear VR；索尼的 Project Morpheus 等虚拟现实设备进入 VR 市场。

欧洲其他一些较发达的国家如：荷兰、德国、瑞典等也积极进行了 VR 的研究与应用。如德国在 VR 应用方面取得不错的成果。在改造传统产业方面，一是用于产品设计、降低成本，避免新产品开发的风险；二是产品演示，吸引用户争取订单；三是用于培训，在新生产设备投入使用前用虚拟工厂来提高工人的操作水平。

在应用方面政府方面也在大力推动虚拟现实的应用，英国的创新机构——创新英国（Innovate UK）的项目 IC tomorrow 为支持英国在增强现实和虚拟现实的数字业务，宣布举行一场 21 万英镑的比赛。有创新能力的创业公司和小企业都受到邀请，均可申请资金赞助他们在一些较新的未经测试的领域如音乐，零售，医疗，教育，建筑以及触觉技术方面的创新想法。除了可以分到相应的资助，六个领域的获胜者还可以享受与 Crossrail，John Lewis，培生集团，哥伦比亚唱片公司，伦敦玛丽女王大学（QMUL），Enteric HTC，伦敦皇家医院，伦敦国王学院，柯尼卡美能达和爱立信合作的宝贵机会。获胜的企业家将 100% 拥有自己的知识产权，而且还为他们提供技术指导和宣传推广，帮他们把自己的解决方案推向市场。

4. 国际发展概况

国家政策及资助：当前世界上不少国家都将虚拟现实技术纳入国家科技发展的战略规划当中。目前 VR 技术研究应用实力最强的国家是美国，这离不开其国家政策的重视。VR 技术属于信息技术类。克林顿政府、布什政府、奥巴马政府均对信息技术投入重金支持。1995年美国国防部制定了"建模与仿真总体规划",虚拟现实作为其中的关键技术得到重点支持。国家科学基金会在《2006—2011财年战略规划》中指出要"吸引更多公众了解当前的科学研究和新技术……通过互动式和沉浸式的体验激起公众的兴趣,提升公众的科技素养"。这表明国家科学基金会将积极把VR技术应用于教育领域中。2008年2月,美国国家工程院(NAE)公布了一份题为"21世纪工程学面临的14项重大挑战"的报告,VR技术在其中与新能源、洁净水、新药物等技术相并列。2012年,美国又发布2015—2020年8个新兴科学技术群战略,其中有6个涉及建模、模拟和虚拟的内容。"

在国家资助的层面美国主要有:(1)国家科学基金会(NSF),其中计算机、信息科学与工程学部(CISE)资助的VR技术项目最多。(2)美国国家航空航天局(NASA)艾姆斯研究中心(ARC),主要研究领域为虚拟航空建模仿真、平视显示器、虚拟环境界面等。(3)美国国防部(DOD),非常重视VR技术在武器系统性能评价、武器操纵训练及指挥大规模军事演习等方面的作用。(4)其他,美国能源部(DOE)为改善运作模式、节省研发经费和时间积极发展VR技术;教育部(ED)资助了一些虚拟现实的研究项目,比如培训系统的开发。美国加州政府则将VR技术作为重要应用写入宽带网络发展计划中。日本政府则在2007年发布了《创新2025科技发展纲要》,将虚拟现实技术列为18个发展方向之一。

研究机构:高校是推动VR技术基础研究的重要力量。美国VR技术的基础研究主要集中于北卡罗来纳大学(UNC)计算机系、麻省理工学院(MIT)(人工智能、机器人和计算机图形学及动画)、密歇根大学(University of Michigan)成果广泛应用于人工智能、行为建模和人机接口等方面。华盛顿大学(UW)人机界面技术实验室(HITLab)将VR研究引入了教育、设计、娱乐和制造领域。加州大学伯克利分校(UC

Berkeley）开发了远程沉浸式交互系统。在亚洲日本的虚拟现实技术的发展在世界相关领域的研究中同样具有举足轻重的地位，它在建立大规模 VR 知识库和虚拟现实的游戏方面作出了很大的成就。日本奈良尖端科学技术大学院大学教授千原国宏领导的研究小组于 2004 年开发出一种嗅觉模拟器，只要把虚拟空间里的水果放到鼻尖上一闻，装置就会在鼻尖处放出水果的香味，这是虚拟现实技术在嗅觉研究领域的一项突破。日本国际工业和商业部产品科学研究院开发了一种采用 X、Y 记录器的受力反馈装置等等。为了把握 VR 技术优势，美、英、日等国政府及大公司不惜巨资在该领域进行研发，并显示出良好的应用前景。

5. 国际文化科技案例

案例一：Oculus Rift、Cardboard

目前国际主流的虚拟现实设备有两种路径，一种是高端的"临场感"虚拟现实设备，代表有：Oculus Rift 和索尼 Project Morpheus；另一条是与智能手机相结合的普及型虚拟现实体验设备，如谷歌 Cardboard 和三星的设备。

Oculus Rift：2014 年 Facebook20 亿美金收购 Oculus Rift，标志着虚拟现实得到了游戏之外的科技领域的认可。使虚拟现实成为整个科技界关注的焦点。Oculus Rift 是一款头戴式虚拟现实显示器，由 Oculus VR 的公司开发，它能够使用户身体感官中"视觉"的部分如同进入游戏中。用户身体无法区分真实世界和在 Rift 里面看到的虚拟世界。产品原型最初在众筹平台 Kickstarter 融资，经过 1 个月的融资之后，Oculus 就获得了 9522 名消费者的支持，收获 243 万美元众筹资金，顺利进入开发、生产阶段。2013 年 8 月，首批 Oculus Rift 虚拟现实头盔发货，售价 275 美元（约合人民币 1700 元）起。由于硬件研发需要大量经费，Oculus 之前大多采用智能手机的硬件，被 Facebook 收购后，Oculus 得以自主开发专为 VR 设计的硬件。

Oculus Rift 是通过许多不同技术组合在一起来实现用户的沉浸感。一个屏幕提供足够的区域以支持100度的视角。通过位于屏幕不同位置上的不同透镜，产生出一种立体3D效果。Rift上的传感器追踪用户头部和身体的移动，这些传感器主要用来检测倾斜和方向。同时还配置一个红外摄像头可以进行捕捉，并将用户动作转化"融入"到游戏之中。该团队已经将延迟时削减至了20毫秒以下。Oculus Rift虽然受到各方瞩目，但是自身技术还不完善。其中最大的问题在于使用者佩戴后会产生晕眩感，这一问题在后续的版本中在不断修正。2015年5月，Oculus宣布消费者版的虚拟现实头盔将于2016年一季度正式发售，这也是VR技术离民用越来越近的信号。

在内容方面，Oculus和Unity、Epic Game、Valve等知名游戏公司展开合作，SDK开发包（Software Development Kit，软件开发工具包）放出后，每天都有十数款新的游戏或Demo支持Oculus Rift。并且Oculus公司宣布推出"Oculus Platform"平台，开发者可以在上面开发自己的虚拟现实App和媒体内容，该平台最先支持的设备将会是三星Gear VR。此外，Oculus还计划让该平台支持浏览器、原生移动App以及融入进虚拟现实体验本身。

Cardboard：谷歌2014年发布的Cardboard，是一款廉价的开源的移动虚拟现实设备，能让用户在手机上感受到虚拟现实的魅力。Cardboard的全套装配包括几块硬纸板、透镜、磁铁、橡皮筋和一部手机和应用程序，除掉手机外Cardboard的部件总共只要19.95美元。Cardboard应用可以将手机里的内容分屏显示，两只眼睛看到的内容不完全一样，从而产生3D显示效果。通过使用手机内置的陀螺仪，用户在转动头部时，眼前显示的内容也会产生相应的变化。

谷歌的目的在于利用用户的手机让更多人获得虚拟现实体验。目前，像YouTube和Google Earth这些手机应用都可以在Cardboard上面使用，Cardboard在技术上并不难模仿，但是Google是为数不多能够在这个领域形成商业生态的公司。目前谷歌推出了针对开发者的开发工具和接口。

海量谷歌开发者可以迅速开发出大量适配于 Cardboard 眼镜的虚拟现实内容。

其他设备：除了 Oculus Rift 和 Cardboard 以外，还有大量厂商在研发虚拟现实头戴式产品，如游戏厂商 Game Face Labs 研发的头戴设备 Mark 5。索尼出品的虚拟现实头盔设备 Project Morpheus 也将在 2016 年发布。Valve 和 HTC 等也宣布研发相关产品。

Wearlity 的智能手机 VR 适配器：Wearlity 公司的产品 Wearality Sky 拥有 150 度水平视角，加上人类 30 度的视角，就拥有了和自然观看时一样的 180 度的视域。因此 Wearlity Sky 将带来前所未有的沉浸式移动 VR 体验。

案例二：文化娱乐领域各行业案例

虚拟现实主要是给人带来临场感，HTC 高管表示，娱乐将成为虚拟现实发展的关键，但是必须发展到游戏领域之外，当行业找到方法，把虚拟现实影片变成大众认可的娱乐活动时，市场便会步入主流。各国主流娱乐文化企业、教育机构等纷纷探索尝试；以下为一些国际文化类机构、企业对虚拟现实头盔的探索性应用，可以看出基本分为以下几个行业：

游戏、影视：目前已经有媒体开始采用 VR 技术，如英国 BBC 电台将采用虚拟现实报道英国 2015 年大选，英国 BBC 新闻台将使用虚拟现实与增强现实技术来播报并分析最新的政治新闻，吸引选民们积极参与。BBC 将投资 10 万英镑到沉浸式虚拟现实设备，试验平台为 BBC Taster——BBC 创新项目的在线试验点。来寻找应用最新沉浸媒体技术和格式的新想法，这些技术包括 VR、AR、双声道音频、新兴游戏技术和其他观众能参与到故事叙述的沉浸媒体技术。探索频道旗下的数字媒体工作室将帮助热门解密节目《流言终结者》在下一季中采用虚拟拍摄，该工作室主要创作原创性内容和创新型多平台体验。奥林匹克广播服务公司首席执行官 Yiannis Exarchos 表示，虚拟现实可能会加入明年里约热内卢奥运会的奥运频道计划。虚拟现实社交创业公司AltspaceVR①将在下周开放Dota 2②国际锦标赛直播活动，允许用户戴上Oculus Rift DK2在虚拟现实中一起观看本届Dota 2电子竞技大赛。Altspace为其用户开发了一系列的会议空间，比如茶馆、荒岛、电影院等。用户登入该系统后被一个化身替代，可以看到其他化身，并且可以跟他们交谈。

教育技术：教育领域一直是VR技术关注的重点。因为，其沉浸式体验可有效地提高教学质量和提升教育功能。美国zSpace公司（zspace.com）是一家教育技术公司，2015年发布了全球第一台用于教育的多功能桌面VR解决方案——"zSpace教育解决方案"，这是一套包含硬件和软件的方案，允许学生操控虚拟3D物体，如人类的心脏、直升机等等，从而掌握数学、物理、工程和生物等学科的各种概念。一般来说就是购买一个zSpace STEM实验室：包括12个学生VR学习座和一个教师座，每个座位都配套了互动触笔和一系列教学软件。在全美国已覆盖250个学区。2015年，美国zSpace与中国上海汇纳科技签署了分销合作。意味着将来会有批量的zSpace产品在中国销售。但是zSpace本身具有的教学材料都是面向美国教育的，这些教学材料在中国使用需要经过一次本土化。而目前国内专业的开发团队并不多。通过虚拟现实互动，能更好地实现游戏性，让教育能够寓教于乐，有效地激发学习兴趣；同时它还能够有效地创建学习情景、支持合作、促进交流、促进知识表达和应用，从而有效地构建一个非常优良的学习环境。

文化和社会创新：澳大利亚阿德莱德交响乐团（Adelaide Symphony Orchestra，下称ASO）利用VR技术，让观众感受在音乐会上与指挥家及音乐家同台是一种怎样的体验。ASO的董事会成员、演奏家及他们的朋

---

① AltspaceVR：是虚拟现实社交创业公司，经常组织虚拟聚会活动。曾经举办过在VR中观看NFL超级碗大赛等。

② Dota2国际锦标赛：是一个全球性的最大规模高水准的电子竞技赛事，今年大赛的总奖金业已超过一亿人民币。

友们都体验过，几乎每个人都被技术营造的沉浸感实惊呆了。ASO 的总裁文森特·西卡略罗说："VR 技术还可以应用到音乐教学当中，学生通过头显体验一场音乐会的方方面面，同时被指导去注意某些音乐特点，如个别的乐器或主题。"

博物馆：很多博物馆开始采用虚拟现实技术来创建"虚拟博物馆"供游客欣赏。史密森尼美国艺术博物馆，法国卢浮宫和英国伦敦的维多利亚与阿尔伯特博物馆都有虚拟现实版的游览，可以长期为那些因为经济、地理或政治原因而不能亲身到现场的公众提供身临其境的体验。大英博物馆（the British Museum）于近日通过虚拟现实技术让游客进入青铜时代。这也是大英博物馆提供的第一个虚拟现实访问体验。游客将佩戴三星提供的虚拟现实头盔，以虚拟现实方式让游客通过灯光和气氛体验青铜器时代，参与古人的各种仪式，包括祭祀太阳的仪式等等。本次活动以一种全新的方式来让游客与大英博物馆的藏品计进行收互动。

主题公园：名为"Zero Latency"的"漫游"式游戏中心 2015 年在澳大利亚墨尔本市向公众开放，将在巨大空间中为人们提供真正身临其境的虚拟现实体验。这个虚拟现实娱乐中心位于占地 400 平方米的仓库中，里面设置了 129 部 PlayStation Eye 摄像头。整个虚拟现实游戏持续一个小时，每组由 4 到 6 人参加。在线门票销售已经于 2015 年 8 月初开始，仅一周之内，就已经有数百人前来游玩体验，门票约 65 美元（约合 415 元）。玩家身上需要绑着背包，里面是 Alienware Alpha PC。帮助戴着 Oculus Rift DK2 虚拟现实头盔的玩家营造虚拟现实环境。

2015 年 5 月，任天堂与全球第三大主题公园运营商环球主题乐园共同发表声明称，将联合发布一个利用虚拟现实技术让玩家与虚拟角色接触的娱乐项目。任天堂游戏中的人物、情节将登入环球影城（Universal Studios）的各大主题公园。环球主题乐园在北京的主题公园还在开发中（与北京市政府已签约，建设地点在通州），预计将在 2021 年开幕。类似的还有美国 The Void 公司宣布与《国家地理杂志》合作虚拟现实主题公园，希望在接下来 5 年内在美国和全球建设约 230 个 VR 主题公园。其第一座虚拟现实主题公园预计 2016 年在美国犹他州面世，宣传视频已经公布，接下来它还会陆续出现在美洲、亚洲、欧洲和澳大利亚。VR 主题公园这种形式非常值得关注，因为数字内容产品一经开发后，边际成本为零，可无限复制。同时大大减少实体维护、运营成本。同时，可以开发多套内容轮换。

旅游行业：知名龙舌兰酒公司 Patron 引进了"Patron 虚拟现实体验艺术"，使消费者有机会利用 VR 参观其位于墨西哥的酒厂。此次参观可以利用 Oculus Rift 或者 Samsung Gear VR 头戴设备远程体验酒厂的酿造过程。加拿大大不列颠哥伦比亚省旅游局 Destination BC 运用 Oculus Rift 虚拟现实技术制作了一个 360 度视频，让游客们预览这个省有哪些好玩的地方。观众可以在快艇驶过尼姆莫湾的时候跳进海里，从吠叫的海狮身边游过。目前，虚拟旅游在国际旅游贸易展上已被当作一种营销工具。

运动、健康：健身企业 Pure Group 已经在其香港的工作室推出了虚拟现实的健身课程。公司鼓舞健身爱好者们使用他们的 VR 头饰来与虚拟教练合作、进行锻炼，并为整个训练计划提供了额外的支持。这些为健身准备的新设备有助于人们在健身过程中更好的量化。

零售：数字营销机构 SapientNitro 和 VR 平台 Sixense 合作虚拟购物平台，戴上头戴显示器，玩家就可以拿起控制器在虚拟空间内进行自然的互动。用户可以轻松地在虚拟触摸屏上选择他们想看的产品。买鞋的时候，用户伸手就可以把货架往任何方向无限制地拖动。这种尝试可以弥补网购时用户们无法切实感受产品的问题。

（七）趋势 7　创意设计：3D 打印

1.定义与应用

3D 打印技术是指由计算机辅助设计模型（CAD）直接驱动的，运用金属、塑料、陶瓷、树脂、蜡、纸、砂等可黏合材料，在快速成形设备里分层制造任何复杂形状的物理买体的技术。基本流程是，先用计算机软件设计三维模型，然后把三维数字模型离散为面、线和点，再通过3D打印设备分层堆积，最后变成一个三维的买物。

传统制造技术是"减材制造技术"，3D打印则是"增材制造技术"，具有制造成本低、生产周期短等明显优势，3D打印技术已经成为全球最受关注的新兴技术之一，被英国《经济学人》杂志称为"将带来第三次工业革命"的数字化制造技术。3D打印将多维制造变成简单的由下而上的二维叠加，从而大大降低了设计与制造的复杂度。同时，3D打印还可以制造传统方式无法加工的奇异结构，尤其适合动力设备、航空航天、汽车等高端产品上的关键零部件的制造。

3D打印技术诞生于20世纪80年代的美国，此后马上出现第一波小高潮，美国很快涌现出多家3D打印公司：1984年，出现了世界上第一家3D打印技术公司（3D Systems公司，也是目前3D市场领军者之一），同年发布了第一款商用3D打印机。1988年，Scott Crump发明了FDM（热熔堆积固化成型法）成型技术，并于1989年成立了现在的另一家3D打印上市公司Stratasys，该公司在1992年卖出了第一台商用3D打印机。直到2008年，开源3D打印项目"RepRap"发布"Darwin"，3D打印机制造进入新纪元；同年，Objet推出Connex500，让"多材料"3D打印成为可能。在欧美，3D打印技术应用已较为广泛，在珠宝、鞋类、工业设计、建筑、工程和施工（AEC）、牙科和医疗产业、教育、地理信息系统等领域均有使用。

2. 技术及分类

3D打印方式大致分为7种。按国际标准化机构ASTM International制定的方式，分别为：黏合剂喷射（Binder Jetting）、直接能源沉积（Directed Energy Deposition）、材料挤压（Material Extrusion）、材料喷射（Material Jetting）、激光粉末床（Powder Bed Fusion）、薄膜层积（Sheet Lamination）、光固化（Vat Photopolymerization）。在这7种方式中，专利

申请最多的是材料挤压方式。另外，激光粉末床和光固化方式相关专利的申请也比较多。每种技术都有各自的优缺点，因而一些公司会提供多种打印机以供选择。一般来说，考虑的主要因素是打印的速度和成本、3D打印机的价格、物体原型的成本、还有材料以及色彩的选择和成本。

目前市场上的厂商可分为以下3类：上游设备制造商、中游材料提供商和下游打印服务商。目前3D打印成本较高，主要由于设备成本和材料成本处于较高水平。以金属3D打印为例，根据匡算，在总的成本构成中，设备成本占到总制造成本的约3/4，耗材成本以及后期处理成本分别占比为11%和7%。

3. 市场与企业

2015年4月，美国沃勒斯协会公司发布2015年增材制造行业研究报告（增材制造行业的权威咨询研究机构）显示，2014年，增材制造市场（包括全球整体增材制造产品和服务）的收入为41.03亿美元，年复合增长率为35.2%。这是18年来增材制造行业实现增长的最高峰。对2014年全球市场收入的测算包含了工业级和桌面级3D打印机（售价在5000美元以下）的销售收入，当中不包括原装厂商和供应商们在研发上获得的收益。

在全球3D打印设备市场，美国企业3D Systems和Stratasys是两家具有突出地位的企业，除了起步较早以外，两家企业还大规模地采用并购策略、完善产品线、巩固领先优势。例如，Stratasys公司2012年4月以14亿美元并购了以色列Object公司，2013年6月以4亿美元收购了美国MakerBot公司，分别获得PolyjetMatrix技术和桌面级产品技术。Stratasys目前共拥有四大技术平台：（1）FDM技术，使用热塑性材料，制造的产品耐久性良好、环境友好；（2）Polyjet Matrix技术，使用树脂类材料，制造的产品细节丰富、表面光洁度高，可同时使用多种材料；（3）Smooth Curvature Printing技术，使用热塑性材料，制造的蜡模等具有高精密性；（4）Extruded Plastic Filament技术，使用热塑性挤压型材，主要应用于桌面级产品。

而 3D Systems 公司在过去几年更是收购了 30 多家企业，涵盖了 3D 打印的全价值链。与 Stratasys 公司的收入主要来源于 3D 打印设备销售不同，3D Systems 的业务包括了打印设备、材料、服务等三大板块，欧美等发达国家是 3D Systems 的主要市场，来自美国市场的销售占全部销售收入的比例达到 56%，其次为德国占 10%，而欧洲其他国家和亚太地区则分别占 16%、18%。

目前，独立运作的 3D 打印设备制造商还有美国 ExOne、德国 EOS、以色列 Solido、德国 EnvisionTEC 等，它们分别在特定领域和细分市场具有比较优势。

日本松下宣布今后将全面借助 3D 打印技术，来研发其数码家电产品。松下电器现高层日前表示，公司正在计划将可高效生产树脂和金属部件的 3D 打印机应用于家用电器制造生产，一旦成行，这将是 3D 打印机首次应用于家电量产。而相比传统技术模具制造一个多月的周期，利用 3D 打印技术将会让制造时间大大缩短，这也会直接让松下电器的模具生产成本，得到上百亿日元的缩减。据悉，松下电器与松浦机械共同研发的"金属积层造型机" 3D 打印机，已获得了多项专利，该技术可直接融化金属粉末，并加固成模型，将成为松下电器部件量产的有效方案。

在国内，2012 年全球 3D 打印产值仅有 100 亿元人民币，2013 年大概有 200 亿元人民币，2014 年接近 400 亿元人民币。目前中国 3D 打印市场规模占全球市场份额的 8%～10% 左右，而美国和欧洲则各约占 40%。我国 3D 打印行业整体上发展不错，设备、材料、软件等核心领域都能够不同程度实现自给，并在文化创意、工业、生物医学等领域得到应用。

4. 国际发展概况

美国：美国是 3D 打印技术的主要推动者。美国政府对 3D 打印技术的推动作用主要体现在国家战略层面、路线图、研究计划及执行 3 个层面。在国家战略层面，2011 年，奥巴马总统出台了《美国先进制造伙伴关系计划（AMP）》；2012年2月，美国国家科学技术委员会发布了《先进制造业国家战略计划》；2012年3月，奥巴马又宣布实施投资10亿美元的《国家制造业创新网络计划（NNMI）》。在这些战略计划中，均将增材制造技术列为未来美国最关键的制造技术之一。路线图层面，美国曾分别于1998年和2009年两度发布增材制造技术路线图。在2009年的增材制造技术研发路线图研讨会上，给出的关键建议是建立美国国家测试床中心（National Test Bed Center，NTBC），撬动未来该领域的设备和人力资源发展，并展示制造研究概念。在执行层面上，基于2009年的路线图，北美焊接和材料结合工程技术领导组织——爱迪生焊接研究所(Edison Welding Institute，EWI)成立了增材制造联盟（AMC），在美国增材制造界产、学、研机构之间建立重要伙伴关系。AMC的主要目标是提高增材制造技术的成熟度，并将其从目前的新兴技术层面推到主流制造技术层面。由此可见，美国各利益相关方都在积极推动3D打印技术政策的实施。

2012年8月，作为NNMI计划的一部分，奥巴马宣布联邦政府投资3000万美元成立增材国家制造创新研究所（NAMII），加上地方州政府配套的4000万美元，共计投入7000万美元，该研究机构实质上是一个由产、学、研三方成员共同组成的公—私合作伙伴关系，致力于增材制造技术和产品的开发，保持美国领先地位。2012年2月，橡树岭国家实验室与科学技术情报委员会合作举办了增材制造技术研讨会，讨论该技术的最新发展。美国制造工程师协会举办面向企业界的RAPID会议和展览会，德克萨斯大学举办的年度固体无模成型研讨会则主要面向学术界。

欧洲：2007年—2013年期间，欧盟第七框架计划为60个3D打印联合研究项目提供了支持，总计投资1.6亿欧元（若包括私人投资，项目总额达2.25亿欧元）。在欧盟"地平线2020项目"计划（2014年—2020年）框架下，一些新的3D打印研究项目将继续得到支持，并且一些用于商业应用的3D打印项目也将纳入计划。此外，欧盟还将成立一个欧洲3D打印技术平台，为3D打印行业的企业分享信息、提供技术和经济方面的解决方案或者进行指导等，欧盟还将支持一些3D打印成果转化中心的建设。

目前，德国在3D打印领域处于全球领先的地位，这得益于德国3D打印联盟对这一技术的大力推广。Fraunhofer增材制造联盟是德国较为著名的3D打印联盟之一，由10个著名研究所组成，该联盟不仅为初入3D打印行业的企业提供合适的解决方案，还配备了数千万欧元的资金用于基础研究。此外，该联盟在大规模PPP项目（公私合作模式）中取得的研究成果提供所有成员企业使用。

在亚洲，日本的3D打印规模超越中国，但是最主要的3D打印技术及龙头企业仍集中在欧美。为此日本政府也采取了相应的政策来支持3D打印产业，以防在未来制造业中落伍。2014年，日本经济产业省继续把3D打印机列为优先政策扶持对象，计划当年投资45亿日元，实施名为"以3D造型技术为核心的产品制造革命"的大规模研究开发项目，开发世界最高水平的金属粉末造型用3D打印机。日本近畿地区2府4县与福井县的商工会议所成立了探讨运用"3D打印机"的研究会。研究会由39个商工会议所参加。今后将汇总中小企业的意见等，年内召开相关研讨会。

5. 国际文化科技案例

案例一：新型增材制造工艺及机器

据《2015沃勒斯报告》称，2014年10月，惠普推出了全新的一体机Sprout和多射流熔融（Multi Jet Fusion）3D打印技术，Sprout一体机不仅可以直接将2D或3D物体扫描进电脑，同时也可以实现手部动作的实时交互。譬如用专用的笔直接在触控板上绘图、操作物体，或是在触控板显示的虚拟键盘上打字，这让实体键盘和鼠标成为多余的角色。多射流熔融技术旨在解决当前3D打印技术面临的三个主要问题：速度、精度和成本。这项新技术，将会在2016年上市。该技术的工作方式流程是：先铺一层粉末，然后喷射熔剂，与此同时还会喷射一种精细剂（detailing agent），以保证打印对象边缘的精细度，然后再在上面施加一次热源。这一层打印完成，以此类推，直到3D对象完成。多射流熔融技术速度之快令人惊讶，打印的零件质量也让人为之赞叹。其打印的部件边缘锋利、功能完整、表面光滑。使用该技术还能生产彩色部件，这是使用尼龙作为打印材料的增材制造所达不到的。惠普的这款3D打印机的打印速度将超过当下最快的增材制造设备的10倍。惠普提供了一组统计数据：以批量生产1000个齿轮为例，使用高品质的激光烧结设备，这些齿轮至少需要38小时才能制造出来。而使用他们的新多喷头熔融技术，只需3个小时即可完成。而且同样具备精度和强度。据说其产品价格和使用的材料都更为便宜。

惠普并非进军增材制造行业唯一的大型生产商。全球领先的雕刻机和3D模具机生产商Roland、著名电工设备制造商Dremel以及传统的2D打印机生产商理光（Ricoh）都宣布或者已经购入3D打印机。其他一些知名品牌也都在3D打印上动作频频：Adobe为Photoshop CC加入了3D制图与打印功能以使3D打印数据的准备程序化；微软倡行3MF全新打印文件格式；早在2013年，eBay就推出了按需打印定制的应用；亚马逊、戴尔、家得宝、山姆会员商店及史泰博等纷纷进驻3D打印机零售业。

案例二：文创各领域应用与3D打印创意平台

3D打印目前与文化创意产业结合包括珠宝、时装、食品、纺织业以及考古领域。在民用消费领域，如摄影、饮食、教育等方面；工业领域，如传统的航空、汽车、船舶、电子、家电、医学、建筑等行业都有广泛尝试。

教育：根据连续三年的《地平线报告》，都提到3D打印技术进入校园，并被列为十大关键教育技术。在美国，几乎所有的大中小学已经开设了3D打印的课程，通过对青少年进行3D打印创新意识、技术手段的培养，使3D打印成为"美国智造"的有力手段。

文化遗产：在互联网时代，博物馆机构提供给公众越来越多的收藏艺术品并可以免费下载，自己使用并3D打印出来。如，美国大都会博物馆的媒体实验室一直在探索各种新的技术以提升游客在博物馆里的参观体验。随着3D打印技术的日益普及，大都会博物馆顺应潮流，发布了一个小册子，指导工作人员和游客如何利用馆内的 3D 扫描仪复制艺术品并将其 3D 打印出来，这本小册子主要使用简单的图形和图像来讲解各个步骤。2014 年开始，公众可以从大英博物馆在线馆藏中下载雕塑和艺术品的 3D 模型。只要家中有一台 3D 打印机，足不出户就可以打印出炫酷的馆藏纪念品。

建筑设计：在建筑业里，工程师和设计师们已经接受了用 3D 打印机打印的建筑模型，这种方法快速、成本低、环保，同时制作精美。完全合乎设计者的要求，同时又能节省大量材料。2014 年，来自荷兰 Dus Architects 公司的建筑设计师使用一台名为 KamerMaker 的超大型专业建筑 3D 打印机来制作构想中的未来住宅。而阿姆斯特丹将成为这些房子的第一个落脚站。

时尚创意设计：3D 打印已然全面进入时尚界，从帽子、头饰到鞋子珠宝。2013 年，Bitonti 和同为设计师的 Michael. Schmidt 设计出了世界上首套 3D 打印礼服，整条裙子采用镂空设计，以减轻重量。在 2014 香港珠宝首饰展上，德国 3D 设备商 EOS，推出了可直接金属激光烧结的 Precious M 080 系统，用于 3D 打印珠宝首饰以及高档手表。以往在 3D 打印珠宝时，需先打印制作一个精细的蜡模，然后利用失蜡法浇铸成型。Precious M 080 是全球第一款可以直接 3D 打印贵金属的打印设备。

3D 打印在线服务平台：全球最大的 3D 打印在线服务平台 Shape ways 在 2014 年获得高达 3000 万美元的风险投资。Shape ways 是在线 3D 打印服务提供商，它的模式是通过大量的设计师设计具有创意的 3D 模型上传至 Shape ways 网站并选择好材料，其他用户可以选择网站上中意的 3D 模型，支付一定费用后，Shape ways 会用 3D 打印机将其打印出来并邮寄给用户。2011 年 Shape ways 已经印制了 75 万种产品，最受欢迎的是珠宝首饰、iPhone 手机壳和玩具火车，使用的材料包括塑料、不锈钢、银、陶瓷和玻璃。目前，Shape ways 还在研发更多的 3D 打印原料，如木材、蜡甚至钛、金等高端金属。目前，通过 Shape ways 网站销售的产品数量超过了 100 万个，每月都有6万多个新产品加入。非常活跃的个人用户(上传模型)有30万。仅2012年这1年，这些"个人厂长"的总收入就超过了50万美元。

借助3D打印技术，数以万计的设计师将能够生产出大量的产品，通过Shape ways等平台，世界各地的设计师们将能够跳过传统的生产和配送形式，直接进入市场，在全球范围内竞争。

（八）趋势8 辅助装备：可穿戴设备

1. 定义与应用

可穿戴设备即可直接穿在身上，或是整合到用户的衣服或配件的一种便携式计算设备；且可以通过软件支持以及数据交互、云计算来智能化的实现其他功能，如运动监测、音乐推送等。其雏形出现于20世纪60年代，在七八十年代有概念设备推出。早期穿戴式计算机不具备无线传输模块和泛在网络的支撑。从2012年开始，诞生的新一代产品则结合云计算、移动互联网、数据分析等进入"智能机"时代。可穿戴设备只是一种移动计算设备，本身并不具备某种行业属性，大多数可穿戴设备与移动互联网、云计算等技术结合，都可收集身体数据，进行自我量化、生活记录等生物分析。目前可穿戴技术的应用领域可分为3大类：

表15 穿戴技术的应用领域

领域	作用	企业
运动健身	以轻量化的手表、手环、配饰为主要形式，实现运动或户外数据如心率、步频、气压、潜水深度、海拔等指标的监测、分析与服务。	耐克、阿迪达斯公司推出的可采集人体生理信号的鞋子和衣服、无线智能手环（Fitbit Flex）、卓棒智能手环（jawbone）。
医疗保健	以专业化方案提供血压、心率等医疗体征的监测与处理。	代表厂商有飞利浦医疗、九阳医疗、同方医学。
电子通信	这类可穿戴智能设备能够协助用户实现信息感知与处理能力的提升，从休闲娱乐、信息交流到行业应用，用户均能通过拥有多样化的传感、处理、连接、显示功能的可穿戴设备来实现。	产品以智能手表、眼镜等形态为主代表厂商如谷歌公司、苹果公司、英特尔公司，以及中国移动、百度、华为技术有限公司和中兴通讯股份有限公司等国内企业。

广义上而言，可穿戴设备可应用于任何场景。其作为多种形态的数据终端收集装置，可以长时间连续不间断地采集用户使用过程中产生的数据（生物、行为、地理等等）；通过数据分析，可以更好地发现用户的关键特征，为用户提供量身打造的建议；除了硬件形态本身与时尚产业具有天然结合性，还可以融合增强现实（AR）与虚拟现实（VR）、手势交互、自然语音交互等多种技术增强用户体验；早期多用于医疗、军事，目前与文化创意产业——教育、游戏、博物馆、音乐、影视、时尚设计等诸多门类都可以密切结合，对消费者来说增加了另一种数字接收形式，而对于传统文化企业或机构来说，增加了另一种与用户接触的途径——可以通过用户的使用方式、地点、时间等多种数据更准确的了解、理解用户喜好，建立更立体的用户个性化数据档案，挖掘更多商业机遇，因此可穿戴设备的核心在于数据的采集和分析。

2. 技术及分类

可穿戴设备终端本身所涉及技术主要分为软件系统和硬件两部分。软件主要是操作系统和应用程序。硬件主要包含：芯片、传感器、柔性元件、屏幕、电池等；其中还涉及交互技术：语音识别、眼球识别、手势交互及图像识别等。

市场机构 NPD Display Search 在报告中将目前主要的可穿戴式设备按形态可分为三大类：智能手表（Smart Watch）、佩戴式追踪装置（Activity Tracker）与头戴式装置（Head Mounted）。可穿戴式设备成长的主要动力将来自于智能手表与佩戴式追踪装置，这三大类中，佩戴式追踪装置包含形态最广，各科技企业与传统厂商都有不同形式的尝试与合作。由于种类不同，涉及技术也不同，如智能手表、智能腕带等使用原件为电子元器件。头戴式装置主要是融合了增强现实（AR）与虚拟现实（VR）（参见前文趋势6）。

表 16 主要可穿戴式设备按形态分类（来源：NPD Display Search）

种类	详细
智能手表	目前最受关注的产品：苹果 iWatch、三星 Galaxy Gear 等
佩戴式追踪装置	智能服装、首饰、腕带、鞋帽、手环等
头戴式装置	主要为眼镜、头盔：谷歌眼镜、微软发布的全息眼镜 HoloLens、Facebook 的 Oculus Rift 等

智能服饰中的智能面料可归为纺织业新材料，目前智能纺织品有很多种类，本文所指的智能纺织品主要是香港理工大学陶肖明教授提出的"交互式智能纺织品"概念：指用人工或预定的方式感知外界以电和光为主的刺激或环境条件并作出反应的纺织品。① 实现智能化的方式是"引入信息技术、微电子技术，包含柔性传感技术、无线通信技术和电子电源等，通过嵌入式方法植入纺织品中，如材料混纺等"。目前，智能服饰是国际可穿戴设备的发展新趋向，根据曼彻斯特大学保罗比蒂（Paul Beatty）对智能服装的描述，智能服装的整个系统也与其他职能可穿戴系统类似，共分三个主要部分：（1）智能电子处理，主要是执行数据采集和预处理，以及蓝牙通信、加速度计测量运动速度、GPS 定位等等；（2）交换集线器，用于数字信号的处理，通过网络传输到远程计算机；（3）最后远程计算机分析、处理数据，生成报告再展示给用户。

国际知名研究机构高德纳公司（Gartner）认为智能服装的出货量会迅猛增长，在两年内超过其他种类的可穿戴设备。

3. 市场与企业

市场发展预测：在过去的几年中可穿戴技术已成为最热门的领域之一，这是由于即将进入的物联网时代，数据是企业、产业发展的关键，而最直接的解决方案就是各类传感器和智能化终端作为感知层直接佩戴于用户身体上。在智能手机的创新空间逐步收窄和市场增量接近饱和的

---

① 王军、陈晓政、穆芸等：《智能纺织品的内涵、设计及其应用前景分析》，载《武汉大学纺织学报》，2015 年第 28 期，第 23 页。

情况下，智能可穿戴设备作为智能终端产业下一个热点已被市场广泛认同。美国风投机构 KPCB 合伙人，被称为"互联网女皇"的 Mary Meeker 认为，可穿戴设备是十年一遇的重大科技产品，其市场引领价值将比拟于个人电脑和智能手机。

市场研究机构 ON World[①] 在 2014 年的报告中预测今后 5 年内，全球传感器融合和云连接的可穿戴设备在未来五年内会生成一个 500 亿美元的产业。在此期间，可穿戴硬件本身将会在市场中占据较大收入比例。但配套的移动 App 和数据服务等将会以更快的速度增长。咨询公司高德纳公司（Gartner）认为智能服装将是未来几年内可穿戴技术发展的重大突破。该公司数据显示，智能服装预计在 2015 年会超过 1000 万，2016 年达到 2600 万。

企业应用及发展：2012 年因谷歌眼镜的亮相，被称作"智能可穿戴设备元年"，其他智能手环等可穿戴终端也开始发布；2013 和 2014 年进入产品密集发布期，产品形态也愈发多样。2015 年服装品牌和科技巨头都在竞相打造可以将技术融入生活的可穿戴消费产品，近年来，欧美外许多机构致力于智能服装的研发，北美和欧洲一些国家在这方面的研究也处于领先地位，Nike、阿迪达斯及其他著名服装和生活用品品牌都已经迈向可穿戴技术市场。谷歌眼镜的开发虽然不尽如人意，但是 2014 年科技巨头对于头戴式产品纷纷倾入巨资收购或研发；备受瞩目的苹果 iWatch 智能手表在 2015 年正式上市也引发其他科技厂商进入该领域，有消息称泰格豪雅计划与英特尔联手打造智能手表产品，而多家传统手表厂商也对智能手表表现出了浓厚的兴趣，但是基于苹果之前完备的产业生态，还是具有其他产品无可比拟的优势。法国政府给予 CityZen 科技公司 720 万欧元的资金，支持其开发智能传感技术，旨在使法国成为世界智能服装领域的领头羊。

---

① ON World：针对智能技术市场提供一流商业咨询研究，包含智能技术系统、无线传感器网络、区域网络等，用户包括埃森哲、苹果、连线杂志等。

在亚洲，日本的电子技术发展以索尼、东芝、富士通等行业巨头为典型代表，然而在可穿戴技术发展方面，日本的初创企业比行业巨头表现更为优秀。成立于2013年的日本Logbar公司是可穿戴技术公司的杰出代表之一，该公司因推出一款名为"Ring"的智能戒指而闻名。将Ring智能戒指戴在手指上，随意动动手指头便可远程控制智能手机、电视等智能终端设备。同样成立于2013年的Moff公司推出了一款利用声音将周围物品全部变成互动玩具的智能腕带。儿童将智能腕带戴在手上后，可以通过蓝牙设备将手环连接到Moff的iOS应用程序，实现与智能设备终端的连接，将周围物品变成互动玩具。Docomo Healthcare公司推出的智能腕带Moveband配备了加速度仪，防水级别为IPX5/7级，可支持步数测量、移动距离、消耗热量及睡眠时间等功能。还提供"WM应用"与"身体生物钟WM"等手机App，帮助用户监控个人健康。

韩国可穿戴行业发展的主要代表为三星公司。三星公司作为全球最大的智能手机厂商，也是目前为止可穿戴市场最大的推动者。2013年9月，三星公司正式发布了其第一款智能手表Galaxy Gear，随后又对其进行更新，推出了Galaxy Gear 2/Fit/Neo。公司自主研发的可穿戴产品还包括曲面屏智能手表Gear S，是首款不必连接智能手机就具有上网功能的智能手表，它内置了支持蜂窝数据功能的上网模块。在三星公布的2015年产业发展规划中，主要集中在可穿戴领域、虚拟现实、智能家居以及在线教育。

4. 国际发展概况

美国国家科学基金会、高校与研究机构、美国军方以及工业界均对可穿戴计算研究领域给予高度关注，并投入巨额经费，另一方面，伴随美国《国家宽带计划》《高速无线网络计划》等计划的实施，美国4G LTE网络得到快速部署，LTE网络的人口覆盖率已超过90%，这为联网设备在数量上的增长奠定了宽带资源基础。欧盟曾在2004年发起全球最大的、预算近4000万欧元的民用可穿戴计算项目WearIT@work。然而该地区移动通信以及智能移动终端应用的发展缓慢，新型电信基础设施的部署落后，导致其在可穿戴计算技术领域的创新驱动力不足。

研究机构及资助：美国是全世界最早提出可穿戴设备的思想和雏形的国家，早在20世纪60年代，美国麻省理工学院媒体实验室就提出利用创新技术把多媒体、传感器和无线通信等技术嵌入人们的衣着中，可支持手势和眼动操作等多种交互方式。在学术科研层面，美国麻省理工学院、卡耐基梅隆大学等研究机构均有专门的实验室或研究组专注于可穿戴智能设备的研究，拥有多项创新性的专利与技术。美国电气和电子工程师协会成立了可穿戴IT技术委员会，并在多个学术期刊设立了可穿戴计算的专栏。国际性的可穿戴智能设备学术会议IEEE ISWC自1997年首次召开以来，目前已举办了18届。

日本对可穿戴技术的研发大部分集中在移动医疗领域。远程会诊、医疗大数据平台等新载体的建立都需要可穿戴设备作为基础支撑。帝人公司与日本关西大学联合开发出能够探测手指和手臂运动的面料。根据IDTechEx公司的调查，世界上约有21%的医疗领域可穿戴技术开发商和制造商集中在亚洲，可见日本在这一领域的发展前景可期。

韩国科学与技术高级研究所（Korea Advanced Institute of Science and Technology）的一个团队也正在研究一种新型的织物，该织物可允许锂电子电池直接织进，从而方便携带可穿戴设备的人们随时为设备充电。并且，该研究所还成功研发出一种可以将人体热量转换为电能的全新技术，通过将玻璃纤维布嵌入温差材料制造成设备，该项研究能良好地解决可穿戴设备电池续航时间短的问题。韩国在可穿戴行业的技术攻关与创新研究，使其成为全球可穿戴技术研发创新的新兴国。

5. 国际文化科技案例

案例一：Apple Watch 手表、Nike 智能鞋、谷歌智能面料

目前国际上最值得关注的几款可穿戴产品分别是Apple Watch、Nike智能鞋、谷歌智能面料，主要是因为这三家企业在自身分属领域品牌效应、技术研发能力、产业链整合能力相对实力最强，并且都被列入2014年《Booz

创新企业1000强》前30位,其中苹果位列第一,谷歌第三。

Apple Watch:研究公司1010 Data近日对在线买家的购买情况进行了追踪和调查,调查显示,在智能可穿戴市场上Apple Watch以42%的营收份额遥遥领先。苹果的优势在于产业链建设最为完备——可穿戴智能设备真正可以发挥作用的完整链条应该是:智能终端—软件—云计算—数据分析—服务。苹果在推出智能手表之前,于2014年WWDC上发布了健康管理应用HealthKit(软件),与多间医院以及医疗公司Allscripts合作探讨健康监控平台HealthKit的发展和推广(服务)。并与IBM合作,成立专门的部门面向医疗健康行业提供数据分析服务。加上自身就拥有的iCloud(云计算服务),可以说对整个健康医疗链条进行了整合。同时,苹果智能手表设计精良的硬件和自身丰富的数字内容也极具盈利能力。

Nike智能鞋:作为全球著名的运动品牌,Nike近年来正逐步涉足智能穿戴领域。Nike公司宣布将在2015年10月正式推出Nike智能鞋。Nike在2010年申请了鞋带自紧的专利。从Nike专利申请文件中可以看到,这双鞋带有一个充电系统,通过电能来带动从而自动绑紧用户的鞋带。

来自以色列的一家初创公司B-Shoe在智能鞋方面也做出了很好的尝试,其推出了一款可以防止老人摔倒的智能鞋。这种智能鞋安装有压力传感器、驱动单元、可充电电池、微处理器并融合了先进的算法,鞋后脚跟处内置有履带,当检测到老人身体失去平衡,履带就会立即启动,以重新获得平衡。

谷歌智能面料:根据市场调研公司高德纳公司(Gartner)预测,"智能衣服"将会成为2015年的突破性智能穿戴技术。智能衣物的销量将在2016年将达到2600万套,比同年的智能手环销量高出700万套。高德纳公司(Gartner)认为,目前大多数可穿戴设备还只是佩戴,其效果不如"去佩戴化"的智能服装。德国海恩斯坦研究院也预测,智能服装是一个数十亿人需要数百万种应用产品的市场。美国著名市场研究公司VDC的报告指出,到2018年,仅在美国市场,智能型纺织品的产值将达到30亿美元,未来具有很大的发展空间。

2015年,牛仔服装品牌Levi's宣布与Google ATAP Labs小组合作开发智能面料,彻底变革可穿戴时尚。Google的Project Jacquard(提花计划)是"将无形的计算集成到物体、材料和衣服中"。其负责人称:团队已经开发出一种高导电的纱线可以织入面料,变成智能面料,用来制造智能衣服。加上电池盒传感器后,可以帮你完成生活中更多的交互行为——当你穿上衣服后,它可以自动帮你预约Uber,通过触摸面料,还可以打电话或是调节音乐的音量等基于日常的使用场景。如果研发顺利,谷歌预计明年开发的智能服装将在美国上市,并随之向开发者开放API,以便让开发者设计可在衣服上使用的应用。

目前不只是谷歌,已经有多间机构及企业布局智能服装领域。2014年的美国网球公开赛上,著名时尚品牌拉夫劳伦的智能POLO衫亮相。这款POLO衫的部分面料中织入了导电纤维,可将电信号传送到粘在衣服上的可拆卸微型数据盒中,与智能手机连接,从而监测使用者的心率、呼吸等情况。美国Electricfoxy公司设计的"Ping"智能社交服装运用高科技面料与电子元器件结合,可以直接与Facebook相连。

日本东丽公司与NTT DoCoMo(日本)也合作生产新型智能服装产品,其基础面料覆盖导电纳米纤维,能够取代电子传感器,能够把数据传输到内置在衬衫里面的信号传输器,以此来实现可穿戴监测,获取心率以及日常健康概况。2013年9月,欧盟德国人工智能研究中心(DFKI)投资4400万欧元建立了一个传感器技术、计算机科学、网络编程、生物力学、康复和运动的跨学科团队技术专家队伍,旨在发现创建智能服装的新方法和工具。

案例二:与文化创意产业的结合应用

根据设备形态和功能,目前与文创产业主要是以下几方面的结合:

与时尚行业结合:由于可穿戴产品的自身属性,已经越来越多的厂商关注到与时尚的结合。三星与Diesel合作推出Gear S智能手表、英特尔和Opening Ceremony在时装周推出MICA智能腕带。

2015年，瑞士著名手表奢侈品牌Tag Heuer将推出其首款智能手表。施华洛世奇联合Misfit推出了Shine系列智能手环。GUCCI与黑眼豆豆主唱Will.i.am合作推出了一款新的智能手表。预计日后会看到更多诸如戒指手镯之类的智能可连接珠宝。随着智能手表、健身追踪器、智能珠宝和智能服装的需求增加，会有更多时尚品牌与技术合作制造商合作推出智能服装等。

运动、健康监测：加拿大两名工程电气专业学生组建的产业公司Athos采用EMG（肌电图）技术，将超微型的传感器集成在运动服纤维上，主要监测前胸、手臂、臀部以及大腿部分的肌肉群，也是可以通过智能手机应用来监测运动和健身的强度。美国健身公司Sensoria在今年年初的CES展会上展示了智能袜子。这种智能袜子也是采用了特殊的传感器纤维面料，检测相关的运动数据，如步伐大小、步行速度、卡路里燃烧情况等。

博物馆文化测量：在《2015Trends Watch》中指出可穿戴技术是自带设备的延伸。博物馆已经开始利用这一状况来进行更好的服务，在Pew研究中心发布的《2013新媒体与博物馆观众参与》报告显示：目前，24%的机构表示他们已通过手机、平板电脑等移动设备程序向观众提供信息。而随着谷歌眼镜或其他头戴式产品的进入，博物馆应该确保自身的内容在这些新兴的平台的运营（数字内容对于平台的适应性、兼容性）以及访客的数据的采集与分析。纽约大都会艺术博物馆已经开展了博物馆使用可穿戴技术的研究——谷歌眼镜等穿戴设备能否帮助保管员、标本制作员或艺术家们记录他们的工作；内置GPS导航功能的生物监测仪能否用于确保在偏远或危险地区工作的研究人员的安全。

美国创新科技博物馆的身体指标测量展览，展览中利用可穿戴设备帮助访客跟踪自己的情感和身体状态和反应。当访客带上传感器套件，它衡量访客六类因素：活动水平，紧张程度，精神集中度，说话量，态度倾向和被试者附近的人数。装备本身包含一部智能手机，探测佩戴者的环境，测量脑电波的NeuroSky无线耳机，Somaxis设备测量心率和肌肉紧张——所以，博物馆也需要生物数据分析科学家协助文化参与度的测定（对人们与文化场馆接触学习的监测）。

头戴设备与游戏：谷歌眼镜在市场上的失利没有阻挡其他头戴式设备在2014—2015年受到关注，先是Facebook花费20亿美元收购了Oculus Rift（虚拟现实），接着微软发布了全息眼镜HoloLens（增强现实），它是微软设计的一款基于全息技术的头戴式"增强现实"（Augmented Reality）显示设备，能够渲染出高质量分辨率的全息影像，通过内置镜片投射在用户眼前。HoloLens渲染出的各种全息影像能和用户互动，可以完美地融入真实的生活场景，会随着人视角的移动、手势的操控而发生相应的改变，看起来就好像真实存在的实体一样。而这一技术应用场景极为广泛——教育、影视、游戏娱乐、医疗等等。目前国际上已有大量教育企业利用可穿戴设备尝试新的教学方式。

除了以上案例，各个机构、企业还有更多尝试，所以可穿戴设备对于促进文化消费有不可估量的作用，第一，自身就带有时尚属性，仅凭硬件就可以创造百亿美元市场。第二，基于物联网的IT架构，它可以被人们随身穿着携带，可以收集记录大量以前不可知的"文化接触"信息，包括人们在博物馆、公园、展览、演唱会等实体场地对于雕塑、艺术品驻足的时间，游戏、音乐、电影、旅游引起的情绪、生理反应等数据记录。这些数据的记录会为提高公共文化服务、促进文化消费、制作策划更好的文化产品带来更多的直接或关联性数据参考依据，对推动文化产业发展。第三，围绕这一生态链可以催生大量文化创意、文化服务类新业态、新企业（包含云、大数据分析企业等），可以撬动新的经济增长点。

三、2015年文化科技趋势总结

随着物联网、云计算、移动互联网、大数据在各个领域的逐步渗透，智慧地球、智慧城市的轮廓日趋成型；在此背景下与文化、娱乐领域渗透结合，催生了大量新业态；从已搜集的国际新业态案例中可以观察到，结合物联网的新业态是把技术与人的行为模式充分结合的形态，如智慧旅游、智慧博物馆等；同时，物联网、数字交付形式产生的海量数据正影响着商业模式的转变，带来新的商业机会——收集和理解所产生的大量用户数据是实现"智慧"及各领域价值创新的核心。因此，在智慧城市、智慧地球背景下能否对数据进行有效处理、分析与整合将成为提升文化企业竞争力的关键。基于这些对于商业、社会文化产生变革的新业态，以下提出近年文化领域需关注的若干项技术。

（一）文化领域需关注的技术

物联网：物联网（Internet of things）是新一代信息技术的重要组成部分，也是"信息化"时代的重要发展阶段。顾名思义，物联网就是物物相连的互联网。在国际上又称为传感网，这是继计算机、互联网与移动通信网之后的又一次信息产业浪潮。物联网是一个庞大的技术组，其中涉及多项技术综合，包含传感层（传感器）、网络传输层、云计算、数据分析（应用层）等。在2015年新兴技术曲线中，它仍处于第二阶段，也就是发展早期，但是各国已加紧部署。

各类传感器：传感器（transducer/sensor）是一种检测装置，能感受到被测量的信息，并能将感受到的信息，按一定规律变换成为电信号或其他所需形式的信息输出，以满足信息的传输、处理、存储、显示、记录和控制等要求。是物联网的基础组成部分，也是可穿戴设备的主要元器件。传感器是实现自动检测和自动控制的首要环节。作为物联网架构的基础配备——感知层，受到世界各国的重视。

云计算：云计算（Cloud Computing）是一种基于互联网的计算方式，通过这种方式，共享的软硬件资源和信息可以按需提供给计算机和其他设备。典型的云计算提供商往往提供通用的网络业务应用，可以通过浏览器等软件或者其他Web服务来访问，而软件和数据都存储在服务器上。

云计算服务通常提供通用的通过浏览器访问的在线商业应用，软件和数据可存储在数据中心。它也是物联网数据存储和处理的重要组成部分。各种"云计算"的应用服务范围正日渐扩大，影响力也无可估量。云计算平台可以划分为3类：以数据存储为主的存储型云平台，以数据处理为主的计算型云平台以及计算和数据存储处理兼顾的综合云计算平台。

大数据： 大数据（Big Data）技术，就是从各种类型的数据中快速获得有价值信息的分析技术。在物联网背景下，数据已成为所有行业关注的焦点。大数据处理关键技术流程一般包括：大数据采集、大数据预处理、大数据存储及管理、大数据分析及挖掘、大数据展现和应用（大数据检索、大数据可视化、大数据应用、大数据安全等），在物联网、智慧地球背景下数据技术值得特别关注，因为数据是实现智能化的核心；大数据中涉及自然语意分析、机器学习等若干项技术。在2015年新兴技术曲线中已经看不到它了，2014年的新兴技术曲线表上已经表明它正走向低谷。这意味着最受关注的大数据相关技术已经不是一种新兴技术了，它们已开始用于实践当中。

流媒体技术： 流媒体技术（Streaming Media）将是视频传输的关键技术。移动互联网应用的普及，用户对视频应用、视频质量要求也越来越高。流媒体技术不是一种单一的技术，它是网络技术及视/音频技术的有机结合。在网络上实现流媒体技术，需要解决流媒体的制作、发布、传输及播放等方面的问题，而这些问题则需要利用视音频技术及网络技术来解决。目前应用普遍，技术较为成熟。

各种新型自然交互技术： 自然交互技术（Natural User Interface）物联网是基于网络技术将各种智能设备、家具连接在一起，无论是停车计时器还是家用恒温器，各种日常设备和企业用设备都将在不久以后与互联网连到一起，从而让"物联网"变成一个极其庞大的市场。由此而生的就是任何设备都可能成为交互的界面。因此，处于感知层的各种新型（自然）交互技术及体验将飞速发展并迅速商用。需要关注的主要有 VR 技术、增强现实技术、自然语音交互技术、手势识别技术、眼球追踪、面部识别等技术。

3D 打印技术：3D 打印（3D Printers）技术越来越广泛的运用于文创领域，在博物馆文物保存维护、时尚行业、工业设计生产制作、教育领域都可以见到它的身影，而通过周边的网络平台、软件服务可以构筑出一个包含创意、生产、传播、展示、消费的生态圈。在 2015 年新兴技术曲线中，消费者 3D 打印技术也开始走向第三阶段，预计 3—5 年内会广泛应用于市场。

虚拟现实技术：虚拟现实技术（Virtual Reality）涉及计算机图形学、人机交互技术、传感技术、人工智能等领域，它用计算机生成逼真的三维视、听、嗅觉等感觉，使人作为参与者通过适当装置，自然地对虚拟世界进行体验和交互作用。使用者进行位置移动时，电脑可以立即进行复杂的运算，将精确的 3D 世界影像传回产生临场感。该技术集成了计算机图形（CG）技术、计算机仿真技术、人工智能、传感技术、显示技术、网络并行处理等技术的最新发展成果，是一种由计算机技术辅助生成的高技术模拟系统。概括地说，虚拟现实是人们通过计算机对复杂数据进行可视化操作与交互的一种全新方式，被誉为下一代交互界面。虚拟现实在 2014 年新兴技术曲线中已向成熟期过度，在 2015 年的新兴技术曲线中没有出现，从前文的大量应用案例中，意味着它虽然还有不完善，但已开始步入应用阶段。

可穿戴设备：可穿戴设备（wearable device）即直接穿在身上，或是整合到用户的衣服或配件的一种便携式设备。可穿戴设备不仅仅是一种硬件设备，更是通过软件支持以及数据交互、云端交互来实现强大的功能，可穿戴设备将会对我们的生活、感知带来很大的转变。在 2015 年新兴技术曲线中，可穿戴设备也从炒作期慢慢滑入低谷期，预计 3—5 年内会走向成熟期。

游戏化：（Gamification）游戏文化已经成为世界流行文化的重要组成部分，在过去的每一年游戏玩家的数量都在不断增长。平板与智能手机用户数量激增，使得笔记本、掌上电脑、电视机与游戏机不再是连接其他在线玩家的唯一方式，使得人们可以在各种环境中展开游戏活动。

玩游戏不再单单是娱乐消遣,而且在军事、商业、工业、教育等领域作为有用的训练与激励工具,起到了重要的牵引力作用。与此同时越来越多的教育机构和项目开始研究游戏,当然也包括人们对游戏化(将游戏元素、机制、框架运用到非游戏的情景当中)越来越多的注意力。商业领域已经运用游戏化来设计激励项目,通过奖励、排行榜、勋章等方式来激励员工,教育、数字消费、企业管理等各个领域都开始重视游戏化的机制设计对数字一代的影响,国际上的智库(美国未来研究院等)、高校研究机构(如沃顿商学院等)都纷纷开始研究其对于社会文化的影响。

(二)文化科技融合新业态发展趋势

新兴文化业态依托于物联网架构:通过之前案例可见在物联网技术的发展背景下,移动互联网、传感器、云的普遍应用,文化产业中各种形式的数字交付手段越来越多,新兴文化业态不断涌现,业态更替周期不断缩短,整体呈现出线上线下(实体、虚拟)融合、数据驱动企业发展、产业跨界融合发展的新形态。产生的大量数据对于文创产业从创作到消费的全产业链都有极其重要的作用。各个企业、机构(博物馆)的商业决策、运营背后依托了大数据分析。从动漫、视频到实体的博物馆,从生产、传播到消费,每一步都建立在数据分析的基础上,可以说新兴文化业态(各行业新兴业态)实际是建构在对物联网信息架构的深入思考之上,是通过技术来改变之前的产业链结构。(见图9)

BCG(波士顿咨询)发布的企业创新力报告《2014最具创新力企业:突破并非易事》,报告指出:"最具创新力的企业更依赖大数据分析和数据挖掘(57%对19%)。67%的突破性创新者表示在大数据分析和数据挖掘方面的投入产生了显著的回报。"BCG发现大数据应用的领先企业比那些从不尝试从大数据分析中获取价值的企业年收入要高12%,已经开展大数据分析的企业比同行更容易认可大数据的创新价值(81%对41%)。可以看到数据是企业、产业未来发展的关键。由于物联网和移动互联网的发展行业在时代中都要面临高度复杂的环境变化带来的巨大机遇与挑战,企业必须每天都在新的环境中经受考验。任何企业要想长期发展,就必须先了解外部环境以理解现状并预见未来,正确而清晰的环境认识是企业战略管理的必备前提和基础。因此需要依靠大量数据进行有效决策——对产品和服务的改善、对企业发展的布局、对外部竞争环境的了解等。

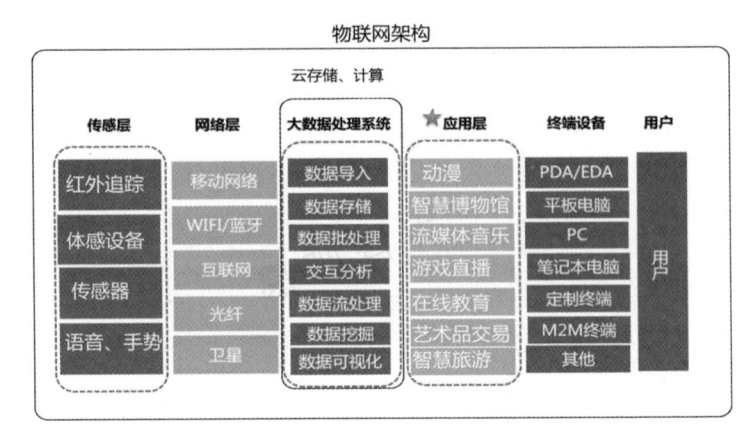

图9 物联网、大数据与文化产业新业态的架构图

(三)构建数据能力是文化企业运营发展的关键

因此,可以说大数据是基于个人IP的全维度、全领域、全球化收集来促进社会文化的发展——从实体到虚拟,从地方到全球,从个体到社会,而不应狭义的定义为文化产业大数据——以目前文化产业门类划分收集的数据来单向反馈分析用户需求,因为有数据的广度才可以促使我们发现以往没有发现的新型关联性关系,从而促进新的商业形态(尤其是服务)出现,这样才能达到迅速转型,精准化运作,开启新的经济增长点的目的。

2017年文化科技融合前沿趋势研究

报告摘要：本报告是对 2015 年度至 2016 年初发生在国际文化产业领域动态趋势的观察研究；使用的研究方法主要是根据《2009 年联合国教科文组织文化统计框架》中文化产业类别框架中的关键词与 Gartner 新兴技术成熟度曲线涉及的关键词综合检索案例；利用文化产品生产周期模型来归纳一年中各国政府政策、专家、企业、机构等文化产业中的关键节点在领域内产生的最新政策、观点、产品和服务。数据及案例来源包含了各种主流媒体新闻来源、博客、研究报告、流行文化作者独立观察等，在其中选择、编译科技与文化融合的典型案例（既有文化企业、机构也有科技企业；包含产业巨头，也有新兴小微企业），分析其业态发展，并最终汇集整理为整体产业发展的趋势。并且在文化领域之外，我们寻找文化、新闻和经济评论、政策、技术和环境等方面信号，综合探讨在未来几年到几十年在文化科技融合可能产生的趋势变化。

关键词：人工智能、区块链、智能织物、智能制造、手工艺品

一、2016 年全球文化科技发展趋势综述

（一）经济背景：经济活动依旧疲弱，数字经济和文化产业成为新的经济驱动力

国际货币基金组织（IMF）发布《世界经济展望》更新报告指出，2015 年全球经济增长 3.1%，经济活动依旧疲弱；2016 年和 2017 年全球经济增速分别为 3.4% 和 3.6%，经济活动复苏更为缓慢。IMF 对今明两年全球经济增长的预测均比去年 10 月份的预测下调了 0.2 个百分

点。IMF 的报告认为，全球经济正处于调整之中：新兴市场增长普遍放缓，中国经济正处于再平衡进程中，大宗商品价格下跌，美国逐步退出量化宽松货币政策。全球经济如果不能成功驾驭这些重大转变，增长可能受阻。2016 年 5 月联合国经济和社会事务部发布的《2016 年世界经济形势与展望》报告显示，全球经济在 2015 年增长仅为 2.4%，比预计数字下调 0.4%。报告预计，发达经济体的增长将在 2016 年取得增长，自 2010 年以来首次超过 2%。而发展中国家和转型经济体的增速下降到全球金融危机以来最低水平——受到整体经济环境影响，2015 年中国 GDP 增速 6.9%，进入经济发展新常态。由于中国经济增长放缓，其他大型新兴经济体，特别是俄罗斯和巴西，持续疲软；报告预计全球经济增长在 2016 年、2017 年将分别为 2.9%、3.2%。总体来看，2015—2016 年，发展中国家和转型经济体有望走出低谷并逐步复苏，但外部环境继续充满挑战。全球经济增长的部分重心将再次转移到发达经济体。

在全球经济增速放缓的情势下，以高新技术驱动的数字经济[①]和以个人创意为驱动的文化创意产业成为新的经济驱动力。据中国信息通信研究院测算，2015 年中美日英等全球主要国家数字经济平均增速约为 7.5%（远超过整体 GDP 增长速率）；数字经济作为发展最迅速、创新最活跃、辐射最广泛的经济活动，欧、美、中等主要经济体均将数字经济视为实现经济复苏和持续发展的关键依托；近年各自出台了国家层面的数字经济发展战略[②]。在国内，数字经济的增长也同样突出，2015 年，

---

① 数字经济：G20 峰会认为，数字经济是以信息和知识的数字化编码为基础，数字化资源为核心生产要素，以互联网为主要载体，通过信息技术与其他领域紧密融合，形成的以信息产业以及信息通信技术对传统产业提升为主要内容的新型经济形态。

② 美国政府先后发布了《联邦云计算战略》《大数据的研究和发展计划》《支持数据驱动型创新的技术与政策》和《网络空间战略》等。2014 年德国发布《2014—2017 年数字化议程》《数字战略 2025》，2015 年英国推出《2015—2018 年数字经济战略》、日本出台《i-Japan 战略 2015》等。

中国数字经济总量中，数字经济生产部分占同期GDP的比重为7.1%；数字经济应用部分占数字经济比重高达74.3%，对数字经济增长的贡献度高达85.8%[①]。可以看到，各传统产业部门信息化、数字化提升是"数字经济"发展的主要动力。

（二）科技趋势："数字化"是创新思维的源泉

《2016信息技术报告》以"数字经济中的创新"为主题，认为世界正在进入第四次工业革命，随着物联网，人工智能，3D打印和量子计算等新技术全面渗透，它们对发展、生产、管理和治理系统的影响将与以往的"工业革命"不同。报告对139个国家的信息通信技术发展状况进行了全面评估并排出名次，在2016年度世界各国排名中，新加坡连续第二年位居首位，其后依次为芬兰、瑞典、挪威、美国、荷兰、瑞士、英国、卢森堡和日本。上述排名前十的国家中，有七个是欧洲国家。2016年在亚洲新兴和发展中经济体排名第一的是马来西亚（全球排名第31位），该地区排名前五的国家仍是中国（中国的排名比去年上升了3位，整体排名列第59位），马来西亚，蒙古，斯里兰卡和泰国，该地区近年来一直在强劲增长。拉美和加勒比地区国家的表现参差不齐，排名最高的国家智利，列第38位，与海地（第137位）之间排名相差近100位。另外，该报告的关键发现有四点，"随着全球经济数字化水平日益提升，创新不再局限于技术范畴，通过应用信息通信技术可以创造更大影响力；同时，专利数量等传统的创新指标在衡量创新能力方面的权重在下降，表明当前的转型是由另外一种创新所推动，而这种创新日益基于数字技术及其所催生的新型商业模式。"此外，报告认为"数字化"不仅仅是技术，它还是一种思维方式以及新型商业模式和消费模式的源泉，为企业和个人进行组织、生产、贸易和创新提供了新的途径。

---

① 数据来源：中国信息通信研究院。

在新兴技术发展方面，2016年7月，高德纳公司（Gartner）发布了年度新兴技术成熟度曲线（图10），并归纳出当前世界三个突出的科技趋势：一是感知智能机器；二是透明的身临其境的体验；三是平台革命。在这三个趋势之下，高德纳公司（Gartner）建议关注以下关键技术（见图10）：

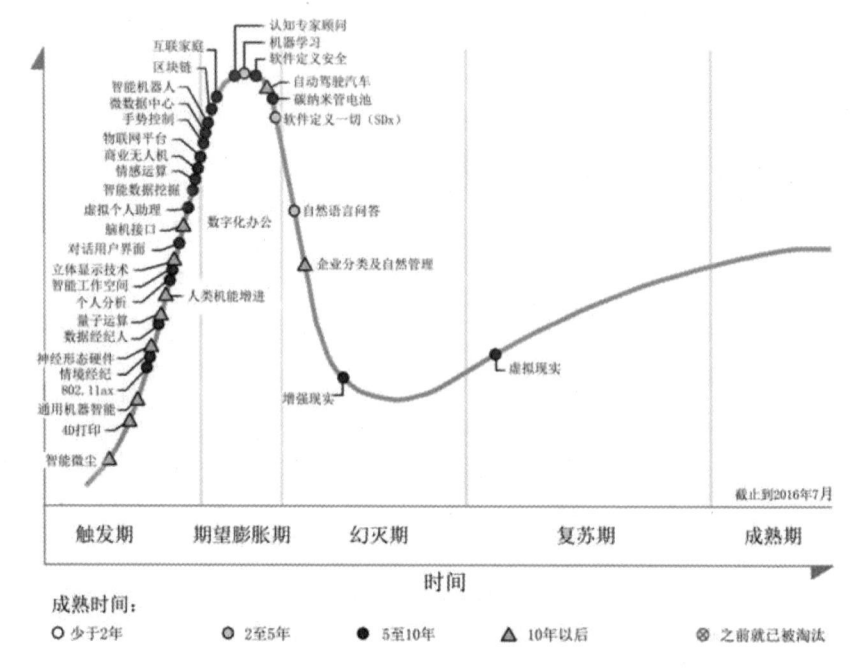

图10 2016年Gartner新兴技术曲线（来源：高德纳公司2016年7月）

表17 2016年Gartner新兴技术曲线主要技术趋势及关键技术

趋势	感知智能机器	透明的身临其境体验	平台革命
关键技术	智能微尘（超过10年）	4D打印（超过10年）	神经形态硬件（超过10年）
	机器学习（2—5年）	脑机接口（超过10年）	量子计算（超过10年）
	虚拟个人助理（5—10年）	人类机能增加（超过10年）	区块链（5—10年）
	认知专家顾问（5—10年）	立体显示技术（超过10年）	物联网平台（5—10年）

续表

趋势	感知智能机器	透明的身临其境体验	平台革命
关键技术	智能数据挖掘（5—10年）	情感运算（5—10年）	软件定义安全（5—10年）
	智能工作空间（5—10年）	互联家庭（5—10年）	软件定义一切（SDx）（2—5年）
	对话用户界面（5—10年）	碳纳米管电池	
	智能机器人（5—10年）	增强现实（5—10年）	
	商业无人机（5—10年）	虚拟现实（5—10年）	
	自动驾驶汽车（超过10年）	手势控制设备（5—10年）	
	自然语言问答（2—5年）		
	个人分析（5—10年）		
	企业分类法及自然管理（超过10年）		
	数据经纪人PaaS（dbrPaaS）（5—10年）		
	语境经纪（context brokering）		
	通用机器智能（超过10年）		

上述三大趋势涉及的关键技术中，有16项是今年第一次进入新兴技术曲线的技术（深灰色底纹标注）；对比2015年，2016年新兴技术曲线上有一些技术点发生了明显的位置移动（浅灰色底纹标注），如虚拟个人助理、智能机器人等技术，主要是由于它们在更广泛的行业得到应用；另外，一些在2015年新兴技术曲线上出现的技术今年没有再出现，例如大数据、云计算、3D打印、物联网、可穿戴设备等技术，高德纳公司（Gartner）指出这些技术不是不重要，而是已慢慢融入了我们的生活。这些新技术深刻地影响着交通、金融、零售、教育、娱乐媒体与健康等众多传统行业。与各产业深度融合成为推动数字经济的基础力量；

将不断创造新产品、新需求、新业态，推动产业形态深刻调整。

在国家层面，新兴技术得到了各国重视，欧、美、中、日等主要经济体纷纷出台了关于新兴技术的重要报告和相关政策；在人工智能方面，美国2016年发布了《为人工智能的未来做准备》和《国家人工智能研究与发展战略规划》两份报告，阐述了美国人工智能发展规划以及给政府工作带来的挑战与机遇；2015年，日本政府发布了《机器人新战略》。这一战略旨在确保日本机器人领域的世界领先地位。区块链方面，由于其可能产生的颠覆性效果，各国都在加紧布局，其中英国的"监管沙箱"（regulatory sandbox）"政策成为各国金融创新监管的效仿对象。新材料方面，由于智能织物的应用前景广阔以及对纺织业的重要提升作用，德国、美国相继成立了关于"未来纺织面料"和"革命性纤维"的创新推动机构，促进产学研合作。3D打印与智能材料结合形成的4D打印技术虽然还处于实验室研究阶段，但已被美国军方所关注。在国内，各类新技术得到政府的全方位重视，人工智能方面，2016年5月，国家发展改革委、科技部、工业和信息化部、中央网信办制定了《"互联网+"人工智能三年行动实施方案》；2016年7月国务院发布《"十三五"国家科技创新规划》提出"人工智能"的任务目标。在区块链方面，由工业和信息化部发布了《中国区块链技术和应用发展白皮书》；在4D打印方面，西安交通大学等高校对4D打印展开初步研究。

（三）文化产业："数字创意"是引领数字经济的"火车头"

在各产业层面，高新技术的迅猛发展与渗透，推动产业形态的根本性变革，新兴技术的商业化正在重新定义各行各业。互联网应用将覆盖企业生产经营活动的整个生命周期，随着大数据、云计算的广泛应用，工业互联网、物联网、人工智能将形成无时不在、无处不在的信息网络环境，将重构企业内部的组织架构，改造和创新生产经营和融资模式以及企业与外部的协同交互方式，对人们的交流、教育、通信、娱乐、物流、金融等各种工作和生活需求作出全方位的智能响应，创造出更高价值的产业形态。

文化创意产业是另一股经济发展驱动力。2015 年，教科文组织发布《文化时代——第一张文化与创意产业全球地图[①]》（以下简称，文化地图报告）；该报告显示，2013 年全球文化产业创收总额 2.25 万亿美元，占世界各国 GDP 总量的 3%，已经超过了全球通信业创造的 1.57 万亿美元；为全球创造了 2790 万个就业岗位，占世界就业总人口的 1%，高于欧美日汽车制造业就业人口的总和（2500 万）。同样，高新技术与文化创意领域的渗透融合也推动了文化产业的迅速增长，《文化地图报告》中提供了 2013 年全球文化产业的数字销售收入：全球数字文化产品销售约 2000 亿美元，数字文化产品已经达到了 660 亿美元，其中一半多都是在线艺术或者手机游戏。在线流媒体广告收入约 220 亿美元。实体文化产品、门票和在线艺术销售额约 260 亿美元；并且文化创意内容带动了数码产品的销售（5300 万美元）。报告指出"目前为止，数字文化产品是数字经济最大的收入来源"。综上所述，高新技术是数字经济的发展基础，与文化创意深度融合形成的"数字创意"是引领数字经济的"火车头"。

以上新一轮的数据和发展态势表明，高新技术与文化创意融合所蕴含的巨大经济价值和社会的影响力，而文化创意领域的数字融合部分已成为数字经济发展的引领；高新技术成为文化创意产业发展的重要支撑，同时，两个领域广泛的融合协作所带来的知识溢出效应，将催生更多出人意料的创新业态和成果。使其成为政策关注的焦点。本课题的研究意义正在于此，在数字经济发展的大前提下，通过对科技运用于文化

[①] Ernst & Young (EY): *The first global map of cultural and creative industries*, 2015, APO, https://apo.org.au/node/131686.

产业不同领域所造成的融合结果的价值判断和比较，厘清目前国内现状与发达国家之间的差距。

文化创意产业近年一直处于高速增长状态，在世界各国产业中的比重逐年增加（各国统计范畴不一，就其近似概念的产业门类来看），逐渐成为包括我国在内的一些国家国民经济的重要支柱产业之一。随着高新技术和文化产业相互渗透形成的数字创意领域涌现大量新兴企业和业态，成为全球风险投资的活跃地带。根据数据分析机构 Spoke Intelligence 和风险投资机构 VB Profile 共同发布了一份有关独角兽企业研究报告显示：截至 2016 年 4 月，全球共有 229 个独角兽企业。榜单前 100 名中约有 11 家企业与文化领域（包含视频互动媒体、音乐、手工艺、旅游、教育、游戏等）相关。如，零售领域的 Etsy（在线手工艺品销售）、亚马逊（在线书籍售卖），旅游民宿在线预订 Airbnb（2015 年报告）等，成为全球瞩目的创新领先者。

在国内，2004 年到 2013 年间，我国文化产业呈现迅猛增长态势，产值从 3440 亿元（2004）跃升至 20081 亿元（2013）[①]；2015 年，国家统计局显示全国文化及相关产业比上一年度再增长 11%，达到 27235 亿元。比同期 GDP 增速高 4.6 个百分点。而据不完全数据统计，2015 年我国数字创意产业（数据只测算了影视与动漫、文学、影视、游戏等）产值逾千亿元。约 22 万从业者，以上数字创意产业数据表明，文化领域是我国经济增长的一个亮点，而文化与数字技术融合的部分起到了引领作用。

从政策层面，在 2015 年底发布的《中共中央关于制定国民经济和社会发展第十三个五年规划的建议》指出"文化产业成为国民经济支柱性产业"。而高新技术与文化产业的融合受到高度关注，在 2015 年政

---

① 第三次全国经济普查领导小组：《第三次全国经济普查数据》，2013 年 12 月 31 日。

府工作报告中，提出要"大力发展数字创意产业"，"数字创意产业"这一概念被首次提及；在国家"十三五"规划中，数字创意产业被列为战略性新兴产业之一，使数字创意产业获得了高度关注。预计在"十三五"时期，数字创意产业将为转变经济发展方式、促进消费增长、引领社会风尚提供有力支撑和有效供给。

二、2016年国际文化科技趋势案例

（一）趋势1 博物馆：数字化战略

2015—2016年，国际博物馆与新兴科技融合发展呈现出以下发展趋势：由于数字化技术和网络的广泛应用，社会环境发生变化。私人博物馆在不断增加；各国博物馆为了应对"数字转变"，除了开通网站、社交媒体账号加强与公众的沟通，博物馆内的信息化管理、数字服务水平也不断提升。欧美主要博物馆纷纷制定完善的数字化战略：提出包含基础设施、运营、商务、用户关系、社区关系、KPI等多方面的数字化战略；并设置首席数字官职务，在团队、技术、管理、服务多方面提升数字化程度；科技企业利用先进技术也逐步参与其中：谷歌2011年建立了博物馆、美术馆网络平台，至今已与全球约70个国际近千个机构、团体建立合作，并利用技术全方位提升在线浏览体验。同时，博物馆如何利用数字技术与渠道解决自身可持续发展、教育创新等都成为博物馆领域讨论的议题。在国内，从2014年开始，国家文物局指定了六家智慧博物馆建设试点；各博物馆也开始进行一系列电商、IP开发的尝试。如国内"数字敦煌"项目经过8年的建设逐步开始运营、故宫与腾讯合作开发IP以及一系列数字规划。

1. 博物馆发展趋势综述

综合 2014—2016 年多份国际博物馆报告[1]来看，国际博物馆发展主要有如下趋势：制定完善的数字战略、虚拟化博物馆体验、可持续性发展、博物馆教育创新。

完善的数字战略：从技术环境的转变来看，任何一家博物馆对于数字技术、网络和新兴社交媒体带来的变化都已不敢忽视[2]；同时，数字化的转变被认为可以带来更多解决问题的方法。在 2011—2016 年《地平线报告（博物馆版）》中，持续将制定"数字战略"放在博物馆面对的重要挑战前列，并认为数字战略需要根据博物馆所处的具体环境制定，系统规划[3]。目前，可以看到越来越多博物馆对于数字化环境做出调整：纽约大都会博物馆、纽约当代艺术博物馆（MoMA）等国际知名场馆 2014—2015 年都新增设了数字战略官这一职务，发布了自己的数字战略；其中大都会艺术博物馆近年为了吸引更多的观众，将博物馆进行了机构重组——包括整合资源，成立数字化部门，设立社会化媒体经理、网站管理员、内容建设团队和声音引导团队等；英国泰特（Tate）

---

[1] 国际博物馆协会（International Council of Museums，简称 ICOM）：国际博物馆主题日（2010—2016）。美国博物馆协会（American Alliance of Museums）下属：未来博物馆中心（CFM）《Trends Watch》（2011—2016）。欧洲博物馆联合会（The Net work of European Museum Organization，简称 NEMO）：畅想 2034 年的博物馆：《博物馆未来之蓝图》（Future of Museums Manifesto）。英国博物馆协会："博物馆 2020 行动"（Museums 2020 Initiative）：MUSEUMS2020discussion-paper（2016）、年度报告（2010—2015）。美国新媒体联盟《地平线报告（博物馆）》（New Media Consortium，NMC），2012—2016 年。

[2] 黄磊、李燕：《国际博物馆协会战略规划（2011—2013 年）》，载《湖南省博物馆馆刊》，2012，第 560—562 页。

黄磊：《"火花"——美国博物馆协会战略规划（2010—2015 年）》，载《湖南省博物馆馆刊》，2010，第 643—646 页。

[3] 数字战略："这些策略涉及硬件、软件、网络发展和数字化应用等诸多方面，并指出，数字策略不仅仅是建设网站，它需要通过多种技术形式，实现观众的独特参与。例如，社交媒体、移动工具、电子筹款等等。"

博物馆连续三次发布其数字规划——建立数字化关键绩效指标（KPI）；卢浮宫在2012年与IBM合作进行物联网的搭建，成为欧洲第一座智慧博物馆（Smart Musem）。从技术采用趋势来看，欧美国家博物馆对于增强现实、开放数据、数据分析、云计算、机器人、3D打印、虚拟与增强现实等等均有所尝试。从数字化管理方面，众筹、协作创新、网络MOOC等新型工作方式也在探索。

虚拟博物馆体验：由于带宽、移动技术、虚拟现实、高清显示技术的发展，越来越多的博物馆采用线上的虚拟展示方式来吸引远程参观；如纽约当代艺术馆将互动展览"rain room"放在网络进行展示等，但都是个案。而科技公司谷歌从2011年开始全球博物馆合作，以技术优势建立网络平台——谷歌文化学院，目前与70多个国家的上千所文化机构合作。全面利用各项技术协助博物馆数字化，增强线上、线下访客体验，虚拟的访问方式使全球各地的艺术爱好者可以轻松的观看喜爱的演出和艺术品。

可持续性发展："可持续"在多份国际博物馆报告中都被提及，主要包含了两方面：自身的经营可持续发展和博物馆对于周边社会环境可持续发展的作用[1]。自身的可持续发展主要是由于经济衰退预算压缩的情况下如何以新的方式（如网络众筹、挖掘新价值、创新的协作、作品流动展示战略、网络和实体数字化互动展览）来维系自身运作。对于周边社会环境可持续发展的作用则是通过数字化、社区运营使博物馆能够吸引更多、更广泛、更多元的观众群体，发挥更多的互动参与和教育作用，发挥对于社区的经济和社会影响。从实施来说，欧洲博物馆协会实施的"快乐博物馆五年计划〔happy museum project（2015-2020）〕"、英国博物馆协会启动的"博物馆改变生活"活动，通过与其他社会机构

---

[1] 自1992年开始，国际博物馆协会每年都将会就当年的社会变化或热点与博物馆结合确定"博物馆主题日"的主题，在2015年，其主题为"博物馆致力于社会的可持续发展"。

开展合作，帮助边缘群体掌握新技能，从而重新获得社会认可。卢浮宫利用众筹筹措文物的修缮费用等等。

博物馆教育创新：教育在各种博物馆定义中都置于首位，进入新的世纪和终身学习的提出，使博物馆相关的教育者、学生、研究人员和探索教育的改革者、世界领导人都从各自角度重新审视博物馆在未来社会中的作用[①]，均认为，博物馆将在未来的教育体系中将扮演变革性角色。各方人士探讨的主题包括：美国博物馆的教育创新现状[②]如何共同将各国的学习资产整合到一个充满活力的学习网络中；博物馆如何通过宣传和行动，在创建一个更公平、成功的教育体系中扮演主角、分布式的学习系统，包括大规模网络公开课网络公开课、重组教育：激发活力的学习生态系统、如何建立将会不同于今天的世界教育的学习体系。在2015年11月水晶桥美国艺术博物馆举办第二届远程教育峰会，主题为艺术博物馆与教育创新；会议聚集了艺术博物馆、高等教育和K-12教育领域的专家，共同探讨在线教育的发展状态，这是美国博物馆与在线教育的重要节点。从实施来说，2014—2016年，欧美主要博物馆建立数字学习中心，上线大量在线学习项目：包含游戏化、开放课程、学校和博物馆共建等多种形式。

2. 主要国家博物馆发展现状

英国：欧洲是博物馆的历史发源地，也是博物馆数量最多的区域；但是近年由于经济的衰退，各国政府的文化预算均有所下调。在英国，博物馆运营费用大部分来自于国家；2013年，英国文化媒体与体育部发表报告《慈善事业大众化》，呼吁博物馆等文化机构利用数字技术吸

---

① *Exploring the Educational Future*（PDF, 8pages）.*Trends Watch 2013: Back to the Future*（PDF, 42pages）.*Trends Watch 2012: Museums and the Pulse of the Future*（PDF, 26pages）.

② *Museums and the Future of Education*（PDF, 9pages），http://www.aam-us.org/docs/default-document-library/on-the-horizon-web-version.pdf?sfvrsn=0.

引更广泛的私人捐赠,并对具体做法提出了详细的建议①。2015年,英国文化媒体体育部发布艺术机构白皮书②,重点探讨博物馆社区服务、教育学习和向国外推介等多方面主题。在筹款方面,英国来自政府的资金支持只占其总收入的30%。因此,2014年英国博协通过"博物馆改变生活"(Museums Change Lives)计划鼓励博物馆组织各种活动吸引各地(尤其是那些公共资金减少的地区)的观众。在教育方面,2015年,英国曼彻斯特博物馆开设探究式学习中心③,旨在利用数字手段鼓励探究式的学习研究;莱斯特大学公布与利物浦国家博物馆合作开发世界上首个以博物馆学为主题的"大众网络公开课程"(简称MOOC,音译为慕课)。在社会服务方面,伦敦的6家博物馆和美术馆联手推出了名为"创意博物馆"的公众创新研究与发展项目。在衍生品方面,国际博物馆基本都有完善的开发体系,衍生品收入是其重要的收入来源之一。据不完全统计,大英博物馆的衍生品年营收过亿(美元);法国蓬皮杜现代艺术中心的艺术衍生品收入已占据总营业额的1/3。

美国:美国博物馆数量和种类众多,拥有全球最大的博物馆群——史密森尼博物馆群。在2016年的财政预算中,美国博物馆和图书馆服务协会计划把投入重点放在两个战略领域:第一,图书馆和博物馆的国家数字平台服务,包括增加资金支持国家数字平台建设,帮助图书馆、博物馆、档案馆开展数字内容服务,让更多美国人可以通过网络自由访问图书馆、档案馆、博物馆的资源。第二,对图书馆和博物馆专业人员

---

① 英国文化媒体与体育部:《慈善事业大众化》,湖南省博物馆编译,2013.

② 英国文化媒体与体育部:《艺术机构白皮书》,湖南省博物馆编译,2015.

③ 英国曼彻斯特博物馆开设探究式学习中心:该研究中心由英国文化、媒体和体育部、沃尔夫森博物馆和美术馆改善基金、英格兰艺术委员会定发展基金、加菲尔德·韦斯顿基金会、美世慈善基金会以及曼彻斯特大学的校友们提供资金资助。

进行继续教育，增加基本专业技能学习和21世纪发展技能培训项目。在筹款方面，得益于美国成熟的捐赠人制度[①]和私人博物馆运营管理模式。多元化的捐款是美国艺术博物馆在经济放缓时期最强大的支撑力量。

在国内，2015年国务院发布《博物馆条例》以来；后续发布多项相关配套措施及文件；2016年中央财政一般公共预算安排相关资金208.62亿元，资金重点使用之一是安排资金51.57亿元，用于深入推进博物馆、纪念馆、全国爱国主义教育示范基地、美术馆、公共图书馆、文化馆（站）等公益性文化设施向社会免费开放。2015年12月，国务院法制办发布《中华人民共和国文物保护法修订草案》，明确鼓励博物馆充分挖掘文物的文化内涵，开发文博创意产品，并依托数字、网络等技术，推动文物利用的科技创新。2015年《国务院办公厅关于印发国家标准化体系建设发展规划（2016—2020年）的通知》提出，开展文化遗产保护与利用标准研究，制定与实施文物保护专用设施以及可移动文物、不可移动文物、文物调查与考古发掘等文物保护标准。2015年10月国家文物局联合文化部及相关部门，共同起草发布《关于推动文化文物单位文化创意产品开发的若干意见》指出，"推动文化创意产品开发、鼓励和引导社会力量参与，促进优秀文化资源实现传承、传播和共享；要充分运用创意和科技手段，注意与产业发展相结合，推动文化资源与现代生产生活相融合。"2016年5月19日，文化部召开文化部关于推动文化创意产品开发工作新闻发布会[②]，确定了五项措施。2016

---

① 据美国博物馆协会数据显示，美国博物馆的捐赠33%来源于个人及家庭捐赠；21%来源于个人及家庭会员费；20%来源于基金会；其他来源包括筹资项目（13%）、企业捐赠（11%）、企业会员费（2%）。

② 提出将采取：一、营造良好制度环境；二、加大资源开放力度；三、提升文化创意产品开发水平；四、发挥故宫博物院、中国国家博物馆等国家级博物馆和省级综合博物馆引领作用，实施一批具有示范带头和产业拉动作用的文化创意产品开发项目；五、实施"互联网+中华文明行动计划"等五个举措。

年8月8日，文化部制定并印发了《文化志愿服务管理办法》①。2016年，国务院办公厅《关于推进基层综合性文化服务中心建设的指导意见》中指出，"以基层综合性文化服务中心为依托，推动文化信息资源共建共享，提供数字图书馆、数字文化馆和数字博物馆等公共数字文化服务。"②以上政策从公共开放、技术标准、衍生品开发、志愿者服务等各个方面对博物馆提出了新的要求与规划。

截至2015年底，全国登记注册的博物馆已达到4692家，已有4013座博物馆陆续向公众免费开放，占总数的85.5%。目前，全国博物馆每年举办展览超过2万个，参观人数约7亿人次，一年举办20万次教育活动，每年文物进出境交流展览项目近百个。每年新成立博物馆200家左右。根据规划，到2020年，我国博物馆公共文化服务人群覆盖率将从目前29万人拥有1座博物馆发展到25万人拥有1座博物馆，年服务观众8亿人次。教育方面：中小学生利用博物馆学习的长效机制逐步建立。2016年，陕西省博物馆教育联盟成立大会在陕西历史博物馆召开；陕西省各国有博物馆、非国有博物馆、行业博物馆以及各大中小学校均成为联盟单位。据悉，这也是在全国范围内成立的首家博物馆

---

① 《文化志愿服务管理办法》：办法明确了文化志愿服务的范围（其中包括，在公共图书馆、文化馆（站）、博物馆、美术馆等公共文化设施和场所开展公益性文化服务）和享有的权利和履行的义务。

② 《国务院办公厅关于推进基层综合性文化服务中心建设的指导意见》整合各级各类面向基层的公共文化资源。发挥基层综合性文化服务中心的终端平台优势，整合分布在不同部门、分散孤立、用途单一的基层公共文化资源，实现人、财、物统筹使用。以基层综合性文化服务中心为依托，推动文化信息资源共建共享，提供数字图书馆、数字文化馆和数字博物馆等公共数字文化服务；推进广播电视户户通，提供应急广播、广播电视器材设备维修、农村数字电影放映等服务；推进县域内公共图书资源共建共享和一体化服务，加强村（社区）及薄弱区域的公共图书借阅服务，整合农家书屋资源，设立公共图书馆服务体系基层服务点，纳入基层综合性文化服务中心管理和使用；建设基层体育健身工程，组织群众开展体育健身活动等。同时，加强文化体育设施的综合管理和利用，提高使用效益。

教育联盟。

3. 国际文化科技案例

案例一：多种技术提升博物馆虚拟体验

谷歌文化学院是科技企业谷歌（Google）在2011年上线的一个全球的在线平台，将实体机构的艺术品通过互联网传播到全世界，下设三个子项目：艺术计划（Art Project）、档案展览（Google Archives）和世界奇观（World Wonder）。发展至今，谷歌文化学院在全球与70多个国家的近千个文化合作机构，包括政府机构、全球知名艺术机构、团体；在中国（含台湾、香港）已发布的有二十多个合作伙伴，包括湖北省博物馆、湖南省博物馆、苏州博物馆、三星堆博物馆、龙美术馆、台北故宫博物院、香港西九文化区等，全球拥有约5000万用户。谷歌文化学院使用全新的科技方式来在线展示全球文化和艺术瑰宝，并且具备较强交互性，可以说是目前全球在线展示手段的最高水准。

超高分辨率相机：2016年，谷歌宣布新开发的一款10亿级像素的高清相机，名为Art Camera相机。这款相机比其他相机设置更简单，拍摄时间彻底缩短。让博物馆和其他艺术机构更加方便地进行艺术与文档作品的数字化。目前谷歌不向使用Art Camera的机构收取费用，实行免费外借，鼓励他们充分利用这台工具。谷歌文化学院已经向巴西、印度、香港等地的艺术机构外借Art Camera。

360度全景摄影：除了与博物馆合作，Google文化学院还加入了线上表演艺术，与60个包括舞蹈、音乐及戏剧表演艺术团体合作，将现场艺术表演以360度全景方式，免费让全球观众透过网路线上观看。纳入了线上表演艺术，Google文化学院让使用者只要利用与拉移Google街景相同的方式，就能以各种不同的角度欣赏艺术盛会，体验如亲临现场一般的感受，这也为艺术表演的呈现赋予另一种全新面貌。目前与

Google 文化学院合作的团体均为全球顶尖级[1]。在强化线上展示的同时，也充分考虑到线下的实体游览。

虚拟现实设备：2014 年的一次发布会上，Google 现场演示了带上虚拟现实装置 Cardboard 体验博物馆 VR 效果——可以 360 度环视周围，前后移动景象也会移动，可以实现虚拟化的游览。Google 文化学院负责人表示"博物馆和开发者们可以利用 Google 提供的虚拟现实的开发工具套件，开发更多更有趣的东西"。

移动用户端：2016 年，谷歌文化学院推出移动 App——Google Arts & Culture。这个 App 拥有强大艺术文化数据库的，将来自全球的多个艺术博物馆的馆藏及资料都囊括其中。使用时跟着街景地图可以走进艺术场馆看看某幅画的具体位置，或通过与周围实物的对比感受画作的实际大小。配合 Google Card board 虚拟现实纸盒，App 上的虚拟实境视频就能带用户开始一场虚拟游览。

案例二：完善的博物馆数字战略

在《新媒体联盟地平线报告（博物馆版）》中连续多年将博物馆制定完善的数字战略作为首要挑战，认为"无所不在的技术应用正在影响博物馆的战略制定和数字策略。这些策略涉及硬件、软件、网络发展和数字化应用等方面。博物馆不再简单地以网页形式存在于网络之中，还需要进行新的流程规划，配备必要的人才"。以下在各国和博物馆协会发布的战略规划中，选择了英国泰特现代美术馆连续三年的数字战略为例。

泰特现代美术馆（Tate Modern，以下简称泰特）坐落于英国伦敦，建成于 2000 年。是英国国立美术馆，接受英国政府文化媒体与体育部的资助。此外，还拥有一个董事会、多个国际委员会及基金会的支持。

---

[1] 包括美国芭蕾舞剧院（American Ballet Theatre）、布鲁克林音乐学院（Brooklyn Academy of Music）、乡村音乐名人堂（Country Music Hall of Fameand Museum）、约翰·肯迪尼表演艺术中心（The John F. Kennedy Center for the Performing Arts）、大都会歌剧院（Metropolitan Opera）等。

泰特美术馆收藏自 1900 年以来的国际现当代艺术品，是全世界最大的现当代美术馆之一。它在英国有 4 个分部，分别是泰特英国美术馆（Tate Britian，1897 年）、泰特利物浦美术馆（Tate Liverpool，1988 年）、泰特圣艾弗斯美术馆（Tate St Ives）与泰特现代美术馆（Tate Modern，2000 年）。在《2016 年度博物馆访问报告》中全球博物馆访问量位居第七名。泰特现代美术馆每年可以吸引 700 万人次的观众，每年至少为伦敦增加 1 亿英镑的商业利润。面对急速变化的数字环境，泰特在连续三次发布了博物馆的数字战略，在规划方面逐步将数字化融入了每一个业务和管理环节。

2010 年泰特发布《泰特 2010—2012 年在线战略》[1]和《泰特社交媒体战略》[2]，泰特在线战略主要关注于网站和社交媒体，目标在于增加公众对于英国和国际现代艺术的理解和欣赏，将网站视为一个与观众互动平台，列出了在线战略的十项原则和网站系统基础[3]；并认为由于互联网的快速发展，泰特在线战略作为基础框架每两年进行评估。目前，泰特在 Twitter、Facebook、YouTube、Pinterest、Tumblr、Google+、Instagram 等国际主要社交媒体均注册账号或开设频道[4]，同时开辟了博客（Blog）增加公众互动渠道。

---

[1] Tate Online Strategy 2010–12. http://www.tate.org.uk/research/publications/tate-papers/13/tate-online-strategy-2010-12.

[2] Tate Social Media Communication Strategy 2011–12, http://www.tate.org.uk/research/publications/tate-papers/15/tate-social-media-communication-strategy-2011-12.

[3] 核心系统（管理内容和功能）：内容管理系统（CMS）。博物馆收集信息服务（CIS）和系统（TMS）。销售系统。加入这些系统，确保无缝集成层（用户体验）：搜索、单用户登录、促进相关内容和产品后台系统（在线绘图数据从用户行为）：关系管理系统（RMS）、批量邮件传递系统。

[4] Twitter: Tate、Tate Liverpool、Tate St Ives、Tate Kids、Tate Collectives、ARTIST ROOMS、Tate Etc.、TateShots、Tate Publishing、Tate Research; Facebook: Tate、Tate Liverpool、Tate St Ives、Tate Members、Tate Collectives; YouTube: Tate、Pinterest、Tate Gallery、Tumblr、Tate Collectives; Google+:Tate; Instagram: Tate、Tate Liverpool、Tate Collectives。

2012年发布《泰特2013—2015数字战略：以数字作为一切的维度》[1]。相较于2010—2012年的在线战略，这份战略强调了如何在机构内部更加广泛地利用网络平台和数字媒体，并将数字技术应用于整个机构。并认为"数字技术已经不再是某个部门的一些数字技术专业人员的关注点，而已经全面渗入了泰特的每一项工作——内容、数字社区、商业、机构等；"并提出了在每个关键领域制定分析与关键绩效指标（表18），如：

表18　泰特2013—2015数字战略（KPI指标）

网站	访问数量、重复访问次数、停留时间
社区	留言数、跟帖者和共享
商业	销售、顾客数据、捐赠、有效储蓄
机构变化	员工调查数据、发表博客和社交媒体活跃的员工数据、培训发展的里程碑、新的管理与流程的简历

2015年泰特发布《泰特数字战略更新2016—2017》，此次战略强调泰特数字团队将利用数字技术促使新的观众参与和增长，同时为泰特的忠实粉丝继续开发高质量的数字体验。并将利用数字技术开发新的产品和数字平台广泛吸引公众持续参与——包括提供多语种内容，提高社区参与；更新网站适应移动端的显示；利用社交媒体将内容送达更广泛的人群。持续开发和创新泰特儿童等新项目；改进自己的电子商务平台以提供新的用户关系管理（CRM）[2]和自动化营销工具。建立了新的产

---

[1] Tate: *Tate Digital Strategy*: *Digitalasadimension of everythingm*，2012，http: //www.tate.org.uk/about/our- work / digital/ digital-metrics.

[2] 用户关系管理（CRM）：是指企业用CRM技术来管理与用户之间的关系。在不同场合下，CRM可能是一个管理学术语，可能是一个软件系统。通常所指的CRM，指用计算机自动化分析销售、市场营销、用户服务以及应用等流程的软件系统。它的目标是通过提高用户的价值、满意度、赢利性和忠实度来缩减销售周期和销售成本、增加收入、寻找扩展业务所需的新的市场和渠道。CRM是选择和管理有价值用户及其关系的一种商业策略，CRM要求以用户为中心的企业文化来支持有效的市场营销、销售与服务流程。集合了当今最新的信息技术，它们包括Internet和电子商务、多媒体技术、数据仓库和数据挖掘、专家系统和人工智能、呼叫中心等等。

品团队和敏捷的开发流程，为博物馆内所有的工作实施创新，探索新的想法和技术来开发博物馆的资源。促进与外部伙伴的合作。同时，泰特还使用不同的分析工具并创建可视化来帮助监控和加强运营以上数字化的服务——整个网站、社交媒体和移动应用程序每个月的数据记录，并会每月在整个组织内发布数据报告。

通过泰特的三次数字规划，可以看到博物馆在实施数字策略时的一条清晰路径：在战略1.0（2010—2012）关注点集中于社交媒体等数字化渠道，促进公众的互动和可达性，在全球主流社交媒体上政策账号；战略2.0（2013—2015）引入了企业数字管理的概念，聚焦于将数字转型内化于博物馆所有业务的管理，并设立关键数字考核指标。战略3.0（2016—2017）继续拓展为新产品和改善服务体验，增加新的访问群体（尤其是年轻群体）。三份战略不仅应包括技术方案的传统元素（例如，硬件、软件、网络等）和藏品数字化、数字保存等关键任务。还包括电子商务和营销、社交媒体运营、移动产品，持续吸引新的受众和与其互动。并在内部要建立数字业务的关键考核指标以明确工作的绩效管理。

从整体趋势来说，2014—2016年，在国际上，由于经济、技术等多重因素影响，主要博物馆在应对数字化转变方面相关举措大大增多。对比国内外主要博物馆，国际博物馆战略制定和团队组建更为积极，在服务方面，更加重视教育功能与数字渠道的结合、与社区的互动，并逐步完善相关战略；在技术应用方面主要集中于：增加可达性（社交媒体、移动技术）、数字化的管理（各类业务信息系统的完善、电子商务、馆内监测、数字KPI、无缝体验）、增加交互性和创新（新产品研发、虚拟现实、增强现实、各类交互技术）。

（二）趋势2　音乐：线上渠道的崛起与流媒体时代

2015—2016年，国际音乐领域与新兴科技融合发展呈现出以下发展趋势：2015年全球音乐市场实现了20年来首次年度收入同比增长。并且数字渠道收入首次超过实体，成为音乐收入的主要来源[①]；因此，国内外音乐人关注于数字渠道的价值差距，在争取新的利益分配方式；在数字分发渠道方面，国际流媒体服务商Spotify等尝试新的人工智能算法推荐；而在内容创作（提供）者与平台之间，涌现了更多服务于数字音乐的科技企业——基于社交媒体和分发平台、搜索引擎等多方面数据分析帮助唱片公司挖掘有商业价值的新人。在现场演唱会和音乐节方面，收入进一步上涨，并与数据分析、直播和移动技术紧密结合。在国内，2015年打击盗版政策收效明显，数字音乐收入整体上升了68.6%。国内音乐创作者由于数字渠道的营收能力更强，纷纷转换发行渠道；受互联网效应的影响，独立音乐人开始受到关注，并将催生出周边服务产业链。流媒体音乐分发平台方面，在巨头并购、争抢曲库的热潮后，开始纷纷斥巨资培养和挖掘原创音乐。"音悦台"（与百度合作）利用收听数据与国际流行音乐榜合作，进一步推动中国音乐的国际化进程。线下音乐节越来越规模化发展，音乐节在票务、分发、社交方面与互联网企业紧密结合。

1. 市场与企业

美国唱片业协会（Recording Industry Association of America）数据显示，2015年流服务创造的营收占整个唱片行业的34.3%。付费订阅模式创造了12亿美元营收。

在国际上，主要的流媒体音乐服务商有Spotify、Apple Music、Pandora和Rdio、YouTube、亚马逊等；经营模式分为免费+增值和全付费两类；其中，Spotify、YouTube属于免费广告和增值服务并存的形式，订阅收费服务均为9.99美元/每月，在其2015年的财报中显示，付费用户约2800万，同比增长87%；而Apple Music、亚马逊等公司在推出

[①] 国际唱片业协会：2016年国际音乐唱片工业协会报告，2016。

时就属于全付费服务。并且 Apple Music 在 2015 年 9 月进入中国时也采用了全付费模式（提供为期三个月的免费试用）。在推出不到半年后，苹果公司财报显示，用户月增长率为 10%，付费用户已超过 1100 万。可以看到，在付费方面，欧美国家音乐版权体系相对成熟，已形成一定音乐付费习惯。

在国内，由于 2015 年国家版权局下发了《关于责令网络音乐服务商停止未经授权传播音乐的通知》，各流媒体平台纷纷下架侵权音视频，经版权整顿后也推出增值订阅付费模式。2015 年 7 月，腾讯的 QQ 音乐服务推出了高端付费服务，首次以付费的形式为用户提供新音乐，有两种价位，分别为 8 元和 12 元人民币（1.30 美元和 1.90 美元）。自推出以来，订阅数量增长迅速：2016 年初，QQ 音乐已经有近 300 万付费用户。继腾讯之后，现在许多服务也开始向付费模式转移，包括阿里、网易和多米。其中，网易在 2016 年上半年的付费用户数增长了三倍，反映了用户对数字音乐产品付费形式的认可度正快速提升。

相关数据显示[1]，截至 2016 年，中国在线音乐用户规模已达 5.3 亿人，预计 2016 年的增长率为 5.1%。2015 年在线音乐市场规模增长率为 67.2%，2016 年这一数字或可再创新高。可以看到巨大的市场容量和快速的付费增长量将为推动音乐产业良性发展奠定基础。数字音乐付费服务已成为大势所趋，而良好的付费模式和版权保护措施是推动音乐产业发展的根本。

2. 国际发展概况

随着传播和复制技术不断变革，各国版权法在不同阶段也随之改变；当流媒体音乐成为音乐主要收入来源，掀起了新一轮对版权法的争议，近年做出调整的国家和地区主要是欧盟和英国。2015 年 12 月，欧盟委

---

[1] 数据来源：199IT《中国在线音乐用户行为信息图》。

员会正式推出《朝向现代版权架构的行动计划》①。计划肯定了包括音乐在内的创意内容以及网络服务对欧洲经济发展和就业同样重要，亦清晰阐释了"价值差距"问题的存在。该计划还呼吁所有欧盟国家的网上内容版权改革。委员会计划于 2016 年出台第一个关于如何处理"价值差距"问题的建议。欧盟改革版权法是希望欧洲的版权法能够与数字时代与时俱进。在英国，2015 年废止了 2014 年 10 月制定的"私人复制豁免"（private copying exception）条例，即允许个人消费者出于私人使用目的去复制音乐、CD 和 DVD、视频、电子书等数字内容。这向条例的废除使目前在英国境内创建个人数字媒体拷贝成为非法行为。在美国虽然还没有修改法案。但由于在网络环境、版权和付费方面更为成熟，创作者在自身利益保护方面表现得更为主动和强势。在 2015 年，美国音乐人愈加关注数字渠道带来的"价值差距"问题，认为流媒体和视频科技公司严重侵害了音乐原创者和艺术家的利益，并要求国会议员修改 1998 年颁布的 DMCA② 法案。

在国内，近年关于音乐领域的国家政策主要有，2015 年 7 月，国家版权局下发《关于责令网络音乐服务商停止未经授权传播音乐作品的通知》（简称通知），要求各网络音乐服务商将未经授权传播的音乐作品全部下线。2015 年 10 月，国务院办公厅《关于加强互联网领域侵权假冒行为治理的意见》（简称意见）。2015 年 12 月，国家新闻出版广电总局近日出台《关于大力推进我国数字音乐发展的若干意见》，《意见》提出，到"十三五"期末，整个数字音乐实现产值 3000 亿元。其中，国家数字音乐基地实现产值 1000 亿元，成为在国内外具有较强影

---

① European Commission: *Making EU copyright rules fit for the digital age - QUESTIONS & ANSWERS*, 2015, http://europa.eu/rapid/press-release_MEMO-15-6262_en.htm，访问日期，2016-07-28。

② DMCA：数字千年版权法案（Digital Millennium Copyright Act）。

响力和竞争力的骨干数字音乐集群，并提出了十项主要任务[①]和四个方面措施，保障音乐产业发展。2016年4月国务院办公厅印发《2016年全国打击侵犯知识产权和制售假冒伪劣商品》工作要点的通知。从国内音乐市场来看，随着移动互联网的发展，截止到2015年底，中国手机音乐用户达到4.16亿人，比较去年新增5000万用户[②]，市场潜力巨大。同时，在2015年《通知》发出后，不到2个月的时间里下架的音乐作品达220余万首。《2016全球音乐报告》显示，2015年中国音乐销量上涨63.8%，达到1.7亿美元（约合10亿人民币），其中数字收入整体上升了68.6%，成为近年来中国音乐市场增长最快的一年，《通知》对于盗版音乐的严厉打击和迅速增长的移动用户使中国数字音乐付费市场急速上升；国际唱片业协会预测中国音乐市场规模有望进入全球前三名。

3. 国际文化科技案例

案例一：数据分析驱动运营

大数据分析在音乐产业已经起到了不可或缺的作用，在个性化推荐、营销、策划等多方面对音乐产业进行渗透。从个性化推荐来看，YouTube Red、Google Play Music 都在进行类似的服务。其中，全球最大的流媒体音乐服务商 Spotify 在2015年推出了的 Discover Weekly[③] 功能，是一个个性化的播放列表，用来推荐新作和尚未流行的音乐。这项功能采用了新型人工智能算法（基于音乐内容的推荐）来改善其传统的数据

[①] 十项主要任务：包括推进优秀国产原创音乐作品出版，激发音乐创作生产活力，培育大型音乐集团公司，加快音乐与科技融合发展，推进音乐行业标准化建设，搭建大型专业音乐平台，促进国际交流与合作，推动中国音乐"走出去"，实施音乐人才培养计划以及推进国家数字音乐基地建设。

[②] 比达资讯（BigData-Reserch）：《2015年中国手机音乐APP产品市场研究报告》，2015。

[③] *Spotify launches Discover Weekly personalised 'mixtape' playlist*, http:// musically.com/2015/07/20 /spotify- discover -weekly-personalised-mixtape-playlist.

分析（协同过滤）推荐方式。他们尝试使用音频信号训练一个回归模型来预测歌曲的隐特征表示，从而解决用户收听偏好预测问题。

从营销服务来看，国际上近年涌现出 Next Big Sound、Echo Nest、Musicmetric 等音乐专业分析服务企业；这些数据分析服务企业以向 Billboard 等音乐排行榜提供数据，向音乐产业贡献多样性的合作经济创收。如美国企业 Next Big Sound[①] 每天要从 100 多个源中收集各类数字平台、社交媒体等数据进行分析，并通过基于网络的分析平台将这些信息提供给唱片公司、乐队经理及艺术家。其间需要横跨 Spotify、iTunes、YouTube、Facebook 等众多流行平台进行相关跟踪，包括近 5 亿的音乐视频流、下载、艺术家页面上产生的大量点赞等；Next Big Sound 是一个"监控"各大数字音乐服务商、社交网站歌手走势的平台。

在韩国，theboda.net 是韩国国内首个跨平台统计、分析并预测韩国流行乐的数据分析企业，成立于 2013 年。theboda.net 为了加强音乐大众分析的可信度，不仅对脸书（Facebook）和推特（Twitter）进行分析，还将影响到数码专辑销售的维基百科、直接影响到艺人收入的 Youtube 列为分析对象。theboda.net 的另一功能是能够具体确定出喜欢某艺人的粉丝中活跃粉丝的账户（ID）、性别、语言等。不仅如此，这些用户的社交媒体行为也能够被实时分析。定量的数字中所隐藏的粉丝们信息能够为娱乐公司的策划推广提供帮助。特别是语言信息能够推测出粉丝的居住地，能够在策划海外演出的时候推测当地可以动员的粉丝规模，这对韩国流行乐进军海外的战略建立了基础。通过粉丝的喜好度分析艺人间的相似之处，可成为每位艺人的营销战略的参考资料。

从新人挖掘来说，有成立于 2009 年的美国数据分析公司 Music

---

① Eric Czech: *How Next Big Sound Tracks Over a Trillion Song Plays Likes and More Using a Version Control System for* 2014, High Scalability, http://highscalability.com/blog/2014/1/28/how-next-big-sound-tracks-over-a-trillion-song-plays-likes-a.html.

Gateway目前主攻的方向是A&R。它采用注册制，音乐人在平台注册后，标注好个人特长，上传自己的作品，系统会自动为需求方进行智能化推荐。目前该企业已经成为亚洲唱片公司寻找西方词曲作者的重要平台，其中包括中国香港的英皇公司。推出这项服务的原因是由于在传统唱片业里，负责艺人发掘和培养的部门在数字环境中难以发挥作用，以Spotify和YouTube为代表的音乐流媒体服务让音乐市场变得碎片化，大唱片公司发掘的新人寥寥无几，反而各种网络社交媒体、选秀涌现出大量新人和网络红人。因此，唱片公司需要新的方式去寻找创意者。Music Gateway的作用就是帮助企业通过音乐人的社交数据来判断其商业潜力。

  对于线下演出营销，传统的演出公司早已开始将数据视为企业的重要资产。Live Nation是全球最大的两家演出公司之一，在巨额收入的背后，是企业对于数据多年的沉淀与精准的挖掘。Live Nation在2011年开始成立数据部门[①]，团队大约20个研究专家和统计人员组成。主要任务是深入了解现场（演出和比赛）的观众。团队成员需要利用多个数据来源：交易购买数据、观众参与数据以及第三方数据来洞察现场参与者：如，他们如何去发现这些演出或乐队等。对于公司的用户，数据成为整体用户关系管理和营销计划的一部分，公司更精准的为他们提供消息。其中，数据的关联非常重要，团队可以发现有趣的跨界购买行为——如说唱和嘻哈乐迷更容易参加篮球比赛。这些关联帮助公司更好理解用户和他们的相关性。如，Live Nation公司旗下的小场地演出部门House of Blues一直进行"拼盘巡演"（Ones to Watch tour）的项目，组合各种艺人在同一地方举办演出。House of Blues采用一种独特的算法去选择那些最适合"拼盘巡演"的艺人"；当完成了对艺人的挑选之后，House of Blues接着找出购买过这些艺人演出门票的粉丝，并给他们发送电子

---

  ① *How Live Nation Pre-Games for Data Insights | Data-Driven Marketing – AdAge*，http://adage.com/article/ datadriven- marketing /live-nation -pre- games- data-insights/245688.

邮件宣传即将到来的这场"拼盘演出"。

对于数据的收集、存储、分析利用已经逐步向音乐产业各环节渗透，已不仅是科技公司或数字分发平台的专属。

案例二：音乐人青睐数字发行渠道

由于2015年国内对于盗版的严厉打击，数字渠道的收入迅速增长。国内创作人越来越关注数字渠道的发行，艺恩发布的《2015中国在线音乐市场洞察》报告显示，发行数字音乐专辑正在成为国内在线音乐平台商业模式探索的亮点。2015年底，好妹妹乐队是国内首位发行数字专辑的独立音乐人，此次新专辑尝试了全碟数字发行模式，用户全碟购买后即可试听下载新专辑八首曲目。八首曲目上线后受到热烈欢迎，在短短十小时内创造破万张销量。这是独立音乐人在音乐正版化进程中的一次全新尝试。同年，歌手周笔畅也采用数字渠道发行名为《翻白眼》的迷你专辑，总共只有3首歌曲，每张售价5元。上线1个小时左右就售出14000张，最终销售超过45万张，销售金额达到225万元，获得这样的销售量，让周笔畅做出暂时不再制作实体唱片的决定。另外，在QQ音乐移动终端上，歌手张杰的付费预售专辑创下了白金销量，10分钟售出10万张。而售价为5元的鹿晗首张个人Mini数字专辑，至今已售出191万多张，成为目前国内发行量最高的数字音乐专辑。

对于平台企业，2015年底，网易云音乐推出了第一张数字专辑试水数字音乐发行（付费形式）。此后，又陆续推出了包括周杰伦、Taylor Swift（泰勒·斯威夫特）、Rihanna（蕾哈娜）、陈奕迅、窦靖童等国内外著名音乐人的27张数字专辑，都获得不错的成绩。国内版权环境的不断改善将促使更多企业、歌手和独立音乐人关注数字渠道发行。

案例三：线下演唱会+互联网常态化

在音乐节方面，中国的音乐节始于2000年举办的迷笛音乐节。到目前为止，2016年全国共举行了160多场音乐节，预计全年会达到200

场,比去年多出近一倍。受政府支持、用户群体扩大、商业模式探索趋于成熟等多方面因素影响,音乐节不仅在数量上飞速增长,音乐类型、举办地、商业模式上出现了很多全新的趋势:在向三四线城市渗透,跟线上的结合也更加紧密。

2015年,演唱会在线与互联网结合主要在票务、分发(直播)、社交等方面。在票务方面,微票儿、大麦、支付宝、格瓦拉等主流票务平台占据了音乐节票务市场的大部分份额。在内容分发方面,直播全面常态化,渐成票房、赞助之外的盈利方式。乐视音乐与摩登天空达成战略合作,将上海草莓音乐节打造成国内首个付费直播音乐节,直播票房达300万元;腾讯视频独家直播的简单生活音乐节,三天累计观看用户600万人次;理想音乐节则通过弹幕、虚拟礼品等方式,打造互联网音乐嘉年华。主打免费观看的腾讯视频LiveMusic2015年的直播场次达55场,实现12亿的总播放量,在线艺术观看人数达5500万,覆盖全球389个城市,包括20个海外城市。以优酷土豆、爱奇艺为代表的老牌视频网站,以陌陌为代表的社交平台,以芒果TV为代表的电视台App都在依托自身优势积极开拓演唱会直播领域的业务,对演唱会版权的竞争激烈,促使视频网站开始涉足线下布局。例如,乐视将依托乐视音乐Live生活馆,连接产业上游、开发演出票务。腾讯已经开始试水专属定制演唱会。对比美国音乐节年均3000万人次的观众和欧洲音乐节百亿英镑的收入,中国音乐节市场无论从用户还是票房来说都有巨大发展潜力。

4.产业发展趋势

从整体来说,音乐行业是所有创意门类中数字化程度最高的,数字渠道收入已超过实体;同时人工智能在数字平台、大型演出企业、唱片公司应用的案例相对较为丰富,区块链等新技术的探索也较为前沿(见图11)。

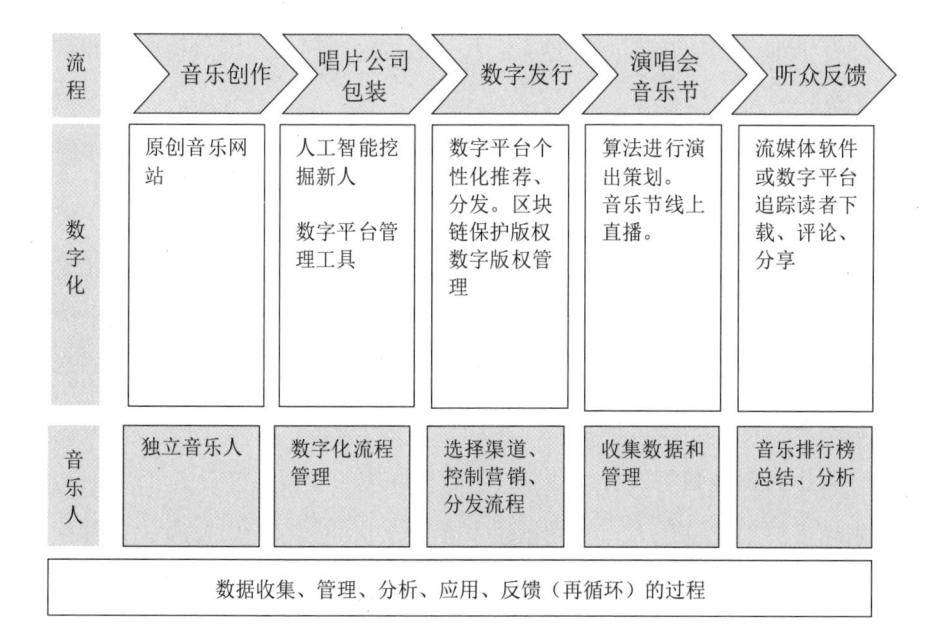

流程	音乐创作	唱片公司包装	数字发行	演唱会音乐节	听众反馈
数字化	原创音乐网站	人工智能挖掘新人 数字平台管理工具	数字平台个性化推荐、分发。区块链保护版权数字版权管理	算法进行演出策划。音乐节线上直播。	流媒体软件或数字平台追踪读者下载、评论、分享
音乐人	独立音乐人	数字化流程管理	选择渠道、控制营销、分发流程	收集数据和管理	音乐排行榜总结、分析

数据收集、管理、分析、应用、反馈（再循环）的过程

图 11　音乐产业数字化

从国际案例看，国际上音乐领域的周边服务（数据分析、版权代理、数字分销等）产业链条更为完整和成熟，国内多是数字平台采用人工智能和数据分析技术，国外的数据服务已较为普遍化为独立音乐人、小型音乐企业提供服务。从创作来看，小众音乐人逐步崛起、原创网站聚集大量创作者；从营销来看，流媒体数字平台成为主要渠道。从线下演出来看，利用移动互联网，视频直播等进行场景进行深度融合，是未来演出发展的趋势。同时，数据分析管理贯穿于整个链条。在技术应用方面主要集中于：人工智能（个性化推荐、智能匹配、挖掘新人）、区块链（创意版权保护）、移动互联网、物联网、智能硬件。形成以下文化科技发展趋势：

大数据驱动运营：唱片公司和数字平台开始使用人工智能推荐或数据分析技术来取代原有艺人挖掘部门的工作寻找新人；演出业巨头利用数据精准化营销。音乐产业从运营推广、线下演出（但业内人士认为音乐产业数字化目前仅达到10%）都转向数据驱动的运作模式。并涌现更

多的音乐细分领域数据企业为音乐人、唱片公司提供数据分析服务和软件工具。

内容付费成为共识：2015年下半年Apple Music正式推出全付费模式，至2016年初，Apple Music的订阅用户数量已经超过1000万。值得一提的是Apple Music流媒体音乐服务在2016年进入中国，也是完全付费模式。Spotify等音乐流媒体领先企业高达30%的付费率让音乐流媒体平台正在成为音乐行业重要的收入来源。在国内，QQ音乐、网易云音乐等均推出了付费模式，付费用户增长迅速。

音乐人青睐数字发行：随着国内版权环境的好转和付费用户的增长，越来越多的独立音乐人、签约歌手、企业试水纯数字专辑发行，并都获得不俗的成绩。随着版权保护的进一步深化，数字化发行将会成为音乐人的首选。

线下演出＋互联网常态化：国内外比较来看，线下演出和音乐节的收入持续增加，带动周边旅游的发展。并且与新媒介、新技术的结合越来越紧密——线上票务、直播、移动服务和可穿戴设备等几乎成为音乐节的标配，同时音乐节与时尚、美食、市集等多种形式结合的商业模式日趋成熟。

独立音乐人带动服务链：在国内，随着互联网的发展，过去处于小众、地下的独立音乐人越来越受到追捧，市场价值凸显。但是，结合国外经验，除了独立音乐人自身的创意价值，还可以带动一条周边服务性新兴产业链，如跨平台数据分析，数字分销商，数字版权代理服务等。经济价值难以估量。

数字渠道的价值差距：虽然数字音乐的消费量达到了历史最高水平，但是音乐消费量的暴增却没有为艺人和唱片公司带来相应的合理回报，因此产生"价值差距"问题。在国际上，为了扭转这种差距，国内外越来越多的音乐创意者开始关注并探索技术对于自身利益的保护。

（三）趋势 3　视觉艺术和手工艺：手工艺品——社区凝聚创意

2015—2016 年，国际手工艺领域与新兴科技融合发展呈现出以下发展趋势：随着互联网和跨境电商的崛起，传统手工艺品创意者需要开始考虑怎样将文化和创意卖到全球——Etsy 是美国一家销售手工艺商品的电商平台，2016 年 4 月，Etsy 以交易平台的角色成功上市，估值约 30 亿美元，目前 Etsy 的年销售额超过 20 亿美元。2015 年底，包括亚马逊、eBay 在内的大型在线零售商均向手工艺品市场发起冲击，掀起在线手工艺品平台的热度。另外，除去在传统经济中可测量的经济价值，国际和主要国家手工艺组织正在研究手工艺行业与工业、材料等行业或部门跨界协作所产生的知识溢出效果和可能的创新。在国内，互联网电商平台促使手工艺品消费群年轻化；由于 Etsy 上市，2015—2016 年新成立了多家手工艺品电商。

1. 市场与企业

由于电子商务的兴起，美国涌现了大量手工艺品电商平台，手工艺品销售量迅速增长。据 2016 年美国商务部发布的《2016 美国电商市场最新报告》显示，电商销售品类中家居类产品（包含手工艺品等）销售量增长最快，其中珠宝上升 11%，礼品上升 7%。在美国，除了 Etsy 还有大量其他的手工艺品电商。如 1000Markets[①]、ArtFire[②] 等数十个，但 Etsy 是其中规模最大的，有来自 150 个国家的卖家和买家。

英国：由于电子商务的兴起，在英国，也出现了多间手工艺品电商平台。如 Folksy[③]、Misi[④] 等，但在产品数量和跨越地域广度方面尚未形

---

① 1000Markets：据称有拥有 9 万多个特色商品类目，收取 5.5% 的佣金，通过亚马逊支付的交易加收 55 美分。

② ArtFire：拥有来自全球各地的逾 44000 件商品。"基础"卖家不收费用和佣金，"专业"卖家每月收取 15.95 美元的费用。

③ Folksy：给用户买家提供自制手工艺品操作指南。上架费 20 美分。每次交易 5% 的佣金。

④ Misi：用户可以免费创建商店，每上架一件产品和售出订单需要支付。

成规模。

从生产区域来看,中国手工艺品产区主要分布在北京、天津、上海3大城市和山东、江苏、浙江、福建、广东、四川、湖南7个省。国家统计局数据显示,2016年一季度,工艺美术行业规模以上工业累计主营业务收入2362.7亿元,与上年同比增长5.59%;实现利润121.6亿元,同比增长5.49%。在新常态下仍旧有小幅增长。同时,国家统计局数据显示,我国网络零售总额4万亿元,其中家居领域,以苏绣和手工折扇为代表的手工艺品销量达到百万级。

在电商渠道方面,主要有淘宝、京东等综合性渠道;由于国际手工艺品电商的影响,近年在北京、上海、四川等地涌现出一批手工艺领域垂直电商平台。

2. 国际发展概况

美国：Etsy是全球第一家上市的手工艺品电商平台,其崛起离不开美国政府对于电子商务的大力扶持政策。1996年底,时任总统克林顿亲自倡导成立跨部门的电子商务管理协调机构：美国政府电子商务工作组,负责制定有关电子商务的政策措施,并协调督促相关部门实施;1997年7月1日,克林顿总统颁布了美国政府促进、支持电子商务发展的"全球电子商务框架"。该框架确立了联邦政府政策的基本框架,对于美国乃至世界各国电子商务的发展产生了积极影响。在"全球电子商务框架"中,美国政府提出了发展电子商务的五项原则和九项政策建议。在协会方面,美国手工艺理事会创建于1946年,是美国最大的具有领导地位的手工艺组织,每年有4个固定的手工艺展览,拥有自己的出版物,并接受政府委托进行一系列的培训及手工艺扶植项目,同时他们还拥有最全面的工艺美术图书馆,里面保存着WCC(世界手工艺理事会)和美国手工艺理事会的所有历史文件和资料。

中国：中国是全球最大的手工艺生产国之一,近年发布了大量相关政策,2012年,文化部推出《"十二五"时期文化产业倍增计划》,

将工艺美术列入11大重点发展产业。同年，国家统计局修订了"文化及相关产业分类标准"，将工艺美术产业从过去的外围层分类中，提升为十大类中的第七大类，确立了工艺美术在文化产业当中的重要地位。在2014年，国务院关于《推进文化创意和设计服务与相关产业融合发展》的若干意见重点任务提出："坚持保护传承和创新发展相结合，促进艺术衍生产品、艺术授权产品的开发生产，加快工艺美术产品、传统手工艺品与现代科技和时代元素融合。"工信部作为全国工艺美术行业的主管部门，2014年发布了《工艺美术行业发展指导意见》，对工艺美术产业的发展塑造好的政策环境。2016年5月国务院办公厅《关于开展消费品工业"三品"专项行动营造良好市场环境的若干意见》的主要任务中提出：发展民族特色消费品。传承发展一批传统工艺美术、文房四宝等产品。支持发展一批传统特色食品。从资金扶助方面，2015年国家艺术基金把艺术设计从美术中单列出来，工艺美术成为艺术设计中重点扶持的大类。以上政策从创新融合、知识产权保护、提升品质、创建品牌、文化传播和贸易等多方面提出要求；一系列政策的出台，体现了我国政府对发展工艺美术文化产业发展的高度重视和大力支持。在协会方面，主要有中国工艺美术协会、中国工艺美术家协及其各地工艺美术协会等；其中，中国工艺美术家协会成立于2008年，是跨地区、跨部门、跨所有制的全行业组织，组织本行业的经济技术交流，推动科学研究、技术改造和新产品开发、人才交流和职工教育。协同有关部门落实工艺美术专家和专业技术人员政策，协助落实保护、抢救、传承、发展、提高优秀传统技艺的措施等。

在地区发展方面，上海市"十三五"期间《上海市工艺美术产业发展三年行动计划》中的重大项目之一是世界手工艺产业博览园，它以传统手工艺为核心、以公共文化平台的形式推动工艺美术产业发展。历经一年，以"世界你好美术馆"和"国匠众创空间"双引擎的运营推动园区首期建设；周边衍生体验式写生基地，集大师和新锐的众创空间，展览交流并重的美术馆，侧重文化衍生品开发的世界手工艺小镇，促使世界手工艺产业博览园向全产业链运营。

3. 国际文化科技案例

案例：手工艺电商——社区凝聚创意

Etsy是全球第一个上市的手工艺品电商。2005年成立于美国纽约布鲁克林，目前拥有来自于150个国家的5400万会员，公司平台产品数量为3500万件，卖家160万人，买家2500万人；Etsy 30%的业务收入来自于美国之外的市场地区。从用户规模、活跃度、商品数、交易量都是全球最大的，注册卖家由业余爱好者到专业的商人覆盖广泛。网站坚持"必须是手工定制作品""社区交流"等特色。盈利方式主要是通过卖家商品展示（每个商品0.2美元）和交易抽成（收取交易额的3.5%）；这两项业务占总营业额的50%左右。另外，来自卖家服务如一键下单、推荐位、物流、品牌服务等占40%左右；其他的来自第三方支付过程。在经营历程上，Etsy发展过程中历经过6轮融资（见表19）。2016年4月，Etsy在纳斯达克证券交易所上市，发行价为每股16美元，当日市场收盘价为每股30美元；据雅虎财经数据，Etsy当前市值约为33.3亿美元。

表19 Etsy融资金额与估值（数据来源：网络公开资料整理，单位：美元）

时间	阶段	融资金额	交易额	估值
2005年	天使投资	61.5万		
2006年	A轮融资	100万	17万	
2007年	C轮融资	325万	170万	
2008年	D轮融资	2700万	1290万	1亿
2009年			1.77亿	
2010年	E轮融资	2000万	3.14亿	3亿
2011年			5.26亿	
2012年	F轮融资	4000万	8.95亿	>6亿
2013年			13.5亿	
2014年			20亿+	

在经营方式上，在成立之初，创始人着力于通过各种线下活动传播 Etsy 品牌。这些活动包括举办缝纫大赛、赞助传统的手工艺品市集以及成立各种兴趣小组。Etsy 借此在手工艺品爱好者中间建立了知名度。经营至今，Etsy 建立了常设的手工艺品爱好者线下交流场所 Etsy 实验室，定期组织手工艺品 D.I.Y 活动；每个月 Etsy 还轮流在各地举办 Etsy Meet&Make 的活动，吸引手工艺品爱好者参加。通过这样的线下社群营销，Etsy 获得的宣传效果远胜于在媒体投放巨额广告。

为了让更多的用户参与到这种活动中，Etsy 的线上经营秉承了线下社区的精神，利用一切技术手段建立论坛、在线虚拟实验室、公共聊天室、小组、微件（Widget）、博客（The Storque）多种互动形式促进用户的交流，将线下的社区文化转移到线上。网络用户可以通过虚拟实验室观看手工制品培训人员的在线讲解、提问题，还能与其他用户交流心得。几乎所有在线下课堂上能够进行的互动，都被搬到了网上。通过虚拟实验室的各种学习活动，Etsy 网络社区成员间的连接更加紧密。

在技术应用上，2012 年，公司技术负责人查德·迪克森出任 CEO，在技术上做出了许多改变：2011 年 11 月中旬推出了 iOS 移动端应用（不到 4 个月，应用的下载量突破 100 万次），目前已有安卓版本。同年，Etsy 自建支付系统推出了直接结算服务。通过直接结算服务，到 Etsy 店铺内购物的买家不用通过第三方支付平台结账；而卖家则可以直接管理与买家之间的付款、退款，收入会直接汇入商家银行账户中，给海外购物提供了很多方便。同时，结算服务会在每笔交易中收取 3% 外加 25 美分的佣金，为平台交易管理增加便利。优化搜索算法，让平台商户的商品更容易被搜索到。一系列的技术举措，让 Etsy 拓宽了自己的商业潜力。在 2016 年，Etsy 收购了人工智能企业 Blackbird Technologies，将图像识别和自然语言处理功能添加到搜索服务，更好地为消费者匹配符合他们审美特点的商品。未来，Etsy 计划添加更多的服务功能，例如库存管理以及卖家营销工具等。

伴随 Etsy 的成功，随之而来的是巨头的跟进，亚马逊于 2015 年 10 月推出 Handmade，现在美国网站线上商品数量达到 50 万件，相比去年增长五倍，但与 Etsy 相比这个数量仍然是非常小。

4. 产业发展趋势

2015—2016 年视觉艺术和手工艺领域科技融入整体发展趋势为：

电商成为新渠道：手工艺品销售一直受地域限制，但近年该领域跨境电商销售已经成为全球趋势。美国企业 Etsy 是全球第一家上市的手工艺电商；2015 年，美国电商巨头亚马逊正式推出新的手工艺品电商平台"Handmade at Amazon"，与其展开竞争。在国内，《2016 年中国消费市场发展报告》指出，"消费个性化趋势逐渐成主流，个性化的家居饰品、自制手工艺品等具有体验性、定制化、个性化的消费尽管规模不大，但前景非常好。"其他手工艺品生产国家对于电商等途径也表示支撑，如马来西亚首相表示，马来西亚手工艺品行业拥有巨大的发展潜能，若与电子商务及其他服务相结合，有望达到 50% 的增长。

年轻群体消费增长：互联网平台为传统手工艺品挖掘了更多的年轻消费者，让更多年轻买家关注传统手工艺品。根据阿里研究院对传统产业带消费者群体的调查，目前线上传统手工艺品以陶瓷、翡翠、水晶制品最为热销，这些手工艺品买家普遍以"80 后"为主，"90 后"次之，五六十岁以上的买家稀少；其中水晶制品的"90 后"买家占比达 30%，互联网推动消费群体年轻了二三十岁。

融合带来创新价值：一份英国手工艺理事会委托国际知名研究机构毕马威（KPMG）进行的调研显示：英国的创意产业政策专注于娱乐和数字媒体行业。但较少关注物理，材料领域的创意产业。虽然娱乐和数字媒体的快速发展对经济利益产生了积极的影响。但是，手工艺与和其他部门之间的融合将带来新的潜在价值。报告认为，当前国家统计局不能反映手工艺的全部价值，尤其是通过合作在其他领域产生的价值。

（四）趋势4　书籍和报刊：出版领域——数据重塑流程

2015—2016年，国际书籍报刊出版领域与新兴科技融合发展呈现出以下发展趋势：全球书籍报刊领域数字销售量增长，由于数字化转型不断深入和大数据技术的渗透，国际出版商纷纷借助大数据技术对出版物的策划、编辑、出版、发行等环节进行全方位提升。人工智能的发展促使越来越多的新闻机构使用机器人写作。从零售看，线上线下呈现融合趋势，数字平台亚马逊开设了第一家实体书店布局线下业务，着手构建完整产业生态链。过去多年受到互联网冲击的线下实体书店，在近年有复苏迹象。尤其在东亚地区，在日本、中国等地出现了一批文化特色书店，以文化综合体的形式经营。创新型企业以新技术和新的商业方式达到快速增长。不论是传统出版商还是数字平台以数据驱动模式逐渐形成。在国内，大型出版机构开发国际化发行平台，积极探索数字化转型。腾讯组建阅文集团，成为网络文学最大内容提供方；当当网（北京当当网信息技术有限公司）也着手建立线下连锁书店。除了大型出版社进行数字转型外，问答社区知乎（北京智者天下科技有限公司）上线电子书店实现社区知识变现；北京单向街沙龙（商店）立足于实体，通过全媒体运营转型升级。

1. 市场与企业

尼尔森《2015全球图书零售市场报告》显示，2015年多个国家纸质图书销售实现增长，其中美国增速为2.8%，英国增长3.7%；同时，电子书市场快速发展，销量在英美占比超过20%，在美国，可下载有声书在美国实现增长45.9%，在英国，2015年前3季度电子书销售册数和销售额比重同比均有所减少。

从企业来看，《2016全球出版企业排行》榜单显示，教育出版领域的培生、科技与专业信息出版领域的汤森路透、更名为RELX Group的励讯集团以及威科仍然居于前几名。

2015年，中国数字出版产业中，中国图书及期刊出版营业收入为1023亿元[1]，比去年同期有所上涨。在企业方面，"2016全球出版50强峰会"发布的2016年《全球出版业排名》[2]报告显示，有五家中国出版集团入选，并全部进入前二十强。其中，中南出版传媒集团排名第六，凤凰出版传媒集团排名第七，中国出版集团排名第十七，浙江出版集团排名第十八，中国教育出版集团排名第二十。

2015年，在数字阅读方面，国内迎来快速发展的新阶段，不仅BAT巨头纷纷进入，原有的以掌阅为代表的数字阅读品牌也向专业化、生态化进一步推进，推出了电子书硬件，在手机应用方面也增加丰富功能，同时对精品书的数量、质量、上架速度也要求越来越高。同时，我国国民数字化阅读率达到64%，超过纸质图书阅读率5.6个百分点，60%的成年国民曾进行过手机阅读[3]。庞大的数字阅读群体带动旺盛的数字书刊消费需求。近年来，传统出版单位加大了数字出版的业务布局，积极寻求产品和模式上的创新突破；网络文学、有声读物、自媒体等新兴形态蓬勃兴起，消费热点层出不穷。

值得关注的是，2012以来，一批实体书店的经营呈现复苏状态，如诚品书局、方所、西西弗、猫的天空之城、初见书房、新华书店、单向街、字里行间等本土体验式书店都以文化综合体的形式或推出多种数字内容进行全媒体推广实现逆袭。

---

[1] 中国新闻出版研究院：《2016年全球及中国出版行业发展现状及趋势》，2017。

[2]《全球出版业排名》：由法国《书业》杂志发起，由RWCC执行研究，在全球范围内由六家国际书业媒体公司联合发布，包括中国的百道网、英国《书商》周刊、德国杂志《图书报道》（Buchreport）、美国《出版商周刊》以及《巴西出版新闻》（PublishNews Brazil）联合发布。

[3] 时任国家新闻出版广电总局副局长吴尚之在2016北京国际出版论坛中公布的数据。

2. 国际发展概况

2015年，美国、欧洲和亚太地区仍然是全球图书出版市场的绝对优势者，特别是美国图书市场在全球占有举足轻重的地位。在欧洲，网络版权领域发生较大变化，为了平衡互联网运营商与内容商的利益关系，欧盟进一步修改版权保护法案。2015年7月，欧洲议会通过关于欧盟版权法改革之报告，旨在引导版权法在新一轮改革中向适应数字市场过渡，进一步鼓励版权作品在成员国境内流通自由，以期创新文化，繁荣经济。[①] 欧洲2016年8月，欧盟委员会最终出台的彻底的版权改革措施，其中，如果搜索引擎显示出版商所刊载的报道，欧洲新闻出版商将可以向谷歌等互联网平台收费。其目标是削弱互联网在线运营商的力量，这些在线运营商在搜索等领域中占据的市场份额所带来的结果是，搜索引擎与内容创制者之间的商业谈判变得不平衡。

在国内，2015年4月，国家新闻出版广电总局与财政部联合发布《关于推动传统出版和新兴出版融合发展的指导意见》；2015年7月，公布了第二批100家转型示范单位名单，目前全国转型示范单位共计170家。带动整个行业转型升级、融合发展取得实质性进展。2016年7月，总局发布《关于进一步加快广播电视媒体与新兴媒体融合发展的意见》。2016年，国家新闻出版广电总局书籍报刊司产业发布《新闻出版业书籍报刊"十三五"时期规划要点》，明确提出"十三五"时期书籍报刊的主要目标[②]、重点任务、重点项目。2016年7月，国家版权局等四部

[①] 周林：《从信息法角度评〈欧洲版权准则〉》，中国知识产权法学研究会，2015，第11页。

[②] 其中主要目标涉及五个方面：1.新闻出版业数字化转型升级全面完成，传统出版与新兴出版融合发展初见成效（状态）。2.打造一批新兴出版与传统出版俱佳、具有示范效应和强大国际竞争力的复合型出版机构，培育一批具有国际领先水平的新兴书籍报刊企业（企业）。3.出版一批导向正确、质量上乘、形态多样、效益突出的书籍报刊精品（产品）。4.培养一批面向未来产业发展需要的书籍报刊专门人才和高端复合型人才（人才）。5.书籍报刊业服务于经济社会发展和公共文化服务体系建设的能力显著提升（功能）。

门联合开展"剑网2016"专项行动,将打击网络文学侵权盗版作为重点任务之一。9月国家版权局发布了《关于加强网络文学作品版权管理的通知》。

3. 国际文化科技案例

案例一:数据重塑出版流程

随着出版业的数字化转型逐步深化,行业生成和储存的数据越来越多,国际出版商已经开始将整个组织向数据驱动型组织进行转型。借助大数据技术,更全面准确地分析编辑出版各环节,发现数据的相关性,从而对选题策划、编辑出版、图书发行、读者服务给予基于客观数据支持的准确指导。

专业出版,施普林格(Springer)是全球领先的学术科技期刊和专著出版商,目前在世界25个国家和地区拥有超过6000名员工,共出版发行了2000多种学术期刊和12.3万种学术专著。施普林格的主要方式一是建立大数据获取系统,二是对公司旗下书籍报刊平台Springer Link进行改造,使其可以有效能够记录每个包月用户的具体访问、阅读行为数据,记录每年的资源下载信息。通过对这些数据进行分析,支持所有结构化和非机构化数据基于不同渠道的检索,提升用户的满意度。例如根据分析结果,施普林格在其AuthorMapper产品中提供了基于地理位置的检索结果,加强数字内容在PC、笔记本、智能手机等各种电子设备上的便捷访问、优化检索功能,并提供实时分享各学者对各学术文章和期刊的点评和意见的功能,获得了学术型用户的好评。施普林格基于大数据的分析结果,为改进产品体验提升服务,提供数据决策依据。

大众出版,欧美大众出版业在利用大数据做出决策方面落后于教育出版业和专业出版业。因此,欧美大众出版商首先着眼于社交媒体,将数字阅读平台与社交网络平台相结合,实现内容产品的"精准营销";而后依托专业团队建立图书大数据挖掘与分析。如欧美五大大众出版集团以及一些中小型大众出版商纷纷开设官方网站,并在自己的网站上增设售书业务，增加与读者直接交易的机会①。

第三方服务，欧美大多数出版商并不具备处理大数据的能力，无法独立组建内部大数据分析系统或部门。因此，欧美多家大众出版企业借助外部专业从事图书大数据挖掘与分析的专业公司，例如图书观察者（Bookseer）②、封面蛋糕（Covercake）等公司帮助其收集、分析海量数据。或可以寻找像英国的啫喱图书（Jellybooks）这样的第三方企业进行合作来展开数据工作。

创建于2012年的英国企业Jellybooks为作者、代理商和出版商提供图书营销、销售和发现工具；致力于收集、分析读者信息。为了收集和读者与图书相关的数据，Jellybooks建立了一个图书发现网站③、推出了Jelly factory平台、提供了名为"电子书分析（Analytics for Ebooks）"的服务。在图书发现网站上，Jellybooks④将图书按流派和类别排列，读者点击感兴趣的书，网站就给出摘要、样章和购买链接，这些样章也可以下载到各类电子终端中阅读，并可以使用"发送到Kindle或iPad"的集成功能发送到读者的Kindle阅读器、Kindle Fire平板或用户的iPad上进行浏览。如果读者决定购买，那么可以通过Jellybooks的链接在网上零售商处购买。当读者开始浏览、下载、分享，Jellybooks会使用在这个过程中收集到的信息向你推荐最符合读者兴趣和需要的图书，并提供

---

① 企鹅在Twitter网的书友会页面邀请粉丝加入每月的（#ReadPenguin）图书讨论，使读者可以与作家及图书编辑讨论，增强他们的阅读体验。西蒙与舒斯特推出Off the Shelf网站，向读者推荐好书，用户可建立自己的必读书架，也可自选线上零售商去买书。哈珀·柯林斯在2013年创立的CSLewis.com和Narnia.com网站通过Bluefire应用，也可直接获得消费者数据。

② 英国三大大众出版商——企鹅（企鹅兰登书屋）、阿歇特、哈珀·柯林斯都是"图书观察者"的大数据分析服务的订阅者。

③ Jellybooks本身并不销售图书，该平台真正的目标是掌握读者发现图书过程中的信息。因此，它通过向读者提供服务来收集相关数据，从而揭示读者下载什么样章、分享什么内容、对图书作何评价，以及他们是如何被影响的。

④ 徐丽芳、王钰：《Jellybooks：读者数据分析的新尝试》，2015年10月21日，199IT，http://www.199it.com/archives/396467.html。

50%的购买折扣。2014年伦敦图书展上，Jellybooks推出了Jellyfactory平台。它能帮助作者和小出版社更好地将社交媒体作为提高读者发现率和促销图书的平台。该工具采用免费云平台的形式，允许作者及出版社分发书籍样章。作者的朋友、粉丝等可以在社交媒体上加关注，或通过电子邮件发送给其他联系人，还可以嵌入在各种相关网页中。Jellybooks还推出了名为"电子书分析（Analytics for Ebooks）"的服务项目。可以准确记录在购买后，读者怎样阅读图书，读者的所有互动——电子书打开与关闭、翻页、阅读时间、删除图书的时间等。目前，Jelly books的平台及其电子书分析项目获得了英国创新机构"技术创新委员会"（the Technology Strategy Board）的资助，并将与国际书籍报刊论坛合作，继续开发和完善跟踪读者阅读电子书的工具；促使数据在出版行业中得到更深入、广泛、创新型的应用。

以上案例可以看到，国际出版商已经开始将整个组织向数据驱动型组织进行转型。借助大数据技术，更全面准确地分析编辑出版各环节，发现数据的相关性，从而对选题策划、编辑出版、图书发行、读者服务给予基于客观数据支持的准确指导，而第三方企业推陈出新促使大数据技术在出版行业中得到更深入、广泛、创新型的应用。

案例二：线上平台向线下实体延伸

· 亚马逊公司（Amazon，简称亚马逊），成立于1995年，是美国最大的一家网络电子商务公司。是网络上最早开始经营电子商务的公司之一，亚马逊一开始只经营网络的书籍销售业务，现在则扩及了范围相当广的其他产品。同时，2015年开始开设了线下实体书店。在国内，当当也同步开设实体书店。

2015年11月，美国数字发行平台企业亚马逊在西雅图大学村开设第一家实体书店，名叫Amazon Books。2016年8月宣布计划在美国芝加哥和波特兰再开设两家线下书店。亚马逊实体书店最大的特色来自于其线上积累的庞大数据，店内陈列的图书是基于亚马逊官网上的消费者评价、预购量、销售量、受欢迎程度去采购更有可能引起当地消费者兴趣的书籍，亚马逊实行的是线上线下同价。

在国内，当当网也开始布局线下实体书店，第一家书店于2016年4月在长沙步步高·梅溪新天地开业，书店面积约为1200平方米，同样采取线上线下同价的策略。书店有四层，一层为24小时书店，大部分店内图书在该层陈列；另一层除图书外，还包含儿童馆、手工教室、咖啡馆；其余两层为"讲堂区"、展馆和茶室。当当还宣布计划在三年内开1000家实体书店，计划涵盖购物中心、超市书店、县城书店等多个类型。同时还有咖啡、文创等周边衍生产品。

国内外两家大型网络平台企业都在进行线下拓展，一方面是由于移动技术、云计算、大数据的迅速发展，使线上线下的商品和服务可以建立起关联；另一方面，实体体验是不可被替代的，网络和实体消费互为补充，从文创领域其他门类来看，线上线下融合将是零售经营的大趋势。

案例三：Shelfie——小微企业创新

除了出版巨头的数字转型和数字平台向线下的拓展，根据苹果等应用商店的排名和科技新闻网站，可以看到诸多新兴企业的进入。在过去的一年中，部分小型企业在没有雄厚资本的情况下，仍通过模式和技术创新实现了快速增长。

Shelfie成立于2013年，总部位于加拿大温哥华，目前为美国、加拿大和英国的居民提供服务。这款App的创始人均毕业于哥伦比亚大学。彼得·哈德逊（Peter Hudson，创始人兼CEO）在哥大学习工程物理。马吕斯·穆贾（Marius Muja，联合创始人兼首席技术官）在哥大获得了计算机视觉的博士学位，他论文工作的一部分即是研究高维特征下大型数据集合的快速匹配方法，这项方法成为Shelfie软件的关键技术。这款应用可以通过对书架进行拍照，自动识别并反馈书架上所有书的相关信息，包括书名、作者、内容简介、出版社、出版时间等等，轻松实现藏书的数字化管理。有了用户的书籍信息后，Shelfie可以挖掘具有相似藏书的用户，并据此推荐图书和社交。另外，识别成功的图书，Shelfie 可提供配套的电子书或有声书供读者下载。价格大多是免费或优惠；且没有 DRM 保护，读者可以方便地跨平台使用。Shelfie 的书目通常能涵盖用户书架上 10%～20% 的书籍。

目前，Shelfie 和 O'Reilly、Harper Collins、Macmillan、Hachette 等 1200 多家出版商建立了合作关系（全球五大出版社已经有三家签约合作，还有 Wiley、Elsevier 等知名企业），平台有近 30 万种书可提供数字内容的捆绑下载，尤以科幻小说、技术书籍见长。同时也和实体书店合作，如剑桥著名的哈佛书店，经营者反馈通过 Shelfie 捆绑销售电子书的方式销量上涨了 180% 左右。对出版商来说，Shelfie 既能促进纸质书的销售，又能增加数字内容的销售额，还能帮助出版商获得更多读者数据。

案例四：传统新闻出版机构的数字化转型

在 2015—2016 年，可以看到新华社、中国图书进出口总公司等大型新闻出版机构在工作方式、渠道、产品各方面都与新兴技术进行探索融合；同时，随着"文化走出去"的实施，国内出版社逐渐开始通过增设海外销售网点、与国外出版机构合作出版，设立分社，或直接兼并收购海外出版社的方式实现"走出去"。中国出版协会的调查表明，目前我国新闻出版企业在境外运营的各种分支机构及销售网点达 459 家。

机器人写稿，自 2010 年美国华尔街开始采用机器人写稿，现在已越来越普遍，这是随着智能语言生成软件的发展而产生的生成模式。在 2015 年 11 月，新华社正式推出机器人写稿项目——机器人"快笔小新"。"快笔小新"把记者从基础、繁重的撰稿工作中解放出来，有更多的时间采写原创、深度稿件。目前"快笔小新"供职于新华社体育部、经济信息部和《中国证券报》，可以写体育赛事中英文稿件和财经信息稿件。新华社机器人写稿系统研发团队成员指出，机器人写稿流程分数据采集、数据加工、自动写稿、编辑签发四个环节。技术上通过根据各业务板块的需求定制发稿模板、数据自动抓取和稿件生成、各业务部门建稿编审签发"三步走"来实现。目前，新华社总编室已牵头制定机器人写稿管理规范，技术局已申报《一种面向短新闻的机器写稿方法与装置》《基于模板自动生成新闻的系统和方法》两项专利。近期，新华社技术实验室陆续推出了一系列创新产品，除了机器人写稿系统外，还有新华通、党政企用户端、中纪委用户端、全媒体供稿平台等。2016年全国"两会"期间，新华社用户端联合百度智能机器人"度秘"共同推出机器人智能问答，通过人机对话的形式，使交互的过程更加生动并增强传播性。以上推出的一系列智能化产品是新华社在互联网时代，通过研究大数据在信息生成领域应用的可行性，推进业务与技术深度融合。

中国图书"走出去"，中国已成为全球最大的图书出版国之一；国内的出版商也日趋走向世界，更加重视将中国图书带入国际市场。目前，国内出版社主要是通过参加国际书展和通过增设海外销售网点[①]、与国外出版机构合作出版，设立分社，或直接兼并收购海外出版社的方式实现"走出去"。2016年8月，中国图书进出口（集团）总公司和北京欣博友数据科技有限公司共同合作"中国数字图书全球发行平台"，平台目标是为推动中国图书，中国的主流文化走向世界，增强中国图书和中国主流文化在全球的影响力，使得中国图书能够进入全球的图书市场。北京欣博友数据科技有限公司和美国传捷通睿公司合作开发了"中国数字图书全球发行平台"[②]，可以制作完成符合全球各渠道要求的各种电子书格式，并与全球300多家一级电子书阅读渠道和23万多家图书馆建立了良好的合作关系，可以制作符合ONIX及其他标准的图书元数据，拥有NLP（自然语言处理）数据分析技术，可对电子书全球销售数据进

---

① 中国出版协会的数据显示，目前我国新闻出版企业在境外运营的各种分支机构及销售网点达459家。

② 北京欣博友数据科技有限公司拥有"中国数字图书全球发行平台"自主的知识产权。

行收集，整合和分析。为中国的出版机构的电子图书提供全球化的发售网络，让全世界的读者在第一时间阅读中文的原版图书，提高新书发行的时效性，提升中国书籍的可被发现性。平台服务器位于中国境内，可以制作完成符合全球各渠道要求的各种电子书格式，目前与全球300多家一级电子书阅读渠道和23万多家图书馆建立了合作关系。为中国出版机构的电子图书提供全球化的发售网络。

随着大数据时代的到来，进入了中国文化走出去的新阶段。中国出版业需要针对国外出版规律、读者阅读习惯进行针对性研究，通过国际出版商的案例可以看到数据在重塑出版流程。中国出版业走出去更需要建立全球化的选题、编辑、设计、出版、印刷、物流终端、读者反馈的整体产业链；建立数字发行平台，是一次有益的探索和尝试。

4. 产业发展趋势

综合2014—2016年多份报告、文献来看，书籍和报刊领域科技融入整体发展趋势为：数据重塑流程、网络文学受瞩目、零售线上线下融合、机器人自动写作、创新多样的商业模式。

数据重塑流程：随着技术的发展变化，对出版各环节以及出版之外数据的获取、分析成为可能——社交媒体、搜索引擎、越来越多的数字阅读软件和数字服务；这些数据将读者的查询、评论、阅读行为记录下来，在出版机构选题策划、营销出版全流程产生影响。国际出版商纷纷借助大数据技术提升自身的服务水平和能力，通过事实和数据来决策业务，对出版物的策划、编辑、出版、发行等环节涉及的各种数据进行全方位收集与分析，科学地改进读者服务方法和模式。各类数据（包含元数据）已经成为出版整体流程中必不可少的元素。

网络文学受瞩目：网络文学在整个文化产业链中占有越来越重要的位置，已经成为当代文化体系中至关重要的原创资源。在国内科技巨头通过收购并购形成对原创IP的控制。同时，网络作家的数量和收入迅速增长。从2013年开始，申请进入中国作家协会的网络作家越来越多，中国作家协会公布了 2016 年 454 名新会员名单。经过确认的网络作家及网文从业者共有 29 人，创历年之最。他们大都有较高知名度，部分还进入过"中国作家富豪榜"。

零售线上线下融合：2015 年，Amazon 和国内的当当网均开始线下战略——开设实体书店；两家企业都承诺线上线下同价；亚马逊利用网络平台的数据为实体店内售卖的书籍提供推荐，实现精准化营销。当当建立线下文化综合体验场馆。同时，在 2015-2016 年，国内外实体书店都有所复苏，尤其是日本、中国。尤其是国内涌现出了一批实体连锁书店，以文化综合体的形式经营，如四川西西弗、北京单向街等。尤其是北京单向街，积极开拓数字媒体战略，结合实体转型为数字文化媒体。

机器人自动写作：人工智能的渗透使机器人写作已经在新闻出版机构被越来越普遍的使用。自美联社、路透社等国际新闻机构使用机器人撰稿后，新华社在 2016 年开始正式采用"快笔小新"、腾讯使用 Dreamwrite 等撰稿机器人。语意技术的发展将逐步取代基于数据的事实写作。

商业模式多样：由于各类新技术的出现，有声书付费、直播、订阅等新模式纷纷涌现，巨头亚马逊推出了按阅读页数付费新模式。同时还有大量新兴企业不断进行创新，如北美地区的公司"Shelfie"利用人工智能视觉识别技术为用户提供书籍整理服务，为书店和出版商推荐倒流。北京市的问答社区网站知乎利用直播、在线书城、电子期刊等形式进行社区知识生产的变现。小微企业的创新能力不容忽视。

（五）趋势 5 时尚产业：迈向智能设计与智能制造

2015—2016 年，国际时尚领域与新兴科技融合呈现出以下发展趋势：数据在全产业链各环节的驱动作用已逐步显现。对于品牌来说，2015 年全球奢侈品市场 2552 亿交易额，增长的主要来源是设计师品牌（小众品牌）；从生产商看，生产商的制造工厂开始向智能化转型；从产品来说，智能服饰成为下一个风口，科技企业与时尚品牌合作了大量智能服饰产品；营销环节，国内外的时尚网红经济同步发展，创造的经济价值惊人。零售方面，欧美时尚电商逐步由线上转向实体，传统零售商利用技术和大数据打造无缝体验，线上线下融合趋势明显。在国内，时尚行业内有多家企业已经开始着手利用数据和新技术改造供应链，或研发智能机器人促使流程自动化。时尚产业作为全球化程度最高的产业，已经发展为集各种高精尖技术为一体，同时包含科学、技术、艺术、创新的综合性产业，并逐步迈向智能化。

1. 市场与企业

纽约时装周是纽约的标志性时尚活动之一，2016年，美国联合经济委员会发布报告显示，一年两度的纽约时装周可为纽约带来将近9亿美元的利润值，其中包括5.47亿美元的直接游客消费。参观人数每年超过23万人次，再加上行业展会和展厅参观人数，总人数将超过50万人次。时尚行业是纽约市经济重要的组成部分，有超过900家时尚公司将总部设在纽约，时尚行业雇佣人数超过18万人，包括16,000份制造业工作，产生近20亿美元的税收。在创新孵化方面，2015年，纽约市经济发展局计划投入350万美元在布鲁克林开设开一个时尚孵化器——服装纺织及可穿戴技术的创新中心（the Manufacturing Innovation Hub for Apparel，Textiles&Wearable Tech），中心将鼓励本地制造和支持小设计师，提供300个工作岗位，中心预计在2015年底时候开放。

根据 Mintel 信息咨询公司近期发布的数据，2015年英国时尚产业中女装销售额达到了270亿镑，预测到2020年将增加23%至320亿镑。2015年英国时尚产业中线上时装购物销售额达到124亿元，比2014年的107亿镑上涨了16%。根据市场机构 Oxford Economics 发布的2014年数据显示，英国时尚产业直接为英国经济贡献260亿镑的经济收入，提供了797000份工作。

依据美国一间数据咨询公司发布的全球时尚产业数据模型[①]显示。法国巴黎今年依然稳居榜首。法国时尚从业者有 16 万多,每年带来 350 亿欧元的产值。法国在 3 个时尚领域起到引领作用:香水和化妆品、高级时装(奢侈品成衣)、高级珠宝,它们占法国消费品广告年支出总额的 43%。

国家统计局数据显示,2015 年 1—11 月份,服装类商品零售额累计 8488 亿元,同比增长 9.6%。服装线上渠道销售快速扩张,各电商平台和垂直电商已经成为服装内销的重要渠道。服装类实物商品网上零售额同比增长 23.5%。服装行业规模以上企业累计实现主营业务收入 19844.23 亿元;利润总额 1128.02 亿元,同比增长 5.01%,服装行业规模以上企业利润增速明显高于全国工业企业和制造业的利润增速。2016 年 1 至 6 月[②],服装行业规模以上企业累计完成服装产量 144.25 亿件,同比增长 0.71%。在全球化影响下,全球时尚趋势正变得日益趋近。中国已成为全球最大的服装生产和消费国,成为越来越多国际时尚品牌纷纷抢滩的新兴市场和热土。

2. 国际发展概况

纽约和伦敦、巴黎都是世界时尚之都,在这些中心由政府和企业共同推动了时尚行业的发展,近年均推出了不同政策应对社会环境和科技带来的变化。

美国:美国纽约是全球时尚中心之一,2012 年,纽约市经济发展局发布了"时尚纽约 2020"[③]研究报告。该报告阐明纽约在时尚界的地

[①] 时尚产业数据模型:依据经济实力、时尚产业链、购物环境、物流运输、支付和金融结算是否便利,以及媒体影响力和市民衣着时尚度等因素进行数据收集,从中分析得出一个地域的时尚产业成熟度。

[②] 数据来源:国家统计局。

[③] Fashion NYC. 2020:http://www.nycedc.com/resource/fashionnyc2020.

位，并提出了应对未来挑战的两大行动领域[①]和六项未来举措。其中两大行动增添的新要素是：（1）在时尚产业的商务领域吸引尖端人才，培养下一代管理和商务领袖。（2）新技术改变了消费者购物的方式，将纽约打造成零售专卖和多渠道零售的创新中心。六项措施分别是"时尚校园计划[②]"、"纽约时尚草图计划[③]"、"纽约时尚新秀计划[④]"、"纽约设计师企业家计划[⑤]"（Design Entrepreneurs NYC program）、"Pop-up计划[⑥]"、"纽约时尚生产基金[⑦]"（NYCEDC Fashion Production Fund），其中，纽约时尚生产基金获得批准过程非常严格，但一旦成功会对年轻设计师事业起步有很大帮助，设计师一旦收到用户的订单，基金会通过商业资金信贷提供生产资金帮助。

[①] 两大主要行动领域：一、支持发展使纽约成为全球时尚之都的城市特质；二、增加新的要素，以确保时尚产业在未来能获得增长。

[②] "时尚校园计划"：吸引世界各地的优秀实习生进入纽约时尚产业的商务领域展开职业生涯。举办职业路径讨论会、邀请时尚业界知名人士举办讲座等活动为学生提供时尚产业商务领域内的一系列就业机会。

[③] "纽约时尚草图计划"：向对商务领域有挑战性的职业感兴趣的学生展示时尚产业的形象和影响力。为国内外顶尖学子提供能获得全职管理岗位工作的面试机会。学生们还能进入时尚企业参观了解，并与企业高管面对面交流。该计划2011年由帕森设计学院组织，活动内容包括超过350名学生申请由包括爱丽丝＋奥丽维亚、阿玛尼旗下副品牌A/X第五大道精品百货店在内的12家著名时尚企业提供的位于25个不同地点的参观交流和面试机会，邀请梅西百货CEO特里·伦德格伦和LF USA男装集团总裁保罗·罗森加德作演讲，以及参观设计师黛安·冯芙丝汀宝的公司总部。

[④] "纽约时尚新秀计划"：表彰时尚管理领域内的后起之秀，并将他们培养成为时尚产业界的新一代高级管理人员。

[⑤] "纽约设计师企业家计划"：该计划是一个"迷你MBA"培训项目，旨在培养设计师在纽约推出并管理一项时尚业务所需的全方位技能，包括撰写商务企划、市场营销、经营管理等。

[⑥] "Pop-up计划"：举行年度竞赛来宣传新颖有效的零售理念，促进零售创新。最具创新意识的零售理念将获得多种资助和支持来促进经营性增长，例如获得临时店铺，营销资助，指导机会等。

[⑦] "纽约时尚生产基金"（NYCEDC Fashion Production Fund）：向新锐设计师提供贷款，助其完成订单，帮助设计师联系纽约本地生产厂家进行合作，争取获得指导和进行交流的机会。

英国：英国拥有伦敦时装周和众多知名时尚和奢侈品品牌；在推动其发展方面拥有丰富经验。在国家范围，英国文化媒体与体育部和其他政府部门合作，共同致力于让本国创意产业走出国门。英国官方和研究机构对时尚产业进行了大量基础研究，发布了《创意产业图录报告》《出口：我们隐藏的潜力》《下一个十年》等针对时尚产业的研究成果。英国政府不但从产业角度推动时尚产业，还重视数字化对时尚产业的研究，并本着平等互利的原则积极探索与其他国家在时尚产业领域的合作，推出"创业投资计划"来帮助中小企业筹集资金。以伦敦为例，伦敦发展局与英国政府其他职能部门合作，负责推动伦敦整体经济和时尚产业发展。

法国：2015年12月，法国经济部长和文化部长共同发布了一份名为《时尚：创意产业和增长动力》[①]的报告，提出时尚产业是法国经济的重要支柱，但该产业已与当下全球的发展大势相脱节，需要加强技能的传承、完善教育培训体系，并加大对独立设计师的扶持力度。报告分析了法国时尚产业的发展困境并提出建议，建议包含：共商时尚产业的发展目标、完善时尚产业的教育培训体系、鼓励"作者时尚"、优化法国时尚生态系统。

国内时尚产业集中于北京、上海、广东深圳为核心的三个地带。三地均有当地打造的时装周。北京有北京国际时装周和中国国际时装周，是国际化的时尚窗口。上海时装周始自2001年，作为中国原创设计发展推广的最优化的交流平台，历年吸引了众多国内优秀的自主品牌，尤其是每届的时装周主秀场的首场秀演，都由本土原创品牌担纲。深圳时装周始自2015年，由深圳市人民政府主办、深圳市经济贸易和信息化

---

① *Avec intelligence et talent au bout des doigts: la mode, industrie de créativité et moteur de croissance.* http://www.culturecommunication.gouv.fr/content/download/131385/1427116/version/1/file/20151222_Rapport-Lyne-Cohen-Solal-La-mode-industrie-creativite-moteur-croissance.pdf.

委员会组织、深圳市服装行业协会承办,是三地时装周里最年轻的。

以上海为例,近年政府非常重视时尚产业。其中,《2016年度上海市促进文化创意产业发展财政扶持资金》中提出支持国际文化大都市、"设计之都"、"时尚之都"、"品牌之都"发展,聚焦一批以要素市场为核心的大平台建设。支持为文化创意产业发展提供信息服务、产业化服务、投融资服务、众创服务等公共服务平台的建设和推广应用项目;支持建立和完善文化创意产业众创空间,对众创空间内初创期的文化创意企业给予资助。在各方面对本地时尚行业发展进行支持。园区方面,上海纺织时尚产业发展有限公司旗下共有四大园区品牌,下辖13家园区。其中,被列为"上海市文化产业园区"的有6家,被授牌的市级"上海创意产业集聚区"共11家,两者均占全市12%,可谓全市园区的中坚力量。

3. 国际文化科技案例

案例一:数据驱动时尚产业发展[①]

国际上对于时尚预测的传统由来已久。始于印刷出版物,到20世纪90年代被提供专业资讯的趋势预测网站代替。目前,由于社交媒体、网络搜索产生了海量数据,向数据分析的预测方式演化,已经有不少服装品牌开始购买时尚趋势数据分析公司的服务来精准化调整产品设计。巨大的潜在利润,促使公司正在学习使用数据分析和消费者反馈发现模式和比以往更有效地确定趋势。和跟踪的影响不仅仅是设计师,数据被用来创建预测算法旨在帮助指导未来的时尚。

目前涌现出大量时尚数据分析公司——TRIBE DYNAMICS公司为时尚品牌提供跟踪和分析影响力的程序;CURALATE公司是一个为品牌提供图像识别技术服务的分析平台;D'MARIE公司提供社交媒体分

---

① Gina Cerami: *How Big Data Collection Tools Are Shaping the Latest Fashion Trends*, 2016, Import Io, http://www.connotate.com/how-big-data-is-shaping-the-latest-fashion-trends.

析，并建立人才机构、设计师与时尚博主的联系；FOHR CARD 公司为品牌提供社交媒体影响力数据；EDITD 公司是面向时尚设计师、销售人员和消费者的大数据分析工具，量化时尚趋势；TRENDALYTICS 公司是预测消费者需求的数据平台；WGSN INSTOCK 公司则实时分析零售、社交和产品度量发展趋势。

其中，EDITD 是一家时尚行业趋势数据分析公司[①]，2009 年成立于英国伦敦创。他们尝试将金融领域常用的科学分析推导方法，应用到时尚行业。创办人的团队由时尚行业设计师和金融行业的程序员组成。每天 EDITD 的软件会从互联网收集有关服装配饰的海量资讯，以及来自社交媒体超过 30 万条评论，涉及内容从品牌门店新上架商品，到诸如豹纹还能红多久之类的大众意见。这些资讯被整理为数据形式，经过汇总编辑，用来分析不同品牌的商品配置、定价、顾客情绪和新兴趋势。他们服务的用户有知名时尚品牌如 ASOS，Gap 和 Target 等。对于小零售商用户，EDITD 提供针对单一市场的基本数据服务，费用是每月 2500 美元；对于需要更复杂服务的大用户，费用会更高。

这些基于多种数据源和各类不同分析目标的时尚数据分析企业正逐渐成为时尚业的重要驱动力量。将设计研发、生产销售、购物体验等有机的关联在一起，为时尚企业的发展提供更有效的决策机制。

案例二：时尚博主创造新价值链

时尚博主是互联网催生的新兴职业之一，已有相关研究指出时尚博客的销售提成市场正在快速成长——市场研究公司 Forrester Research 预计，到 2016 年，品牌和零售投入的网络营销的支出将会达至 45 亿美元。时尚博主的大部分收入都来源于与时尚品牌合作进行市场营销活动。这些收入可以让顶尖的时尚博主一年可以赚得数百万美元。

---

① FORTUNE: *What's on trend this season for the fashion industry?* Big data，http://fortune.com /2014/09/22/fashion- industry-big-data- analytics.

美国时尚媒体 Fashionista 推出的全球时尚博主影响力排行榜中，排行首位的是来自意大利的一位时尚博主，在社交媒体 Instagram 的粉丝超过 560 万人，脸书（Facebook）上的粉丝为 120 万，有着强大的引导消费者行为的能力。由其推出的同名品牌系列的鞋子在世界上 300 多个商店有售，2016 年营业额更是高达近千万美元。时尚博主的走红的同时还催生出周边形形色色的服务。

网红经纪公司，The Socialyte Collective（以下简称 Socialyte）的工作性质类似于经纪公司，他们为品牌用户对接的推广载体是时下最热门的核心意见领袖（Key Opinion Leader）：时尚和美妆博主、街拍摄影师、Instagram 明星用户，大约有超过 5000 位在互联网拥有强大影响力和传播力的人物统统被 Socialyte 纳入麾下。借助这些资源，Socialyte 进而进行精准的分类与甄别，帮助品牌将时下急需推广的限量系列、吸睛单品在最合适的时机送达最合适的人的手中，有时甚至需要进一步帮助打造专业造型、选择街道地点，最终实现一张完美"街拍"的生成。在 Socialyte 官网首页的信息中，可以看到其合作品牌包括 Louis Vuitton、IWC、Gap、Ralph Lauren、Diesel 等等上百家定位、价位各不相同的广告用户。

内容营销，rewardStyle 是一家帮时尚博主（还有 YouTube 名人、杂志和网站）做内容营销的网站，成立于 2011 年，目前和 9000 多名内容撰写者以及 4000 多名零售商合作，当某些撰写出的内容为零售商创造出实际性销售时，内容撰写者将获得一部分提成，rewardStyle 从内容中抽取佣金。该网络密切关注受欢迎的博主，从各个博主的附加销售额中，每月便可赚取 8 万美元，估值近 3 亿。

街拍摄影师，知名的时装刊物为得到一季（通常指的是纽约、伦敦、米兰、巴黎四大时装周相接连的一个月时间内）的街拍资源为特约摄影师支付的薪酬往往可以达到三万美元，即使是名气、经验尚不完备的年轻后辈被选中担纲报道，其收入也可以达到一万美元以上的可观数字。

案例三：线上线下融合——打造无缝购物体验

2013年开始，美国诸多年轻品牌如Rentthe Runway和闪购电商Birchbox、JustFab和Bonobos等等都在线上积累完口碑及原始积累后在线下铺开实体体验店。希望为顾客提供更好的销售体验，并提升线上销售量。

电商开办实体店，创办于1999年的Zappos，是美国最大的鞋类电商，自2012—2014年，Zappos开办了多家线下体验店，在实体店顾客可以触摸和试穿商品，加上企业本身的库存信息系统支持，店员随时网上扫码下单，第二天为顾客免邮费送货到家。创办于美国纽约的Warby Parker是一家眼镜销售电商，创立的头三年所有销售都仅通过线上。但从2013年开始他们开始尝试线下实体，目前波士顿、纽约、洛杉矶已有4家线下实体店。Warby Parker在线下店内设置WIFI和感应器，收集数据并结合线上数据分析，由此了解人们的偏好和购物行为。

实体店数字化服务，随着数据的受到越来越多的重视，仅仅根据来自于网络流行趋势的数据已不能完整的解释用户的购买行为，一部分零售商也开始尝试在实体店中跟踪和研究消费者的购买数据。John W.Nordstrom[①]是北美地区高端时尚零售商，拥有约225家门店，销售规模超过100亿美元。他们一直关注大数据在零售行业的应用。在线上，采集了包含自己的电商网站数据和外部社交平台数据，这其中包括200万的脸书（Facebook）粉丝数据、450万Pinterest的粉丝以及30万的Twitter粉丝数据。除此之外，他们通过发展"时尚奖励计划（Fashion Rewards Program）"收集了大量的用户数据。2012年开始，这家零售商开始在店内使用名为RetailNext的软件工具，用来跟踪实体店内消费者是如何走动的，他们会在店内停留多长时间，他们会在店内哪些区域驻足停留等等。并且，Nordstrom计划在2013—2018的五年时间内在大

---

① JohnW.Nordstrom：成立于1901年。

数据领域投入 10 亿美元。他们的目标是有效识别在何时、什么渠道、向哪些用户推荐什么样的商品，由此提供高度定制、个性化的无缝购物体验。

4.产业发展趋势

从整体来说，全球时尚业面临巨变，移动设备、大数据分析、人工智能、机器人技术、物联网、生物技术、材料科学等新兴技术的不断突破，正为时尚产业打造未来发展的新框架，智能化将引领全球服装业智能化转型，在产品研发、创意设计、物流与供应链、营销零售、消费体验等环节都蕴含着巨大的机遇和潜力（见图12）。

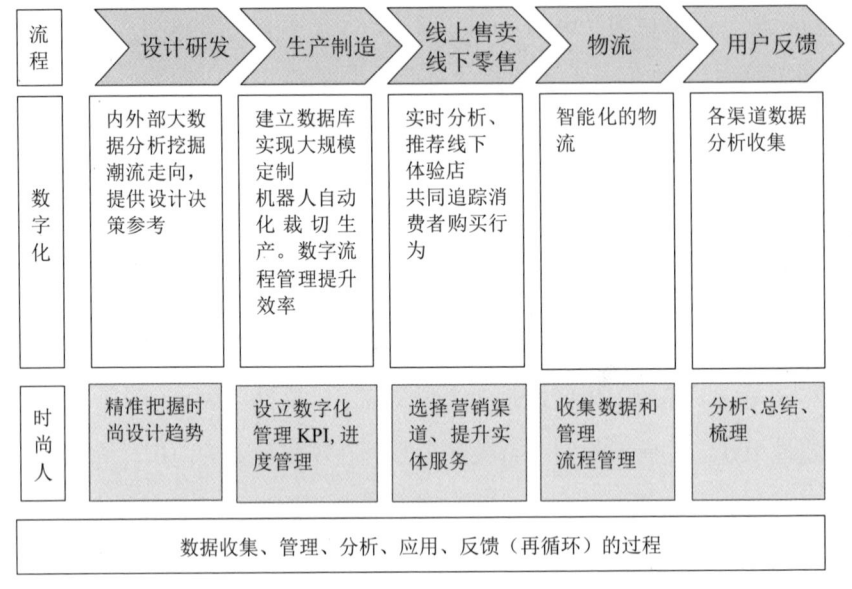

流程	设计研发	生产制造	线上售卖 线下零售	物流	用户反馈
数字化	内外部大数据分析挖掘潮流走向，提供设计决策参考	建立数据库实现大规模定制 机器人自动化裁切生产。数字流程管理提升效率	实时分析、推荐线下体验店 共同追踪消费者购买行为	智能化的物流	各渠道数据分析收集
时尚人	精准把握时尚设计趋势	设立数字化管理KPI，进度管理	选择营销渠道、提升实体服务	收集数据和管理 流程管理	分析、总结、梳理
	数据收集、管理、分析、应用、反馈（再循环）的过程				

图 12　时尚行业数字化（来源：公开资料整理）

从国际案例看，政策层面，国际上更注重人才和品牌培养和扶持、营造时尚产业生态。在设计研发、生产制造、销售环节数字化的服务和数据驱动的模式逐步开展，线上线下销售逐步融合，服装产品的科技含量在提升对比国内外趋势案例：从生产研发来看，国际上相关的生产性信息服务企业（数据分析）更为成熟，已普遍为设计师、小企业提供服务；

而国内多是独立厂商自建数据库。从营销来看，网红经济全球同步发展，但从周边服务来看国外更为成熟。从生产制作来看，国内企业开始采用机器人和数字化管理系统，服装企业智能化改造正在逐步进行，除了案例中的企业国内已出现服装生产智能工厂整体解决方案企业。从零售市场来看，利用移动互联网，与线下购物场景进行深度融合，是未来零售发展的趋势。从消费趋势来看，国内外小众，个性化消费。国际上在新技术应用方面几乎是全产业链，在国内还有差距。在2015—2016年，全球时尚行业与科技结合整体发展有如下趋势：

数据驱动流行：服装设计师一直是潮流的引导者，而经过多年的电商平台和搜索引擎、社交媒体数据的积累，现在越来越多的用户要求用数据来支持流行趋势、产品设计、销售渠道的判断，在互联网时代，时尚趋势更迭越来越多频繁，销售计划必须落实到非常具体的分析和对时机的把握。因此，出现了数据驱动的时尚数据分析公司，工程师和设计师试图将金融领域常用的分析推导方法，应用到时尚行业。

材料科技渗透：智能面料、生物技术正在渗透服装业，在2015年的报告中，可穿戴设备的形态设计由腕带、腕表等转向智能服饰；大量科技企业与时尚品牌开始跨界合作：牛仔裤品牌Levi Strauss公司与谷歌2015年已开始合作，将可穿戴技术融入牛仔裤中。纽约初创公司Modern Meadow专门研发时装制造所需实验室培养皮革（或其他面料）。法国开云集团（Kering）[①]在2014年成立内部材料创新实验室，研究开发"更环保的"材料解决方案。[②]

生产迈向智能化："互联网+"正在重塑传统行业，国内一些生产厂商已开始使用机器人设备及数字管理系统提升生产的整体效率。从而

---

① 开云集团（Kering）：世界领先的服装和配件企业，旗下包含多个奢侈品牌。

② The Business of Fashion："时装产业正在迎来第四次产业革命"，http://cn.Business of fashion .com /2016/09/fashions-fourth-industrial-revolution-3.html.

达到生产智能化、柔性化的目标；实现大规模定制。并以此为基础，逐步扩大合作范围，形成独特的时尚商业生态系统。这种基于数据的智能管理和个性化定制生产方式将会成为时尚产业生产制造的发展方向。

线上线下融合： 近年，欧美几大靠线上崛起的人气电商都在转型开实体店：美国诸多年轻品牌和闪购电商都在线上积累完口碑及原始积累后在线下铺开实体体验店，英伦诸多时尚快消品牌电商同样如此。在时装展示过程中通过移动技术T台预定新品，在欧美国家已经十分普遍，能够帮助设计师和买手们了解单品的受欢迎程度。而传统时尚零售电商也越来越多实现数字化服务，实体店员已经开始使用平板电脑、手机等终端设备为用户提供更多的产品信息。安装传感器记录和分析顾客行为，提升用户体验。

博主创造新价值： 自从社交网络和自媒体的发展催生了"时尚博主"这一职业后，被大众和业界所接受，成为时尚产业的重要组成部分。并且其盈利模式和获利成长的速度让《哈佛商业评论》都忍不住研究其获利模式。2016年，美国时尚媒体选出了20位在社交媒体拥有巨大影响力[1]和引导消费能力的时尚博主；不但打造了价值数千万美元的品牌，还催生了一系列周边服务，形成了新的时尚价值链。

时尚行业在过去的几年中不经意间被科技全面渗透：数字化管理、时尚博主、奢侈品电商、在线试衣、大数据营销、云计算、新型面料从生产制造到传播、展示、消费每一个环节都已全面拥抱互联网。

---

[1] 评选依据：在社交媒体Instagram，Twitter，脸书（Facebook），YouTube和Pinterest的关注人数和参与度，以及网站的浏览量。通过这些数据可以了解这些博主的日均关注与互动数量。品牌延伸。推出自己的产品系列和／或与品牌合作的时尚博主。品质的因素。对于和高端品牌有合作的博主，受业内人士和广告商来说特别受欢迎的博主会给他们额外的加分。另外还有Google的新闻搜索量数据。

（六）趋势6　创意经济：X+人工智能

2015—2016年，阿尔法围棋（AlphaGo）赢得"人机大战"后使人工智能成为全球关注热点；其中，机器学习（Machine Learning，ML）是人工智能的一个重要研究分支，在2016年首次进入Gartner新兴技术成熟度曲线的技术，目前停留在技术萌芽期（technology trigger），但是被预估在2—5年成为主流应用技术。在谷歌指数（Google range）中人工智能及相关领域搜索热度不断上升。中美欧等主要发达经济体纷纷出台政策，市场给与大量投资。这主要是由于全球数字化的急速发展，每天产生的数据（特别是非结构化数据）越来越多，传统的计算模型和系统已经不能适应数据量的膨胀。而人工智能（Artificial Intelligence）领域近年取得了较大进展，可以利用算法和基于规则的逻辑来识别和处理数据流，这样的能力让人工智能系统能够实现跨多行业的自动化，利用算法、数据与工业、商业、金融业、文化娱乐等行业融合，促使经济和商业形态发生变革。在文化创意领域，目前国际上已有大量应用案例，主要集中于音乐、新闻出版、视频、旅游等数字内容和电商平台。但是，随着行业内数字化程度的提高，企业内部运营数据和第三方平台数据来源的多元化以及算法的不断成熟，人工智能可以解决的问题将越来越多，行业应用范围也将越来越深入和广泛。

1. 定义与应用

人工智能（Artificial Intelligence），在学术上不同科学或学科背景的学者对人工智能有不同的理解，目前有多种流派的定义[1]；课题采用

---

[1] 人工智能的主要学派：（1）符号主义（Symbolicism），又称为逻辑主义（Logicism）、心理学派（Psychlogism）或计算机学派（Computerism），其原理主要为物理符号系统（即符号操作系统）假设和有限合理性原理。这个学派的代表有纽厄尔、肖、西蒙和尼尔逊（Nilsson）等。认为人工智能源于数理逻辑。（2）联结主义（Connectionism），又称为仿生学派（Bionicsism）或生理学派（Physiologism），其原理主要为神经网络及神经网络间的连接机制与学习算法。（3）行为主义（Actionism），又称进化主义（Evolutionism）或控制论学派（Cyberneticsism），其原理为控制论及感知-动作型控制系统。认为人工智能源于控制论。

了加州大学伯克利分校人工智能系统中心创始人Stuart Russell[①]的阐释，"人工智能是对让计算机展现出智慧的方法的研究。"计算机在获得正确方向后可以高效工作——正确的方向意味着最有可能实现目标的方向。人工智能需要处理的任务包括学习、推理、规划、感知、语言识别和机器人控制等。

2. 技术及分类

人工智能是一门多领域交叉学科，涉及概率论、统计学、逼近论、凸分析、算法复杂度理论等多门学科。人工智能具体的研究和应用主要有五类：计算机视觉[②]、机器学习[③]、自然语言处理[④]（语音和语义识

---

① Stuart Russell：Russell是加州大学伯克利分校人工智能系统中心创始人兼计算机科学专业教授，同时还是人工智能领域里经典著作《人工智能：一种现代方法》（Artificial Intelligence: A Modern Approach）作者。

② 计算机视觉：是指计算机从图像中识别出物体、场景和活动的能力。计算机视觉技术运用由图像处理操作及其他技术所组成的序列来将图像分析任务分解为便于管理的小块任务。比如，一些技术能够从图像中检测到物体的边缘及纹理。分类技术可被用作确定别到的特征是否能够代表系统已知的一类物体。应用：医疗成像分析、人脸识别、图片搜索等。

③ 机器学习：机器学习是计算机模拟人类的学习活动，通过对已有的案例进行学习，借助纳和总结的方法，对本身的能力加强或改进，使机器获得新知识和新技能，在下一次执行相同或类似任务时，会比现在做得更好或效率更高。机器学习是从数据中自动发现模式，模式一旦被发现便可以做预测，处理的数据越多，预测也会越准确。日前颇受瞩目AlphaGo的深度学习就是集中于深层神经网络的机器学习的一个分支。针对所有产生庞大数据的活动。

④ 自然语言处理：对自然语言文本的处理是指计算机拥有的与人类类似的对文本进行处理能力，比如从文本中提炼出核心信息，从自然语言写成的文本中计算机可自主解读出含义，做到对文本的"理解"能力。以机器学习为驱动的分类方法将成为筛选的标准，用来决定一封邮件是否属于垃圾邮件。应用：新闻、电子商务、社区产品、搜索、互联网广告。

别[1]、自动翻译）、机器人技术[2]。其中，机器学习是实现是人工智能的核心；主要探索如何让计算机通过经验学习提高性能。机器学习的应用范围非常广泛，目前主要应用包括金融、销售预测、库存管理、石油和天然气勘探、以及公共卫生等方面的预测、识别等等。

人工智能产业技术层级分为基础层、技术层和应用层（见表20）。基础层由运算平台和数据工厂组成；技术层是通过不同类型的算法建立模型，形成有效的可供应用的技术；应用层使用中层输出的算法和技术为用户提供智能化的服务和产品。目前，应用层首先结合的是金融、工业、商业等数字化程度较高的行业；在音乐、教育、旅游等文化领域，也产生了大量应用。

表20 人工智能产业技术层级（资料来源：公开数据整理）

技术层级		涵盖内容							国内主要企业机构
	文创领域	文博	表演	出版	视觉	交互	设计	教育	旅游	娱乐	文娱领域应用案例（见后面）
应用层	解决方案层	智能广告、智能诊断、自动写作、身份识别、智能投资顾问、智能助理、无人车、机器人等场景应用、虚拟助手								虚拟助手：百度、出门问问 机器人：小i机器人、人智科技、科远股份

---

[1] 语音识别技术：主要是关注自动且准确的转录人类的语音。该技术必须面对一些与自然语言处理类似的问题，在不同口音的处理、背景噪音、区分同音异形异义词（"buy"和"by"听起来是一样的）方面存在一些困难，同时还需要具有跟上正常语速的工作速度。语音识别系统使用一些与自然语言处理系统相同的技术，再辅以其他技术，比如描述声音和其出现在特定序列和语言中概率的声学模型等。应用：医疗听写、语音书写、电脑系统声控、电话客服等。

[2] 机器人技术：机器人即机器＋人工智能，将计算机视觉、自动规划等认知技术整合至极小却高性能的传感器、致动器、以及设计巧妙的硬件中，使得机器人有能力与人类一起工作，能在各种未知环境中活处理不同的任务。将计算机视觉、自动规划等认知技术整合至极小却高性能的传感器、致动器、及设计巧妙的硬件中，这就催生了新一代的机器人，它有能力与人类一起工作，能在各种未知环境中灵活处理不同的任务。近年来，随着算法等核心技提升，机器人取得重要突破。应用：无人机、家务机器人、医疗机器人。

续表

技术层级		涵盖内容	国内主要企业机构
技术层	通用技术层	自然语言、视觉识别、人脸识别、NLP、SLAM、传感器融合、路径规划等技术或中间件应用层	视觉识别：依图、格灵深瞳、Megvii 自然语言：云之声、科大讯飞
	算法层	机器学习、深度学习、增强学习等各种算法	百度、Megvii
	框架层	TensorFlow、Caffe、Theano、Torch、DMTK、DTPAR、ROS等框架或操作系统	
基础层	数据层	身份信息、医疗、购物、交通出行等各行业、各场景的一手数据	数据平台：数多多、数据宝
	运算平台	大数据、云计算、GPU/FPGA等硬件加速、神经网络芯片等计算能力提供商	运算平台：百度、阿里巴巴 AI芯片：地平线机器人（Horizon Robotics）

在应用层，主要是基于基础层与技术层实现与其他产业融合，实现不同场景应用，目前主要应用有各类机器人、无人驾驶车、智能硬件、智慧医疗、智慧教育等。由于应用层解决方案变现能力最强，目前创业企业在应用层占据超70%的比例。

专利分布：而从目前人工智能掌握专利数量的情况来看，截至2016年4月，人工智能技术相关专利申请已超过2.4万件[1]。从近20年的发展情况来看，该领域专利申请量总体呈平稳上升趋势，2008年后，全球专利申请量有较大幅度的提升，突破1000件；2014年和2015年，该领域相关专利申请量均超过3000件。申请数量上的增长也反映出人工智能技术正处于高速发展期。

从提交人工智能相关专利申请的国家来看，美国以9786件专利申请位居全球第一，占全球总量的28%，且专利申请大多与算法有关。中国在人工智能领域共提交专利申请约6900件，占全球专利申请总量的

---

[1] 曾青华：《IT巨头加强人工智能专利布局》，载《中国技术市场报》，2016-04。

20%，相关专利申请侧重于商业场景应用等。日本以 5000 多件相关专利申请位居第三，其次是韩国、欧洲、加拿大、德国、英国等国家和地区。专利申请的时间和地域选择与产业化发展方向密切相关，可见中国与美国已成为人工智能技术的"主战场"。

人工智能的发展可以分为专用领域（domain）到通用领域（general purpose）两类。专用人工智能涉及特定的应用领域，目前已支撑了许多商业服务，如旅行计划、购物推荐系统、广告定位，并在医学诊断、教育和科学研究中被广泛使用。而通用领域是指人工智能技术层的普适性将极大地提升，这种应用的广泛使用必须依赖于计算资源上和深度学习算法的突破，可以让机器做出类似人类的观察和思考行为并做出决策，目前，业内专家认为通用人工智能实现还比较遥远。专家预计未来 3—5 年，人工智能仍以专用人工智能为主要趋势。在专用人工智能情景下，数据可得性高的行业，人工智能将率先用于解决行业痛点，爆发大量场景应用。医疗、金融、交通、教育、公共安全、零售、商业服务等行业数字化程度较高、数据较集中且数据质量较高，因此在这些行业将会率先涌现大量的人工智能场景应用。同样，在文化创意领域，由于数字化程度发展不一，一些基于网络传播的数字化内容产业应用人工智能会较为迅速，如音乐、视频、游戏等。

3. 市场与企业

市场预估：在投资方面，根据市场机构 Venture Scanner 的统计，截至 2015 年 9 月，全球人工智能领域获得投资的公司中，按照融资额度排名的五大业务依次是：机器学习（应用类）、机器人、计算机视觉、机器学习（研发类）和视频内容识别等。自 2009 年以来，人工智能已经吸引了超过 170 亿美元的投资。自 2012—2016 年间，人工智能领域的民间投资以平均每年 62% 的增长速率增加。在中国地区人工智能领域获得投资最多的五大细分领域是计算机视觉（研发类）、自然语言处理、私人虚拟助理、智能机器人和语音识别。从投资领域和趋势来看，未来国内人工智能行业的资本将主要涌向机器学习与场景应用两大方向。

据 IDC 的《全球半年度人工智能系统开支指南》显示，人工智能解决方案市场在 2016—2020 年预测期内的复合年增长率（CAGR）将达到 55.1%。2016 年吸引投资最多的用例包括自动用户服务代理、质量管理调查和推荐系统、诊断和治疗系统、欺诈分析和调查。未来五年收入增长最快的用例包括公共安全和应急响应、药物研究和发现、诊断和治疗系统、供应和物流、质量管理调查和推荐系统、车队管理。市场研究公司 IDC 预测，到 2020 年，机器学习应用市场将达到 400 亿美元，其中 60% 的应用将运行在 4 家公司的平台上，即亚马逊、谷歌、IBM 和微软。

目前，各国政府高度重视人工智能相关产业的发展，欧美等发达国家纷纷从国家战略层面加紧布局人工智能。如美国的"国家机器人计划"、欧盟的人脑工程、日本经产省的"新产业结构蓝图"。同时加大对人工智能的科研投入。从研发投入来看，北美地区（美国）是目前为止人工智能研发开支最大的地区。

从企业分布来看[1]，全球人工智能企业主要集中于美国、欧洲及中国等国家地区；美国人工智能企业总数为 2905 家，全球第一。由于机器学习和深度学习技术建立在大量数据实例基础上，所以拥有大量数据的科技企业占有巨大优势，如谷歌、苹果、微软、脸书（Facebook）、亚马逊等。这些企业对于人工智能的发展都极为重视，一方面网罗顶尖人才，一方面加大投资和研发力度[2]，均推出了虚拟语音助手类产

---

[1] 乌镇智库、网易科技、网易智能联合出品：《乌镇指数：全球人工智能发展报告（2016）》，2016。

[2] 谷歌在 2014 年以 4 亿美元收购开发"阿尔法围棋"的深度思维公司；宣布将在未来 5 年投资 10 亿美元开展人工智能研究；在 2015 年 11 月，谷歌开源了它的开源机器学习框架 TensorFlow。谷歌在最近几年里的投资主要集中在人工智能领域，收购了 8 间机器人公司和 1 间机器学习公司。人工智能为 Google 的许多产品提供动力，从搜索引擎到无人车都离不开人工智能。苹果

品①。欧洲的主要企业对于人工智能也在持续投入，德国博世集团每年投入人工智能研发的资金占总营业额的10%左右。围绕提高人们生活质量和节约资源，如在移动交通领域，博世正在研究处理车载摄像头图片的算法，让无人驾驶车辆能够快速躲避突然闯入的行人。博世还在农业机器人Bonirob上实验机器学习技术。基于图像处理的算法让机器人能够通过叶片轮廓确定种类，使其能够自主学习区分农作物与杂草。

另一方面，在细分应用领域涌现大量创新企业②，如Uber（智能交通和智能出行）③、Airbnb（智能助手、智能推荐）④、Dataminr（基于社交网络的数据分析服务）⑤等。从研究机构来看，在《全球人工智能发展报告（2016）》中人工智能全球TOP50的大学几乎都来自北美、英国以及其他欧洲地区，排名上榜的亚洲大学分别是东京大学（47名）、新加坡国立大学（50名），国内院校还有一定差距。

目前最著名的人工智能产品是虚拟语音助手Siri。但是近年进行了一系列人工智能企业投资和购买，如花费2亿美元收购西雅图机器学习和人工智能技术开发初创公司Turi。其技术对他们的Siri虚拟助理以及Apple Music、App Store等各种在线服务来说将非常重要。此外，苹果还收购了Emotient、VocalIQ和Perceptio三家人工智能公司。微软首席语音科学家黄学东表示，微软的对话语音识别技术达到了"人类同等水平"，词错率降到5.9%，与人类专业速记员有记录的最低词错率一致。微软的主要人工智能产品是虚拟语音助手Cortana，可用于Windows、Xbox以及智能手机。微软最近在语音识别方面取得了突破性的进展。脸书将人工智能作为接下来十年规划的三大支柱之一，于2015年在巴黎成立了人工智能研究中心，今年4月在开发者大会上推出了聊天机器人。

① 截至2016年9月，科技领先企业已开发或内测"虚拟语音助手"类产品：苹果siri、谷歌"Google Assistant"和"移动数字助手Allo"、微软"Cortana"、亚马逊"Alexa"、BM"Watson"、脸书（Facebook）开发"Moneypenny（简称M）"、三星收购"Viv Labs"、百度"度秘"等。

② 按2016年独角兽企业融资与估值榜。

③ Uber：自动驾驶汽车、智能交通和智能出行应用估值660亿美元。

④ Airbnb：开源AeroSolve机器学习框架、智能助手、智能推荐、9轮融资约20亿美元。

⑤ Dataminr：美国数据挖掘基于社交网络的数据分析服务五轮融资1.8亿美元。

4. 国际发展概况

美国：美国对于人工智能发展的相关政策非常全面，2013年初的国情咨文中，奥巴马总统宣布投入30亿美元在10年内绘制"人类大脑图谱"，以了解人脑的运行机理。美政府2016年5月3日宣布新成立NSTC机器学习与人工智能小组委员会（ML人工智能），帮助协调联邦政府关于人工智能的活动。6月15日指示NSTC技术委员会（CoT）下属网络与信息技术研究与发展小组委员会（NITRD）制定《国家人工智能研究与发展战略规划》。随后，NITRD人工智能工作组成立，负责确定联邦政府在人工智能研发方面的战略优先事项，尤其关注工业部门可能不会关注的一些领域。2016年，NSTC同时发布两份报告，一份为NSTC技术委员会制定的《为人工智能的未来做准备》，另一份为技术委员会下属NITRD制定的《国家人工智能研究与发展战略规划》，报告阐述了美国未来的人工智能发展规划以及人工智能给政府工作带来的挑战与机遇。

人工智能主要研究机构，分为企业和高校两部分；大型科技企业近年分别聘请领域专家成立人工智能研究院，如苹果邀请了CMU的著名人工智能专家Russ Salakhutdinov担当人工智能研发项目负责人，并且已经在寻找机器学习专家来组建研究团队。谷歌重金聘用美国国防部机器人技术专家普拉特参与人工智能研发；脸书（Facebook）邀请了深度学习界的泰斗Yann LeCun（NYU数据科学中心创始人）作为Facebook人工智能实验室主任。另外，在2016年9月，亚马逊、谷歌、Facebook，IBM和微软宣布成立了一家非营利组织：人工智能合作组织（Partnership on AI）[①]，目标是为人工智能的研究制定和提供范例，推进公众对人工智能的了解，并作为一个开放的平台来吸引民众及社会的参与和讨论。另一部分是高校研究机构，如卡内基梅隆大学、麻省理工

---

① 人工智能合作组织（Partnership on AI）官网，http://www.partnershiponai.org.

学院、哈佛大学和斯坦福大学、加州大学伯克利分校等在全球人工智能领域研究和专利方面拥有领先地位。

德国：德国是工业 4.0[①]的提出和倡导者，而工业 4.0 中最核心应用技术包含人工智能、工业物联网、云计算、工业大数据处理、3D 打印等。在人工智能方面，主要是德国经济部和教研部两大部门给予支持，前者注重应用，后者关注科研。德国经济部启动"智慧数据项目"，以千万级欧元的资金资助了 13 个项目。包含两个人工智能研究所主导的项目。

德国的人工智能主要研究机构有"德国人工智能研究中心"是德国政府的智库，德国精英联盟成员以及欧盟精英联盟成员。2015 年德国人工智能研究中心制造了世界上首台登月行走机器人。2015 年获得谷歌最大的一笔海外投资项目。德国人工智能研究中心主要的研究领域是人工智能技术，涉及自动驾驶、机器学习、智能机器人人体跟踪、大数据开发、虚拟现实以及增强现实等领域进行科技研发和技术成果转化。每年累计贡献的学术成果和科研项目价值超过 4800 亿欧元，是该领域的首席科研机构之一。其服务的合作伙伴包括空中客车、宝马等行业巨头。

5. 国际文化科技案例

依据目前的应用案例来看，人工智能的整体应用集中于安防、个人助理、自驾领域、医疗、电商、金融、教育；在文化相关领域内的应用案例相对较少，除了科技巨头，文化创意细分领域应用企业成立时间较

[①] "工业 4.0"代表着第四次工业革命，是产品生命周期内全价值链的组织和控制的一种新水平。在"工业 4.0"条件下，人、物品和系统相互联接，从而形成有活力的、实时优化、具有自我组织功能、跨企业的价值附加网络。这种网络能够根据成本和资源消耗等不同的标准进行优化。从"集中"生产向"分散"生产的范式转变，它将嵌入式系统生产技术和智能生产工艺流程连接在一起，为从根本上改变工业与生产价值链和商业模式（如"智能工厂"）的一个新的技术时代铺平了道路。从技术上讲，"工业 4.0"是指从嵌入式系统到信息物理系统的技术演变，它代表了正在走向物联网、数据和服务的第四次工业革命。

短，规模相对较小；但是可以看到越来越多传统零售和文化机构越来越多的开始关注和使用新技术。报告整理了以下企业部分应用案例：

案例：人工智能在文创各领域应用案例

音乐、视频：目前人工智能在教育方面的应用主要体现为个性化匹配和推送；索尼、谷歌、百度等大企业在尝试计算机模拟创作。同时还涌现出一批跨平台数据分析服务企业（见表21）。

表21 音乐领域人工智能应用案例

用途	国家	企业及应用方式
创作	美国	音乐教授David Cope：2010年EMI[①]被研发，是目前最先进的人工智能音乐作曲系统。
	美国	谷歌Google Magenta：2016年5月，宣布人工智能作曲能力为研究对象。
	日本	索尼：2016年10月，开发Flow Machines[②]"学习"了13000份不同风格的乐谱样本，能够流畅编曲。
	中国	百度：2016年7月，通过人工智能技术将美国艺术大师罗伯特·劳森伯格《四分之一英里画作》的其中两联分别谱成了20余秒的钢琴曲。
内容推荐	瑞典	流媒体服务商Spotify：2016年，音乐流媒体服务商Spotify采用新型算法推荐冷门和新歌曲。
	美国	Netflix、亚马逊、Youtube
	美国	亚马逊：Amazon Music Unlimited用户可以使用人工智能助理Alexa来根据歌词识别歌曲。
歌手发掘	中国	阿里巴巴：阿里"小AI"机器人。
	美国	Music Gateway：根据艺人的社交数据趋势来判断艺人的商业潜力。
音乐数据分析	美国	Musicmetric（苹果）、Echonest（Spotify）、Next Big Sound（Pandora）：为唱片公司、音乐人提供跨平台数据分析。
	韩国	Theboda.net：同上，多元数据分析制定营销战略。

---

① EMI：Experiments in Musical Intelligence，音乐智能实验，美国加州大学圣克鲁斯分校的音乐教授DavidCope开发的一款软件。

② AI makes Pop music in different music styles，http://www.flow-machines.com/AI-makes-pop-music（人工智能算法系统）。

续表

用途	国家	企业及应用方式
娱乐数据服务	中国	北京艾漫数据科技股份有限公司：专注于自然语言与人工智能等核心技术，提供全媒体娱乐影视大数据服务[①]。
	中国	新影数讯网络科技（北京）有限公司：基于社交网络平台，帮影视剧制作和投资人，把脉大众文化需求，发掘好的剧本题材，并提供演员、剧情桥段等建议指导。

教育和研究：目前人工智能在教育方面的应用主要体现为自适应性学习。国际上主要的代表企业有（见表22）：

表22 教育领域人工智能应用案例

用途	国家	内容
自适应性学习	美国	Knewton[②]：成立于2008年，国际教育出版企业培生（Pearson）与国内17作业网均与Knewton建立合作关系。
	美国	Geekie：成立于2011年，Geekie以模考和题库帮助K12学生备考ENEM，同时根据数据提供自适应的学习内容。
	澳大利亚	Smart Sparrow：成立于2005年，Smart Sparrow允许教授随着课程的展开，通过平台的分析工具评估学生的进步。
	美国	DreamBox：成立于2006年，机器学习技术支持，为数亿百万计的学生提个性化的学习路径，每一个针对学生的特殊需求给出不同的方案。

书籍报刊：在书籍报刊领域，机器人撰稿已较为普遍，国际上也涌现出一批图书出版业的第三方数据分析服务（见表23）。

---

① 北京艾漫数据科技股份有限公司，成立于2012年，旗下有iFilm、iStar、iTV等在线产品，服务模块有消费人群分析、营销传播效应、电视剧社交收视率、明星口碑，提供影视投资决策、影视选角、剧本评估、院线排片、营销策略等服务。

② Knewton提出的自适应学习是基于积累下来的用户行为数据、兴趣特征数据和某知识点的应用测量数据来进行后续内容的选择性推送（乃至实施学习方法的建议、教学日程管理）。

表23　书籍报刊领域人工智能应用案例

用途	国家	内容
机器撰稿	欧美	美联社、路透社等
	中国	腾讯：推出撰稿机器人"Dreamwrite"； 新华社：推出撰稿机器人"快笔小新"。
内容推荐	中国	今日头条、天天快报：以算法推荐新闻。
	美国	Quora[②]：问答社区网站，许多功能都使用了机器学习算法，如答案排序、订阅讯息排序、主题推荐、用户推荐、邮件摘要、Ask2Answer等；上述每一种解决方案都需要不同的数据用于不同机器学习模型的训练、测试和特征生成[②]。
元数据分析服务	加拿大	"Intellogo"工具：一个机器学习引擎，可以分析庞大的复杂主题，代表了出版元数据实践的前沿。
	美国	Trajectory：成立于2011年的数字内容分发商和软件开发商，推出自然语言处理引擎。这个引擎通过分析一本书的语言结构来产生关键词和图书推荐。[②]
出版数据分析服务	英国	Jelly books：为作者、代理商和出版商提供图书营销、销售和发现工具；致力于收集、分析读者信息。
	美国	Bookseer、Covercake等帮助出版社收集、分析海量数据。

时尚零售、旅游：零售行业从电商到传统连锁店在人工智能应用方面的应用较为广泛（见表24）：

表24　零售和旅游领域人工智能应用案例

用途	国家	内容
推荐和服务	美国	Macy（梅西百货）：梅西百货和IBM宣布筹建一个试点项目，新系统名叫"Macy's On Call"；其中，IBM的人工智能Watson将被用于向顾客实时更新库存，进行店铺导航，以及回答顾客各类问题。

①　Quora是一家问答社区，以"分享和推动全球知识增长"为己任的网站。
②　引自Xavier Amatriain博文，Amatriain是Quora的工程副总裁。他撰文介绍了Quora如何应用机器学习。
③　Trajectory：使用联网的电脑，引擎可以扫描文本的语言结构，并能记录文本长度、段落、章节、力度、情绪、字形、读者年龄等一系列数据。通过这些数据，引擎可以识别类似属性和语言模式的书籍。Trajectory最大的用户是在中国，它与Joy Jung、Ennui以及人民教育出版社相继展开了合作，索引了大约100000本书。

续表

用途	国家	内容
推荐和服务	美国	亚马逊、eBay 等：推荐和服务
	美国	手工艺电商 Etsy：收购人工智能企业 Blackbird Technologies，将图像识别和自然语言处理功能添加到搜索服务为消费者匹配商品。
	中国	阿里巴巴：阿里巴巴推出人工智能服务产品"阿里小蜜"淘宝助手京东：上线智慧供应链项目，使用人工智能帮助供应链更好决策。
品牌数据分析服务	美国 欧洲	CURALATE：为品牌提供图像识别技术服务的公司，可以判断哪些照片"最易被分享"等。 TRIBE DYNAMICS：为时尚和生活品位品牌提供社交媒体跟踪和分析的平台。 FOHR CARD：为品牌提供社交媒体影响力数据。 TRENDALYTICS：预测消费者需求的可视化数据平台。 WGSN INSTOCK：通过实时分析零售、社交和产品，量化时尚趋势。 EDITD（英国）：向时尚设计师、销售人员和消费者的大数据工具。
智能规划和匹配	美国	Airbnb（美）：Airbnb 采用机器学习算法进行协同过滤和智能定价。
	中国	妙计旅行：智能行程规划。

除以上案例之外，大型科技企业均推出了通用型的虚拟助手产品。苹果 siri、谷歌"Google Assistant[①]"和"移动数字助手 Allo"、微软"Cortana"、亚马逊"Alexa[②]"、IBM"Watson[③]"、脸书（Facebook）

[①] GoogleAssistant：智能语音助手 GoogleAssistant 内置于谷歌自主设计的智能手机 Pixel，用户能使用并整理设备上以及云端的信息、查阅电子邮件、制订日程、浏览新闻、查询交通状况、查阅天气信息等。

[②] Alexa：相当于亚马逊版的 Siri 语音助手，是装在 Echo 内的个人虚拟助手，可以接收相应语音命令。使用 Echo 时，用户只需说一声"Alexa"，就可以开始询问，包括新闻、创建任务提醒、设定闹钟时间或播放音乐等。Alexa 还可以和各种智能家居设备进行交互，用来控制恒温器或调节灯光。

[③] IBM"Watson"：由 90 台 IBM 服务器、360 个计算机芯片驱动组成，拥有 2880 个处理器核心，约有 10 台普通冰箱那么大，内装超 2 亿页新闻图书等资料。沃森不仅可以识别文字、地理位置，还可以部分感知人的情感，未来还将试图读懂人类的语言，学会思考。IBM 将其实现人工智能的方法称为"认知计算（cognitivecomputing）"。

"Moneypenny（简称 M）"、百度"度秘"、阿里 YunOS 个人助理+、淘宝小蜜、出门问问等。

从案例可以看到，在服务数字化程度高的领域和数据可得性高的领域，人工智能将率先被应用解决行业问题，在文化创意领域，国内外音乐、视频、电子书籍报刊、游戏、旅游、教育等行业数字化程度较高、数据较集中且数据质量较高，因此在这些行业率先涌现大量的人工智能场景应用解决行业痛点。

（七）趋势 7 知识产权保护：区块链

区块链在2016年出现在 Gartner 新兴技术成熟度曲线中的新兴技术，目前处于技术萌芽期（technology trigger）。但是，2015 年以来区块链在全球金融业受到了广泛的关注：麦肯锡[1]、摩根士丹利[2]、高盛[3]等机构纷纷发布报告强调其颠覆性，均认为是彻底改变业务乃至机构运作方式的重大突破性技术。领先金融机构和科技企业纷纷成立组织或进行投资布局。区块链对于文创及相关领域的作用及应用主要集中在：知识产权、中介信用、供应链管理、教育就业等。其中，区块链为艺术品交易中艺术品防伪提供了新方法；在数字内容发行过程中，可以系统地保护艺术家的知识产权；在教育领域可以有效保障学习经历和学术成果的真实性。因此，文化产业由此成为区块链最适合应用的五大行业之一，把区块链可以创造文化创意领域新的全球性机遇。

---

[1] 麦肯锡在其 2016 年发布的一文中指出，区块链是继蒸汽机、电力、信息和互联网科技之后，目前最有潜力触发第五轮颠覆性革命浪潮的核心科技。

[2] 摩根士丹利在 2016 年发布的一份关于区块链在金融行业尤其是银行业应用情况的报告中透露，美国金融界在区块链研发领域已投入超过 10 亿美元。

[3] 高盛在《区块链：将理论应用于实践》的报告中，指出了区块链在股票、房地产交易，反洗钱等领域的广泛应用，并认为这项技术能够满足监管的最新需要。

1. 定义与应用

区块链（Block chain）是比特币[①]（Bitcoin）的底层技术。是对分布式数据存储、点对点传输[②]、共识机制、非对称加密算法等计算机技术的新型应用模式[③]。狭义来讲，区块链是一种按照时间顺序将数据区块以顺序相连的方式组合成的一种链式数据结构，并以密码学方式保证的不可篡改和不可伪造的分布式账本。广义来讲，区块链是利用块链式数据结构来验证与存储数据、利用分布式节点共识算法来生成和更新数据、利用密码学的方式保证数据传输和访问的安全、利用由自动化脚本代码组成的智能合约来编程和操作数据的一种全新的分布式基础架构与计算范式。

区块链的应用阶段还处于早期，国内外大部分企业都是近年成立，应用处于探索阶段，主要集中于金融领域。金融服务俱乐部主席 Chris Skinner 认为"区块链成为主流至少需要至少十年的时间，因为使用共

[①] 比特币（Bitcoin）：比特币是一种"电子货币"，由计算机生成的一串串复杂代码组成，新比特币通过预设的程序制造，随着比特币总量的增加，新币制造的速度减慢，直到 2014 年达到 2100 万个的总量上限，被挖出的比特币总量已经超过 1200 万个。目前已经可以购买现实生活当中的物品。它的特点是分散化、匿名、只能在数字世界使用，不属于任何国家和金融机构，并且不受地域限制，可以在世界上的任何地方兑换它，也因此被部分不法分子当做洗钱工具。2013 年，美国政府承认比特币的合法地位，使得比特币价格大涨。在中国，2013 年 11 月 19 日，一个比特币就相当于 6989 元人民币。2014 年 1 月 7 日，淘宝发布公告，宣布 1 月 14 日起禁售比特币、莱特币等互联网虚拟币等商品。

[②] 点对点传输（P2P 网络技术）：区块链系统连接各对等节点的组网技术，学术界将其翻译为对等网络，在多数媒体上则被称为"点对点"或"端对端"网络，是建构在互联网上的一种连接网络。不同于中心化网络模式，P2P 网络中各节点的计算机地位平等，每个节点有相同的网络权力，不存在中心化的服务器。所有节点间通过特定的软件协议共享部分计算资源、软件或者信息内容。在比特币出现之前，P2P 网络计算技术已被广泛用于开发各种应用，如即时通讯软件、文件共享和下载软件、网络视频播放软件、计算资源共享软件等。P2P 网络技术是构成区块链架构的核心技术之一。

[③] 定义来源：中国工业和信息化部信息化和软件服务业司发布的《中国区块技术和应用发展白皮书》（2016）。

享账本将全球70多亿人口通过手机加入到这个金融网络是一个浩大的过程。并认为目前区块链应用市场正处在第一个阶段初始点（之后是黄金时间段、消费者的改变、到达之后的加速、到达主流市场）。"

2. 技术及分类

从区块链组成来看，其核心是分布式数据存储、点对点传输、共识机制、加密算法等已有计算机技术。[①] 随着区块链应用的不断深入，对这些核心技术也将不断提出新的和更高的要求。区块链的基础架构模型如下图（图25）：区块链基础架构分为6层，包括：数据层、网络层、共识层、激励层、合约层、应用层。每层分别完成一项核心功能，各层之间互相配合，实现一个去中心化的信任机制。

表25 区块链基础架构模型

应用层	可编程货币	可编程金融	可编程社会
合约层	脚本代码	算法机制	智能合约
激励层	发行机制	激励机制	
共识层	POW	POS	DPOS
网络层	P2P网络	传播机制	验证机制
数据层	数据区块	链式结构	时间戳
	哈希函数	Merkle树	非对称加密

数据层：主要描述区块链的物理形式。区块链的实现是一个由规格相同的区块通过链式结构组成的链条。每一个区块为了确保安全，采用了很多技术，如使用时间戳技术确保每一个区块按照时序链接，使用哈希函数确保信息不会被篡改，使用Merkle树记录具体的信息，采用非对称加密实现身份认证等。

网络层：网络层是实现区块链网络中节点之间的信息交流。区块链网络本质上是一个P2P网络。每一个节点接收信息同时也产生信息。

---

① 徐明星：《区块链的原理及具体的应用案例》，载《新经济》，2016年第19期，第88-89页。

节点之间通过维护一个共同的区块链来保持通信。在区块链网络中，每一个节点都可以创造新的区块，然后通过广播的形式发送给其他节点，其他节点会对区块信息进行验。网络中的节点会将此区块链接在主链表上。验证的方法取决于共识机制。

共识层：负责提供一种机制，能让高度分散的节点在去中心化的系统中高效的针对区块数据的有效性达成共识。常见的共识机制包括：POW，POS，DPOS。

激励层目的是提供一定的激励措施鼓励节点参与区块链的安全验证工作。区块链的安全性依赖于众多节点的参与。为了鼓励节点参与，区块链通常会采用电子货币的形式奖励参与人员，比特币、莱特币、以太币都是这种机制的产物。

合约层：封装区块链系统的各类脚本代码、算法以及由此生成的更为复杂的智能合约。通过合约层的脚本技术，可以通过设置时间条件，实现延时支付，收款方收到钱却不能立即使用，必须等待时间结束。

专利分布[①]：随着区块链的迅速发展，从 2015 年开始，花旗集团、高盛集团、美国银行等大型金融机构均提交了与区块链相关专利申请。其中，美国银行区块链方面已累计向美国专利商标局提交了近 40 件专利申请，包括"数字货币的风险检测系统""数字货币可疑用户警报系统"等。截至 2016 年 9 月，在 SooPAT 网站中检索"区块链"专利，国内相关专利数量达 94 件，其中，布比（北京）网络技术有限公司（15 件）、杭州复杂美科技有限公司（10 件）、邓迪（7 件）、北京太一云科技有限公司（6 件）、深圳市淘淘谷信息技术有限公司（5 件）。专家表示，国内申请人的研究重点在于底层设计，而国外的技术研发已将区块链应用在具体场景中。目前，国内区块链还处

---

① 中国国家知识产权局：《中国国家知识产权局：区块链"落地"专利不能少》，2016。

于萌芽阶段，不仅尚未形成统一的技术标准，各种应用方案也还在探索试验中。在今后区块链行业发展过程中，国内相关企业还需进一步加强专利积累，有针对性地开展专利布局，推动技术的产业化发展。

3. 市场与企业

据国际机构统计，截至2016年7月，全球大约有149家比特币和区块链创业公司获得了总计超过12亿美元的风险投资。接受投资的企业地域分布集中在美国，融资前10名几乎都为美国创业公司。除此之外，欧洲和中国企业也获得大量投资。

根据2016年区块链第一季度报告（State of Blockchain），目前区块链或混合型企业数量是去年的4倍，2016年第一季度区块链和混合型企业的融资额首次超过比特币初创企业。根据Coin Desk的统计，2016年一季度，区块链领域的风投总额迎来大幅回升，达到1.6亿美元，较2015年四季度环比增长515%。风投平均交易规模为1140万美元，环比去年四季度增长338%。此外，THEDAO正在进行的区块链众筹项目已筹集到超过1亿美元的资金，有望打破纪录成为史上最高的众筹项目。种种事件表明，资本市场对于区块链的关注度渐强，表现出良好的态势。此外，根据统计，当前全球区块链风投大部分尚处在较早期的阶段，从2013年到目前，共发生186起融资/并购事件，融资额共116175.02万美元。但其中只有5起走到了C轮融资，并且投资的地域分布上相对集中在美国硅谷。因此无论从整个行业的发展阶段还是地域因素来讲，国内的区块链领域都具备巨大的提升空间。

在区块链新创企业方面，美国有21Inc、Coinbase、DAH、Circle、Blockstream等企业接受了大额融资。其中，21Inc在建设被认为是主流比特币的核心基础设施。获得1.16亿美元的融资数目，是目前为止区块链企业的融资纪录。Coinbase于2012年成立，推出第一个基于美国的比特币交易所，2015年初，它获得了7500万美元融资。Circle帮助用户便捷的存钱和转账，并且用美元作为单位显示他们的账户余额。

在 2014 年的 B 轮融资中，他们拿到了 1700 万美元的投资。在欧洲，英国的 Elliptic 公司在 2014 年 7 月获得了 200 万美元的资金，该公司为用户提供最高级别的数字货币安全存储。法国的 Ledger Wallet 公司，在 2015 年 2 月从投资者那募集了 130 万欧元，与目前的数字钱包比较，Ledger Wallet 能提供更全面的选择，Ledger Wallet 的硬件钱包更像是一个 U 盘，公司表示此产品已达到"最高安全系数"并能"免除恶意软件攻击"。Ledger Wallet 还计划使用 NFC 技术达到更便捷支付。①

4. 国际发展概况

由于区块链②的商业应用处于早期，目前全球都在探索其监管和创新如何平衡的方式。

美国：在研究和监管方面，美国货币监理署办公室（OCC）三月发表了一篇报告，提供了一个用于识别和评估金融创新的框架，并征求反馈。在反馈的公开意见中，包含区块链等金融科技企业和联盟、学者等多种渠道；大多数意见认为目前的监管制度不能为全国或全球企业提供充足的国家许可选择，这限制了企业在美国的发展。鼓励 OCC 关注英国、新加坡和澳大利亚这些国家，因为这些国家的司法管辖区更适合创新初创公司的发展；并认为 OCC 应该与行业初创公司进行更加密切的合作③。在执行方面，2016 年，美国国土安全部对 6 家致力于政府区块

---

① 欧美企业素材来源：http://uk.businessinsider.com。

② 中国工业和信息化部信息化和软件服务业司发布的《中国区块链和应用发展白皮书》；毕马威《区块链研究报告：共识，价值互联的不变协议》、联合国的《数字货币和区块链在构建社团结金融中如何扮演角色》（How Can Cryptocurrency and Blockchain Technology Play a Role in Building Social and Solidarity Finance?）、英国政府首席科学顾问报告《分布式账本技术：超越区块链》（Distributed Ledger Technology：Beyond Block chain）、日本产业经济省的《区块链及相关服务的调查报告（2015）》（Survey on Blockchain Technologies and Related Services FY2015 Report）等。

③ OCC：Public Comments on Innovation in the Federal Banking System：An OCC Perspective，2016，https://occ.gov/topics/bank-operations/innovation/innovation-comments.html，访问日期，2016-08-11。

链应用开发的公司补贴60万美元，让企业研究政府的数据分析、连接设备和区块链。

在研究机构方面，企业和高校都在开展研究，如德勤咨询公司、埃森哲、IBM、麻省理工学院（MIT）、美国加州大学圣地亚哥分校等，但研究方向不同。同时，美国卫生及公共服务部（HHS）的医疗IT协调办公室（ONC）举办了"应用于医疗IT及与医疗相关的区块链研究挑战赛"该大赛是为探索区块链技术如何可应用于医疗保健领域。据ONC表示，该政府机构已收到超过70份论文，并最终挑选出了其中的15份。

英国：在研究方面，英国于2016年1月发布重要报告《分布式账本技术：超越区块链》，报告显示出英国政府正在积极评估区块链技术的潜力，考虑将它用于减少金融欺诈、错误，以及改造目前以纸张为主的流程。报告中涉及几个关键方面：首先，政府需要支持分布式账本的发展并知道怎样使用。其次，政府需要研究创新并试验不同的分布式账本解决方案。第三，需要一个好的管理机制来保护参与者和资金管理者。第四，政府需要与学术界和工业界合作为确保安全和隐私建立标准。最后，建立信任和协作，在数据协议、政策和国际标准等方面达成共识。

在执行方面，英国金融市场行为监管局（Financial Conduct Authority，FCA）为区块链采用了新的监管方案"监管沙箱"（Regulatory Sandbox）[①]"，指从事金融创新的机构按FCA特定简化的审批程序，提交申请并取得有限授权后，允许金融科技创新机构在适用范围内测试，FCA会对过程进行监控并进行评估，最终判定是否给予正式的授权或推广。英国首创的沙箱测试得到新加坡、澳大利亚、中国香港、日本等国

---

① 沙箱（Sandbox）：原本是一个计算机用语，指通过限制应用程序的代码访问权限，为一些来源不可信、具备破坏力或无法判定程序意图的程序提供试验环境。沙盒中进行的测试，多是在真实的数据环境中进行的，但因为有预设的安全隔离措施，并不会对真实系统和数据带来影响。

家或地区金融监管部门的认同,已经被不同程度地采纳。

在研究机构方面,2016年,伦敦密德萨斯大学的创意产业研究中心与英国"特色艺术家联盟"(The Featured Artists Coalition 简称FAC)合作共同发布了一项研究报告,探索"区块链在数字音乐中是否可行"[①]。这份报告的作用主要在于探索技术对于音乐产业和创意者的作用。

新加坡:新加坡领导人认为,区块链能够应用于全额结算、金融交易确认等多个领域,具有很大的应用潜力,因此新加坡的银行及监管机构必须对这项技术展开深入的研究,巩固新加坡的金融重镇地位。在执行方面,2016年,新加坡金融管理局(MAS, Monetary Authority of Singapore)宣布成立了金融科技和创新组,效仿英国针对与区块链及其他金融科技相关的企业推出了"沙箱(Sandbox)"试验机制,只要预先在沙盒中进行登记,允许企业在事先报备的情况下,从事和目前法律法规有所冲突的业务。并且即使业务被官方所终止,也不会追究相关法律责任。

此外,各国政府和企业纷纷成立区块链组织、协会等,以下为2015—2016年成立的主要国内外区块链组织机构(见表26)。

表26 全球区块链主组织成员及举措

国家	时间	组织名称和成员
美国	2015年	R3:互联网金融的科技公司R3 CEV组织42家知名银行组成的联盟,致力于研究和发现区块链在金融业中的应用。2016年5月和6月,中国平安和友邦保险分别宣布加入这个联盟。
美国	2015年12月	Hyperledger Project:由Linux基金会组织成立,这个项目的目的是要共同建立并维系一个跨产业的、开放的分布式账本技术平台。其核心成员中科技公司是占了六成以上。

---

① 《区块链在数字音乐中是否可行》报告显示,区块链将在以下几个音乐领域将起到作用,为音乐版权形式床在一个唯一、基于网络的数据库,而不是像现在这样不完整的数据库;在区块链创造的平台上将可以实现快速、无摩擦的支付活动;通过区块链可以实现数据透明,让音乐家和他们的经纪人能够清晰了解他们的资产,而不是以往行业中一贯的保密条款。

国家	时间	组织名称和成员
欧洲	2016年4月	欧洲数字货币与区块链论坛：欧洲中央银行表示计划对区块链和分类账簿技术与支付、证券托管以及抵押等银行业务的相关性进行评估。
迪拜	2016年	全球区块链委员会：目前拥有超过30个成员。包括政府实体（智能迪拜办事处、迪拜智能政府等）、国际公司（思科、IBM、微软）以及区块链创业公司。

5. 国际文化科技案例

目前，区块链的应用已从单一的数字货币应用，延伸到经济社会的各个领域。和文化创意领域密切相关的主要是金融、供应链管理、文化娱乐、社会公益、教育就业。本报告列举了这5个行业的应用场景作为代表。需要特别说明的是，除金融服务行业的应用相对成熟外，其他行业的应用还处于探索起步阶段。在文化创意领域中，区块链主要解决的是信用问题（为艺术品防伪和防欺诈提供了新的渠道），系统地保护艺术家的知识产权。艺术创意市场由此成为区块链最适合应用的五大行业之一。报告整理了以下部分企业探索性应用案例：

案例：区块链在文创各领域应用案例

金融：支付领域——降低金融机构间的对账成本及争议解决的成本，从而显著提高支付业务的处理速度及效率，这一点在跨境支付领域的作用尤其明显。资产数字化——股权、债券、票据、收益凭证、仓单等均可被整合进区块链中，成为链上数字资产，使得资产所有者无须通过各种中介机构就能直接发起交易。

供应链管理[①]：在供应链管理中有两大作用：溯源防伪和更敏捷地

---

① 供应链：是一个由物流、信息流、资金流所共同组成的，并将行业内的供应商、制造商、分销商、零售商、用户串联在一起的复杂结构。供应链由众多参与主体构成，不同的主体之间必然存在大量的交互和协作，而整个供应链运行过程中产生的各类信息被离散地保存在各个环节各自的系统内，信息流缺乏透明度。这会带来两类严重的问题：一是因为信息不透明、不流畅导致链条上的各参与主体难以准确了解相关事项的状况及存在的问题，从而影响供应链的效率；二是当供应链各主体间出现纠纷，举证和追责将会耗时费力。

应对智能制造过程中各个环节。溯源防伪可以为每一件艺术品建立唯一的电子身份，用来记录其属性并存放至区块链中。在智能制造供应链中的生产、物流、仓储、营销、销售、售后等环节，使每一个物品静态（固有特性）和动态（流转、信用）等信息能够在生产制造企业、仓储企业、物流企业、各级分销商、零售商、电商、消费者以及政府监管机构中共享、共识（见表27）。

表 27　供应链管理区块链应用案例

用途	国家	企业及应用方式
供应链管理	美国	IBM：宣布面向企业用户推出一个平台，在他们的供应链中测试"区块链"记录保存技术。
	中国	布比（北京）网络技术有限公司：物链（Wuchain）构建于布比区块链之上，结合供应链的特性对区块链的接口进行继承、封装以及应用扩展，使各类信息能够在整体供应链和政府监管机构中共享、共识。
	中国	唯链（VeChain）：通过区块链打造了一个"透明的供应链"，通过和生产商、品牌商、分销商、渠道商，甚至是和物流公司、终端店铺一起去维护的供应链平台。

文化娱乐：通过时间戳、哈希算法对作品进行确权，证明一段文字、视频、音频等存在性、真实性和唯一性。这也是文化产业应用案例最多的领域（见表28）。

表 28　文化娱乐区块链应用案例

用途	国家	企业及应用方式
数字资产版权登记和交易记录	英国	Everledger：与艺术品和展览数据库服务公司 Vastari 合作已经推出的区块链数据库系统。
	德国	Ascribe：为艺术家们提供艺术作品的登记、注册、交易服务。
	以色列	Colu：2015年推出的基于区块链的平台提供了数字资产发行和管理服务，Colu 公司还和 Revolator 公司合作为音乐版权提供了一个注册、交易的透明可信通道。
	美国	Blockai：利用这一技术帮助艺术家、摄影师等创作者进行作品版权登记，这样他们就可以保护这些作品免受侵权困扰。
	美国	Verisart：是世界上第一家为实体的艺术市场提供区块链认证的科技公司。

用途	国家	企业及应用方式
数字资产版权登记和交易记录	中国	岭南艺海平台（中山岭南派文化版权服务有限公司）：是国内首家运用区块链打造的文化艺术综合网站，也是首家推出文化人积分发行和拥有字画鉴真溯源系统的网络平台。
	中国	布萌（上海）科技有限公司：推出了一个区块链数字资产平台——布萌，提供场景化的SDK及API，帮助企业和开发者快速地在区块链上发行自己的数字资产。

教育就业[1]：教育存证——为学术成果提供不可篡改的数字化证明，实现学生、教育机构以及用人就业单位之间的无缝衔接（见表29）。

表29 教育就业区块链应用案例

用途	国家	企业及应用方式
	日本	索尼全球教育公司：希望能够打造一种全新的教育证书检验过程。能够成为应试者和他们测试结果的存储中心，就像一个通用的教育账号。
	美国	Holberton School：是世界上第一所使用区块链记录学历的学校，学校宣布从2017年开始在区块链上共享学历证书信息。

整体来说，在文化创意领域，合理的利用区块链可以将文化娱乐价值链的各个环节进行有效整合、加速流通、缩短价值创造周期：生产供应链、有效的数字内容版权记录和保护、人才学历的认证、公益筹款及艺术众筹的监管。其次，利用区块链，可实现数字内容的价值转移，并保证转移过程的可信、可审计和透明。最后，基于区块链的政策监管、行业自律和民间个人等多层次的信任共识与激励机制，同时通过安全验证节点、平行传。娱乐行业的存储与计算能力，有助于文化娱乐业跨入全社会的数字化生产传播时代。但是，目前文化领域的应用还不够广泛，技术和服务发展还处于早期。

---

[1] Luke Graham：*Schools are using bitcoin technology to track students*，http://nbr.com/2016/05/09/schools-are-using-bitcoin-technology-to-track-students，访问日期，2016-05-12。

（八）趋势 8　可穿戴设备：智能材料与智能织物

2015 年，可穿戴设备领域各国科技企业和研究机构均在尝试研发智能织物产品，并结合时尚、运动品牌共同开发智能衣物。2016 年国际可穿戴大会上，专家认为"身体传感网络，智能织物"等是可穿戴设备未来的方向——目前，可穿戴设备目前主要是苹果智能表、运动腕带等，而智能织物和服饰这种"去穿戴化"的产品确实更适合收集移动状态的人体数据，给出更好的反馈。因此，业内人士都认为智能织物/纤维将是下一代可穿戴设备的重要基础材料之一。由于智能织物/纤维的广阔发展远景，美国、德国将"革命性纤维"或"未来织物"上升为国家战略。虽然案例中大多数产品还没有大规模进入市场，但是产品已进入公众关注阶段。在文化创意领域，可穿戴设备与工业设计的结合已经密不可分；而随着智能材料性能的变化，智能织物的不断完善，可穿戴设备未来与时尚、各类生活消费品的结合将日趋紧密，如牛仔品牌 Levi's 和谷歌 ATAP 部门共同合作研发的智能夹克、耐克申请的智能鞋专利、智能织物企业研发的安全智能座椅织物等；可以预见智能材料和织物与文化创意结合将会驱动更多形态的产品创新。

1. 定义与应用

智能材料：智能材料（Smart materials）[①]：是模仿生命系统同时具有感知和驱动双重功能的材料。即不仅能够感知外界环境或内部状态所发生的变化而且通过材料自身的或外界的某种反馈机制能够实时地将材料的一种或多种性质改变做出所期望的某种响应的材料又称机敏材料。智能材料的三大要素是：感知、反馈和响应。智能材料的显著特点是将高技术的传感器和执行元件与传统材料结合在一起赋予材料新的性能使无生命的材料具有越来越多生物特有的属性。

智能织物（Smart textile）拥有多个定义，在这里主要采用香港理工

[①] 师昌绪：《材料大辞典》，化学工业出版社，1994。

大学陶肖明教授①给出的"交互式智能纺织品"的定义:"交互式智能纺织品是指用人工的或预定的方式能够感知外界以电和光的刺激为主的刺激或环境条件并做出反应的纺织品。"智能织物是这样一种材料或结构,可以感知(感受)环境的刺激并做出反应(力学的、热的、化学的、电磁的或其他)。

智能材料属于新材料中的"前沿新材料",而从以上定义可以看到智能织物是智能材料中的一种形态,二者都具有感知、反馈、响应的特征。而近年媒体和部分文献上所称的具有防蚊虫、导电、吸湿发热等功能的智能纤维或纺织品,实际上是功能材料、功能纺织品。

2. 技术及分类

目前,美国、英国、芬兰、日本等国家在智能织物领域的研究较我国更为先进,比较著名的有美国太空总署为登月计划研发的 Outlast 纤维、日本东丽公司开发的热敏变色材料 Sway 以及芬兰的智能电子信息类材料。近些年来我国也开始注重自主研发,国家自然科学基金和"863"项目加大这方面的研究,特别是一些关于航空、航天等特殊领域用智能服装材料的研发。

智能织物②的形成,更是由于多学科技术的发展交叉以及制造技术的进步,其中涉及微电子机械系统(Microelectro Mechanical Systems,MEMS)、纳米电子、基于柔性印刷电子和电子织物(E-textile)等,这些技术的成熟与融合,使得智能织物逐步成为可能。目前,智能织物的基础材料主要有导电纤维③、传感纤维和基于导电聚合物(高分子材料)的执行器(Conductive polymer-based actuators)、光纤传感器、形

---

① 陶肖明:《交互式的织物和智能纺织品》,中国科学技术协会,2006。
② 陈东义:《智能织物与服装:人类的"第二层肌肤"》,载《中国计算机学会通讯》2016年第6期,第32-42页。
③ 导电纤维:是构建纺织互连电路和部件的基础材料,已在智能织物中得到广泛应用。

状记忆纤维、变色纤维、压电纤维、蓄热调温纤维、调温和调湿纤维等；目前其中大部分都已实现规模化生产。国际上根据智能化程度主要将智能织物分为如下三类（见表30）：

表30 智能织物智能化程度分类

类别	表现
被动智能织物	仅通过传感器能够感知穿戴者自身或者其所处环境。
主动智能织物	能够感应环境刺激，并可产生反馈；具有传感和驱动功能。
高智能化织物	可以感知、反馈并调整适应所处环境。

智能织物和服装实质上是一种柔性传感器，实现智能反馈的过程和其他可穿戴设备一样，需要与人工智能、大数据和云计算的深度融合，它们之间的信息交换与共享为智能服装提供了强大的技术依托和数据支撑。

专利分布：目前，根据1965—2014年全球主要智能材料竞争国家（美韩德日中）的专利检索来看，五国占智能材料领域全部专利数的81%；美国处于领导地位[1]，达到43%；亚太地区，韩国（20%）和日本（13%）专利为首，中国占2%，德国占3%。就研发竞争实力来说，美国的国际商业机器公司（1）、微软（3）、英特尔（4）的H指数较高[2]。日本占3项，分别排名6、7、9。韩国占一项，三星电子，但排名第二。相比于其他主要竞争国家，中国在智能织物领域的研发实力较弱。同时，在专利价值方面（专利数量、专利成长率、专利占有率）方面，中国的专利数量明显高于其他国家，成长率达到5.72%（领先第2名韩国约4个点），专利占有率达到63%。数据说明我国对于该领域的研究越来越重视，技术研发活动踊跃，但质量和影响力有待提高。另外，国内此领

---

[1] 黄鲁成、张静、武丹、陈明：《基于专利的部分国家智能材料领域竞争分析》，载《科学管理研究》，2014年第1期，第59-62页。

[2] H指数：专利权人专利数量的质量和数量等综合指标。

域的专利几乎都来自于高校和研究机构,而非企业。反观国外,均是企业为申请人,说明国内企业研发能力尚有不足。

3. 市场与企业

由于目前的智能服饰概念不完全是基于智能织物,因此市场需要从两方面来看,一方面,从智能材料的市场规模来看,有资料显示,2010年全球智能材料市场规模在196亿美元,2011年近220亿美元,2016年将超过400亿美元,2011–2016年智能材料市场规模年复合增长率达到12.8%。另一方面,是可穿戴设备中智能服饰的需求量,据研究公司Tractica LLC分析,截止到2016年,世界智能服装市场销售额将从2013年的0.172亿美元增长到6亿美元。高德纳公司(Gartner)的报告预测,智能服装将从2014年出货量几近为零的冰冻状态跃升到2016年预计的2600万件,成为智能穿戴领域出货量最大的品类之一。IDTechEx公司的市场调研报告显示,本年度全球可穿戴设备销售额预计将达到120亿欧元左右,其中智能纺织品所占比重不断增加。到2025年,全球可穿戴设备市场规模有望达到700亿欧元。

应用阶段:从具体产品来看,在2016年,国内外企业和院校推出了大量智能服饰(智能织物)产品,但截至目前还没有大规模进入市场。目前的智能服装已经实现了"通信"和"个体监测"的作用。但是,在核心算法、核心数据分析以及综合信息处理技术的帮助下,才能广泛应用于医疗、健康、运动领域、消费市场和工业市场。同时,相比于国外可检索到的产品案例、机构组织和研究状况,国内的智能织物在技术、商业转化、形态和功能方面处于更早期。

目前,美国、英国、芬兰、日本等发达国家在智能织物领域的研究较我国更为先进,比较著名的有美国太空总署为登月计划研发的Outlast纤维、日本东丽公司开发的热敏变色材料Sway以及芬兰的智能电子信息类材料。近些年来我国也开始注重自主研发,国家自然科学基金和"863"项目加大这方面的研究,特别是一些关于航空、航天等特殊领域用智能服装材料的研发。

4. 国际发展概况

作为一种新兴材料，智能织物尤其是智能服饰的应用正在日益引起人们的广泛兴趣，2014年在IEEE可穿戴计算大会（The International Symposium on Wearable Computers，ISWC）上，首次举办了智能服饰专题研讨会。国际智能穿戴组织（Wearable Technology，WT）认为，近年新的智能服装将逐渐进入市场。

美国：2016年4月，美国国防部（United States Department of Defense）宣布成立美国国家制造创新网络中的第八家制造创新机构——革命性纤维与织物制造创新机构（Revolutionary Fibers & Textiles），该机构由国防部牵头组建，麻省理工学院（MIT）负责管理。各方共提供总计约3.5亿美元的公私合作资金，开发面向未来的纤维和织物，助力美国纺织品制造业加速复苏。麻省理工学院还联合89个合作伙伴，建立了美国先进功能织物联盟（AFFOA），以确保美国处于纤维科学和产品生产的最前沿。革命性纤维与织物制造创新机构支持具有与众不同属性的纤维和织物创新，如"制造出多材料、多结构的智能纤维。各种各样的微型半导体和传感器嵌入织物中，使其集多种功能于一身，可看可听、可感知交流、存储能量、调节温度、监测健康等"。[1]

此外，美国还有更多的官方机构参与到纤维和纺织的创新研究中来，包括美国商务部、美国能源部等权威机构。美国国家科学基金会（NSF）等机构讨论并定义了智能织物未来十二大应用领域，包括农业、建筑、国防、基建、家居等。美国商务部于2016年4月与国际工业纺织品协会（IFAI）合作召开"首届智能织物峰会"。[2]峰会意在提出在服装方

---

[1] Revolutionary Fibers and Textiles Manufacturing Innovation Institute（RFT-MII）：Frequently Asked Questions.

[2] U.S. Department of Commerce, International Trade Administration: New Approaches for selling to the Military.

面最近的技术进步，包括纺织行业开发面料的新能力与面料新应用上，探索范围包括运动员、病人、士兵、应急部门人员和日常消费者使用的服装和纺织品。此次峰会讨论涉及方面包括该领域研发资金、知识产权、标准、分类和卫生条例等。

新成立的美国先进功能织物联盟主要作用在于：（1）将把非传统合作伙伴集合在一起，促进跨界知识流动语言合作。将纤维和纱线与集成电路、LED、太阳能电池和其他设备与先进材料集成在一起，创造可看、听、感知、通信、存储能源、调节温度、监测健康、改变颜色等功能的纤维与织物。比如，联盟把音频设备制造商 Bose、计算机芯片制造商英特尔和纳米纤维制造商 FibeRio 公司，与纺织品制造商 Buhler 纱线公司等组合在一起，包括52家工业界成员和非营利组织①，以及28个州的37家额外合作伙伴。（2）把大学（MIT、马萨诸塞大学安姆斯特分校、康奈尔大学等）成员实验室中开发出的创新成果商业化，同时与当地劳动力组织建立合作培训工人如何在美国制造这些技术。（3）机构还将加速技术转化促进国防与商业应用。新机构的总部将拥有一个原型制作设施，用于帮助初创企业试验其首件产品，并将新技术规模化到全面生产，以确保美国发明的纺织物技术在美国进行制造。

德国：在2014年就确立了名为"未来纺织"（futureTEX）的国家级战略，并认为："纺织已经不再是一个传统的行业，而是转变为基于新材料、节能环保、智能产品等创造出的全新的行业、产品和服务。"因此，futureTEX 项目明确提出三大目标：（1）提高资源利用率，推行循环经济；（2）打造以顾客为中心的柔性价值链；（3）研发未来的

---

① 52家企业和非营利组织包括：FLIR 公司、蓝水防务公司、Nanocomp 技术公司、MiniFIBERS 公司、FibeRio、Buhler 纱线公司、电子纺织品公司、RTI 国际公司、沃里克铣削公司、英特尔、SAP、Bose、耐克、新百伦、太阳能联盟、Vartest 实验室、特拉华谷工业资源中心、国家职业能力测试中心等进行结对，实施创新。

新型纺织品材料。对于未来的新型纺织品材料而言，主要包含：纺织材料电子、电子医疗设备中的纺织材料、高性能纤维复合材料、纺织材料用于节能、创新性的复合材料等。就未来纺织品材料在新材料研发而言，futureTEX明确将关注点放在较为先进的"产业用纺织品"上面，依托德国企业已有的市场优势和科研机构的强大研发能力，进一步树立世界范围内的领先地位。

futureTEX作为一个产学研合作项目，赢得德国联邦教育与科研部（BMBF）的"2020创新伙伴"项目资助，成为工业4.0如何助推德国传统产业升级的典范项目。实际上"2020创新伙伴"项目的最主要目标，就是要将科学研究、技术开发和商业界的力量结合在一起，形成战略型联盟，为跨界合作研究树立新的标准。鉴于纺织和纤维产品的应用越来越广泛，德国纺织学会在其2025远景分析中明确定义了"未来织物"十大"跨界"应用方向，包括医疗保健、出行、未来城市生活、建筑、能源、食品等。

德国在将纺织工业的发展上升到国家策略的同时，实施了大量实际措项目，如，在具体研究中，德国产学研机构也致力于推动纺织与其他领域的跨界融合，并产生了大量成果：如智能服饰、可循环回收电子材料、具光伏特性的柔性纤维等。如2016年，德国阿尔布施塔特-锡格马林根应用技术大学的科学家们开发出了一种智能纺织品，可自动适应当地的气候。该项目得到了德联邦教研部的资助，其成果将有望在户外服装、职业安全和卫生医疗中得到应用。

5.国际文化科技案例

依据目前的应用案例来看，智能织物的应用领域较为广泛，在医疗、建筑、仪表仪器、自动化、机器人、航空航天、电磁电子设备、各类传感器、驱动器和显示器等领域都有应用。在国际上，智能织物在市场早期主要应用在军事、医疗方面。随着技术的发展，谷歌等企业也逐渐与时尚品牌合作开始生产运动、日常服饰产品和日用消费品；国内近年也涌现出一批智能服饰企业。但总体来说，还处于探索尝试，没有进入到大规模应用阶段。同时，国外巨头科技和时尚企业更为关注；而从案例来看，国内科技大型企业对于智能织物的没有太多研发投入，多为新兴企业和传统服装企业。

案例：智能织物在文创各领域应用案例

根据公开信息，企业中谷歌、三星、东丽和知名运动用品企业OMsignal、Hexo skin、Under Armour等都在考虑制作智能服装相关产品，产品功能覆盖也越来越多，以下是所知产品的一部分，产品包含多种智能织物材料、形态和功能，如日常衬衫、短裤、内衣、座椅织物等等。应用领域主要集中于生活、时尚、娱乐、体育军事、医疗方面。

体育、军事、医疗：体育、军事、医疗目前是智能服饰产品最集中的领域，科技企业、运动品牌、服装和纺织品企业等均推出产品（见表31）。

表31　体育、军事、医疗智能织物应用案例

用途	国家	企业及应用方式
运动	法国	Cityzen Sciences：经过六年多的研发的智能织物T恤，可以通过蓝牙连接到智能手机、平板电脑和其他设备可以共享佩戴者的物理位置和身体数据进行分析。T恤的最大用户是运动队，他们依赖于织物收集球员训练时准确的数据，在体育比赛中改善他们的表现，如足球、篮球、游泳等运动。
	美国	Ralph Lauren[1]：推出售价295美元的智能运动衣（PoloTech）。贴身的布料下，不仅藏了导电的银纤维，还有追踪呼吸、心跳、压力等生理数据的传感器。监测结果都可以上网传送到智能手机、手表或平板电脑，通过应用程序解读后，打造个人化健身规划服务。类似的产品还有OMsignal Bra（加拿大）、Hexoskin Smart（加拿大）、Athos等。
	韩国	三星[2]：在CES 2016消费电子产品展上，三星发布了多款智能服饰产品，包含运动服等。

---

[1] Ralph Lauren是美国知名服装品牌。

[2] 资料来源：Mashable.Samsung's smart clothes are wearables you'd actually wear，http :// mashable .com /2016/01/09/samsung-smart-fashion/#ScSDC63Rqkqa.

用途	国家	企业及应用方式
健康医疗	日本	日本化学材料企业东丽：2016年，和通信运营商 NTT DoCoMo 合作共同借助"智能服装"涉足医疗领域。智能服装采用能获得活体信息的纤维制作，在日本被认定为医疗器械，两家公司将从2017年开始面向医院销售使用该材料的专用内衣。
健康医疗	中国	北京创新爱尚家科技有限公司：Aika 加热智能服饰，将以石墨烯作为发热载体，通过 App 进行温控，除了可以加热之外，还可以对人体数据进行采集、挖掘，并通过数据对人体进行健康管理与智能服务。
健康医疗	中国	深圳智裳科技有限公司：旗下莱仕特智能服装品牌发布了一款智能服装，并荣获中央网信办授予的创客先锋奖。还并先后研发出了：心率+心电图的智能健康衣、旋磁理疗预防乳腺疾病的智能内衣、自发光变色的智能面料、智能恒温+GPS 多功能智能模块、智能服装辅料等5大智能服装方案，可广泛应用于诸多产品。
健康医疗	中国	2016年，浙江纺织服装职业技术学院的张辉博士研发团队设计的心电监测智能服首次亮相，产品主要通过柔性纺织面料准确采集心电等生物电信息，通过随身的便携式数据采集盒进行数据记录，继而通过连接手机端的心脏监测分析软件，实时、直观、持续地对心血管系统进行长期监测并及时预警，为及时实施有效的医疗措施提供依据，据悉，心电监测智能服年底将投放市场。

生活、时尚、娱乐：在生活娱乐方面，欧美国家已推出的产品更加丰富多样，包含牛仔衣、晚礼服、围巾、汽车座椅织物、婴儿服等（见表32）。

表32 生活、时尚、娱乐智能织物应用案例

用途	国家	企业及应用方式
生活时尚娱乐	美国	谷歌 Jacquard 项目：2016年，谷歌团队的"Jacquard"交互纺织项目与牛仔品牌 Levi's 合作推出智能夹克；这件产品主要针对骑自行车通勤上下班的人群。夹克的袖子里面缝有导线，与一个可拆卸的电子标签相连，洗衣服的时候可以将其卸下充电。穿上这件衣服还将与第三方服务进行交互操作，谷歌将提供相关的应用程序接口（API）。这意味着用户也可控制 Spotify 音乐、Strava 测速应用等。
生活时尚娱乐	美国	Scough 智能围巾：使用活性炭过滤器过滤空气，可以过滤掉化学物质、细菌、病毒，可呼吸的空气颗粒物和其他元素。以防止污染和流感，军事用途保护化学战争的战士。
生活时尚娱乐	美国	BeBop Sensors 公司：智能织物传感器（smart fabric sensor）技术的领先者；2016年发布了一款智能安全型汽车座椅织物传感器，它可以测量使用者的体积、重量以及实时的运动情况。发生事故时，智能织物传感器也将会采取安全措施，在冲撞之时可以根据使用者的位置、体重、体积等更精确的打开气囊，保护使用者安全。

续表

用途	国家	企业及应用方式
生活时尚娱乐	美国	Jennifer Darmour Ping：来自设计师 Jennifer Darmour 的 Ping 系列服装，其衣服帽兜上设有传感器，可连接到 Facebook 上，用户可以通过应用程序设定一些自定义的信息内容，通过衣服自动发送心情等。
生活时尚娱乐	美国	Rest Devices（智能婴儿监测仪开发商）：推出智能保姆衣，这款婴儿智能衣服会即时收集、管理宝宝的呼吸状态，异常时会发送警示信息到父母的手机。
生活时尚娱乐	英国	Cute Circuit：来自伦敦的一个设计师品牌，专注于智能纺织品和服装设计，Cute Circui 的系列服装采用了将 LED 集成到新型织物中，用户可以通过 iPhone 应用控制动画形象和亮度，实现更丰富的穿戴形式。
生活时尚娱乐	中国	珠海安润普有限公司：专业提供柔性织物传感器及智能可穿戴系统解决方案的高科技公司。2016 年，安润普发布了独家研发的 SOFTCEPTOR 柔性织物传感技术，该技术将传感技术与柔性织物融合，将碳基导电材料涂层在弹性织物基底上，通过织物的拉伸、压缩等形变以及生物电的采集，可以连续监测人体呼吸、心率、运动、睡眠、步态等信息。可以像普通衣服一样折叠、水洗、甩干。
生活时尚娱乐	澳大利亚	澳大利亚研究人员研发智能文胸 Bionic Bra，主要用来减少女性用户穿着内衣引起不舒适感或者是手指麻痹等症状。产品会根据你所处场景不同来自动调整松紧的 Bra，采用柔软的智能布料制作。

以上案例可以看到，智能织物可以塑造的产品形态多种多样，用户可以通过这些服饰类穿戴产品的生物识别技术跟踪等活动、心率，从而提升对健康的监测，或接收短信通知、电话或消息等。或者基于用户偏好变化的动态服装颜色、形状或文本，根据温度变化或下雨舒适的身体健康。

从以上发展趋势可以看到，智能织物将逐步成为可穿戴设备的基础性材料，而材料科学的发展和民用将使科技与生活、时尚、创意结合的日趋紧密。但是，这种研发过程需要来自包括高端制造和时装设计、材料学、人机交互、软件开发、电子工程等多学科的交融，同时在推向市场时需要成熟的商业运营和推广；目前从技术和产品、市场认知都还存在一定瓶颈。

三、2016年文化科技趋势总结

以上文化及相关领域与科技融合进一步加深，国际上企业创新产品层出不穷，由于国内外产业成熟度、发展阶段、面向受众不同，国内外科技创新创业重点不同。但整体来看，欧美发达国家各产业领域对于新技术的应用更为普遍，产品更为成熟；并且，由于在高等教育、职业培训阶段，信息科技知识与产业人才培养衔接更为紧密，因此在音乐、体育、设计等领域新产品、新业态比国内更为多样。基于以上文化领域和科技深度融合的发展，报告研究人员认为数字创意产业发展将遵循信息产业发展的特征形成以下趋势。

（一）新兴技术形成数字创意新的基础架构

由于底层技术的变化，新兴技术与文化创意产业逐步融合形成数字创意产业基础设施架构，在这一基础框架中，一方面，新技术将从消费向生产渗透，带来全要素效率升级，提升消费体验和资源利用效率，传统创意产业数字化、网络化、智能化转型步伐加快（以音乐产业为例：数字音乐自动生成—版权微交易监测—音乐自动匹配和分发—订阅自动支付）。另一方面，新一代信息技术与文化创意领域的结合，催生了O2O、分享经济等新模式新业态持续涌现（如Airbnb开辟了非标准住宿的蓝海、虚拟体育游戏衍生出相关管理服务等）。

（二）数字创意产业与信息技术产业同步向智能化发展

从技术经济学角度看，每一类经济范式都基于所依托的技术产业；随着ICT产业智能革命的到来，5G网络，AR与VR显示技术，动作识别，语音识别以及人工智能的进一步成熟，将会对数字创意产业无论从内容、生产、交互体验、运营方式上都发生根本性的变革。数字创意产业依托于信息技术架构也在从数字化转向智能化；以2017年年度趋势案例来看，数据成熟度较高的旅游业、教育领域都依托丰富的数据积累向全价值链的智能化演进。由于数据成为驱动产业发展的重要因素，因此，提升每个行业门类中每个价值链环节的数字化程度，形成产业数据闭环，是推动数字创意产业向智能化方向发展的重要手段。

（三）以人为中心的"场景化设计"带动"集成式创新"

随着经济的增长，社会的发展，科技的进步，经济整体越来越具有"体验"性质。文化创意领域以体验性消费为主，以数据为驱动，综合运用多种技术手段是营造个性化体验的重要方式之一；文创各行业都在积极引入新的技术应用，打造数字产品和服务的新市场——智能匹配游戏难度级别、智能家居提升旅游入住体验、音乐个性化推送、教育机器人个性化教学等虚拟性、个性化、体验性消费增长迅速。以人为中心、以数据驱动为手段，3D（4D）打印、增强现实、虚拟现实、可穿戴、语音识别等多种技术将集成为多种产品和服务，适配于每一个消费场景。

（四）从产品技术创新转向"数据驱动"的管理创新

新一代信息通信技术的扩散，带来最本质的变化是数据的及时性、准确性及完整性。在企业方面，信息和网络技术首先作用于文化创意产业消费端和传输渠道的变化，继而引发传统文化创意产业发展理念、业务形态和管理模式发生深刻变革；数据驱动型创意企业将引领技术、生产、商业模式的持续变革。对用户现实和潜在需求的深度挖掘、实时感知、快速响应、及时满足水平已成为新、旧文化企业（组织）能力的分水岭。在政府管理方面，需要在创新体系、财政、金融、国际规则、信息技术风险与安全等方面建立适应数字创意产业特点的新管理体系。

（五）创意型人力资本是数字创意产业最核心竞争力

文化及创意产业是知识密集型产业，从业人员主要是知识型劳动者；其发展核心动力为人。另一方面，以信息技术为基础的数字经济中要素相对稀缺性发生了变化，资本的支配地位让位于最具创意的人力资本；

新技术提升了工具和流程的自动化，小规模企业和创意个体的能力大大增强；知识型创新人才成为财富积累的新生力量，数字创意产业对传统的人才培养模式提出了新挑战。

总体来看，当前世界科技体现出智能化、微型化、个性化、精准化的发展特点。一是智能化。2016年Gartner新兴技术成熟度曲线中智能是关键技术的主题，主要强调智能与人的融合，即人工智能；智能与机器的融合，即机器智能。国际上技术超前且有一定代表性的是美国谷歌公司和纽曼塔（Numenta）公司，谷歌不仅有家喻户晓的"阿尔法狗"（AlphaGo）人工智能系统，该公司还合作研发"溪流"（Streams）系统，主要是结合人工智能技术实现对大量诊断结果的快速查看和分析，优化治疗方案；纽曼塔公司研发多项人工智能技术，广泛应用于对社交平台、视频监控平台、股票交易平台的数据流量的自动检测预警。当前的智能化呈现出宏观样本数据及瞬时分析支撑微观个体的及时反应的特点，并且呈现出深度模拟人脑的趋势。

二是微型化。世界科技发展呈现出与个人深层次交织、融合的走势特点，无论是工作生活，还是环境营造等方面。在高德纳公司（Gartner）所列举的关键技术中，多数都是应用在相对较小的空间或针对个人的细微需求，其列举的关键技术智能微尘、虚拟个人助理、智能工作空间、情感运算、碳纳米管电池等都体现了这一重要趋势。以智能微尘为例，连续两年处于新兴技术成熟度曲线上升阶段的起始位置，这说明其研发难度非常之大，同时也说明这种微型化技术已经受到相关国家的重视，例如美国南加州大学机器人研究实验室受美国国防部高级研究计划局（DARPA）资助，对智能微尘展开研究，主要目的是使微粒尽可能小，对微小尺寸的微尘进行供电，并使微粒尽可能的便宜。微型化的发展趋势将深度带动材料、能源、信息等领域的变革。

三是个性化。个性化主要是人们根据自身、工作场所、家庭环境、商业生态系统的发展对高新技术提出定制需求。在高德纳公司（Gartner）

所列举的关键技术中，4D 打印、个人分析等都体现了这一特点。例如 4D 打印技术，就是在传统 3D 打印的概念中加入了"时间"元素，被打印物体可以随着时间的推移而在形态上发生自我调整。这项技术甚至不需要打印机器，就可以直接让材料快速成型，堪称革命性技术。4D 打印技术将可以应用到家具、自行车、汽车甚至是医疗领域。不过，由于解码的步骤非常复杂，目前 4D 打印技术还只能"打印"可以自动变形的条状物体。根据高德纳公司（Gartner）的报告，美国麻省理工学院、哈佛大学、威斯生物工程研究所、美国国防部高级研究计划局都对 4D 打印表现出一定的兴趣，并且合作创建出第四维度（时间）上产生性能变化的微型 3D 打印对象，比如能在水里改变形状的水凝胶复合结构。

无论是 4D 还是 3D 打印，高端材料都最为关键，若受制于人，则处处被动。上海在针对大客机、航天装备、生物医用和高端制造产业中，一批异形、复杂和技术要求高的关键部件的 3D 成型技术和装备都积累了一定的基础。

四是精准化。高德纳公司（Gartner）列举的平台革命可以理解为传统技术基础设施平台向生态系统精准服务平台的转变，以满足人与技术之间动态互动需求，其列举的关键技术有人体机能增强、情感运算、区块链，软件定义一切（SDx）等。例如人类机能增强技术能够充分体现当今科技的精准化特点，2013 年，德国图宾根大学的科学家开发出一种微芯片，该芯片约为 3 毫米大小，由 1500 个像素点构成，每个像素点都有自己的放大器和电极，通过手术植入患者的视网膜表面下方，能使得视网膜病变的盲人重见光明。在精准化特色下，建议商业生态服务平台、区块链等可以获取商业价值，符合市场化竞争范畴，交由企业去做。

2019 年国际文化科技前沿趋势发展研究

报告摘要：本报告是对 2017 年度至 2018 年初发生在国际数字创意产业领域动态趋势的观察研究；使用的研究方法主要是根据《2009 年联合国教科文组织文化统计框架》中文化产业类别框架中的关键词与 Gartner 新兴技术成熟度曲线涉及的关键词综合检索案例；数据及案例来源包含了各种主流媒体新闻来源、博客、研究报告、流行文化作者独立观察等。今年报告主要包含博物馆、音乐、游戏、设计、旅游、教育、体育等多个领域的文化科技融合状态。

关键词：文化产业、创意经济、高新技术、数字化转型、文化科技

一、2018 年全球文化科技发展趋势综述

（一）全球经济：数字经济推动全球经济复苏

联合国《2018 年世界经济形势与展望》报告指出，2017 年全球经济增长速度达到 3%，是 6 年以来的最快增长。2017 年，全球约有三分之二的国家增长速度高于上一年，并预计全球 2018 年和 2019 年经济增长预期也将稳定在 3% 左右。在区域方面，报告显示东亚和南亚仍将是世界上最具经济活力和增长速度最快的区域。2017 年，东亚和南亚经济增长占到全球近一半，区域 GDP 增长为 6.0%，高于世界其他区域；中国 2017 年的经济增长将达到 6.8%，对全球经济增长的贡献约占三分之一。联合国贸易与发展会议发布的《2017 年信息经济报告》指出，数字经济的扩张速度呈指数比例；仅在 2012 到 2015 年之间，全球数字经济的规模从 1 万 6000 亿美元增长到 2 万 5000 亿美元；此外，数字经

济产生了一些颇具规模的现象，如，信息和通信技术产品与服务的生产占全球国内生产总值的比例达到了 6.5%，在 2010 年到 2015 年之间，信息和通信技术服务的出口量迅猛增长了 40%，三维打印机的出货量预计将从 2016 年的 45 万台增长到 2020 年的 670 万台，在三年的时间内会增长 15 倍。同时，到 2019 年，全球互联网的流量预计将是 2005 年的 66 倍。报告认为，数字经济的迅速发展得益于扩大了高速宽带的接入，信息和通信技术设备和软件的成本大幅降低等诸多因素，例如，1GB 硬盘存储容量的平均成本 1980 年为 40 万美元，而 2016 年降至 0.02 美元。报告显示，数字经济在发展中国家迅速扩张——在 2012 到 2015 年之间第一次上网的 7 亿 5000 万人当中，有近 90% 都来自中国和印度。其中，印度有 1 亿 770 万，中国占 1 亿 2000 多万。报告特别强调，随着数字化的进一步发展，信息和通信技术、电子商务和其他数字应用正在帮助发展中国家越来越多的小企业和企业家进入全球市场，并开辟了新的创收方式。

  我国高度重视数字经济发展的相关战略；在 2016 年 G20 峰会提出《数字经济发展与合作倡议》后，2017 年《政府工作报告》首次写入"数字经济"，并强调"推动'互联网+'深入发展、促进数字经济加快成长"。2017 年 G20 峰会上，习近平主席再次指出，"我们要主动适应数字化变革，培育经济增长新动力，积极推动结构性改革，促进数字经济同实体经济融合发展。"近年来，通过大力实施国家信息化发展战略、国家大数据战略、"互联网+"行动计划等一系列重大举措，数字经济已成为中国发展最快、创新最活跃、辐射最广的领域。根据中国信通研究院（以下简称研究院）测算，2016 年中国数字经济总量达到 22.6 万亿元，占 GDP30.3%。同比名义增长超过 18.9%，显著高于当年 GDP 增速；数字经济在国民经济中的地位正在不断提升。但与发达国家相比，虽然目前我国数字经济规模位居世界第二，但和美国仍有差距，占 GDP 比重也低于美国、英国和日本（见图 13）。

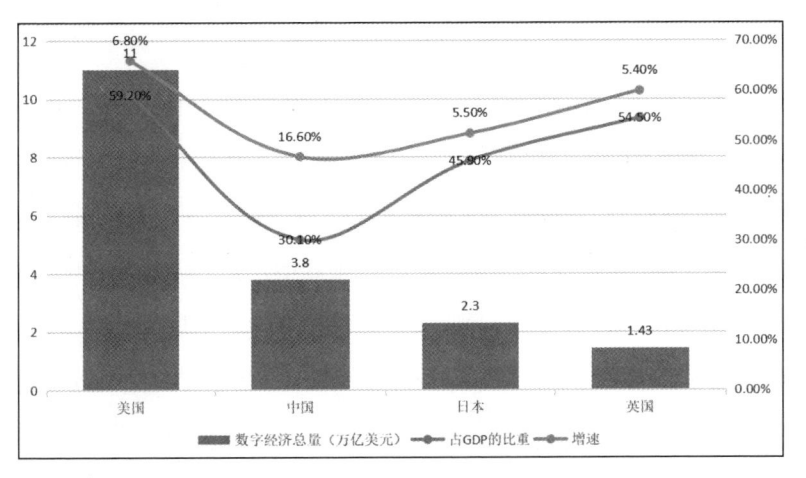

图13 2016年全球主要国家数字经济发展状况

在数字经济结构方面，2016年中国数字经济中融合部分占数字经济比重高达77%，规模为17.4万亿元，占GDP比重23.4%；是带动中国经济增长的最强动力（见图14）。在各产业门类中，数字经济发展并不均衡，发展呈现出三二一产业逆向渗透的趋势：服务业中数字经济占行业比重平均值为29.6%，工业中数字经济占行业比重平均值为17.0%，农业中数字经济占行业比重平均值为6.2%。[①]目前来看，国内第三产业中数字经济发展较为超前，起到了引领作用。

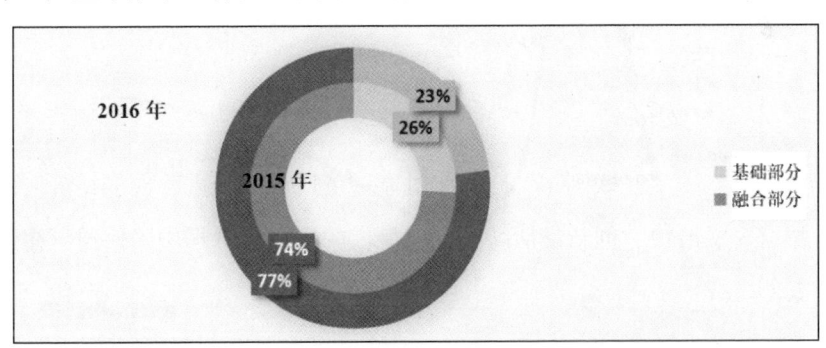

图14 2015—2016年中国数字经济基础与融合部分占比

---

① 数字经济融合部分，传统产业由于应用数字技术，所带来的生产数量和生产效率提升，其新增产出构成数字经济的重要组成部分。

（二）科技发展：技术创新助力中国数字经济发展

2017年7月，高德纳公司（Gartner）发布的2017年Gartner新兴技术成熟度曲线列出了32项新兴技术的成熟度及其被主流采用的时间预期（见图15）。并指出三大技术趋势（见表33）：无处不在的人工智能、透明沉浸式体验和数字化平台。无处不在的人工智能是由于计算能力快速提升、数据量不断增加、深度神经网络向前推进，人工智能技术将在未来十年展现出强劲的颠覆力。透明沉浸式体验。技术持续发展并将更加以人为中心，使得人、企业、物体之间更透明。数字化平台。新兴技术对支撑平台提出了变革的要求，以更好地提供所需的海量数据、先进计算能力和无处不在的生态环境。从分割化的技术基础设施到生态环境使能平台的转变，为连接人与技术的全新商业模式奠定了基础。区块链、机器学习和深度学习、物联网平台，当前整体上都还是处于过热的泡沫期，报告认为这几项技术普遍还需要5—10年的时间进入成熟期，然后才能进入这些技术相互融合、正向促进的发展阶段。

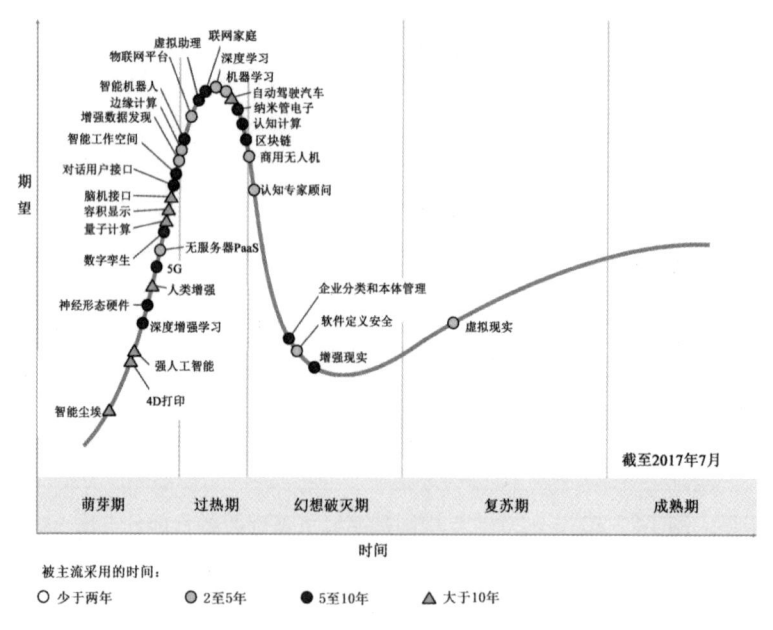

图15　2017年Gartner新兴技术成熟度曲线（来源：高德纳公司2017年7月）

表33　2017年Gartner新兴技术成熟度曲线主要技术趋势及关键技术

趋势	无处不在的人工智能	透明的身临其境体验	数字化平台
关键技术	深度学习	4D打印	5G
	深度增强学习	增强现实	数字孪生
	强人工智能	脑机接口	边缘技术
	自动驾驶汽车	联网家庭	区块链
	认知技术	人类增强	物联网平台
	商用无人机	纳米管电子	神经形态硬件
	对话用户接口	虚拟现实	量子计算
	企业分类与本体管理	容积显示	无服务器PaaS
	机器学习		软件定义安全
	智能尘埃		
	智能机器人		
	智能工作空间		

以上重要新兴技术领域，我国相关技术产业成长性突出；麦肯锡公司发布的《数字中国：提升经济全球竞争力》报告指出，中国在虚拟现实、自动驾驶、3D打印、机器人、无人机、人工智能等多个数字经济领域的风险投资规模均位列全球前三。在企业方面，阿里巴巴已成为世界云计算领域的"领跑者"，搭建了全球最大的弹性混合云架构，云服务收入全球第三。百度、科大讯飞、腾讯积极布局人工智能领域，在无人驾驶、语音识别等方面具备国际领先水平。2017年，华为公司联合德国电信推出全球首个5G商用网络，中国移动、中国联通也在5G领域布局完成。结合以上技术变化趋势来看，新一代信息技术将使得全球经济形态发生巨大变化，将融入产业创新和升级的各个环节；并不断涌现出更多细分和新兴领域的独角兽企业。

（三）产业背景：文化科技融合带动作用凸显

在全球经济中最具活力的部门中，文化产业不仅在其端到端的价值链中创造了就业机会和经济机会，而且还具有更广泛的社会和文化意义。创意产业为国家和地区提供了强有力的方式来与世界其他国家进行培养和分享其独特的文化身份。第四次工业革命与创意经济的融合正在改变内容的创建，分配和消费方式。作为全球经济增长的主要动力，技术将使产品和服务数字化。这提供了新的市场机会，并以新的效率和生产率收益重振了传统行业。

数字创意产业是数字经济融合部分的重要组成部分；由于文化创意产业本身智力高度密集、高附加值、可持续的产业特征，与信息科技深度融合后，对更广泛的经济部门具有提质增效、转结构、促消费、扩就业的独特作用；因此，也被认为是全球数字经济发展的"火车头"①（2015，联合国教科文组织）。在国内，2016年12月，国务院发布了《"十三五"国家战略性新兴产业发展规划》（以下简称《规划》）。《规划》首次将数字创意产业纳入与新一代信息技术、生物、高端制造、绿色低碳产业并列的战略性新兴产业发展的五大支柱之一，并提出，到2020年，形成文化引领、技术先进、链条完整的数字创意产业发展格局，相关行业产值规模达到8万亿元。

国家统计局数据显示，2016年前三季度全国规模以上文化及相关产业企业营业收入55881亿元，比上年同期增长7.0%（名义增长未扣除价格因素），增速尽管比上半年回落0.9个百分点，但依然保持较快增长。其中，实现两位数以上增长的行业分别是：以"互联网+"为主要形式的文化信息传输服务业，营业收入3917亿元，增长30.8%；文化休闲娱乐服务业878亿元，增长20.1%；文化艺术服务业203亿元，增长17.7%；文化科技融合带动作用凸显。

---

① 联合国教科文组织、国际作家与作曲家联合会（CISAC）和安永会计师事务所（EY）：《文化时代——第一张文化与创意产业全球地图》（Cultural Time—The first global map of cultural and creative industries），2016。报告分析了文化产业全球五大区域11个行业的产值数据。

二、2018年国际文化科技趋势案例

（一）趋势1 博物馆：线上博物馆

全球博物馆的数字化转型正在加速。数字化转型意味着一套综合性和统一的方式来将技术、内容、访客、传播、管理等整合在一起。国内外博物馆不约而同地都在推进数字化进程，通过制定一系列新的数字化和智能化流程重组来优化、提升博物馆的运营价值和效率。

1. 市场与企业

据主题娱乐协会[①]（Themed Entertainment Association）联合AECOM共同发布的《2016全球主题公园和博物馆报告》显示（以下简称《报告》），全球访问量TOP20的博物馆在2016年创造了1.08亿游客人次的新高，实现了1.2%的增长。整体来看，世界各地区博物馆游客量的增长率自2012年以来一直处于2%至3%之间（见图16）。

在区域方面，亚洲地区博物馆在过去几年高达9%的游客接待增长率量，为全球博物馆访问量增长做出重要贡献；2016年亚洲博物馆游客量增长了3.1%，主要原因是中国地区在政府政策的鼓励下每年新建上百个博物馆，并投入大量资金支持博物馆免费对外开放。美国和欧洲博物馆市场相对成熟，每年的游客量增长将近1%；北美、欧洲地区排名前20位的博物馆的游客量主要受特定展览或者项目的影响而发生波动。欧洲地区由于政治、安全等外部因素影响，则呈现出明显的高低落差。如，英国泰特美术馆完成扩建后游客量增长近25%，俄罗斯特列季亚科夫画廊的游客量增长近一半；而巴黎卢浮宫的游客量却同比下降近15%。

---

① 主题娱乐协会（TEA）是代表全球领先的创造者、开发者、设计者和制作者的国际非营利协会。TEA的1300多家会员公司拥有约10,000名创意专家，从建筑师到设计师、技术专家到规划大师、布景装配师到艺术家、施工专家到可行性分析师，分布在40个不同国家。

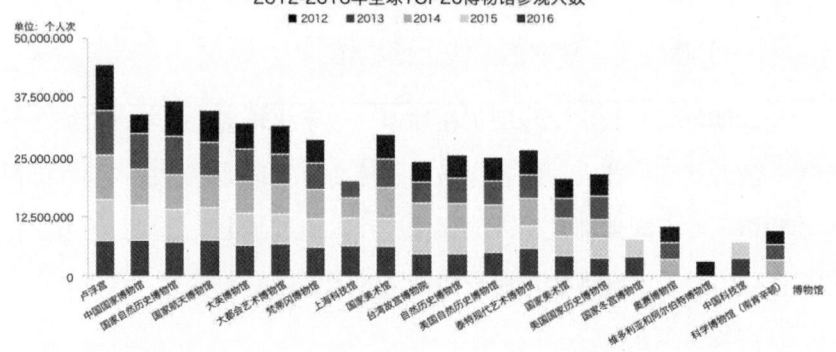

图 16 2012—2016 年全球 TOP20 博物馆参观人数

在国家层面，变化最大的是中国的博物馆，2012 年在全球访问量 TOP20 的博物馆中中国占两席，分别是中国国家博物馆（14 名，410 万人次）和中国地质博物馆（19 名，300 万人次），全球访问量整体占比为 7%；在亚洲地区 TOP20 博物馆中占 9 席，游客访问量占比约 18.9%。但是在 2016 年，中国国家博物馆以 755 万人次的游客量取代法国的卢浮宫首次成为世界上游客量最大的博物馆，在全球访问量 TOP20 的博物馆中有三家，游客访问量整体占比为 16%；在亚洲地区 TOP20 博物馆中，游客访问量占比达到 51.9%。但是，在访问量迅速增长的同时，在艺术新闻给出的 2016 年《全球最受欢迎的展览》中，中国博物馆的展览并没有入榜，亚洲十大最受欢迎展览均在日本和韩国。

基于以上全球博物馆发展趋势，科技的迅速发展为博物馆带来更广泛的参与、交流条件。同时也带来了新的机遇，使更多的企业、机构参与其中。在博物馆方面，欧美地区环境的变化带来巨大挑战，包括经费减少、政治环境不稳定使游客减少、工作人员缺乏专业技能，不能保持博物馆与观众群体间的紧密联系等问题。由此导致博物馆需要利用新兴技术、数字渠道来发展和维系观众关系，创造新的访问、筹款方式、数字产品创收来弥补资金的不足。欧美大型博物馆围绕其业务发展近年都制订了相应策略，招聘数字业务负责人组建数字化部门来实施一系列的转型[①]；这些策略包含了内部 IT 管理系统的升级、社交媒体营销、观众数据分析管理等，采用科技手段改变收藏品的展出方式和游客欣赏收藏品的途径。同时，对于人工智能、VR、AR 等新兴技术的关注和应用案例也越来越多；对于小型文博机构，也有非营利组织和企业等不同机构对其数字转型或运营提供服务，美国的咨询机构 TRG Arts 以数据为核心驱动为欧美逾 1200 个非营利艺术机构提供咨询服务；瑞典 Axiell 集团致力于为博物馆等全球文化领域提供创新数字化解决方案[②]，Axiell 的管理系统已经在 55 个国家的 3400 多个机构中使用，目前是这一行业中最大的企业之一。此外，谷歌艺术计划这样的大型互联网平台可以让较小的博物馆在网上得到展现。

科技企业方面，2017 年科技巨头纷纷与博物馆领域合作，探索技术产品在文化遗产领域的应用；谷歌下的谷歌文化研究院（Google Cultural Institute）是最早与博物馆等文化机构合作的科技企业之一，最初借助于谷歌街景技术和高清技术，针对博物馆做数字化和 360 度的全景图像在线展示；2016—2017 年谷歌文化学院在巴黎、印度分别设立实验室，帮助当地博物馆进行数字化；同时，谷歌开始将计算机视觉与机器学习等各类科技手段用于这些艺术品组织，在平台上建立了文化与艺术实验室，包含 AI、安卓、AR、VR、语音等实验室。并发布了一个名为"X 度分离"（X Degrees）的实验项目，这是一个互动在线项目，通过使用图像识别技术、神经网络系统训练机器学习，使用算法从图库

---

① Axiell 集团：*Digital Transformation in the Museum Industry*，2016，http://alm.axiell.com/wp-content/uploads/2016/07/Axiell-ALM-Digitise-Museums-Report.pdf. 报告汲取了 70 多位世界各地博物馆专业人士的意见，探索当今博物馆的数字战略；

② Axiell 集团由 Axiell 公共图书馆，Axiell ALM（档案馆，图书馆和博物馆），Axiell Education 和 Axiell Media 四个业务领域共同为全球文化领域提供创新解决方案。xiell 还为用户提供图书馆后勤服务和产品以及 Vital Records Management 系统。

中找出其他图片,使得挑选出的两张图片产生视觉联系(非元数据关联)。目前为止,谷歌艺术计划的规模已经不容忽视,该项计划数据显示目前已有70多个国家700多家机构成为平台合作伙伴。据不完全统计,仅2016—2017年,谷歌公开筹办的数字文化活动项目中,合作对象就包含全球几百个博物馆及艺术机构,内容类别包含印度、拉美、时尚(We Wear Culture)等。此外,科技企业以不同的服务形式进入文化领域,IBM巴西分公司于2017年宣布与圣保罗美术馆合作推出"艺术之声"[1](A Voz da Arte)项目,该项目采用沃森人工智能平台,让博物馆之行更具互动性。沃森通过移动应用程序和技术,回答观众各种问题。沃森与其他语音导览不同之处就在于:其不依赖预先备好的音频剪辑片段,而是利用IBM Bluemix云平台提供的信息,通过具备认知能力的聊天机器人与观众进行实时交流;沃森还可以被用来帮助观众规划参观、预订票务和探索线上资源。此外,Facebook通过网络直播节目,将分布在三大洲五个不同的博物馆中的五幅文森特·凡高的"向日葵"画作,在虚拟现实、CGI和摄影的帮助下同时出现在一个360度的视频空间里。中国智能手机制造商华为与位于杜塞尔多夫的NRW Forum达成合作,这是一家专门从事摄影和数字文化的当代博物馆;未来两家将有很多基于手机的艺术合作。

2. 国际发展概况

由于博物馆的在文化领域的特殊性;数字化转型已经成为各相关方所关注的对象。近年来,欧洲、北美地区国家对于博物馆等文化艺术机构的预算持续缩减;如美国从2010年至2015年文化艺术领域预算已经减少了14%。但在亚太区域,澳大利亚政府在2017—2018年度财政预算案中概述了一系列数字化转型举措,表示将对博物馆系统进行现代化

---

[1] *Art's New Digital Patrons.* https://global.handelsblatt.com/companies-markets/arts-new-digital-patrons-835390.

整合，并培训员工数字化技能；中国政府对于博物馆方面的政策支持也逐年加强。

近年各个国家和地区的博物馆委员会对于支持博物馆数字化转型的举措主要可以分为几方面：为博物馆创建数据工具、数字参与的评估、博物馆从业人员的数字化培训、促进艺术数字创新。在数字工具方面，英格兰艺术理事会资助非营利机构 Audience Agency 开发（并委托管理管理）的博物馆数据工具 Audience Finder，帮助英国的博物馆和艺术机构拓展新的受众群体。在数字参与和技术应用评估方面，美国国家艺术基金会和英国艺术委员会定期评估国内博物馆等文化机构的"数字参与"和技术应用状况。在数字化培训方面（数字环境下博物馆人员需要具备的技能是各类组织讨论最多的议题之一）；欧洲文化行动组织①支持了名为 Mu.SA "博物馆联盟"的培训项目，帮助文化专业人员加深博物馆数字化转型的知识和技能。② 与此同时，为了激发和支持更多文化艺术与数字科技结合的创新，2016年英国艺术委员会发起"数字艺术和文化促进者（DACA）"——一个专门支持艺术领域科技产品（针对非营利艺术机构工作的专业人士）的加速器；首期9个项目入选。包含采用三维投影图像结合语音识别技术讲述博物馆故事的内容制作团队。

可以看到，在一个以网络、智能技术为基础的世界里，博物馆需要不断地重塑自身，创造途径与观众交流，利用馆藏作为和观众的连接点，探索新的更有效的可持续发展模式，成功的数字化转型需要文化领域适应技术发展趋势的整体规划和所有相关方的"全员参与"。

---

① 于1992年以"欧洲艺术与文化遗产论坛"（EFAH）的名义成立。

② Mu.SA: *Museum of the Future. Insights and reflections from 10 international museums*, 2016: http://cultureactioneurope.org/files/2017/05/Museum-of-the-future.final_.pdf.

3. 国际文化科技案例

案例一：Audience Agency——基于数据共享的访问者洞察工具

基本情况：根据英格兰艺术理事会（Arts Council England）数据，英国仅有约三分之一的人定期参与公共文化活动。为了促使更多的人参与文化活动，文化机构需要更多地了解公众和社区的需要，从观众参与的方式中获得灵感来制定、策划以观众为中心的互动和营销策略。2012年，英格兰艺术理事会资助Audience Agency[①]（非营利机构）开发了基于全国文化机构数据共享的分析工具Audience Finder[②]，这是一个免费的全国文化机构观众数据分析工具，使文化机构能够了解、比较观众参与状况，并最终制定相应运营策略。

运营及技术特色：Audience Finder不仅是数据分析工具，也是一个全国性的观众数据开发计划，使文化组织能够分享、比较和应用数据。在组织方面，英格兰艺术理事会规定，在2016年3月31日之前，所有国家资助机构（NPOs）都要相互达成数据共享协议；并且建议数据共享协议以约定和互惠的方式管理彼此用户数据的使用；同时给出了数据保护的指导意见。其委托机构Audience Agency也会定期审查技术和组织流程，以确保数据的安全性。

在数据来源方面，Audience Finder主要收集三种类型的数据：受众调查的定量数据（受众调查定量数据主要是由实地考察人员在观众访问文化活动或现场期间面对面调查；或向观众发送电子邮件进行调查）、票房系统的票务数据[③]、博物馆管理数据。目前为止，官网公开

[①] Audience Agency：是由英格兰艺术理事会资助的文化部门数据服务机构；为英格兰和威尔士各地的艺术和文化组织提供咨询和研究服务的机构。

[②] Audience Agency在2012年接受了英格兰艺术理事会通过ACE Audience Focus基金资助的350万英镑，用于建立收集，使用和分享知识的基础设施。

[③] 数据是使用数据提取用户端（DEC）自动从票房系统中提取出来的，DEC是一个软件，可以提取所需的源数据并将其安全地传输到Audience Finder的数据仓库。

数据显示，数据库将英国所有博物馆访客的数据与来自800多家文化机构的数据汇集在一起，包含了来自英国所有主要艺术和文化机构超过1.7亿次的门票数据，5900万笔交易数据，约28万次调查和分析数据。Audience Finder界面包含了门票统计、受众调查、流量、受众分布地图等多个数据可视化在线测量和可视化分析工具，可以让组织以标准化的格式收集和分析观众数据，将数据分析的复杂性消除。

基于以上博物馆等文化机构的数据共享，Audience Agency目前为机构提供包含定制化研究、咨询、数字服务[①]、培训、营销等服务；帮助文化组织拓展观众群体。使得博物馆等文化机构在制定发展战略和观众发展计划时都能获益。

同类项目：TRG Arts是一家成立于1995年的咨询公司，公司多年前开始为文化机构提供数据库服务，以数据驱动的咨询建议服务于非营利艺术和文化组织，目前这个基于云的数据中心可将所有顾客交易数据（门票销售，会员资格和捐赠者活动）编译到一个数据仓库中，并与该地区的其他机构共享数据资源，以帮助削减活动成本；TRG Arts目前已与美国、加拿大、澳大利亚和英国的1200多家博物馆、艺术机构合作。无论是由非营利机构组织还是以企业服务的形式完成，数据共享为文博机构都带来了更多机遇。

案例二：Mu.SA项目[②]——培养数字时代的博物馆专业人士

基本情况：由于在博物馆领域采用信息和通信技术的速度加快，出

[①] 数字服务：指提供一系列的数字化服务，帮助组织覆盖和发展在线观众。包括制定或优化机构的数字策略，了解如何更好地吸引用户的受众，并学习如何衡量用户的在线活动的价值。

[②] Antonia Silvaggi：*MUSEUM PROFESSIONALS IN THE DIGITAL ERA – AGENTS OF CHANGE AND INNOVATION*, 2017, MUSA, http://www.project-musa.eu/blog/2017/06/23/museum-professionals-in-the-digital-era-agents-of-change-and-innovation.

现了越来越多新的工作技能和岗位需求。欧洲文化行动组织[1]支持了博物馆行业技能联盟举办的名为 Mu.SA 的培训项目，该项目旨在解决教育培训与博物馆应用领域日益脱节的问题。为帮助文化专业人员加深博物馆数字化转型的知识和技能，Mu.SA 项目设计了独特的培训方法，培养 700 多名参加 MOOC 的博物馆专业人员和至少 75 名参与专业化课程的博物馆专业人员。除了课程同时产出了一套报告、方法论、资格标准作为其主要成果[2]。

运营及技术特色：博物馆行业技能联盟根据以往的 eCult Skills 项目研究支持博物馆专业人士进行数字化转型的必要技能和能力。Mu.SA 项目在希腊、意大利和葡萄牙组织了三个小组，对欧洲各地的博物馆馆长，交流负责人，项目经理，决策者，信息通信技术公司和媒体经理进行了多次采访。最终确定了博物馆四个新兴职位及能力概况：数字战略经理、数字藏品策展人、在线社区经理、数字互动体验开发人员。这项研究强调高层管理人员必须将数字化作为一个元素，与博物馆的使命相一致，与新的和现有的观众发展有意义的关系。博物馆需要以观众为中心，开展数字化转型计划，根据受众研究和用户需求分析，分配财力和人力资源。根据现有的作用和任务，为所有博物馆的工作人员提供新技术工具；归因于新兴职位概况的许多职能和能力应该嵌入到团队的背景中。

Mu.SA 项目将产生一系列创新性成果，其中包括欧洲新兴的博物馆工作岗位概况，作为欧洲博物馆的共同参考；以及方法论、能力模型及标准等（见表 34）：

---

[1] 于 1992 年以"欧洲艺术与文化遗产论坛"（EFAH）的名义成立。
[2] Mu.SA："未来的博物馆"的报告，2016，http://cultureactioneurope.org/files/2017/05/Museum-of-the-future.final_.pdf.

表34 Mu.SA项目最终产出成果

报告	博物馆部门技能供求情况和培训报告，博物馆专业人员新兴工作技能概况、评估报告，列出以上成果的开发计划和可能的开发路线图。
方法和政策	在博物馆领域实现模块化高质量的职业教育与培训课程，将职业教育与培训课程关联到参与国的EQF①（欧洲资格认证框架）和NQF（国家资格②）中。
标准	使用EQAVET③（欧洲资格保证参考框架）的VET④课程质量保证，将VET课程关联到参与国的EQF和NQF。应用ECVET（欧洲职业教育和培训学分制）来促进学习和流动的认可。
职业教育与培训课程	基于能力的模块化职业教育与培训课程。
数字化内容	数字化OER⑤（开放的教育资源），内容支持应用开发，组件集成，测试，解决方案部署以及创新，沟通，创业，用户支持，业务计划开发等横向能力，产品服务计划等。
课程	通过MOOC的形式将新兴职位的基础课程提供给所有在欧洲和世界各地的博物馆专业人员，同时包含专业化培训课程，包括网络学习。现场讲座和基于工作的实践学习。
在线工具	在线培训和协作平台，激发知识，经验和最佳实践的共享和交流，在项目的整个生命周期内提供社区支持。

---

① 欧洲资格框架（EQF）：是一个通用的欧洲参考框架，其目的是使资历在不同国家和系统中更具可读性和可理解性。EQF的核心是根据学习成果定义八个参考水平，即知识，技能和自主责任。学习成果表达了个人在学习过程结束时所了解、理解和能够做到的事情。各国制定国家资格框架（NQF）来实施EQF。EQF的实施基于欧洲议会和理事会于2008年4月23日通过的"欧洲终身学习资格框架建议书"。

② 国家资格框架：资格框架是一种形式化的结构，使用学习水平描述符和资格来理解学习成果。这使得能够开发，评估和改善多种环境下的优质教育。

③ EQAVET：是一个实践社区，汇集了会员国，社会伙伴和欧盟委员会，通过使用欧洲质量保证参考框架，旨在帮助欧盟国家在共同商定的参考基础上促进和监督职业教育和培训体系的持续改进。该框架不仅有助于提高职业教育质量，而且通过建立职业教育与培训体系之间的相互信任，使一个国家更容易接受和认识不同国家和学习环境下的学习者获得的技能和能力。促进欧洲在开发和改进职业教育与培训质量保证方面的合作。

④ VET：由政府和产业界合作运营。VET资格证书由政府设立的职业技术与继续教育（TAFE）学院和众多私立培训机构颁发。政府负责出资、制定政策以及VET部门的监管和质量保证工作。产业界和用人机构则协同制订培训计划和优先项目，协助定制有助于工作者提升技能的学历资格课程。

⑤ OER：免费和公开授权的教育资料，可用于教学、学习、研究和其他目的。

续表

传播材料	所有主要欧洲语言的传播材料，项目网站，科学出版物，白皮书和总结项目成果的书记著作。
会议	保持博物馆部门利益相关者之间关于新兴工作岗位，技能短缺，培训需求，就业能力等方面的对话（每个国家300名参与者）。

Mu.SA 项目不仅是一个博物馆人才数字技能的短期培训，更是系统的从博物馆数字转型发展需求研究了所需要的新兴职位能力模型，并付诸培训课程内容；同时将评价标准纳入欧洲职业资格认证和终身学习体系，召开会议确保包括学习者，博物馆，职业教育与培训机构以及其他利益相关者和实践社区在内的国家部门联盟保持对话，使项目长期可持续。

同类项目：此外，美国、欧洲各个博物馆都召开了与数字技能相关的培训，英国文化协会[①]也开办了文化技能学院；该学院是为了响应文化机构不断变化的技能需求；为在文化部门工作的人量身打造的系列培训课程，内容由"为文化从业者设计数字化策略、培养观众—设计受众发展策略、为文化从业者设计商业模式"三部分短期课程组成。

培养数字时代的博物馆专业人士：博物馆的数字转型是以人为核心，作为执行者的人更是推动转型的核心。由于在博物馆领域采用信息和通信技术的速度加快，出现了越来越多新的工作技能和岗位需求。美国、欧洲各个博物馆都召开了与数字技能相关的培训。欧洲文化行动组织[②]支持了博物馆行业技能联盟举办的名为 Mu.SA 的培训项目，该项目旨在解决教育培训与博物馆应用领域日益脱节的问题。为帮助文化专业人员加深博物馆数字化转型的知识和技能，Mu.SA 项目设计了独特的培训方法，培养700多名参加 MOOC 的博物馆专业人员和至少75名参与

[①] 英国文化协会：成立于1934年。是英国文化关系和教育机会的国际组织；目前组织已经扩展到全球100多个国家的200多个办事处。

[②] 于1992年以"欧洲艺术与文化遗产论坛"（EFAH）的名义成立。

专业化课程的博物馆专业人员。除了课程同时产出了一套报告、方法论、资格标准作为其主要成果[①]。

4. 产业发展趋势

以人为中心的数字转型规划：在过去的5—10年里，博物馆从最初搭建网站和藏品的数字化、通过社交媒体传播和内部管理的数字化提升到全方位的数字化转型，全球部分博物馆逐步实现了数字化转型。主要是通过一系列新的系统，流程和模型来优化博物馆的运营价值和效率，在这一过程中围绕自身的业务需求借鉴了企业数字化转型的方式：如制定数字战略及聘请数字负责人、工作人员数字技能培训；通过实施数字馆藏管理系统改善资产管理；采用管理系统，改善财务，时间，资源和用户管理等内部流程；通过一系列新技术设计数字产品吸引观众数字参与；收集、分析大量受众数据集以制定运营策略；通过电子商务系统创收。博物馆在最初阶段设定数字战略来铺设一条清晰的发展道路，从而指导机构的数字化变革。通过梳理多份国际博物馆的数字化转型规划，总结了以下转型方式的共性特点和产品可用技术（见表35）：

表35 全球博物馆数字转型规划主要策略

	方式	产品及可用技术
管理	制定数字战略及聘请数字负责人、工作人员数字技能培训。	制定与发展目标相符的人才能力模型。
	通过实施数字馆藏管理系统改善资产管理。	3D扫描技术、非结构可扩展数据库、建立搜索引擎及标签系统、多媒体资源池、RFID及Beacon技术（藏品管理）。
	采用管理系统，改善财务，时间，资源和用户管理等内部流程。制定数字KPI、建立数据中心。	BI、CRM等各类业务信息系统、馆内监测设备、系统。
传播推广	数字营销策略；通过社交媒体推广博物馆计划，活动，馆藏和其他内容。	移动互联网、社交媒体、大数据分析、人工智能（信息个性化推送）。

---

① MUSA："未来的博物馆"的报告，2016，http://cultureactioneurope.org/files/2017/05/Museum-of-the-future.final_.pdf.

续表

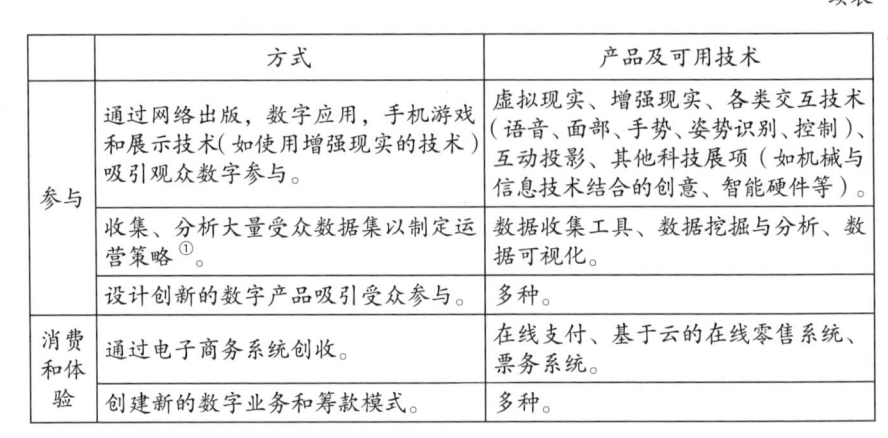

方式	产品及可用技术
参与	通过网络出版，数字应用，手机游戏和展示技术(如使用增强现实的技术)吸引观众数字参与。	虚拟现实、增强现实、各类交互技术(语音、面部、手势、姿势识别、控制)、互动投影、其他科技展项(如机械与信息技术结合的创意、智能硬件等)。
	收集、分析大量受众数据集以制定运营策略[①]。	数据收集工具、数据挖掘与分析、数据可视化。
	设计创新的数字产品吸引受众参与。	多种。
消费和体验	通过电子商务系统创收。	在线支付、基于云的在线零售系统、票务系统。
	创建新的数字业务和筹款模式。	多种。

数据共享提升博物馆运营效率：为了促使更多的人参与文化活动，文化机构需要更多地了解公众和社区的需要，从观众参与的方式中获得灵感来制定、策划以观众为中心的互动和营销策略。2012年，英格兰艺术理事会资助Audience Agency[②]（非营利机构）开发了基于全国文化机构数据共享的分析工具Audience Finder[③]，使文化机构能够了解、比较观众参与状况，并最终制定相应运营策略。同样，美国咨询公司企业TRG Arts以数据驱动的咨询建议服务于非营利艺术和文化组织，企业建立基于云的数据中心将所有顾客交易数据（门票销售、会员资格和捐赠者活动）与该地区的其他机构共享数据资源，以帮助削减活动成本。目前已与美国、加拿大、澳大利亚和英国的1200多家博物馆、艺术机构合作。

人工智能逐步融入博物馆服务：随着人工智能等前沿技术成本更加低廉、性能不断提高，开始在被越来越多的博物馆采用（英国泰特美

---

① Audience Finder：文博领域的数据共享网络。

② Audience Agency：是由英格兰艺术理事会资助的文化部门数据服务机构，为英格兰和威尔士各地的艺术和文化组织提供咨询和研究服务的机构。

③ Audience Agency 在2012年接受了英格兰艺术理事会通过ACE Audience Focus基金资助的350万英镑，用于建立收集、使用和分享知识的基础设施；

术馆、挪威国家博物馆、法国凯·布朗利博物馆等）；IBM 公司开发的 Watson、英特尔、谷歌、Facebook 的 M 和亚马逊的 Alexa 都在积极寻求与文化机构的合作；人工智能不仅可以替代员工，还可以让那些无法负担资深专家薪酬的较小型博物馆享受人工智能提供的各类服务——研究、教育、营销、通讯、数据分析等方面。人工智能可以创造出更多的意义与联系，成为博物馆运营的重要工具。

（二）趋势 2 音乐：科技孕育音乐产业新形态

2016—2017 年，全球数字音乐收入首次占到了录制音乐总收入的 50%，其中流媒体音乐占数字音乐收入的 59%[①]。由于流媒体带来了海量数据与商业模式的变化，全球音乐科技投资一路飙升；在激烈的数字竞争环境下，欧美国家投资方向聚焦于数字版权（邻接权）管理、音乐数据分析；此外非科技企业（环球、索尼等）加大对音乐科技的投资，建立多个针对音乐科技企业的孵化；并聚焦于人工智能等新技术与音乐产业的结合，孕育新一代产业生态。在国内，数字音乐收入整体上升了 68.6%，成为全球瞩目的流媒体音乐市场，由于版权环境的不完善和流媒体平台数据不透明，版权市场尚未形成，投资更多聚焦于音乐社交、原创挖掘等，新兴音乐社交企业开始面向欧美使用者，开辟新市场并获得认可。

1. 定义与应用

音乐产业（Music industry）：指销售音乐相关服务及产品以获取回报的行业。赚取利润的方式包含：售卖唱片、订阅付费、开演唱会等。其价值链主要包含作曲家、表演者、音乐发行商、内容传播（社区、直播、流媒体）、乐器音响商；此外还有衍生出的粉丝平台（衍生品销售等）；在支撑层有第三方数据分析、版权商、演出组织方等；融合拓展

---

① 国际唱片业协会（IFPI）：《2017 年国际音乐唱片工业协会报告》，2017。

层近年与影视、旅游、游戏都有所结合。

录制音乐产业（Recording industry）：指录音音乐产品为核心，包含录音产品销售及录音版权授权等。文中引用国际唱片工业协会（IFPI）报告的分析数据都是基于此类。

数字音乐（Digital Music）：指音乐以数字技术和格式制作、存储、复制、传输、消费，在传输过程中根据不同的技术特点分为下载音乐和流媒体音乐。

音乐生成（Music/MIDI Generation）：学术界这个领域称为Algorithmic Composition（算法作曲）；即利用人工智能、深度学习等技术和算法进行作曲。

音乐科技（技术，Music Tech）[①]：音乐科技（技术）是电脑和软件等技术在音乐创作和表演中的应用，音乐技术及其定义随着技术的发展而不断扩大。在数字技术时代，该术语通常是指在演奏，播放，录制，作曲和复制，混音，分析和编辑中使用的电子设备，计算机硬件和计算机软件。除此以外，投资领域将音乐科技泛化为利用科技支持的音乐产业新型商业模式。以下根据文献和现有音乐科技企业模式整理，包含但不限于：（见表36）

表36 音乐科技生态分类（music Technology Ecosystem）

生成音乐	录制技术及接口	版权监测/区块链	流媒体平台[②]
人工智能自动生成音乐。	提供数字录制软件或工具、语音转换接口。	数字版权以新兴技术实现音乐版税，版权现代化管理。	数字音乐内容分发、个性化推送等。

---

① 音乐科技：学术强调的是制作、创作技术，商业强调的是版权、营销等技术。

② 流媒体技术（Streaming）：又称流式媒体，是一种目前广泛使用的数据传送技术。一个完整的流媒体解决方案是相关软硬件的集成，大致包括：内容采集、视音频捕获和压缩编码、内容编辑、内容存储和播放、应用服务器内容管理发布及用户管理等。

续表

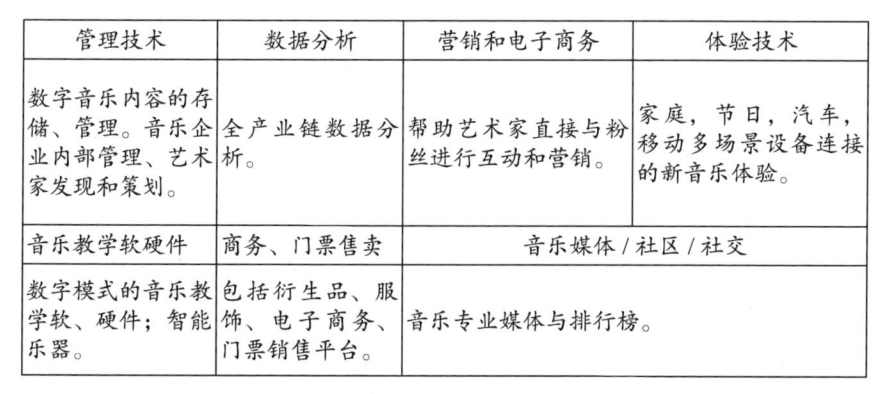

管理技术	数据分析	营销和电子商务	体验技术
数字音乐内容的存储、管理。音乐企业内部管理、艺术家发现和策划。	全产业链数据分析。	帮助艺术家直接与粉丝进行互动和营销。	家庭，节日，汽车，移动多场景设备连接的新音乐体验。
音乐教学软硬件	商务、门票售卖	音乐媒体/社区/社交	
数字模式的音乐教学软、硬件；智能乐器。	包括衍生品、服饰、电子商务、门票销售平台。	音乐专业媒体与排行榜。	

由于国内外政策、制度多方面状况有较大差异，如音乐教学软硬件属于教育领域，因此，将音乐教学软硬件放在后面教育科技中。在2016—2017年，国际资本市场对于音乐生成和邻接权代理、基于人工智能的信息匹配类项目投入较大；而国内更多聚焦于分发平台、音乐社区/社交、挖掘原创类、音乐教育培训项目。

2. 市场与企业

发展趋势：据国际唱片业协会[①]（IFPI）发布的《2017全球音乐报告》显示（以下简称《报告》），2016年全球音乐市场增长了5.9%，是报告开始追踪录制音乐市场以来的最高涨幅；也是音乐产业自2015年来的连续第二年增长（见图17）。

[①] 国际唱片业协会（IFPI）：是代表全球唱片业的国际性组织，其会员包括来自全球58个国家和地区的1300多家唱片公司，同时还在57个国家有关联组织。国际唱片业协会致力于在全球范围内增进录制音乐的价值、保护录音制作者的合法权益、拓展录制音乐的商业使用。

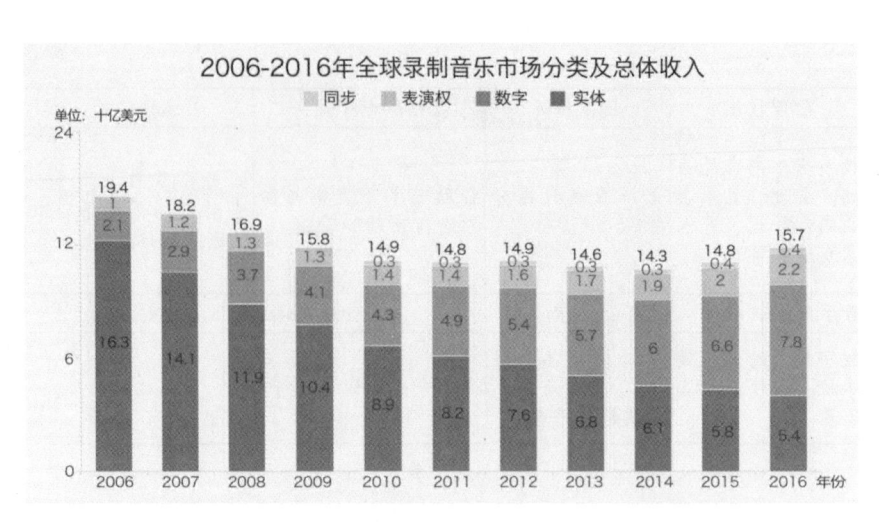

图 17　2006—2016 年全球录制音乐市场分类及总体收入

录制音乐收入分为四类：数字音乐、实体音乐、表演权、同步权收入（见图 17）。全球录制音乐总收入达 157 亿美元[1]。在整体收入中，数字收入首次占到了录制音乐总收入的 50%，增长了 17.7%，达到 78 亿美元；其中，流媒体音乐占数字收入的 59%（数字下载形式收入下降 20.5%，流媒体增加了 60.4%），全球流媒体付费订阅用户数量突破 1 亿人。此外，实体销售渠道收入继续下降 7.6%。表演权[2]收入增长 7.0%，这一收入目前占总收入的 14%，达到 22 亿美元，并初步形成了美国、英国和法国三大表演权市场。IFPI 指出表演权在未来的市场潜力巨大。此外，音乐在广告、电影、游戏和电视节目中的使用获得的同步权收入增长了 2.8%，占全球市场 2% 的份额。（见图 18）

---

[1] IFPI 的统计口径为唱片公司的收入，不包括大音乐产业的其他收入。
[2] 表演权：由录制音乐在广播和公共场所的使用所带来的收入。

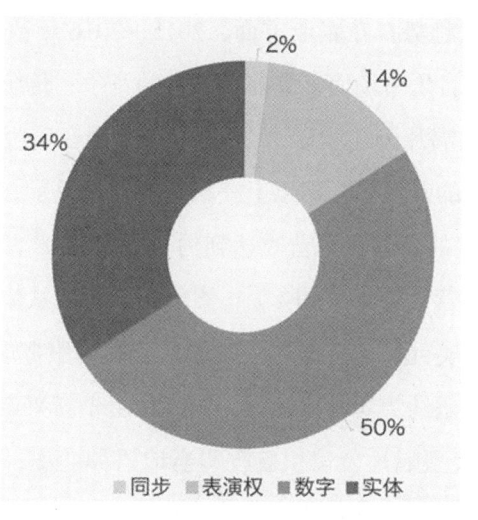

图 18 2016年全球录制音乐市场各部分收入占比

在区域方面（见图19），2016年亚太地区的音乐收入增长5.1%，流媒体收入增长45.6%；日本是该地区最大的音乐市场，也是全球第二大场，但音乐收入仅增长了1.1%；中国的音乐收入增长了20.3%，排名全球第12位。拉丁美洲地区的音乐收入连续七年保持大幅度增长，涨幅为12%，流媒体激增57%。欧洲地区音乐收入增长了4.0%，略高于2015年。北美地区的音乐收入增长7.9%，数字音乐收入增长了16.5%，其中流媒体收入增长了84.1%，带动了整体收入的上升。

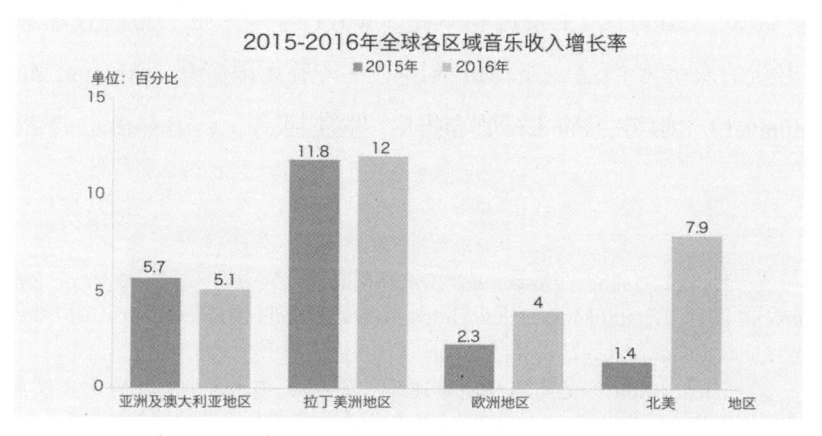

图 19 2015—2016年全球各区域音乐收入增长率

投资及企业趋势：在企业方面，2015—2016年数字音乐市场的快速增长，使全球音乐市场面临着前所未有的竞争；传统唱片企业环球、华纳和索尼三大唱片公司积累了全球约80%的音乐版权；成为流媒体音乐服务增长后的获益者；据以上三家企业财报显示，其中索尼音乐在2017年第三季度的录制音乐营收达到约90亿美元[①]，流媒体的收入占到了录制音乐总营收近半（49%），索尼音乐每天从流媒体服务取得的收入超过500万美元。而环球音乐每天从流媒体服务取得的收入约600万美元，华纳音乐约为400万美元。同时，由于新兴市场的迅速增长，华纳、BMG等大型唱片公司积极收购当地语种曲库，并与当地流媒体服务商合作拓展市场。如，华纳音乐收购了印尼独立音乐厂牌ISS的曲库；三大唱片公司与中国流媒体服务商腾讯签订了版权独家代理协议。此外，索尼、环球等唱片企业加强了对音乐科技的投资，组建和投资音乐科技孵化器促进音乐科技创新；如2015年，环球唱片公司旗下录音室Abbey Road在欧洲成立首个音乐科技孵化器Abbey Road Red，为音乐科技项目提供孵化。与风险投资关注于音乐流媒体项目有所不同的是，这些孵化器更为关注人工智能、VR、智能语音交互等前沿技术与音乐在多场景的结合。

流媒体服务商同样在世界各地不断开发和扩展各自的产品和市场。2016—2017年，主要流媒体商Spotify、苹果、亚马逊、谷歌等均推出新的服务和产品；亚马逊推出"亚马逊无限音乐（Amazon Music Unlimited）"服务；Pandora宣布推出"随选服务"；iHeartRadio[②]推出

---

① Daniel Sanchez: *Downloads Are Absolutely Crashing at Sony Music Entertainment*, 2017, Digital Music News, https://www.digitalmusicnews.com/2017/08/01/sony-music-financial-q1-201.

② iHeartRadio：是美国最受欢迎的广播电台，iHeartRadio的曲库收集世界各国450000个艺术家20000000首歌曲，站点覆盖流行、嘻哈、R&B、摇滚、另类、谈话、新闻、体育、喜剧和更多其他内容。

不同付费版本①。此外，亚马逊推出 Echo 语音交互式蓝牙音箱，内置 Alexa 语音交互系统来同步语音数据、播放音乐和进行智能家居设备控制；苹果也推出智能音箱 Home Pod，以上产品服务全部基于数据与人工智能的个性化推荐。大型流媒体服务商持续推出新产品和服务的同时，各国的本地流媒体服务也在拉动全球的发展，例如中国的腾讯、网易等；中东和北非的 Anghami②；印度的 Saavn 和 Gaana；日本的 Line、AWA；法国的 Deezer；东南亚的 KKBox；俄罗斯的 UMA Music 等流媒体企业，将音乐以更加多样、新奇的方式带给乐迷。

此外，市场上涌现出更多音乐科技的创新企业；通过检索③，近年在全球持续活跃④的音乐领域创新企业约 1760 家（包含以上流媒体服务商）。在 2014—2017 年期间成立，并在全球具有一定媒体影响力的新创音乐科技企业约 109 家（不包含以上流媒体服务商），其中欧洲约 50 家（英国约 21 家、德国 5 家、法国 5 家、芬兰 7 家、其他 12 家），美国 13 家、中国 2 家；中国企业分别是上海闻学网络科技有限公司（音乐娱乐社交，被今日头条收购）和渡鸦科技⑤（人工智能，被百度收购）。由于信息技术的发展，大量企业凭借技术优势开始进入数字版权管理领域；如英国公司 Kobalt 是目前全球发展最迅速的数字音乐版权企业；美国区块链创业公司 Blokur 宣布将搭建音乐数据库并解决音乐版权支付

---

① iHeartRadio All Access 版本：售价 9.99 美元，广播＋全部流媒体服务。

② Anghami：阿联酋音乐流媒体平台的用户数量超过 3000 万人，超过 600 万的月活跃用户。

③ VentureRadar 搜索引擎：结合了网络爬行，大数据分析，专有算法，机器学习和专家解读，包含全球约 200,000 家创新企业。

④ 筛选指标：VentureRadar 引擎依据对企业媒体曝光度、社交网络更新、融资状况等指标，通过人工智能筛选。

⑤ 渡鸦科技：主要产品有交互系统 Project Flow，和单独以 Flow 的"听音乐"模块制作的音乐播放器版本（MusicFlow）。2017 年 2 月 16 日，百度宣布全资收购渡鸦科技有限责任公司，创始人吕骋携团队正式加盟百度，并出任百度智能家居硬件总经理。

问题。在中国，也出现少量数字音乐版权发行代理的企业。

3. 国际发展概况

相关政策趋势：进入数字时代，信息技术改变了音乐作品的创作实现、呈现和复制传播形式；音乐产业价值链发生了巨大变化并面临新的挑战，如版权跟踪和支付的困难、系统与元数据的壁垒、商业模式（广告或订阅）差异以及音乐产业不同主体的利益冲突等。因此，政府、行业组织、院校等不同主体都在进行探索。在政府方面，2011年，英国政府在郡专利法院（PCC）针对诉讼金额少于5000英镑（约8000美元）的知识产权纠纷案件启动"small claims track"。此建议有利于简化当事人进入法庭审判的程序、适用于涉及金额较低的案件，尤其利于中小企业的利益。英国政府称，该程序不太适用于专利纠纷，但有助于版权、外观设计及商标案件。与此同时，郡专利法院的名称拟改为郡知识产权法院（IPCC）。2017年，美国提出了"Copyright Alternative in Small-Claims Enforcement（CASE）Act of 2016"；旨快速廉价地处理小型侵权行为。这项提案如果通过，越来越多的独立音乐家和独立音乐人可能是受益最多的人群之一，该法案已得到了美国各地多个组织的支持，其中包括NMPA和美国歌曲作者协会。

相关社会组织：在行业组织方面，随着数字市场的扩大，跨越多个领域的表演权、邻接权等将会有较大发展潜力。2017年，世界上最大的三家表演权组织（PRO）法国SOCAN[①]（音乐作者，作曲家和出版商协会），英国音乐PRS[②]和美国ASCAP[③]（美国作曲家，作者和出版商

---

① SACEM：法国专业音乐协会（SACEM）是一家法国专业协会，负责收取艺术家权利，并将权利分配给原作曲家，作曲家和音乐出版商。

② PRS：PRS for Music Limited（前称MCPS-PRS联盟有限公司）是英国领先的版权社团，由机械版权保护协会（MCPS）和表演权社会（PRS）合并而成。它代表12.5万名会员为音乐作品进行集体权利管理。

③ ASCAP：美国作曲家、作家和发行商协会。

协会）为了应对音乐产业数字化带来的挑战，共同筹建一个使用区块链技术管理音乐版权信息的权威共享系统，这是迄今为止全球音乐界最大的科技推动计划。该平台由 Hyperledger 的开源 Fabric 分布式分类账本提供技术支持，IBM 公司进行管理。该项目可以通过区块链跟踪大量音乐内容复杂数据，及时阻止在线盗版。此外，美国及欧洲版权组织都推出了自己的音乐版权数据库、区块链项目或进行版权收购（见表37）。

表37 国际版权组织近期（2015—2017）数据库、区块链和收购计划

ASCAP	美国	ASCAP 和 BMI 宣布联合建立一个集中的共享音乐版权数据库
Sound Exchange[1]	美国	收购加拿大音乐版权代理机构 CMRRA[2]，将自有版权数据库与 CMRRA 数据库打通[3]。收购后，Sound Exchange 将提供"一站式服务"，让权利人通过单一的组织来追踪他们的音乐发行。
SOCAN[4]	加拿大	收购了 Audiam 和 MediaNet[5]；借助 Audiam，SOCAN 将拥有全面的数据库，所有作曲和商业发行的数字录音的元数据。

4. 国际文化科技案例

案例一：Abbey Road RED——音乐科技孵化器孕育产业未来

基本情况：2015—2017 年，在欧美国家出现多个音乐科技孵化器，

---

[1] SoundExchange：美国法定许可版权组织，涵盖3000多个数字广播服务管理录音公开表演权，并代表权利所有者和数字服务提供商管理许多版权直接协议。

[2] CMRRA：是加拿大音乐复制权代理有限公司（全称"加拿大音乐复制权代理有限公司"）的简称。代表音乐授权集体，代表音乐版权持有人，其规模从大型多国音乐出版商到个人词曲作者。

[3] Michael J. Huppe: Sound Exchange Acquires Cmrra，2016，Sound Exchange, https://www.soundexchange.com/about/general-faqs/soundexchange-acquires-cmrra.

[4] SOCAN：加拿大作曲家，作家和音乐出版商协会。近150,000名作曲家，作曲家和音乐出版商是其直接成员，超过13万家组织被授权在加拿大播放音乐。

[5] MediaNet：美国音乐版权技术服务商，数据库中有超过5,100万录音，每个录音都包含一个唯一的音频标识符，将为 SOCAN 提供有关主权（声音录制）的权威性信息。

其中，Abbey Road Studio 是环球音乐集团旗下具有 80 多年历史的知名录音棚，许多传奇音乐作品从这里诞生。2015 年，Abbey Road Studio 在欧洲建立了欧洲第一个音乐科技孵化器 Abbey Road RED——利用其音乐空间指导音乐科技创业公司，为音乐科技企业家提供接触到 Abbey Road 的工作人员和设备，还有其母公司环球音乐集团的专家指导。

运营特色：孵化器从全球（包括德国、芬兰、美国等地）征集音乐科技初创项目；由 Abbey Road Studio 和环球音乐的技术、商业专家组成的 RED 委员会对初创项目进行评审。入选后为初创企业提供音乐科技专业知识、业内关系网络、产品测试场地与设备、商业导师与推广媒体平台一系列孵化服务。目前，Abbey Road RED 官方网站[①]显示已经有 9 个项目（见表38），其中包含智能音乐学习软件、硬件、音乐在线协作平台、人工智能生成音乐等项目。

表38　Abbey Road RED 孵化的音乐科技创业项目

Vochlea	是一家音乐技术公司，专注于音乐创作的音频控制接口，为器乐设备制作实时人声转化。
AI Music	探索将最新的人工智能技术应用于音乐创作。
Cloud Bounce	基于云的在线母带制作服务。将机器学习和自主处理相结合，为业余音乐家和制作人提供了可以快速掌握而具有成本效益的替代方案。
OSSIC	通过自动校准耳机创造 3D 音频体验。适合虚拟和增强现实中的沉浸式音频体验。
Qrates	用于发行黑胶唱片的综合解决平台。集成设计、定制、制造等环节。
Audio Hunt	全球音乐制作者网络，可以远程搜索、预订使用稀有的制作设备，促进在线协作。
Scored	下一代音乐库服务。可让用户轻松调整音乐以适应自己的作品。
Titan Reality	智能感应硬件和软件音乐，用于基于手势的音乐互动。
Uberchord	来自德国柏林，智能吉他学习软件。

以上项目中包含了 VR、音频接口、母带和实体唱片制作、手势交互、

---

① Abbey Road Studio: https://www.abbeyroad.com/abbeyroadred.

数字音乐学习等新兴技术与音乐产业结合的项目。

同类孵化器：2017 年，来自全球二十多个城市的 54 家音乐创业公司进入了 SXSW Music Startup Spotlight，Midemlab 和 Tech stars Music 等音乐科技孵化器。其中，Techstars Music[①] 由华纳音乐和索尼音乐等多家全球音乐领域领先企业在洛杉矶组建，在进入孵化器的 11 家创业公司中，有 8 家公司有 AI 技术支持，其他企业也有计划将其纳入支持其商业模式。Midemlab[②] 和 SXSW Music Startup Spotlight 均是以比赛带动的音乐科技孵化项目。通过对三家主要音乐科技孵化器的项目梳理，可以看到流媒体服务仅占约 4%，而人工智能类音乐项目约占总数的 14%（自动生成音乐、信息自动匹配等），音乐硬件、VR 和沉浸媒体占 18%，现场音乐、音乐品牌和广告、音乐社交媒体各占 7%；授权、权利和目录管理占 9%；同时，从以上投资项目可以看到一个重要的趋势变化是，支持生产端的项目占到了主要份额；人工智能将广泛影响音乐产业价值链，从生产到搜索、交付到最终消费。（见图 20）

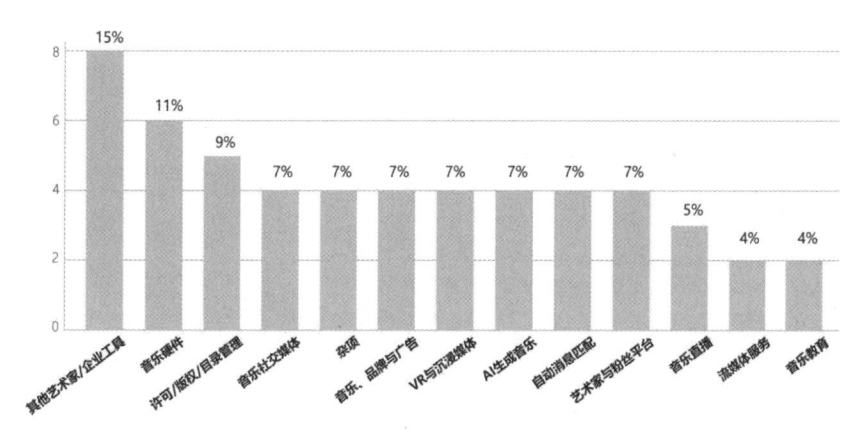

图 20　三家音乐科技孵化器项目类型占比

---

① Techstars Music: https://www.techstars.com.
② Midemlab：是全球知名的音乐科技创业大赛，先后推出过 Sound Cloud、Kickstarter、Next Big Sound 等乐领域领先创业公司。

案例二：Kobalt Music Group 利用数据改变行业规则

在流媒体音乐崛起后，由于音乐平台日益碎片化，部分技术领先的版权代理开始利用技术手段精准快速地实现数字音乐的流量监控，音乐播放平台越来越频繁地与版权代理公司直接签署协议，去中介化趋势显著。

基本情况：Kobalt 音乐集团 2000 年成立于英国；Kobalt 是一家为音乐人提供发行和版权追踪、保护服务的互联网公司，目前已深入到音乐行业的制作、发行和营销等流程中。公司目前已进行五轮融资，估值约 7.8 亿美元。官方网站 Alexa 全球排名 269,371 位（2017 年 6 月 24 日数据）；其营业额以每年 40% 的速度高速增长。作为世界上发展速度最快的音乐出版商，Kobalt 的业务模式被认为是新的数字音乐出版模型。目前，Kobalt 已跻身全球音乐版权五强，被连线杂志誉为"行业规则改变者"。

运营及技术特色：Kobalt 主营服务为三大板块，音乐出版、邻接权[①]，企业服务（为唱片公司提供市场分析、内容分发等）。不仅帮音乐人处理发行歌曲专辑的事务，还管理他们的音乐授权、版权费用收取、作品推广等事项。主要产品是桌面系统软件和移动应用。

技术方面，Kobalt 的核心技术产品是一套被称为"KORE"（版权

[①] 邻接权："邻接权"一词译自英文 neighboring right，又称作品传播者权，指作品的传播者在传播作品的过程中，对其付出的创造性劳动成果依法享有特定的专有权利的统称。邻接权是在传播作品中产生的权利。作品创作出来后，需在公众中传播，传播者在传播作品中有创造性劳动，这种劳动亦应受到法律保护。传播者传播作品而产生的权利被称为著作权的邻接权。邻接权与著作权密切相关，又是独立于著作权之外的一种权利。在我国，邻接权主要是指出版者的权利、表演者的权利、录像制品制作者的权利、录音制作者的权利、电视台对其制作的非作品的电视节目的权利、广播电台的权利。英美法系国家，著作权法很少引入邻接权的概念。例如英国著作权法，将录音制作者和广播电视组织的权利都视为著作权。在美国著作权法中，作者的权利、录音制作者的权利都属于著作权范畴。只有在欧洲大陆法系国家，才严格区分著作权与邻接权的概念。

管理平台，一个大规模的 Oracle 数据库）的桌面电脑监控系统，用以监控各个渠道的版权出口，来记录和支付单曲中可能出现的"微交易"（每一首歌在每一平台被播放一次）。据称 KORE 数据处理能力可以高效地处理数十亿个微交易，并随着需求的增长而扩展。Kobalt 宣称，由它监控并落实的流媒体渠道版权收入要比传统方式多出 30%；系统还可以将音乐元数据转换成数百个数字播放平台的首选格式。

此外，还有为独立艺术家开发的 AWAL 手机应用程序和 YouTube 监测工具 Proklaim。AWAL 的用户能够查看来自 Apple Music 和 Spotify 的流媒体指标中的关键趋势。包括：流量的来源；地理位置，性别，年龄和跨服务倾听时间的数据；以及监测和显示所有流媒体来源的作品收入。而 Proklaim 单在美国市场，平均每个月就要监控 15 亿次视频流，找出其中大约 1800 万条疑似侵权视频，维护艺术家权益。

在运营方面，2014 年，Kobalt 以 1.16 亿美元的价格跨国收购美国音乐服务平台 AMRA；AMRA 是全美主流的音乐人服务平台之一，拥有庞大的行业用户网络。收购后，AMRA 采用 Kobatl 的 "KORE" 技术，追踪旗下作品在网上被消费的记录，监督侵权行为；并会逐步建立适应数字时代的行业标准。AMRA 目前已经成功与包括苹果音乐，YouTube，Spotify，亚马逊，Google Play 在内的全球领先的流媒体平台建立了重要的合作伙伴关系。

商业模式方面，Kobalt 主要是通过技术把一首乐曲在全球所有数字平台播放的碎片收入汇集起来；之所以受到独立音乐人欢迎，除了它所提供的强大技术支持外，还在于它作为技术服务商只向用户收取约 10%～15% 的服务费，不索取版权的做法，增加了过程透明度，减少了与版权所有者及音乐平台的利益冲突。

同类企业：数字音乐尤其是流媒体的盛行直接导致了音乐人收入的碎片化，这也使得音乐行业小额版权交易越来越频繁。新技术的出现使唱片公司在艺人发掘和管理唱片方面的重要性正在下降，类似 Kobalt 的帮助独立音乐人管理版权的平台正逐渐受到独立音乐人的欢迎。Kobalt 的同类型企业还有（见表39）：

表39　Kobalt 同类型音乐版权管理科技创业项目

名称	国家	详细
Chainvine	瑞典	为现代音乐生态系统设计区块链解决方案。核心产品可以访问由自定义加密层保护的分组链和其他分布式技术。
ThirdLight	英国	数字资产管理软件。
Stem	美国	利用区块链技术帮助音乐人追踪版权去向。
Merlin	美国	独立音乐版权代理商。
UnitedMasters	美国	为未签约大唱片公司的音乐人提供大数据分析工具，使他们可以更好地对接目标粉丝。
BMAT	西班牙	监控和报告全球电视，收音机，俱乐部和数字服务的音乐。可以知道何时何地播放任何歌曲。

随着2000年以来数字音乐的兴起，唱片公司发行部门的市场在变小，独立版权代理公司的市场在变大。市场份额的改变源于数字化带来的两项变化，其一是由于数字音乐多渠道播放，邻接权日益重要，其二是音乐人对于唱片公司依赖减少，采用数字发行的独立音乐人越来越多，数据显示独立唱片公司销售收入约占全球音乐收入的38%份额，由此录音版权保留在音乐人手中情况越来越多，使得独立版权代理公司得以通过更优质的服务和更低廉的价格抢占市场。在国内，随着行业发展向好，也出现了数字音乐版权发行代理企业。

（三）趋势3　游戏：电子竞技

2016—2017年，全球电子游戏收入首次突破1000亿美元，中国游戏玩家达到6亿人，市场收入达到275亿美元，在市场和独立企业收入方面都超过了美国——腾讯成为全球游戏收入排名第一的公司。近年来游戏产业基于旺盛的市场需求；更是带动了人工智能、虚拟现实、增强现实、语音和手势识别等技术的各类创新应用；英伟达、Unity 等企业不断推出智能化的新产品；在细分领域方面，近年由于移动设备的普及，移动游戏成为收入增长重点领域；电子竞技和VR游戏也成为新的增长点，成为全球游戏和科技企业的投资重点。在国内，移动游戏市场在经历前几年的爆发式增长后，用户规模进入平稳期；游戏电竞类直播、VR/AR游戏等新消费方式异军突起；电子竞技产业生态逐渐形成。

1. 定义与应用

游戏产业（Video game industry）：游戏产业是涉及电子游戏的开发、市场营销和销售的经济领域。其产业价值链主要包含游戏开发、游戏运营、内容传播（社区、直播、媒体）、硬件商、游戏开发工具开发商；此外还有衍生出的粉丝平台、电商（衍生品、硬件销售等）；在支撑层有第三方游戏数据分析、版权、电竞赛事组织方等；融合拓展层近年与影视、音乐、旅游、教育都有所结合。电子竞技（E-sports）：是电子游戏比赛达到"竞技"层面的体育项目。电子竞技运动就是利用电子设备作为运动器械进行的、人与人之间的智力对抗运动。2003年11月18日，国家体育总局正式批准，将电子竞技列为第99个正式体育竞赛项。2008年，国家体育总局将电子竞技改批为第78个正式体育竞赛项。报告将电竞作为游戏产业的衍生部分。

游戏直播（Live games）：主要是游戏和电竞旺盛需求带动的网络互动媒体形式，其产生基于带宽、互动技术、流媒体、云等信息技术的成熟；在2014年左右产生规模效应。

在2016—2017年，国内外资本市场聚焦电竞及衍生类项目、同时大量厂商将人工智能列入其关注领域；领先企业开发了大量智能辅助设计工具；国内外在游戏工具和硬件方面差距较大。

2. 市场与企业

发展趋势：据游戏研究咨询机构Newzoo[①]数据显示，2017年全球游戏市场的收入将达到1160亿美元，比去年同期增长10.7%。同时，

---

① Newzoo是覆盖全球游戏，电子竞技和移动市场的市场情报提供商。

Newzoo预计2017年全球电竞市场规模将同比增长41.3%，达6.96亿美元，收入来自品牌运营（赞助、广告和媒体转播权）、门票和周边，以及游戏发行商的投资。

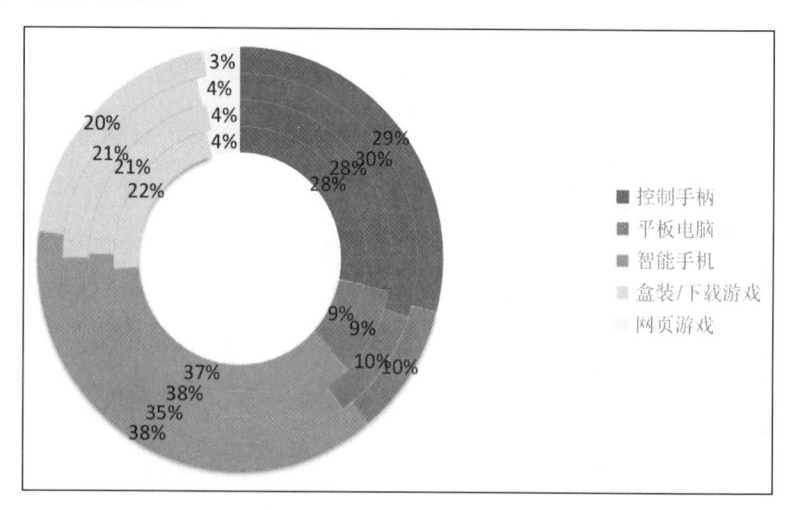

图21　2017年全球游戏市场不同载体市场份额（数据来源：Newzoo；单位：%）

报告将游戏收入来源按不同载体分为五类：控制手柄、平板电脑、智能手机、盒装/下载游戏和网页游戏（见图21）。其中，手机游戏（智能手机和平板电脑）是2017年最大的一部分，占全球市场总量的48%。这个细分市场的游戏玩家人数也达到了21亿，其中大部分是在智能手机上玩的。控制台是第二大部分，2017年收入为335亿美元。随着玩家继续向手机转型，PC浏览器游戏收入将下降9.3%，至45亿美元。盒装/下载游戏的收入也将下降1.3%，至246亿美元。

在区域方面，亚太地区2017年预计创造522亿美元，占全球游戏收入的47%。同比增长9.2%。北美是第二大地区，占有25%的市场份额，总收入达到270亿美元，这一增长主要来自手机游戏。欧洲，中东和非洲地区的趋势相同，2017年将达到262亿美元。拉丁美洲游戏收入将达到10亿美元。报告预计未来几年增长最快的地区将是亚洲其他地区（不包含中国，日本和韩国），到2020年游戏收入将增长到105亿美元，高于2016年的45亿美元。拉美市场还将继续保持增长，到2020年达到6.3亿美元；同时，全球各地区游戏玩家数量不断增长，亚太地区以庞大的人口基数和迅速增长的数量成为全球瞩目的市场（见图22）。

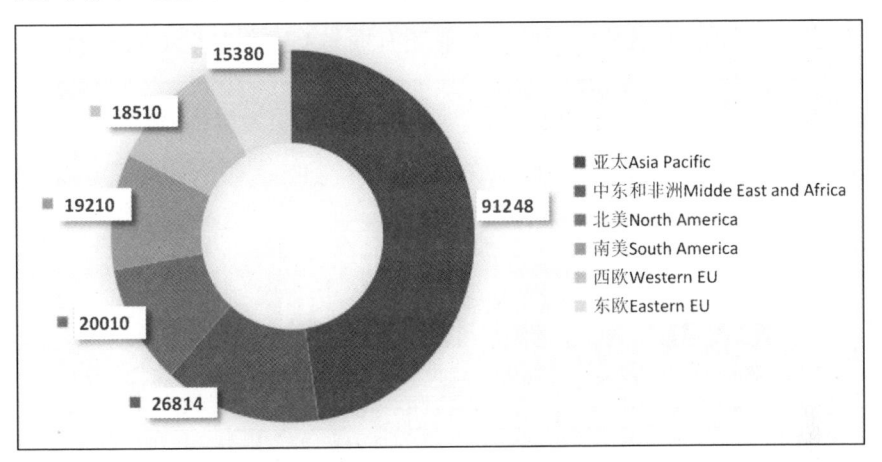

图22　2016年全球各地区游戏玩家数量（数据来源：Newzoo；单位：百万人）

在国家层面，据机构统计，中国在2017年成为全球游戏收入最高的国家，达到275亿美元（见图23），超过美国24.1亿美元；美国（250.6亿美元）和日本（125.5亿美元）分列第二和第三；此外，德国、英国、韩国、法国、加拿大、西班牙、意大利分别进入前十。但是，以人均收入来看，由于游戏玩家基数的不同，美国游戏人均收入还是比中国高了不少。

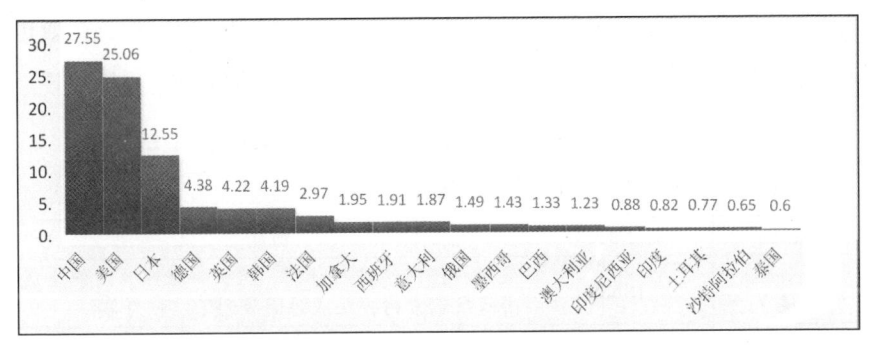

图23　2017年主要国家游戏收入（数据来源：Newzoo；单位：十亿美元）

企业趋势：全球主要游戏企业业绩显示，游戏市场处于持续整合阶段，营收最高的公司在全球游戏市场占有越来越大的份额。上市公司约占全球游戏营收的80%以上，高于2016年的75%。根据Newzoo的统计，在全球游戏企业收入排行中，中国的腾讯从2014—2016年始终居于全球首位，进入前20名的中国游戏企业还有网易、完美时空（见图24）。

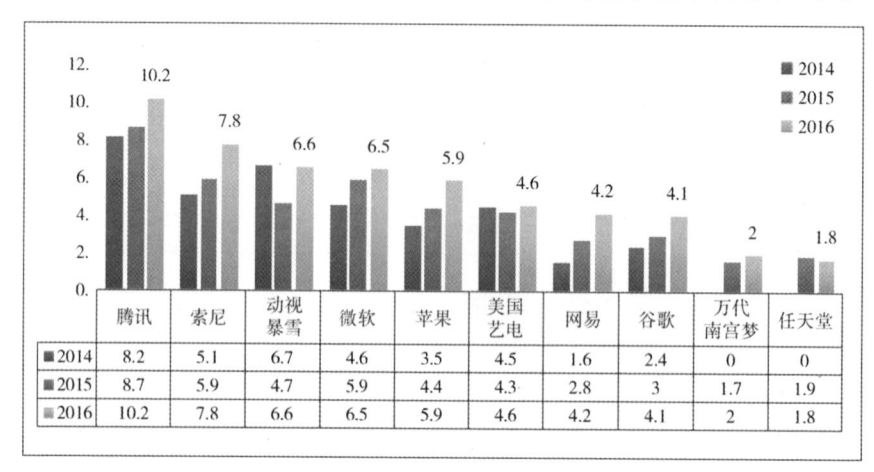

	腾讯	索尼	动视暴雪	微软	苹果	美国艺电	网易	谷歌	万代南宫梦	任天堂
2014	8.2	5.1	6.7	4.6	3.5	4.5	1.6	2.4	0	0
2015	8.7	5.9	4.7	5.9	4.4	4.3	2.8	3	1.7	1.9
2016	10.2	7.8	6.6	6.5	5.9	4.6	4.2	4.1	2	1.8

图24 2014—2016年全球游戏企业收入前10名
（数据来源：Newzoo；单位：亿美元）

在技术方面，游戏本身就是数字时代催生的娱乐形态，每次ICT技术的演进，游戏通常是新技术的最先受益者，同时随着游戏便携性与真实性需求的进一步加深，也促使着相关技术的进一步发展。2016—2017年，国外顶级游戏公司都已将人工智能纳入重点发展方向；相关企业也推出了多项基于机器学习和神经网络的游戏开发工具或数据分析工具。

表40 2014—2016年全球游戏企业收入（单位：亿美元）

企业	产品	功能
英伟达（美）	1Shot	采用神经网络进行计算，只需一张照片就能生成游戏纹理素材，生成时间降到了以秒为单位。
英伟达（美）	Texture Multiplier（材质复制器）	Texture Multiplier类似于视觉特效人员常用的"材质增生"技术，最大的不同是采用了经过了大量训练的卷积神经网络（Convolutional Neural Network）作为生成器，生成的效果高度接近真实，使得美工人员可以快速制作美观的大面积材质。

续表

企业	产品	功能
谷歌 （DeepMind，英）	Super-Resolution （超分辨率）	通过卷积神经网络模型将低像素图片还原为高清图片；这项研究让游戏在更小容量的基础上，显著提高材质的清晰度和视觉效果。
谷歌 （DeepMind，英）	WaveNet	WaveNet 可以让计算机生成语音。它和过去的串联式语音合成、参数式语音合成不同，将语音的原始数据（波性文件）细分到了以 1 毫秒为单位的区间，在每一个区间之间都采用递归神经网络（Recurrent Neural Network）和卷积神经网络进行预测学习。这项研究帮助开发者在制作游戏的时候用计算机生成配音，大大降低了制作成本。
Unity （美）	Unity Machine Learning Agents	开源软件，使研究人员和开发人员能够将使用 Unity 编辑器创建的游戏和模拟转换成可以使用深度学习，演化策略或其他机器学习方法通过简单易用的 Python API 对智能代理进行培训的环境。以此吸引学术研究、行业研究人员、游戏开发者参与。
Ubisoft （美）		利用"Phase-Functioned Neural Network"算法，可以直接将用户的输入映射到动画角色上，机器自动根据用户的输入信息生成动画。
Nexon （韩）		目前人工智能已经开始自动设计游戏的场景，以及制作较低精度的人物建模，并参与游戏测试的工作，根据玩家的脑电图、心跳、呼吸、体温、动作等检测玩家的投入程度，为游戏设计提供参考。
Morikatoron （日）	为开发者提供 人工智能服务	（1）角色对话人工智能生成。 （2）参数、平衡调整 AI：将角色、武器、物件等参数调整到最佳状态。 （3）Meta AI：自动调整游戏平衡。 （4）自动生成配置游戏平台的地形、草木等物件。

在交互体验方面，3D 扫描和面部识别技术逐步被应用于游戏领域来创建更富于个性化的体验，通过扫描识别，允许系统在游戏世界中创造出自己的形象，或者创造性地将自己的表情转移到其他数字创作中。英特尔实感 3D 摄像头让开发人员通过扫描人脸上的 78 个不同点来创建适合玩家情绪的游戏，用户在游戏过程中的几个表情可以使系统调整游戏的难度。

在体验端，随着 VR 游戏内容的逐步增加，VR 逐步进入应用，目前主流的游戏终端有索尼的 PS VR，脸书的 Oculus 和 HTC 与 Valve 联合开发的 Vive。相较于 Oculus 和 Vive 需要高性能 PC 配置才能实现较好的游戏体验，PS VR 直接与 PS4 游戏主机连接，免去了配置主机的费用。同时，借助于 PS4 所积攒的近 5000 万用户和丰富的游戏内容，索尼公司的 Playstation VR 至 17 年 6 月已经售出一百万套，超过了 Oculus 和 Vive 系统的总和。

在数据分析方面，随着游戏市场的日趋饱和，数据驱动的精细化运营才能够保持企业的市场竞争地位；韩国电子通信研究院（ETRI）联合世宗大学，建立了使用深度学习建立预测手机游戏玩家行动的模型，通过对游戏玩家的行动方式进行分析得到数据，减小玩家因难度产生厌烦情绪而卸载游戏的几率。对于游戏开发、运营者来说，这项研究将会提升游戏留存率，提高游戏的营收能力。

游戏产业将随着 5G，人工智能，VR/AR 显示技术，动作识别、语音识别、数据分析等技术的成熟，为玩家提供个性化服务，具有高度智能系统的游戏开发商与运营商能够在下一轮智能革命的浪潮中获得巨大的收获。

3. 国际发展概况

相关政策趋势：从全球企业排名可以看到，全球游戏产业发达国家主要是英国、美国、中国、日本、韩国等；在韩国，游戏产业是高附加值的知识型产业，能给国民经济带来丰厚利润，所以，游戏产业得到了韩国政府的大力支持。2017年，韩国文化体育观光部将2018年的游戏产业养成相关预算确定为554亿6400万韩元（折合人民币约为3.36亿元）。其中，所占预算百分比最多的是全球游戏产业养成部分。总共为327亿韩元（折合人民币约为1.98亿元），占总额的41%。该预算，将用于建造游戏促进中心，支持游戏的全球运营平台，支持次世代游戏制作、手游全球发行等方面。

在英国，2017年，欧盟委员会宣布英国电子游戏税收减免政策将至少持续到2023年。这意味着英国游戏产业能享受近10年的税收减免。该政策让开发商能更关注于开发游戏并加强基础设施建设。在行业组织方面，英美有大量的政府组织和行业协会支持游戏产业的发展。比如美国娱乐软件协会（ESA，Entertainment Software Association），是美国电子游戏产业的贸易协会，定期发布报告，为行业提供各类服务。游戏领域大多巨头发行商（或其美国子公司）都是 ESA 成员。英国 TSB（Technology Strategy Board），每年英国政府会投资 5000 万英镑用于其发展，用来支持企业的创新，如索尼和微软等企业都与 TSB 开展了合作伙伴计划。英国互动娱乐协会（Ukie）是英国游戏和互动娱乐行业唯一的贸易机构；旨在发展和促进英国游戏产业。代表着从小型初创企业到大型跨国开发商，发行商和服务公司的所有规模的企业。

GMGC 成立于 2012 年 9 月，是中国成立的全球第三方移动游戏行业组织，目前在全球拥有 30 多个国家或地区近 300 名会员企业，成员中包含开发商、发行商、服务商、投资商等。GMGC 秉持"共建共享，合作共赢"的理念，为产业上下游企业搭建合作、交流、学习的平台，促进产业共同发展。由 GMGC 主办的全球游戏大会（GMGC 北京）、全球游戏开发者大会暨天府奖盛典（GMGC 成都）、亚洲移动游戏大会（GMGC 马尼拉）、中国（昆山）数字娱乐节（GMGC 昆山）每年分别在北京、成都、上海、深圳、昆山乃至亚洲各大城市举办，上述活动已经发展成为业界最具规模和影响力的行业盛会，产业风向标。

4. 国内文化科技案例

案例：中国电子竞技：从"电子海洛因"到"文化输出"

2018 年极有可能成为中国电竞史上划时代的一个年份。临近年末，中文搜索引擎百度发布了年度热搜排行榜，前十大热词分别为："世界杯""中美贸易争端""台风山竹""苹果发布会""延禧攻略""创造 101""skr""李咏去世""锦鲤"和"电竞"。作为跻身"十大热词"之一的电竞，在 2018 年无时无刻不在释放着属于自己的能量。

"竞"放能量，电竞不只是电子游戏。2018 年 8 月，央视新闻官博发布长图分别从产品性质、电竞项目特征、职业联赛科普以及选手训练日程等方面为电子竞技正名，指出：电子竞技并不是平常所说的"打游戏"。

除了官方正名以外，2018年度的中国电竞成绩更是极为优异。今年的5月20日被称为中国电竞之夜，来自《英雄联盟》项目的RNG战队于MSI季中冠军赛摘得桂冠，DOTA2项目的PSG.LGD战队同样于当晚在MDL长沙Major这一国际化赛事中，以三比零比分力克国外劲旅独占鳌头。下半年的中国电竞同样表现良好，在目前世界范围内奖金最高的电竞赛事DOTA2国际邀请赛中，中国战队PSG.LGD夺得了亚军。而曾为中国电竞夺得过这一赛事冠军的iG俱乐部的英雄联盟分部则在《英雄联盟》S8赛事中成功登顶，破除了中国《英雄联盟》八年无一冠的魔咒。

在2018年，电子竞技也终于如愿以偿离"奥运梦"更近一步。8月26日，是电竞比赛第一次被纳入到亚运会这种级别的大型赛事中，对于电竞行业的发展来说，可以算是一个里程碑式的节点。对于电子竞技而言，进入亚运会也就意味着将离曾经梦寐以求希望进入的奥运会仅有一步之遥。电子竞技产业已逐步趋向规范化，且能够与传统体育并驾齐驱，走入大众视野。

2018年是中国电竞里程碑式的一年同样体现在政策的优化与国际化大赛的落户。当年7月，北京市政府出台政策明确支持电竞产业发展，并指出要优化构建高端产业体系，其中一个重点发展的领域环节便是聚焦动漫与电竞。当年11月，上海电竞协会则宣布树立新的里程碑：上海率先实行电竞运动员注册制，并据此颁发了：《上海市电子竞技运动员注册管理办法（试行）》，以此彰显其欲打造"电竞之都"的决心。

政策的利好，离不开实打实的项目落地。Steam China平台、预期奖金将超过三千万美元的第九届DOTA2国际邀请赛落户上海浦东，一方面将增强电竞产业在上海的集聚效应。另一方面，这些顶级赛事、项目的落地也将进一步吸引业界关注，助力中国电竞整体的优良态势发展。

此次第九届DOTA2国际邀请赛进驻上海，对于中国电竞而言实属首例。被称为"Ti"的DOTA2国际邀请赛体量庞大。此前，该项赛事仅在德国科隆、美国西雅图以及加拿大温哥华举办过。本次中国电竞将承接体量如此巨大的赛事，对于中国电竞的赛事执行力等各方面无疑是一个挑战。反过来说，之所以如此成熟且顶级的国际化赛事能够跨海而来入驻上海，同样也证明了中国电竞产业的硬实力在不断提升。

以DOTA2国内代理商完美世界为例，近年来其举办的DOTA2亚洲邀请赛已逐步形成了特有的本土化赛事品牌。在今年由完美世界所举办的第三届DOTA2亚洲邀请赛中，于直播流中观看该项比赛的玩家总人数已超越第七届DOTA2国际邀请赛的观看人数。这一数据的超越，证明了中国本土化赛事品牌效应正在逐步形成，以小见大，本土化、品牌化赛事的发展同样证明着中国电竞产业整体处于不断上升的态势。

立足2018，展望2019年，第九届DOTA2国际邀请赛落户中国将为明年的中国电竞带来更多的发展机遇。作为首个突破百万美金奖金的电子竞技赛事，DOTA2国际邀请赛有着世界范围的影响力。以今年的第八届DOTA2国际邀请赛为例，其总奖金已达25532177美金，换算为人民币则高达一亿七千六百万余元。高额的奖金将该项赛事塑造为了国际最为顶尖的电竞赛事之一，每一年的DOTA2国际邀请赛吸引到的是来自全世界各个地区年轻人的密切关注。通过这一项赛事在中国上海举办的契机，上海这一城市不仅可以通过该项赛事向全世界年轻人展现自己的魅力，中国文化同样能够以该项电竞赛事为载体而出海，以实现文化输出。

（以上案例资料来源于中国日报网2018年12月26日：电子竞技2018年度回顾：昂首挺胸向前跑）

（四）趋势 4　设计和创意服务：人工智能与创意相互赋能

2016 年，《世界知识产权指标》[①]（WIPI）报告显示，中国工业设计外观申报数量居于全球首位，占全部申报总量的 52%，国内经济的发展，促使设计产业正处于急速发展阶段。在全球人工智能发展的浪潮下，计算机视觉、机器学习和深度学习、数据和算法正颠覆性改变设计的工具、流程以及设计观念和企业的业务构成；阿里巴巴通用智能设计平台"鲁班"、Adobe 公司的智能"创意助手"Sensei 等智能 CAD 软件和创意平台，使创意到实现的过程被高度自动化，大大提升了设计产业效率。另一方面，设计和科技企业形成了新的竞合关系，企业间相互争夺人才和收购。科技与创意产生的优秀设计拓展了各产业部门的数字市场、提升了数字服务的体验，推动了销售和订阅。同时，英美主要报告显示，非设计领域的设计师对推动高新技术市场转化起到了不可估量的作用。

1. 定义与应用

工业设计（Industrial Design）：国际设计组织 WDO（前国际工业设计学会理事会，ICSID）2015 年宣布了工业设计的最新定义："工业设计是一个战略性解决问题的过程，通过创新的产品，系统，服务和经验推动创新，建立成功业务，并提高生活质量。工业设计弥合了现有和可能之间的差距。这是一个跨学科的职业，利用创造力来解决问题，共同创造解决方案，使产品，系统，服务，经验或业务更好。工业设计的核心是通过将问题重组为机遇来提供一种更乐观的展望未来的方式。它将创新，技术，研究，业务和用户联系起来，为经济，社会和环境领域

[①] WIPO, *World Intellectual Property Indicators – 2017*, 2017, WIPO, http://www.wipo.int/publications/zh/details.jsp?id=4234）.

提供新的价值和竞争优势。①"

设计思维（Design thinking）：设计思维目前存在多种定义②，报告采用知名设计企业 IDEO 的定义——"设计思维是创造性解决问题的过程。"③——设计思维是指将设计过程，工具和方法应用于解决问题的行为，而不是指明设计的重点或"对象"（有形或无形）。

2. 市场与企业

发展趋势：由于全球各个国家对于设计分类的差异较大，产业统计数据难以比较说明，因此报告中采用了与设计创新息息相关的工业品外观设计申请数据作为主要观察对象，以各国设计产业统计作为参

---

① 原文：Industrial Design is a strategic problem-solving rocess that drives innovation, builds business success, and leads to a better quality of life through innovative products, systems, services, and experiences. Industrial Design bridges the gap between what is and what's possible. It is a trans-disciplinary profession that harnesses creativity to resolve problems and co-create solutions with the intent of making a product, system, service, experience or a business, better. At its heart, Industrial Design provides a more optimistic way of looking at the future by reframing problems as opportunities. It links innovation, technology, research, business, and customers to provide new value and competitive advantage across economic, social, and environmental spheres.

② 设计思维：设计作为科学中"思维方式"的概念可以追溯到赫伯特·西蒙（Herbert A. Simon）1969 年出版的"人工科学"（The Sciences of the Artificial），以及 Robert McKim 1973 年出版的"视觉思维经验"一书的设计工程。布赖恩·劳森（Bryan Lawson）1980 年出版的"设计师如何思考"（主要是针对建筑设计）开始了概括设计思维概念的过程。奈杰尔·克罗斯（Nigel Cross）1982 年的一篇文章确立了一些设计思维的内在品质和能力，使其在普通教育中更具有相关性，因此也为更广泛的受众提供了参考。彼得·罗（Peter Rowe）1987 年出版的"设计思维"（Design Thinking）一书描述了建筑师和城市规划者所使用的方法和方法，这是设计研究文献中这个术语的重要早期使用。Rolf Faste 在 20 世纪 80 年代和 90 年代在斯坦福大学的 McKim 工作中扩展了"设计思维作为创造性行为的方法"。Faste 的斯坦福大学同事 David M. Kelley 在 1991 年创立了设计咨询公司 IDEO，以适应商业目的。

③ 原文：Design thinking is a human-centered approach to innovation that draws from the designer's toolkit to integrate the needs of people, the possibilities of technology, and the requirements for business success.

考。2016年《世界知识产权指标》①（WIPI）报告显示，2016年全球工业品外观设计申请活动增长了10.4%，达到963,100件申请。（见图25）

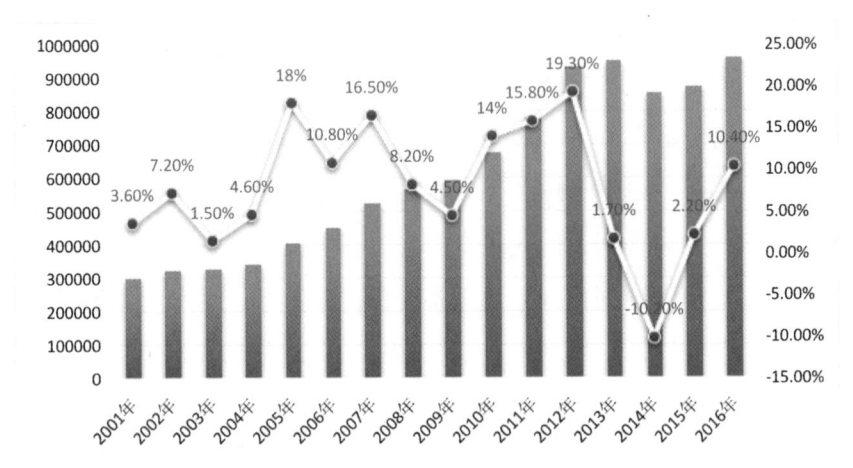

图25　2001—2016年全球工业品外观设计申请数量（数据来源：WIPI）

在国家层面，2016年，由于中国的市场需求飙升，全球专利、商标和工业品外观设计申请量再创新高，中国受理的专利申请量超过了美利坚合众国、日本、大韩民国和欧洲专利局的总和。2016年中国地区受理的申请中含有650,344项外观设计，相当于世界总量的52%。其次是欧盟（104 522项）、韩国（69 120项）、德国（56 188项）和土耳其（46 305项）。在排名前20的国家中，外观设计数增长最快的是伊朗（+34.8%），其次是乌克兰（+17.4%）、中国（+14.3%）和美国（+12.1%）。但不同的是，在瑞士（84.2%）、瑞典（66.8%）和美国（55.8%）申请人提交的申请中，很大比例的外观设计是在国外寻求保护，而中国、印度和伊朗伊斯兰共和国的申请人则多在各自国内市场上寻求保护。截至2016年，全球范围内的有效工业品外观设计总量增长了6%

---

① WIPO, *World Intellectual Property Indicators – 2017*, 2017, WIPO (http://www.wipo.int/publications/zh/details.jsp?id=4234) .

（见图26），达到360万项。其中中国约有136万项，其次是韩国（约34万项）、美国（约30万项）、日本（约25万项）和欧盟（19万项）。从工业品外观设计申请数量来看，中国工业设计处于急速发展阶段，但从申请保护区域来看，中国工业设计产品主要市场还未进入国际市场。

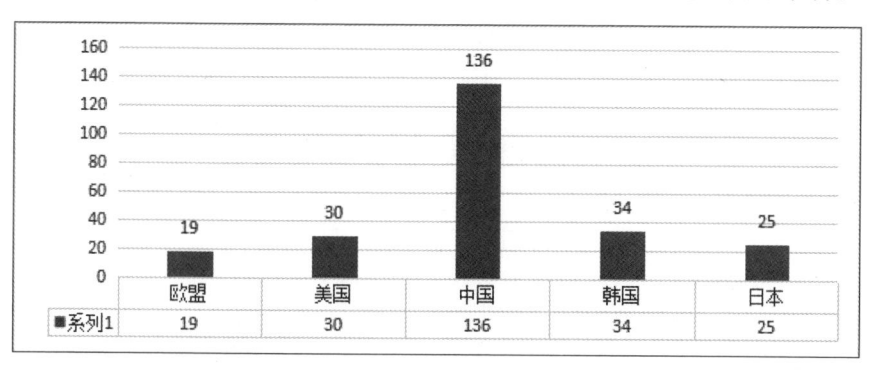

图26 2016年全球各国有效工业品外观设计总量（数据来源：WIPI）

此外，设计服务业能赋予各类产品、产业、业态独特的设计价值，形成巨大的经济发展新动能，与其他产业是"共生共荣"的关系。从设计产生的经济价值来看，2015年英国《设计经济（Design Economy）报告》显示，2013年设计产业为英国贡献了717亿英镑的增加值（GVA）。占英国总增加值的7.2%；而在非设计部门（金融和银行等）的设计师贡献了526亿英镑，占设计产业总值的73%。据美国工业设计协会的数据显示，美国创新设计每投入1美元，销售的收入回报是1500美元。

企业趋势：全球设计知名企业主要分布于欧美、日韩地区（如，IDEO、Smart Design等）。近年来，设计企业和科技企业处于相互争夺人才的局面；一方面,知名设计企业都设立了数据部门,招聘数据科学家、分析师等相关职位。另一方面，科技和战略咨询企业苹果、Facebook、IBM、埃森哲等在提高企业内部设计员工的比例或收购独立设计企业。

在工具方面，随着视觉计算、语音等技术的不断成熟，新技术大大提升了计算机辅助设计（CAD）的效力，领先设计机构，如英国建筑设计工作室扎哈·哈迪德建筑事务所（Zaha Hadid Architects）内部设立研究小组对机器人辅助设计和计算设计进行研究和实验，使用 AI 进行复杂外观设计。此外，近年涌现出大量人工智能生成式设计工具，从"网格"（人工智能驱动的网站开发和设计系统）到 Adobe Sensei（基于人工智能的设计平台），AI 辅助设计、大数据分析等技术逐步应用于设计过程中。同时，科技企业（亚马逊、谷歌等）也开始尝试人工智能与设计的结合，近年智能辅助设计方面的产品主要有（见表 41）：

表 41　近年主要人工智能辅助设计工具

企业或产品	详细
Adobe（Sensei）	创意助手：结合机器学习、语音识别、视觉计算等多项技术的智能设计平台，连接 Adobe Creative Cloud，使用自动识别和生成技术提升工作效率。
Netflix	自动裁切海报生成 banner 并替换不同语言的标题。
Prisma	以 AI 为动力的应用程序，利用神经网络和人工智能将用户的照片变成艺术作品样式。
Airbnb	通过计算机视觉识别设计师在纸上画的草图，并将其实时转化为代码。
阿里巴巴（鲁班）	为不同用户自动生成 banner，搭配服饰等。
亚马逊	亚马逊团队开发了一种从图像中学习特定时尚风格的算法，可以生成类似时尚风格的图像。
Grid、Wix	用人工智能识别和匹配模板。小公司和个人可以以很小的成本创建一个网站。
Autodesk	推出 Project Dreamcatcher 设计生成系统，用户定义规格（例如功能要求，材料类型，制造方法或成本限制）后，系统通过算法和数据库自动生成用户定义的产品。
谷歌（AutoDraw）	根据用户图形自动生成画面。

在设计企业方面，智能硬件产品的兴起促使很多设计企业需要设立数据部门以响应用户需求；2017 年，著名的设计咨询公司 Ideo 收购了美国数据科学公司 DataScope[①]（这是设计界对于科技企业的第一次收购），通过这次收购，IDEO 计划进一步将数据科学家整合到其项目团

---

① BY DIANA BUDDS: *Ideo's Plan To Stage An AI Revolution*, 2017, FAST COMPANY, https://www.fastcodesign.com/90147010/exclusive-ideos-plan-to-stage-an-ai-revolution.

队中，将机器学习和以人为中心的设计相结合，增强智能设计（Design for Augmented Intelligence）成为 IDEO 的新增业务，数据科学被纳入 IDEO 的业务流程。促使设计与数据科学更好地融合；媒体认为这一收购预示了设计行业的发展趋势。

科技产品为设计师和设计组织带来了业务和工作流程变化的同时；设计在科技和其他产业部门发挥了更为巨大的作用；在以科技著称的硅谷企业和创业团队中，科技企业中设计师比例增大（见图 27）。设计师创始人和合伙人占比不断增长，在图表中的科技企业里，涉及 IT 服务、存储、人力资源、共享出行等不同行业；在 2010 年左右，IBM 的设计师占比仅 1%，而 2017 年，IBM 的设计师占比达到 13%；其他企业的设计员工占比也有大幅增长，在 2017 年均超过 10%，在个别企业设计师已达到 20% 的员工占比。此外，公开数据显示，脸书（Facebook）、谷歌（Google）、亚马逊（Amazon）在过去一年所雇用的艺术和设计人才与上一年同比增加了 65%。

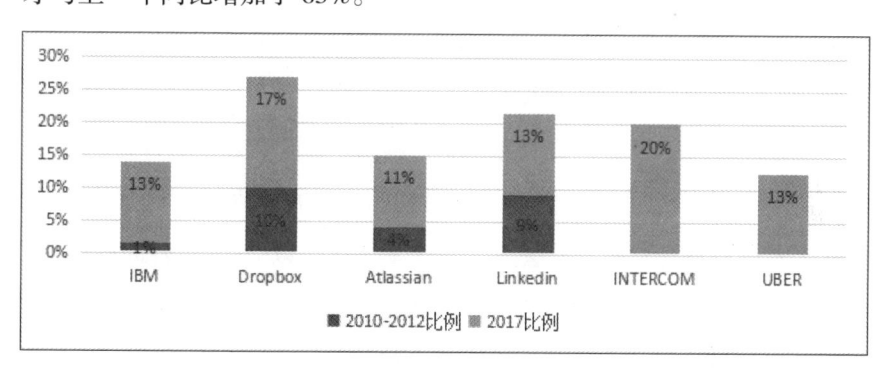

图 27　2010—2017 年主要科技企业设计员工占比（数据来源：2017Design in tech）

在提升设计员工占比的同时，科技企业和德勤、埃森哲等专于商业战略规划与咨询业务的公司加大对于设计企业的并购；2009 年至 2016 年总计 64 个设计机构并购案[①]（2004—2009 年有 2 起未计入）中（图

---

① 2017DIT 团队：《2017 科技中的设计》，2017。

28），科技公司收购了 31 家——谷歌 5 家、脸书 4 家；商业咨询公司收购了 24 家——德勤 6 家、埃森哲 5 家、麦肯锡 3 家。以上收购半数以上发生于 2014 年以后，2014 年之后，硅谷多家独立设计公司消失，成为科技企业的一部分。

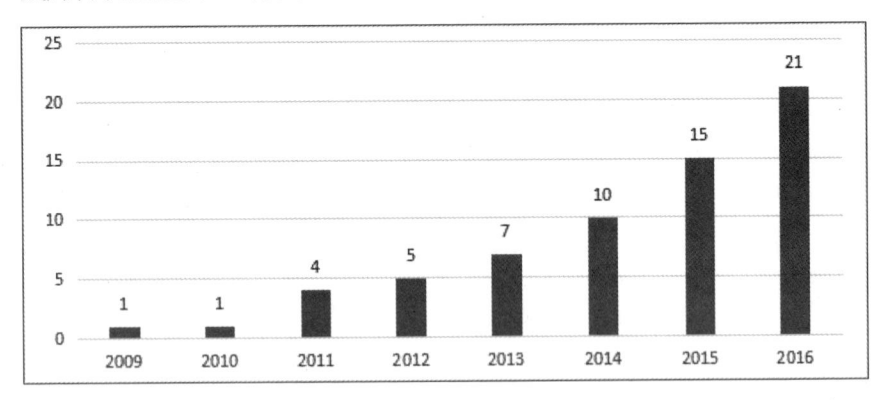

图 28　2009—2017 年设计机构并购案（数据来源：2017Design in tech）

由于科技快速渗透于各个行业，除了专业性设计机构以外，设计师以不同的方式服务于各个产业部门——或是自由职业者或是创业企业合伙人、非设计企业设计负责人等；如共享经济代表企业 Airbnb（全球旅游科技企业融资第一名，估值为 320 亿美元）和知名社交软件 Snap chat（2017 年上市，市值 340 亿美元）的创始人分别毕业于罗德岛设计学院和艺术中心设计学院，除去这 2 个个案，报告以 2016 年咨询机构 CB Insight 列出的 25 家成功融资的互联网初创企业和该机构推选的 75 位最优秀的科技设计师[1]为分析对象，在 25 家顶级投资机构支持的科技初创企业中 36%（9 家）拥有设计师联合创始人。另外，报告通过对 75 名设计师（包含产品设计师，移动应用程序设计师，网页设计师，用户界面设计师，人机交互设计师）统计分析发现（见图 29），75 名设计

---

[1] THE DESIGN 75: *The Best Designers In Technology*, http://www.businessinsider.com/best-designers-in- technology-2013-5.

师服务于18个行业，其中近19%（14名）是企业创始人或联合创始人；多名设计师除在企业任职外还开设自己的设计工作室或担任其他初创企业设计顾问。在独立设计机构任职的仅占14%；而在社交（Facebook、Path等）、科技（谷歌、苹果等）、金融（包含支付）领域工作的设计师占比达到45%。

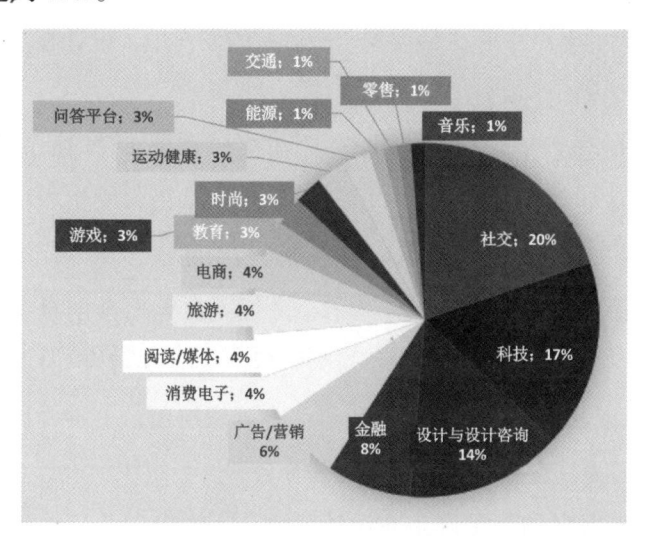

图29　75位设计师行业分布（数据来源：根据公开资料整理）

全球设计师主导的创业企业越来越多，从以上这一小部分数据来看，设计对于科技和其他产业部门的影响将越来越广泛；同时，设计与科技部门正以一种人才流动的方式在促进各自领域的知识外溢，相互提升生产能力，可以预见不久的将来设计与科技企业的边界将越来越模糊。

3.国际发展概况

政策与组织：设计服务业由于具有高知识、高附加值和强辐射等特点，已经成为世界各个国家和地区大力争夺的战略高地。各国纷纷制定相应的发展政策推动设计服务业的健康可持续发展。以英国为例，在版权方面，英国政府成立名为"创意伦敦"的知识产权服务中心为企业提供有关产权登记、版权交易等服务。英国政府重点支持的六大优势行业为：高端制造业、数字创意产业、服务业、零售业、建筑业和医疗及生命科学。随着国家对高端制造业的重视，英国的制造业不断进行调整和转变，制造业的内涵已不再单纯是生产和产品本身，更多是基于服务的制造业。包括围绕市场需求向用户提供服务，设计作为产品价值链的重要环节，推动英国制造业向产业价值链高端延伸。除了产品与工业设计，其他设计门类40%以上的比重均服务于金融与商业服务业。英国是欧洲最大的金融中心，是现代金融体制的发祥地，设计在金融业品牌推广和营销方面作用突出。

相关社会组织：国际主要设计相关组织有世界知识产权组织（WIPO）、世界设计组织（WDO）；由联合国教科文组织提出了"创意城市网络"，作为全球最负盛名的创意组织网络，包含了设计、文学、音乐、电影、民间艺术、媒体艺术、烹饪美食等七个创意主题。在7类主题中，"设计之都"的竞争最为激烈，截至2017年10月，全球已有23个城市获得"设计之都"称号。在国家层面，美国设计产业发展主要推动力为社会组织，有众多的基金会和协会组织为设计企业提供服务，其中最著名的是美国工业设计师协会（IDSA）。目前该协会影响力遍及全球，分为28个专业部门，共有3200多名员工。为了培养设计人才，成立了专门的设计奖学金，下设的IDSA奖是全球工业设计界重要的评奖活动之一。在英国，主要的设计服务部门包含英国国家设计委员会，距今已有60多年历史，为设计产业发展提供了强大、持续的支持。与设计相关的重要管理部门包括商业、创新与技术部（DBIS），文化、传媒与体育部（DCMS），英国贸易与投资总署（UKTI），全国科学技术和艺术基金会（NESTA），英国创新（Innovate UK），艺术与人文研究理事会（AHRC）和英格兰高等教育基金委员会（HEFCE）等。此外，英国工业设计协会、贸易协会、设计企业协会、全球广告创意与设计协会以及特级设计师协会等专业机构在英国的设计振兴中也发挥了重要作用。英国国家设计委员会前身是建立于1949年的工业设计委员会。它由国会议员，商业、工业和公共部门的领导代表组成，目标是"通过研究探索设计如何推动经济和社会进步，以及政府和企业如何可以更好地了解设计的重要性"。委员会由委员组成小组，成员基于其优点、技能和专业知识被聘请。委员会发表与设计相关的论文和重大事件报告，包括教育设计（如Pryce-CB和2011年的Whitaker）、公共服务设计（2014）、设计与公共采购（2010）以及设计与数字经济（2015）。其中最有影响力的报告是"英国重启2"（2014）。

以上趋势变化体现了市场需求与企业业务结构的变化，百年前工业化大生产带来的商品丰裕使"设计"创造的"差异化"成为重要的商业竞争方式；信息科技发展至今，一方面，技术的进入门槛越来越低，越来越多的人可以通过亚马逊、苹果、谷歌、微信提供的开发者工具来制作自己的App；科技服务市场的竞争日趋激化，科技企业经营者需要通过设计赋予产品以"附加价值"增强其产品竞争力。另一方面，科技急速发展带来的技术过剩，需要通过设计将市场需求、科技手段、服务形式有效整合在一起，才能创造新的经济效益。

4.国际文化科技案例

案例：Adobe Sensei——智能设计服务系统

基本情况：Adobe Sensei，一个致力于大幅改善设计和数码体验传递的新架构和智能服务。Adobe Sensei智能服务解决了当今复杂的体验挑战——包括数百万个图片的配对、理解文件中的意思和情感，以及精准定位重要的受众群，解决这些挑战均建立在机器学习、人工智能（AI）和深度学习功能的基础上。对于整个Adobe Cloud Platform，此次发布基于Adobe Marketing Cloud在今年3月Adobe Summit上发表的机器学习功能。

运营及技术特色：Adobe Sensei包括一个统一的人工智能（机器学习）框架和一套智能服务，为Creative Cloud、Adobe Document Cloud和Adobe Marketing Cloud提供支持。到目前为止，这些智能服务已经配置于Adobe产品当中。公司正在大幅地增加对Adobe Sensei的投资，并计划使合作伙伴、独立软件供应商（ISV）和开发人员都能使用，便于他们扩展 Adobe 的行业领先云端产品，并在此之上建构定制的解决方案。Adobe Sensei 融合在公司云端服务之中，包括 Adobe Creative Cloud、Adobe Marketing Cloud 及 Adobe Document Cloud，来自动处理平常任务、提高可预测性及个性化定制的能力，并推动生产力。以下是 Adobe Sensei 智能服务用于 Adobe 各项云端服务（见表42）。

表 42　Adobe Sensei 智能服务（内容来源：根据公开资料整理）

智能内容	使用深度学习来搜寻及自动给图像标签，并在搜寻图像时做出智能推荐。
脸部感知图像编辑	从图像中寻找面孔，并利用如眼眉、嘴唇和面部特征来感知它们的位置，从而改变面部表情而不破坏整体图像。
语意分隔	将图像每个部分按类别进行局部标签，例如分辨建筑物和天空。这种标签后的部分使选取和调整物体变得相当容易，只需使用简单的指令即可完成。
智能受众划分	为市场营销人员和分析员提供新的视角，帮助他们面向类似或邻近的群体，便于更有效率地赢得新顾客。
归因	算法决定了不同的营销痛点如何影响消费者决定与品牌互动，判断不同活动的效果并提供最有利的市场营销投资建议。
自然语言处理	提供电子文件上的文本理解、主题模型及情绪分析。

除了可从 Adobe 云端产品中获取 Adobe Sensei 外，合作伙伴及开发人员也可作为 API 通过 Adobe 的开发者平台 Adobe.io 中获取 Adobe Sensei。这使得开发者和系统整合商为其用户建立全新类型的应用程序和解决方案。Adobe Sensei 善用公司大量的内容和数据资产——从高解像图片到用户点击——提供无可比拟的设计、传递和管理数码体验的能力。Adobe Sensei 包括一个统一的人工智能/机器学习框架和一套智能服务，为 Creative Cloud、Adobe Document Cloud 和 Adobe Marketing Cloud 提供支持。到目前为止,这些智能服务已经配置于 Adobe 产品当中。公司正在大幅地增加对 Adobe Sensei 的投资，并计划使合作伙伴、独立软件供应商（ISV）和开发人员都能使用，便于他们扩展 Adobe 的行业领先云端产品，并在此之上建构定制的解决方案。

（五）趋势5　教育：科技重新定义学习生态

研究机构预计全球教育市场规模超过5万亿美元，是软件市场规模的8倍，媒体和娱乐行业的3倍，而数字化只占其中2%，未来将有巨大增长空间。在国际上，得益于大量的搜索数据和丰富的数字教育实践，人工智能与教育的结合已经显示出非同凡响的发展潜力。智能化的自适应学习平台、机器人教育受到投资者的追捧；同时虚拟现实教育内容开始增多，推动设备大量进入学校；中国的很多教育科技企业也开始尝试利用人工智能技术开发自适应学习平台等辅助教学；同时，由于国内教育政策转变，基于互联网的艺术和素质教育开始兴起。随着虚拟现实、人工智能能力的增强和数据的海量增长，具有变革性的新技术引发教育领域智能化、数字化、多元化、扁平化浪潮，打造未来自适应学习、家校师三方联动、全方位沉浸式、无缝学习环境的教育新模式；教育领域呈现出空前的革命性。

1. 定义与应用

教育科技（科技）（Education Technology；教育科技）："教育科技是通过创造、使用、管理适当的技术性的过程和资源，以促进学习和提高绩效的研究与符合伦理道德的实践"[1]。在教育科技中，解决问题的表现形式是依靠开发使用学习资源[2]与促进个别化学习来提高人的学习质量；要使它们在学习中产生整体功能、发挥优良作用，就必须通过进行系统的设计实现优化组合。在投资领域，教育科技包含了各类以新技术（随时间而变化）如人工智能、区块链、虚拟现实、游戏化或移动

---

[1] 美国教育传播与技术协会（简称AECT）发布的有关教育科技的定义是目前被普遍认可的教育科技定义：Robinson, Rhonda; Molenda, Michael; Rezabek, Landra. "Facilitating Learning"（PDF）. Association for Educational Communications and Technology. Retrieved 18 March 2016.

[2] 学习资源：包括信息、人员、材料（教学媒体软件）、设备（硬件）、技巧和环境，是一个复杂的系统。

技术支撑的针对各教育部门的教育服务及工具、商业模式（国内的"在线教育"一词所涵盖范围是教育科技的一部分）。

2. 技术及分类

教育可用技术种类繁多，而且针对不同年龄段和学习内容、活动有不同的应用方式；报告中主要考察的是投资市场上教育科技生态（Education Technology Ecosystem），综合梳理了各类教育孵化器项目、咨询机构和报告分类，教育科技企业主要包含（但不限于）以下类型（教育科技是一个不断成熟、融合和发展的动态行业，有国外机构将其分为60多类，仍有部分无法归类，以下分类按国内外市场主要获投企业服务类型归类，并不包含全部，见表43）：

表43 教育科技生态（Education Technology Ecosystem）

大规模开放课程	新一代数字内容	语言学习	科技与学科学习
各类主题的教育内容视频。	互动性强的新一代数字内容。互动式故事书、虚拟现实、教育游戏等。	在线多种语言学习。	针对编程教学和其他工程学科。
职业发展	数字化的教室	学习管理系统	学校管理系统
在线职业培训及规划。	包含网络铺设、交互式教学工具及环境、平板电脑、电子屏幕等设备。	教师跟踪学生进度，管理作业，促进课堂参与，共享内容；自适应学习系统。	简化学校管理过程。提供数字化成绩单和监考、学历认证，家校沟通，校际沟通。
数据分析	学习工具	教育机器人	考试辅导
收集学生各类学习数据，并使用数据分析技术个性化教育经验。	提供使用技术来巩固/或加速学习过程的学习工具，包含虚拟现实等。	包括教育机器人和教育或编程教育等，以及应用服务机器人教授各种科目。	为准备标准化考试（SAT, GRE和GMAT等）的学生提供解决方案。
线上线下（O2O）		创新型学校	
为学生提供找老师面对面辅导平台。		替代传统教育经验的新式学校，通过各类技术手段适应每个学生的学习风格来实现个性化教育。	

以上分类在国内大部分属于教育服务和民办教育领域；此外，国内外教育政策、制度多方面状况有较大差异，如国内存在"素质教育"等细分，在国外没有此类区分；还有一些较为热门的教育科技概念，如游戏化、混合式学习等，更多是一种教学方法或教学设计理论，融于各种教学活动和工具中，因此未列入，实际的教育游戏产品归于新一代数字内容中。在2017年，依据投资热点、技术采用等因素，表现较为突出的是学习管理（自适应学习系统）、教育机器人、虚拟现实；在国内发展态势相似，但"素质教育"（音体美等）是国内新兴领域。

3. 市场与企业

EdtechX Global 与 IBIS Capital 发布的报告显示，全球教育科技市场目前已经超过了5万亿美元，是软件市场规模的8倍，媒体和娱乐行业的3倍。而这五万亿美金中目前只有2%是数字化的，预期未来成长空间惊人。同时，报告预测全球教育科技产值以每年17%的增速成长，在2020年将达到2500亿美金。著名市场调研公司Markets and Markets预计，到2021年，智能教育和学习市场市值将会从1930亿美元增长到令人难以置信的5860亿美元。在区域层面，北美地区处于全球教育科技市场领先地位，但2016年增速下降。亚洲由于庞大的人口基数和人力资源升级的需求，成为教育科技市场成长最为迅速的区域（见图30）[①]（这一统计包含了教育领域平台、数字内容和工具）。同时，欧洲（西欧）和拉美地区也有较大涨幅。

---

① 数据来源：Docebo。

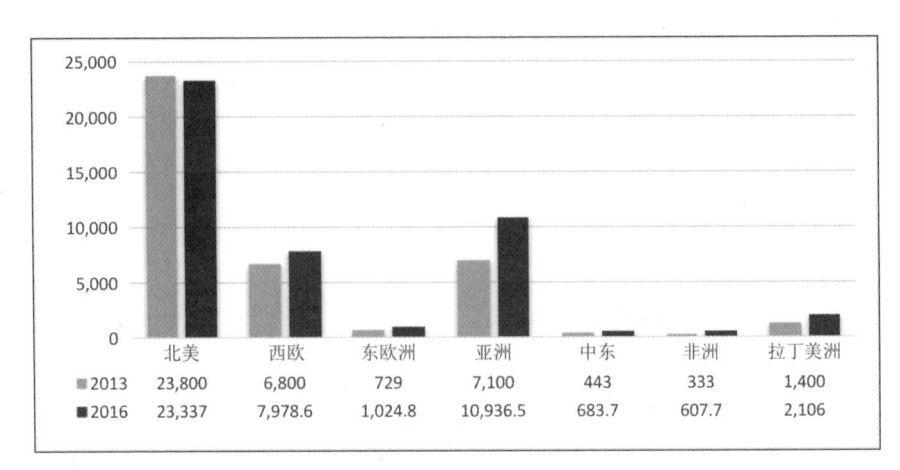

地区	2013	2016
北美	23,800	23,337
西欧	6,800	7,978.6
东欧洲	729	1,024.8
亚洲	7,100	10,936.5
中东	443	683.7
非洲	333	607.7
拉丁美洲	1,400	2,106

图30 2013—2016年教育科技市场规模（单位：百万美元）

在国家层面，欧美是教育科技创新最为发达的地区，据公开数据[1]，英国教育科技市场预计到2021年将达到34亿英镑。英国教育科技公司未来两年的总平均预期增长率（以102家初创公司为样本）预计为每年29%。教育科技部门是英国发展最快的部门之一，现在英国拥有1200多家教育科技公司，约占欧洲总数的四分之一，英国在今年迄今为止占据了欧洲近40%的交易和34笔交易的欧洲Edtech交易空间可能并不令人惊讶。它最接近的竞争对手是俄罗斯，2017年只有11宗交易。在北美地区，美国企业一直是获得投资金额最多的国家，在2011到2015年，有四分之三的教育科技投资在美国；但是，亚洲地区正在崛起，世界十大增长最快的数字学习市场中有八个位于亚洲，分别是越南、中国、泰国、马来西亚、印度尼西亚、缅甸、尼泊尔和巴基斯坦。其中领先国家是中国，在2015年的创投投资额以年成长率158%引人注目，在全球份额中占了37%（2014年只占17%），当年全球超过一亿美金的大投资案有七件，中国有四起。

---

[1] *The UK ranks #1 in edtech venture capital funding in Europe*, http://edtechnology.co.uk/Article/the-uk-ranks-1-in-edtech-venture-capital-funding-in-europe.

企业和产品趋势：教育科技市场呈现出多元化竞争态势，传统教育巨头加速数字化转型，科技巨头凭借技术和资本优势大规模进入，新创教育科技企业聚焦于细分垂直领域，非教育企业跨界多样创新。同时，由于教育的刚需性，教育科技投资和孵化器逐年增多。随着人工智能、虚拟现实等技术正不断走向成熟，国际上一批为学校、家长和师生设计的、能应用于课堂和家庭的教育产品正在涌现。在细分领域，人工智能支持的自适应学习系统、教育机器人、包含虚拟现实在内的各类互动内容等成为投资热点。

传统教育出版和服务方面的企业数字化转型在加速，2016—2017年第一季度，英美主要教育出版商（服务商）营收均有所下降，但数字收入占比均在上升。培生集团（Pearson PLC，全球第1名）财报显示2016年总营收同比下降8%；但数字收入占比持续增长，2016年数字服务收入占比68%，同比增加3个百分点，预计到2020年数字教育服务收入达到75%；麦克劳-希尔集团（McGraw-Hill Education，全球第9名）销售额同比下降了4%；数字收入增长11%，占整体收入比例达到56%。霍顿·米夫林·哈考特（Houghton Mifflin Harcourt[①]，全球14名）总收入同比下降3%。但其收购的学乐旗下的教育科技业务在2016年给集团带来了4.9亿美元的收益，让集团的下跌能有所缓冲。此外，以上教育出版巨头借助原有的内容优势密集发布教育科技产品，其中自适应学习平台是巨头重点关注（见表44）。

表44　全球教育出版巨头主要数字学习产品

培生集团	将聚焦存在更大机会的领域，如数字课件、下一代评估系统、学习分析系统、自适应学习、认知顾问等产品都将很快面试；IBM 的超级认知计算机 Watson 成为培生一系列智能学习产品的技术伙伴。

[①] 霍顿·米夫林·哈考特（哈考特）是一家全球教育出版和技术公司，在美国和其他150个国家拥有5000多万学生。

麦克劳-希尔	打造 Learn Smart、ALEKS 等学习平台。 数字产品系列综合全面，覆盖了从教学管理、课堂教学、智能测评反馈到个性化学习的全过程。 在未来实现产品与服务的全部数字化，使其用户从小学开始到毕业后的社会学习都在平台上进行，实现终生学习。
哈考特	关注移动学习，将获得市场检验的高品质内容打造成在 IOS、Windows、Android 各类设备上任意使用的 APP； 与 IBM 和 Knewton 等合作开发了 Intel Education Study eTextbooks 和自适应学习系统等学习平台。 2016 年，宣布与谷歌合作，为 K-12 学生提供基于课程内容的虚拟现实项目：实地旅行（field trips）；

数字时代，教育出版商以内容和评测为优势，利用智能技术打造自适应平台，产品和服务一体化，来满足用户的多样学习需求。培生的 My Lab、Pearson Custom Solutions，麦克劳-希尔的 ALEKS，哈考特与谷歌合作 VR 等产品都在加速传统教育出版企业的数字教育服务转型。此外，在自适应学习平台方面，还有很多第三方服务商，如 Knewton，Smart Sparrow 等。

由于教育科技市场的广阔和重要性，科技巨头和非传统教育企业也逐步进入这个市场，科技企业主要以投资教育科技企业及学校、开发和收购教育服务工具等多种方式介入。最初谷歌、微软和苹果各自为学生和老师提供免费的课堂工具。Facebook 对于教育领域最为关注，在 2015 年创立了 Chan Zuckerberg 计划，其中许多计划都在探索学生的个性化学习。2016 年 Facebook 投资新一代数字化学校 Alt school；2017 年，Facebook 开始进入公立学校软件市场，和 Summit 公立学校宣布推出由 Facebook 和学校联合开发的免费学习系统，近 120 所学校将采用此系统。2016 年谷歌推出 Google Expeditions，教师使用 Expeditions 虚拟现实应用程序来传授文化理解，全球意识和历史观点。在非教育企业方面，越来越多的企业跨界进入教育市场，如影音娱乐公司 Sony 以教育机器人切入；设计企业 IDEO 则为秘鲁系统化的设计了新一代的学校系统；

Discovery 旗下的 Discovery Education 致力于开发虚拟体验项目。索尼旗下索尼国际教育（Sony Global Education）推出机器人 KOOV。

在教育科技创新方面，充沛的市场投资催生了大量教育领域孵化器，成立于 2011 年的 Imagine K12 是美国第一个专注于教育科技的加速器，从此之后美国共诞生了 14 个教育科技加速器或孵化器，每年产生超过 100 家教育科技新创公司。在英国，也共有超过 1000 家教育科技新创公司，其中五分之一诞生于伦敦。近两年来，新成立的主要教育加速器和孵化器计划有：英特尔教育加速器、"Spark Labs"的教育加速器计划、弗吉尼亚大学教育学院、风险投资基金 NewSchool Venture Fund。2017 年，东南亚地区两家新成立的孵化器是河内的 Topica Ed tech Lab 和新加坡首个教育科技公司加速器 Lithan Ed tech。

4. 国际发展概况

相关政策趋势：教育信息化已受到世界各国的高度重视。各国政府先后从国家层面制定了战略规划明确指引教育信息化的发展方向，主要发达国家教育信息化战略发展路线从 1990 至今经历了三个发展阶段[1]（信息基础设施的全面建设、信息技术在教育中的应用推进、信息技术促进教育教学变革创新），大部分是以学校为实施主体。但在近年（第二、第三阶段），多元化的主体越来越多地参与到教育信息化中；如 2013 年，美国白宫发布"连接教育（Connect ED Initiative）"计划[2]，特别将美国 IT 企业的支持列入其中，截止到 2015 年 6 月，苹果、微软等 IT 企业已为 50 个州的 1 万所学校的 300 多万学生提供了价值 20 多亿美元的软件、硬件和培训资源。2015 年全美有 58% 的公立学校配备了首席技术官（CTO）用于学校的信息化发展规划和日常信息化管理服务，而

---

[1] 吴砥、余丽芹、李枞枞、尉小荣：《发达国家教育信息化政策的推进路径及启示》，载《电化教育研究》，2017 年第 9 期，第 5-13 页。

[2] 胡永斌、龙陶陶：《美国基础教育信息化的现状和启示》，载《中国电化教育》，2017 第 3 期，第 36-43 页。

2008年这一数字仅为33%。美国中小学校在信息化管理和服务的专业性上有了很大的加强。

在社会组织方面，以上实施过程中，非政府组织（Non-Government Organizations），如美国国际教育科技学会、新媒体联盟等协会或联盟，教育管理组织（Educational Management Organization，简称"EMO"）等营利组织，以及苹果、微软等IT企业都成为教育信息化的重要参与者。企业和社会组织承担了大量政府组织无力承担的重要角色。在信息技术的教育应用方面，新媒体联盟连续多年发布《地平线报告（基础教育版）》为基础教育的技术采纳趋势指明了方向；在混合与在线教育领域，众多EMO采用市场化方式运作，办学方式灵活，除开办实体学校外，还开办了大量混合与在线学校来满足社会需求，成为引领美国中小学混合与在线教育发展的核心力量。此外，众多IT企业也推出基础教育领域的销售政策和教育产品，如苹果公司专门推出了教育行业的优惠政策。此外，国家先进信息和数字技术研究中心（也被称为Digital Promise），是一家非营利组织，其使命是促进教育创新和改善；刺激教育创新。这个组织的工作，一方面支持教育界利用研究来为决策提供信息；促进研究人员，教育领导者和技术创业者之间的互动，激发彼此的工作；支持教育领导者选择教育科技产品和计划，以提高所有学生的学习机会。另一方面，与企业家和开发人员共同合作，设计高质量课程，教育科技工具和学习解决方案。委托并开展研究评估教育产品的有效性，以创建一个更有效的K-12教育科技市场。在英国，英国教育供应商协会（BESA）是教育行业唯一一家非盈利供应商协会。创立已有80多年，有成员供应商300多家，是全英国80%以上的学校和老师教学的上游来源，他们为教育市场提供设备，教学内容，教学工具，技术等等。因英国学校有非常自由的设备采购权限，每年BESA会举办供应商产品会BETT成为英国学校老师关注的盛会之一。BESA同时开设孵化加速器"Launchpad"，旗下有超过50家初创公司。

5. 国际文化科技案例

案例一：Knewton——人工智能时代的自适应学习系统

基本情况：Knewton 成立于 2008 年，是一个提供个性化教育的平台公司（自适应学习系统是一种通过分析收集到的学生实时交互数据来引导学生学习的系统，可实现在特定的时刻为特定的学习者提供特定的内容），同时自己开发了科学，技术，工程和数学领域的高等教育课件。学校和出版商也可以通过 Knewton 平台为学生提供自适应的学习材料。截止 2015 年，Knewton 全球服务学生超过 1000 万，个性化推荐次数超过 150 亿次。

运营及技术特色：人工智能是基于大数据采集和多维度识别系统，对数据进行智能处理，通过互动界面与应用场景与人产生信息交互。人工智能技术与学习过程中的"教、学、练、评、测"五大环节相结合，利用其图像、语音等识别功能对问题进行分析，通过对数据的深度学习、自适应和计算，产生适合学习者的个性化的解决方案和有效反馈意见。Knewton 的最大优势来自其强大的人工智能实时推荐引擎，利用自适应学习系统对学生的学习数据进行不断地挖掘，对学生的学习活动进行实时的分析与反馈，总结出学生可能存在的学习误区、缺点及拥有的学习优势、偏好等，向学生推荐与之水平相适应的课程，最优化学习效果。Knewton 在学习内容确定阶段运用了知识可视化工具：知识图谱。知识图谱是利用可视化图谱来展示学科之间，知识点之间的相互关系，以及正式的核心结构和整体构架。对于学习水平的测试包含两个方面：一个是如何通过一定数量的测试题目比较准确地预测学生对于知识点的掌握程度；另一个是在通过对学生测验数据的分析，确定学生之后的学习内容。

Knewton 根据使用者学习特点和使用习惯的差异进行实时的精确预测，形成学情分析报告提供给老师，便于老师根据每个学生的学习差异及时调整内容供应，使教学更具针对性。2011 年以后 Knewton 与大学及内容出版商的合作越发紧密，为对方提供内容洞察和分析服务，协助搭建在线教学资源库，为学生提供更加个性化、智能化的学习内容，扩大学生的覆盖范围。2016年2月，Knewton完成了F轮5200万美元的融资，将用于与行业领先的出版商和教育公司合作，加快学生个性化学习方案的产品研发。

机构预测，全球自适应学习市场在2017—2021年复合增长率为31.07%；全球自适应学习市场在区域上主要为拉丁美洲，欧洲以及亚太地区。投资这个市场的主要公司位于加拿大，英国，美国，印度，中国以及亚太地区的一些国家。因此，亚太地区、北美洲和西欧地区在未来几年占有一半以上的市场份额。全球大部分地区的市场仍处于探索阶段，但未来几年有望继续保持旺盛的发展势头。

同类项目：目前的自适应学习主要体现在三种产品模式上：自适应题库系统，自适应课程系统，分级阅读系统；个性化自适应学习是教育信息技术长期发展趋势（4—5年，2016地平线报告），目前仍然处在发展阶段，无论在内容上还是方法上都有非常大的研究空间。除Knewton以外，目前国内外主要的自适应学习平台有（见表45）：

表45　全球主要自适应学习产品

Dreambox	基于自适应用户学习进度的平台，为幼儿园到五年级的学生提供在线数学学习等服务。
Smart Sparrow	中小学数学的自适应练习和辅导系统，具有电子练习册、及时反馈、自适应学习三大功能。
英语流利说（中）	通过语音评估技术和游戏化练习方案，提升用户口语能力。
ScootPad	针对中小学生的自适应学习平台，包括数学、拼写、阅读、英语语言艺术等课程。
猿辅导（中）	K12的在线辅导平台，通过自适应题库和真人在线辅导帮助学生提高科目学习成绩。

案例二：Google Expeditions——虚拟现实拓展教育边界

基本情况：谷歌于2015年5月宣布推出"谷歌探险先锋计划（Google Expeditions Pioneer Program）"，该计划主要为学校提供低成本的虚拟现实教学工具。目前谷歌已经为此构建了100多个虚拟考察课程，允许学生在教师的指导下，通过谷歌Cardboard探索历史、地理、职业生涯教育等等。学生将通过这个项目了解到泰姬陵、罗马斗兽场和亚历山大·汉密尔顿（美国开国元勋之一）的背后故事。

运营及技术特色：在内容方面。教师们可以从一个有100多个虚拟旅行的图书馆中选择火星，大堡礁和中国长城等地。同时，谷歌不断与PBS，教育出版商霍顿·米夫林·哈考特（Houghton Mifflin Harcourt），英国纪录片大卫·阿滕伯勒（David Attenborough）和他的制作公司Alchemy VR以及野生动物保护协会等合作伙伴创造新的内容。2016年，培生和霍顿·米夫林·哈考特（HMH）都加入了谷歌的虚拟现实课程教学应用（APP）项目"谷歌远征"（Google Expeditions）。哈考特（HMH）为K-12年级的学生推出了四次实地考察作为科学和社会研究课程，并计划在未来几个月内发布超过20个HMH实地考察，其中包括前往阿拉莫、葛底斯堡、卡纳维拉尔角肯尼迪航天中心等。HMH开发了与HMH课程相结合的实地考察，相关课程将包含免费的HMH顾客教师指南，包括学生活动和课程计划，这将使教育工作者能够将虚拟实地考察无缝地融入课堂中。

谷歌为了使教学过程尽可能无缝衔接，为学校提供一套包括教师平板电脑，Asus Zenfone 2s和Cardboard观众或Mattel View-Master查看器的工具包，还有一个允许Expeditions离线运行的路由器。"谷歌探险先锋计划（Google Expeditions Pioneer Program）"目前正扩展到美国、澳大利亚、巴西和英国的学校。谷歌表示，随着推进，计划合作伙伴将继续扩大。

同类项目：2015至今，越来越多的教育企业开始使用VR设备，虚拟现实在游戏和教育领域已经离广泛应用越来越近。类似的项目还有：

表 46　2016 年 VR 教育企业应用（来源：媒体）

Discovery Education	美国	探索频道旗下的 Discovery VR 项目，Discovery Education 为 450 万名教育工作者和 5000 多万名学生提供服务。
Alchemy VR	英国	Alchemy VR 已经和伦敦自然历史博物馆、悉尼澳大利亚博物馆和 Google Expeditions 等机构合作，制作了包括大堡礁、金字塔以及人体在内的教育性 VR 视频。
Immersive VR Education	爱尔兰	VR 是 Immersive VR Education 开发的一款在虚拟现实中模拟演讲厅的 VR 应用，同时增加了在传统教室环境中无法使用的特殊效果。公司也发布了《阿波罗 11 号 VR》，让用户通过虚拟现实重走阿波罗 11 号登月之路；《泰坦尼克号 VR》，能让用户感受灾难，探索沉船废墟。
zSpace	美国	zSpace 公司是一家为 VR 教育提供解决方案的公司。zSpace 由一台单独电脑和 VR 显示器组成，并配备有触控笔，帮助学生操纵虚拟 3D 物体，加强学习体验。
Unimersiv	爱尔兰	沉浸式体验和虚拟现实软件开发商 Immersive VR Education 是一个每月发布教育内容的 VR 学习平台。

（六）趋势 6　文化旅游：大数据打造无缝出行体验

2015—2017 年，全球文化旅游需求不断增长，旅游人数稳步扩大；同时，在线旅游预订市场持续扩大，旅游科技投资稳步上升；在共享住宿预订领域，国内外已形成一定格局，投资集中于 Airbnb、Uber、滴滴、途家等企业；同时，旅游领域的信息化发展至今逐步进入智能化阶段，智能旅游服务是直接给用户提供若干套完整的解决方案——把碎片化的线路变成模块，组合成各种行程单；同时，机器人技术、智能家居等逐步与旅游业融合，提升服务体验；旅行已经成为建立在数据上的 360 度全景产业，最终为旅行者营造个性化的无缝旅游体验。在国内，旅游大数据平台逐步完善；各地旅游委相继利用社交媒体展开海外营销活动；多元主体纷纷介入旅游科技投资。

1. 定义与应用

旅游（Travel）：世界旅游组织关于旅游的定义是"旅游包括旅行和居住在通常环境以外的地方的活动，连续不超过一次。"

旅游产业（Tourism Industry）：以旅游资源为凭借，以旅游设施为基础，通过提供旅游产品和服务，满足消费者各种旅游需求的综合性行业。传统意义上的旅游产业要素为"食住行游购娱"。但随着发展，业内专家认为当下旅游产业链包含游憩行业[①]、接待行业[②]、交通行业[③]、商业[④]、建筑行业[⑤]、生产制造业[⑥]、营销行业[⑦]、金融业[⑧]、旅游智业[⑨]九个类别的行业，构成了一个紧密结合的旅游产业链。旅游价值链主要由旅游供应商[⑩]、旅游经销商（传统旅游中间商或在线代理商，Online Travel Agent）以及旅游消费者组成。

2. 技术及分类

旅游科技（技术）（eTravel，Travel tech）：旅游科技（也称为旅游技术）最初是指信息技术（IT）或信息和通信技术（ICT）在旅游业中的应用，因为旅行技术最初与航空业的计算机预订系统（CRS）有关，但现在包含了更广泛的范围，如包括虚拟现实展现形式的虚拟旅游等。

---

① 游憩行业：包括景区景点、主题公园、休闲体育运动场所、产业集聚区、康疗养生区、旅游村寨、农场乐园等的经营管理和运作的行业。

② 接待行业：旅行社、酒店、餐饮、会议等。

③ 交通行业：包括旅游区外部的公路客运、铁路客运、航运、水运等，也包括景区内部的索道等小交通。

④ 商业：集购物、观赏、休闲和娱乐等于一体的购物休闲步行街、特色商铺、创意市集等。

⑤ 建筑行业：园林绿化、生态恢复、设施建造、艺术装饰等。

⑥ 生产制造业：车船交通工具生产、游乐设施生产、土特产品加工、旅游工艺加工、旅游衍生品加工、信息终端及虚拟旅游等设备制造。

⑦ 营销行业：旅游商务行业（包括电子商务）、旅游媒介广告行业、展览、节庆等。

⑧ 金融业：旅行支票、旅行信用卡、旅游投融资、旅游保险、旅游衍生金融产品等。

⑨ 旅游智业：规划、策划、管理、投融资、景观建筑设计等咨询行业以及相关教育培训行业。

⑩ 旅游供应商：是指向旅游企业提供生产经营活动所需各种资源的企业。如向旅游公司提供客房、餐饮产品的酒店，提供旅游资源的旅游景点，提供交通运输服务的运输企业，向酒店提供餐具和其他酒店用品的酒店用品公司等。

目前国际上对于旅游科技有多种分类形式[①]，报告主要采用了世界经济论坛的旅游生态系统的模型（见47），基本包含了目前投资领域热门的智能门锁、Airbnb、Uber、妙计旅行、马蜂窝等共享和智能规划、旅游UGC社区等人工智能、物联网或移动技术支撑的旅游相关业态。

表47 旅游科技生态系统的模型

获取	预订	准备	机场	行程中	到达	目的地	行程后
搜索	在线代理	旅行组织	机场运营	航空铁路	汽车租赁	酒店运营	社交媒体
谷歌等搜索引擎	携程等代理商	行程管理工具；智能规划	机场各类服务、购物等运营	航空或铁路等运输企业	租车服务	传统酒店：希尔顿等	微博、Facebook等社交媒体
社交	旅行代理	出行	航空服务提供商		度假租赁	评论
社交媒体	传统旅行社	Uber、滴滴、传统出租车	快递公司、飞机地勤、货运、旅行和航班餐饮服务商		Airbnb、途家等非标准度假租赁	旅游社区或点评网站
旅游社区或点评网站	·支付	设备制造/系统供应商		游览	
	数字支付或信用卡等	空中客车、GE等飞机制造商		旅游活动组织，包括个性化体验等	
全球分销系统/数据分析							
全球分销系统供应商：amadeus；旅游数据分析服务企业							

由于市场环境不同，以上分类部分服务商与国内不一致。此外，这一分类以旅行者为中心，景区的智能化铺设等非直接旅行消费未计入其中。

3. 市场与企业

据UNWTO[②]发布的《世联组织2016年年度报告》显示，2016年是

---

① 旅游科技分类形式：如世界经济论坛/埃森哲旅行生态以旅行者出行过程涉及的所有服务商都归入其中；以色列制定的旅行科技生态系统中包含：旅游活动、预订引擎、分发、OTA、商务旅行、消息等。

② 世界旅游组织（World Tourism Organization，缩写：UNWTO）：是联合国系统的政府间国际组织，是旅游领域的领导性国际组织。

国际旅游业自 2009 年起第 7 个连续增长年（见图 31），2016 年全球旅游总人次首次突破百亿，达 105 亿人次，较上年增长 4.8%，为全球人口规模的 1.4 倍；全球旅游总收入达 5.17 万亿美元，较上年增长 3.6%，相当于全球 GDP 的 7.0%；全球旅游总人次和旅游总收入增速显著高于全球 GDP 增速。2016 年全球旅游经济增长对世界 GDP 增长的贡献率为 5.49%，其中旅游经济增长对发达经济体 GDP 增长的贡献率达到 9.1%，对新兴经济体 GDP 增长的贡献率为 4.24%。预计 2017 年旅游经济对世界 GDP 增长的贡献率将达到 5.87%，对发达经济体 GDP 增长的贡献率将达 10.13%，对新兴经济体 GDP 增长的贡献率将为 4.52%。

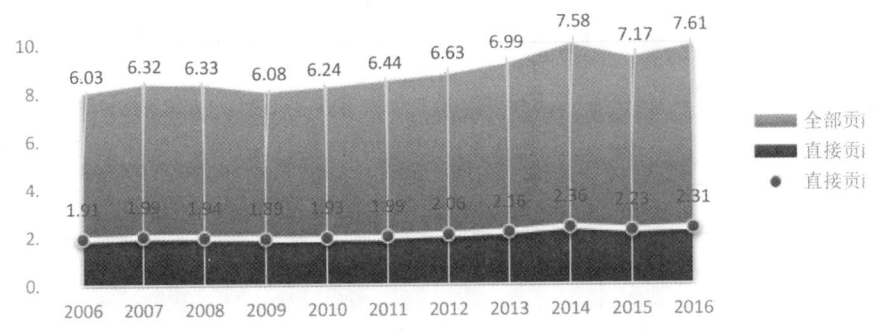

图 31 2006—2016 年全球旅行和旅游对国内生产总值的经济贡献
（单位：万亿美元）

在地区层面，欧洲、美洲、亚太三大地区占据全球旅游绝对主体地位：全球十大旅游目的地国均来自于上述三个区域；但欧洲板块和美洲板块比例持续下降，亚太板块比例显著上升。近年来新兴经济体国家旅游总人次和旅游总收入增速显著超过发达经济体国家，2005 年至 2016 年间，新兴经济体国家所接待的旅游总人次在全球中的份额从 46.6% 提高到 68.8%，提高了 22.2 个百分点，总收入占全球份额从 23.4% 提高到 37.1%，提高了 13.7 个百分点。2016 年，亚洲地区入境国际游客超过 3 亿人次，入境人数全球增长最快。其中，到访中国的国际游客约 5700 万人次，占地区总数的 20% 以上。排名进步最大的绝大部分国家为发展中国家和新兴经济体，且地理分布广泛，如阿塞拜疆、越南、以色列、埃及、秘鲁、印度、墨西哥等。

在国家层面，法国，美国，西班牙，中国和意大利是2016年世界上最受国际游客青睐的目的地。在国际旅游收入方面，美国排名第一（2059亿美元），其次是西班牙（603亿美元），泰国（499亿美元）和中国（444亿美元）；另外，德国，英国和法国比上一年度都有提高（见图32）。值得关注的是到访人次与旅游收入的比值，美国与西班牙的到访人次几乎相同，而旅游收入是其3.4倍，是法国的4.8倍。中国到访人次位列全球第四，而旅游收入在访人次未入前十的泰国之后。

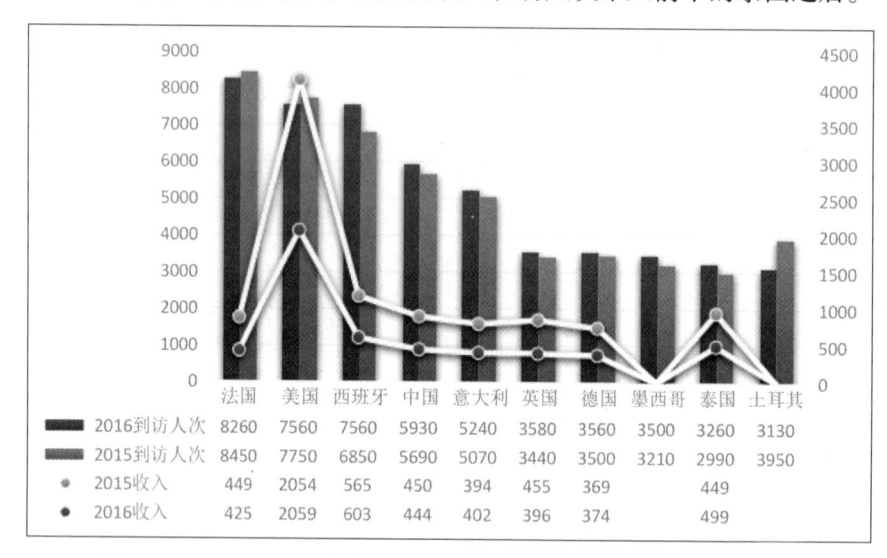

	法国	美国	西班牙	中国	意大利	英国	德国	墨西哥	泰国	土耳其
2016到访人次	8260	7560	7560	5930	5240	3580	3560	3500	3260	3130
2015到访人次	8450	7750	6850	5690	5070	3440	3500	3210	2990	3950
2015收入	449	2054	565	450	394	455	369		449	
2016收入	425	2059	603	444	402	396	374		499	

图32 2006—2016年全球旅行到访人次前十位国家及旅游收入
（单位：亿美元，万人）

同时，世界经济论坛《2017年全球旅游业竞争力报告》[①]显示：欧洲诸国在旅游业竞争力榜单中优势明显。西班牙、法国、德国高居前三，美国、加拿大、澳大利亚和日本也进入排名十强。亚洲地区表现最为抢

---

① 《2017年全球旅游业竞争力报告》：报告对全球136个国家旅游业促进经济与社会效益潜力进行评估，通过旅游环境、政策条件、基础设施、自然资源四方面的14项具体指标做出排名，并以丰富数据分析各国旅游业发展的优势与短板。

眼，旅游市场规模仅次于欧洲，已成为全球最具活力的旅行目的地。除日本外，中国（第 15 位）、韩国（第 19 位）、马来西亚（第 26 位）排名均有所上升，印度进步最大，前进 12 名达到第 40 位。目前，全球旅游行业收入已占到全球 GDP 总量的 10%，每 10 个工作中就有 1 个来自于旅游业，行业发展速度远高于全球经济发展平均水平。人们旅行支付能力和全球交通、旅游科技服务便利性的不断提升也将支持旅游业未来的发展。

企业趋势：技术创新为全球旅游生态系统带来了大量新商机——无人驾驶汽车、数字助理、聊天机器人、海量在线数据都在改变旅行的方式。旅游价值链中的供应商、经销商近年不断加大对于科技的投入；新兴旅游科技企业和科技巨头利用新技术结合新服务模式进入旅游市场。供应商对于新技术的应用主要有以下几方面目的（见表 48）：

表 48 旅游市场主要服务新模式（来源：公开资料整理）

功能	案例详细
提高商业效益	Red Roof Inn 使用分析技术分析天气和航班数据，以此预测航班取消的情况。
优化顾客体验	英国航空借助"Know Me"计划挖掘包括忠诚度信息和购买习惯在内的顾客数据，从而为顾客提供量身打造的产品和体验。
优化网络和投资组合	雅乐轩在酒店客房内配备了智能控温等基于物联网的技术，并使用生成的数据支持产品创新。
提高运营和管理效率	酒店正在利用 ALICE（Expedia 是投资者之一）等平台来整合、跟踪和分析客人请求和互动，以提高运营质量和速度。
减少分销渠道的成本	利用数字手段营销或加强酒店预定系统，提升直接预定量。

在线分销商也在进一步进行智能化探索，全球 OTA 巨头——Expedia、Priceline、携程等自 2013 年以来，在旅游技术领域共进行了 25 次收购和 10 次创业投资，近年都推出新的服务产品（包括人工智能、聊天机器人、数据分析等），进一步渗透到用户的行程中（见表 49）：

表 49 全球主要旅游在线分销商新服务（来源：公开资料整理）

企业	产品或服务
Expedia	比价搜索引擎（Trivago） 2014 年，成为全球最大的接受比特币支付的在线旅游公司。 与微软合作推出 Expedia 机器人，帮助游客自动规划行程。
Priceline	比价搜索引擎（Kayak.com） 度假租赁平台（Booking.com）收购自然语言和聊天机器人相关技术企业 Evature，打造了产品层面的神经网络机器翻译系统（NMT 系统），为用户互动问题提供了 42 种语言的模板。
Tripadvisor	在 Facebook Messenger 上推出了自己的聊天机器人。
携程	比价搜索引擎（天巡） 机器人系统上线，客服机器人处理的业务已经占到了机票预订客服总量的近 40%。

谷歌、亚马逊、Facebook 等互联网企业凭借技术和用户优势开始进入旅游业；2015 年亚马逊尝试过以目的地打包服务 Amazon Destinations 和本地化酒店预订 Amazon Local 切入旅游业；2016 年亚马逊语音智能设备 Echo 向多个旅游品牌（包括携程所收购的天巡）提供了人工智能应用，以帮助实现智能搜索和预订。2016 年，谷歌正式推出了 Google Trips App，自动通过用户的 Gmail 信息，推送餐厅、景点和旅行信息，还部分实现了在线预订功能，2017 年谷歌发布了一系列酒店元搜索或购物比较设计变更，大部分的调整都是针对移动用户的。由于移动预订量的增长，社交媒体对于旅游营销愈发重要，Facebook 推出了旅游类动态广告（DAT）服务，是一种针对旅游产品和服务进行优化的动态广告。国泰航空是首批测试 DAT 的航班广告商之一，自实施以来，国泰航空的预订量增加了 16 倍。可以预见，上述 OTA 及谷歌等互联网巨头将继续在塑造未来的分销格局方面发挥重要作用。

在旅游科技创业投资方面，据市场研究机构统计[①]，自 2013 年至 2017 年，旅游科技创业公司的融资已达 1300 次，总金额已高达

---

① 数据来源：风投数据公司 CB Insights。

150亿美元；其中，美国旅游科技企业占全球38%，其次是中国，占比26%，印度、英国、法国、印度尼西亚和德国各占全球资金份额的3%～7%。在旅游科技企业融资金额中，排名前五位（未计入出行服务）的分别为Airbnb（总融资资金达到了44亿美元，是世界上资金最雄厚的旅游科技公司）、中国的同程和途家、印度（Oyo Rooms）和印度尼西亚（Traveloka）；虽然资金分布量偏重于个别企业，但是全球旅游科技投资的目光正转向亚洲新兴市场。如果将出行服务计入其中，以Airbnb和Uber、滴滴为典型代表的共享经济是过去5年里最引人注目的商业模式。这一领域的市场增长和估值（Uber估值为680亿美元，滴滴出行为330亿美元，Airbnb为300亿美元）引人注目，但在与OTA和科技巨头的激烈竞争环境下，仍不断推出新服务提升用户体验、扩大市场规模。

　　行业竞争以及资本的涌入催生了大量针对旅游行业的科技孵化器，旅游供应商如澳洲航空（AVRO加速器）、空中巴士（BizLab）、波音（HorizonX）、万豪（TestBed）等均组建并投资了旅游科技孵化器；同时分销商和技术服务商（如埃森哲）也建立了大量相关孵化器，如大型预订网站Booking、埃森哲航空体验加速器等；以及风险投资建立的孵化器，如JetBlue Ventures、Amadeus Ventures、英国的Travelport（Traveltech实验室）；此外还有国家或地区组建的旅游科技孵化项目；如湄公河旅游创新（MIST）启动加速器计划[①]。根据以上旅游科技孵化项目，报告研究人员梳理了近年全球8个（含4个航空公司孵化器）主要旅游科技孵化器的144个入选项目（见图33）。

[①] 湄公河旅游创新（MIST）启动加速器计划：从柬埔寨、老挝、缅甸、越南地区挑选18个旅游科技项目进行辅导和孵化。

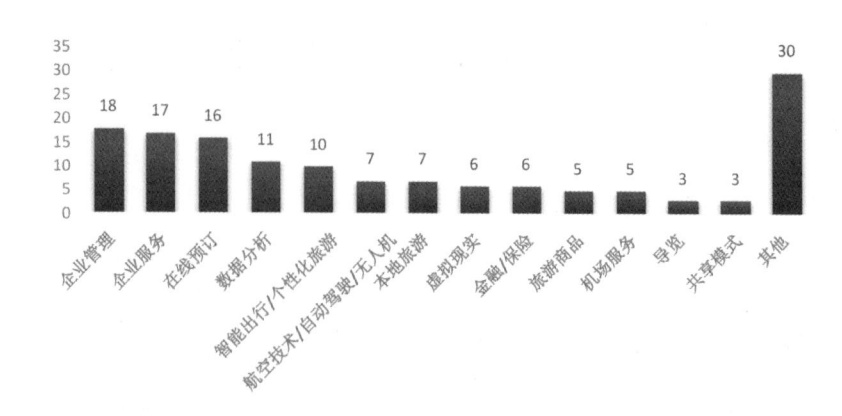

图 33 全球主要旅游科技孵化器入选项目类型占比（单位：万亿美元）

以上项目中，基于人工智能的商业智能（BI，企业管理和服务）、数据分析占到了整体孵化项目的32%，是旅游供应商投资的重点领域；而对于游客的在线预订和智能出行占到了18%；虚拟现实和自动驾驶（包含无人机）占比约为10%，其他项中包含了航空数据传输、照明、降噪、新材料等针对航空领域的细分项目；此外，区块链相关项目在144个项目中仅有2家，目前其他针对旅游领域的区块链项目也较为零散或处于概念研发阶段；区块链在旅游行业的大规模应用还需要一定时间。从上图中可以看到，基于人工智能的企业服务和管理技术、数据分析技术是新一轮的旅游企业投资热点，旅行保险金融业也占据了一定位置，而为旅客服务的共享模式只占2%（主要是由于共享领域企业已经形成一定规模）。

国际数据资讯公司（International Data Corporation）预测：到2020年，人工智能将推动全球旅游业收入超过470亿美元。"知道用户在哪、用户将去哪、用户有何种行为"的聪明的旅游企业便能够分到很大的一块蛋糕。

相关政策趋势：全球主要的旅游组织有世界旅游组织（UNWTO）、世界旅行和旅游理事会（WTTC）、全球旅游协会联盟（GTAC）。作为旅游方面的主要国际组织，世界旅游组织提倡将旅游业作为经济增长、包容性发展和环境可持续发展的驱动力，并为在全球范围内推进知识和旅游业政策提供领导和支持。截至 2017 年，世界旅游组织拥有 156 个成员国，6 个准成员国和逾 500 个代表私营部门、教育机构、旅游协会和地方旅游局的下属成员。世界旅游和旅行理事会（WTTC）是旅行和旅游业论坛的商界领袖。其成员包括全球约 100 家主要的旅游及旅行公司的行政总裁。WTTC 是唯一能够使旅游业中的所有主要参与者（航空公司、酒店、乘船游览、汽车出租、旅行社、旅游组织者、货物和技术）团结起来与各国政府和国际机构进行统一对话的全球性组织。全球旅游协会联盟（GTAC）成员包含了国际机场理事会（ACI）、国际邮轮航运协会（CLIA）、国际航空运输协会（IATA）、国际民用航空组织（ICAO）、亚太旅游协会（PATA）、世界经济论坛（WEF）。

4.国际文化科技案例

案例：Mezi——旅游代理智能操作系统

基本情况：Mezi 成立于 2015 年，是一家以人工智能为导向的新兴智能旅行平台；初期定位为一款消费购物人工智能助手 App，以语音的交互形式协助用户进行网上购物以及订购鲜花、酒店、机票和餐厅等。后转型专注于旅游服务，推出商务旅行服务 Mezi for Business 平台，利用人工智能和机器学习来自动化和完善旅游企业的旅行预订和管理流程。目前 Mezi for Business 的用户包括美国运通，Bluefish，TMCs Adelman Travel，Casto Travel 和 W Travel 等知名旅游企业。随着人工智能自动化引入到人员预订工作流程中，Mezi for Business 帮助企业更快更高效地扩展业务，同时为旅行者提供更高水平的个性化服务。

运营及技术特色：Mezi 是一家旅游人工智能的初创公司，自己搭建了深度学习模型，通过聊天机器人与用户进行交流。Mezi 的人工智能旅行服务产品包括以下功能（见表 50）：

表 50　全球主要旅游科技孵化器入选项目类型（来源：公开资料）

聊天机器人	动态旅行者档案
能够自动应答 Mezi for Business 平台用户发起的对话。Mezi 为每个旅行垂直领域（包括航班，酒店和餐厅预订）设计了聊天机器人，可以完成自动规划、推荐以及预订的流程。	保存每个旅客的个人资料，根据实际的用户行为自动更新，让旅游代理商提供更具个性化的服务与交流。
旅行仪表板	标签功能
为旅行代理商提供的人工智能服务，通过自动化使商家对游客的请求反馈时间更快。界面的直观设计简化了旅行社所需的技能，缩短座席培训时间。	可以为商业合作伙伴增加个性化的 Mezi 体验，深化与用户的关系，并为旅客提供个性化的服务。
个人旅行助手应用程序	专有旅行基因组技术
可在 iOS 和 Android 上全天候访问，为商务旅行者提供更方便，更直接的体验。	运行一系列机器学习算法，根据旅行服务合作伙伴提供的成千上万个结果，根据旅行者的偏好进行细分，并为旅行者选择三个高度个性化的方案。

　　Mezi 的公开数据称旅游服务 AI 已经被超过 10 万名游客使用，在 500000 次会话中处理超过 5000 万字，使得 Mezi 的自然语言处理引擎能够识别和处理大多数旅行相关的谈话。当用户的请求太难以服务时，它会转移到人工代理。但是，每次代理人接管时，AI 平台都会学习，以便处理将来的请求。目前，机器人可以处理 60% 的航班请求。

　　Mezi for Business 是面向旅游领域的新产品，智能服务与传统旅行电商最大的区别是，它不给顾客提供超市产品般的选择，而是直接给用户提供若干套完整的解决方案，并且能根据用户的使用历史学习用户的使用习惯，为其提供更个性化的问题解决方案。Mezi 的发展目标是成为下一代旅游内容聚合平台和旅游代理商操作系统。

　　同类项目：与之类似的是中国企业妙计旅行（北京汇行科技有限公司），公司成立于 2014 年，是全球旅业创新峰会唯一入选中国企业（2016）；目前已完成的三轮融资，金额超过 2600 万美金，投资机构包括贝塔斯曼亚洲基金、DCM、晨兴等国际知名投资机构。妙计旅行为定制类、单团类旅行公司提供技术服务，拥有全球最大的旅行产品数据库（连接200+以上OTA和B2B网站，数据涵盖全球8000+城市的机票），基于人工智能技术，帮助旅行企业实现简单高效的行程定制。用人工智能来应对用户多变的定制需求——可以迅速规划出行程。拥有针对旅游定制专门打造的聊天系统，提供贴合行程的各类咨询卡片；系统结构可根据企业需求深度定制。此外，2016年，创立于美国加利福利亚旧金山的旅游企业Tradeshift收购商务旅行初创公司Hyper Travel，并将该AI组件组合在其商务旅行交易解决方案TradeShift Go中。此智能组件擅长于根据用户偏好来搜索并推荐航班行程，汽车租赁，制定商务旅行计划等。同时结合Tradeshift已有的企业商务旅行管理功能，例如预算管控，企业信用额度，出行审批等，对出行提供合理建议。2017年3月，Tradeshift宣布在其技术框架中增加人工智能层——Ada，增强其商务出行解决方案，以及采购和采购分析模块。

（七）趋势7 非竞技体育：体育科技带动新消费市场

随着体育产业结构升级，科技在体育产业领域的应用价值愈加凸显。体育科技让体育赛事更加丰富，专业，多元，立体。人工智能，可穿戴设备提升了专业竞技水平、拓展了大众健康市场；VR、360度视觉技术能够确保赛事科学、直观、清晰地被解读出来，最大程度改善球迷观赛的感官体验。体育巨头公司，像温网、环法、NBA；高科技企业像英特尔、微软，还有其他行业巨头，如奔驰、SAP、IBM等各行各业的巨头都参与其中，寻找未来体育科技新兴的市场方向。在国内，2015年，被业内称为中国体育文化产业腾飞的元年，政府利好政策频频出台；阿里、腾讯等企业对体育领域加大投入，体育科技新创企业不断增长。2016年，体育产业政策数量递增且愈加垂直细分，海外购买热潮涌现，从上游赛事资源，到中游媒体传播，下游体育衍生产业。国内体育科技逐步发展，诸多新的融合模式带来新的机遇，随着与体育相关的球鞋、球、滑板、自行车、衣服、眼镜、手环、球场等等各种运动装备都在智能化，与云相连接，逐步沉淀的体育数据将成为中国体育领域的下一个爆发点。

1. 定义与应用

体育产业（Sports industry）：体育产业是指为社会提供体育产品的同一类经济活动的集合以及同类经济部门的综合。2015年国家统计局发布的《国家体育产业统计分类》中将体育产业范围确定为体育管理活动、体育竞赛表演活动、体育健身休闲活动、体育场馆服务、体育中介服务、体育培训与教育、体育传媒与信息服务、其他与体育相关服务、体育用品及相关产品制造、体育用品及相关产品销售、贸易代理与出租、体育场地设施建设等十一大类。体育产业价值链包含了体育内容策划、体育管理服务商、体育媒体平台、体育产品制造商等多个环节。

体育科技（技术）（Sports Technology, Sports tech）：报告借鉴了两方面的分类，国际体育技术协会（International Sports Technology Association）认可的体育技术"知识体系"包含了生物力学（运动、测量、解剖学、伤害）、信息系统（数据、硬件、软件、项目管理）、人为因素（分析、决策、心理学、说服方法）、应用运动技术基础（体育产业、案例、职业道德等）。体育科技在投资领域更多集中于行业信息技术应用，体育科技投资包含各类信息技术支持的体育媒体、体育社区、粉丝平台等体育相关商业模式或平台。鉴于体育科技生态系统（Sports Technology Ecosystem）的复杂性，报告主要借鉴了哈佛商学院学者Sparsh Agarwal（2016）对体育创投领域创业公司的分类[①]，共包含12类（见表51）。

---

① Sports Technology Ecosystem：分类遵循了MECE分析法（全称Mutually Exclusive Collectively Exhaustive，中文意思是"相互独立，完全穷尽"）。总共涉及400家企业。体育科技生态系统分类报告地址：https://drive.google.com/file/d/0B5j3Q6MhW_iXWUlZM3hoVk03R0E/view；此外，体育科技生态系统的另一个定义来自Benjamin Penkert，筛选了超过850名欧洲Sport stech创业公司，并将其分为四大类：活动与表演、管理与组织、媒体与粉丝以及游戏与投注。

表51 体育科技生态系统分类（Sports Technology Ecosystem）

数据分析	电子商务门票售卖	健身移动应用程序	社交与粉丝平台
全产业链数据分析：包含训练、战术、媒体用户、销售等。	包括衍生品、服饰电子零售商和门票销售平台。	体育活动记录类、运动指导类、营养和睡眠辅助类、游戏类。	包括一些帮助球队、运动员和粉丝进行互动的平台。
体育培训	电子竞技	管理科技	VR/AR
所有与体育人才、运动目标管理和体育训练指导相关的企业。录像分析工具也属此类。	包括流媒体比赛直播和社区建设平台，此外还有竞技游戏联盟和视频游戏开发商。	包括为运动员管理、球队管理和场馆管理提供帮助的诸多技术。	包含头戴式VR设备，3D内容软硬件整体解决方案。
无人机技术	虚拟体育	媒体	可穿戴智能设备
作为体育视频录像的工具或本身作为一种体育比赛	指在虚拟现实领域构建各种队伍；企业包括帮助虚拟体育玩家构建和管理队伍、联赛的平台。	线上内容出版商、内容创造者、OTT内容提供商、广播/播客服务商。	所有可能穿戴智能设备（智能手环、手表、智能材料制成的服装等）

以上分类是2016年美国对于已有体育科技企业的研究分类，因为是主要的业态分类，人工智能作为重要的信息技术包含在其中，但没有明确包含区块链等新技术。随着新技术的发展和进入产业，这一分类还有可能发生变化。目前国内投资和市场没有提出明确的体育科技概念和范畴。对于人工智能在体育领域的应用，《北京市"十三五"时期体育发展规划》提出了"智慧体育"[①]的概念。

2. 市场与企业

相关报告数据[②]显示全球体育市场的复合年增长率为3.7%。其中，

---

① 智慧体育：智慧体育是基于新型的信息技术，利用云计算等智能处理技术对海量感知信息进行处理和分析，以提升体育服务、改善体育体验、创新体育管理、优化体育资源利用为目标，提升体育发展中各项资源利用效率，为体育活动参与者提供智能化高满意度服务的一种新型模式。

② 数据来源：PricewaterhouseCoopers and Wilkofsky Gruen Associates.

北美是全球体育产业最为成熟，市场规模最大的地区。从 2010 年的 1214 亿美元增长到了 2015 年的 1453 亿美元（见图 34）。而拉美和亚洲市场增长率最高，市场最具活力。

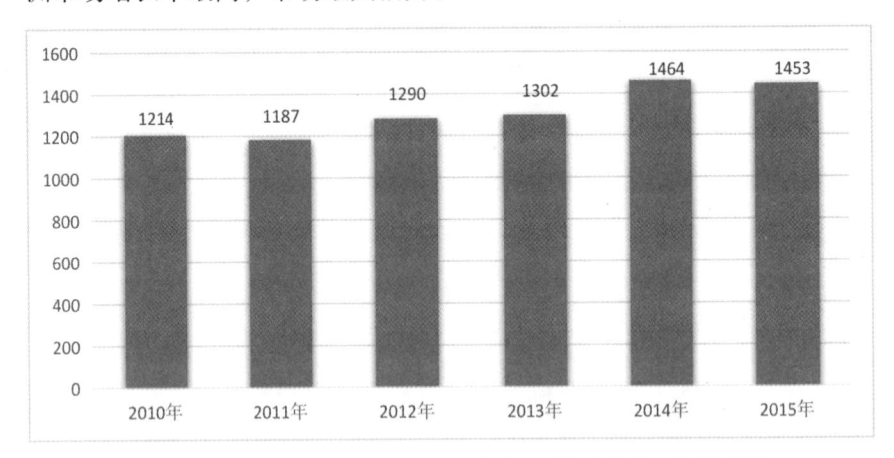

图 34　2010—2020 年北美体育市场规模（单位：亿美元）

　　从地区收入来看，据统计 2015 年美国体育产业的市场总规模约占全球体育市场的 1/3。欧洲、中东和非洲（EMEA）是全球第二大体育市场，但增长率是最低的。亚洲地区以 227 亿美元的收益占据第三，同时 3.9% 的增长率也位于地区第三；在全球份额中占 19%。此外，拉丁美洲的增长率最高，但因为体育市场刚刚起步，在全球份额中依然只占 4.9%，约 59 亿美元。

　　在国家层面，在美国、欧洲、日本等为代表的体育强国，体育产业占 GDP 的比重均达到 2% 以上（见图 35）。以美国为例，NFL（美国橄榄球联盟）和 NBA（全美篮球联盟）等为主要代表的职业体育联赛带动了以体育博彩、体育比赛转播、体育俱乐部以及体育产品的销售等一系列体育产业的迅速发展。体育产业是美国规模最大的产业之一，是影视产值的 7 倍，汽车产值的 2 倍。

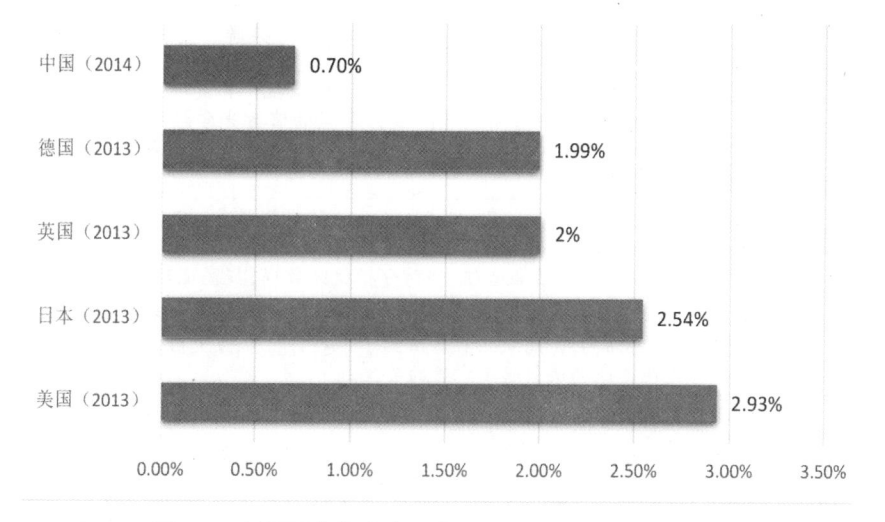

国家	占比
中国（2014）	0.70%
德国（2013）	1.99%
英国（2013）	2%
日本（2013）	2.54%
美国（2013）	2.93%

图 35　主要国家体育产业占 GDP 比重（单位：%）

此外，随着科技在体育产业领域的应用，以科技为基因的体育公司受到资本的青睐。这些公司纷纷获得融资，而其生产、研发的产品更是被广泛应用在体育领域。按第一部分体育科技业态分类，根据不同机构的测算，到 2020 年左右，体育分析市场（47 亿美元）、体育培训（8.64 亿美元）、电子竞技（19 亿美元）、虚拟体育（20 亿美元）、健身应用程序（52 亿美元）、体育媒体版权（206 亿美元）、虚拟现实（40 亿美元）、可穿戴智能设备（149 亿美元）共计可形成 541.64 亿美元的市场规模（未计入电商零售和管理科技）。

企业趋势：全球主要体育相关企业分为三类，传统的体育俱乐部、联盟和服务商，科技企业，新兴体育科技企业。随着移动消费、社交媒体、虚拟现实、大数据的发展，体育产业不可避免地被新科技所改变；以美国 MLB（职棒大联盟）、NBA、英超为代表的国际职业俱乐部对于信息科技的应用起步较早，以大数据分析为例，近年主要运动俱乐部都已采用相关技术（见表 52）：

表 52　全球主要体育俱乐部数据分析采用案例（来源：公开信息）

NBA	自 2009 年以来，NBA 一直使用 SportVU 摄像机，并最终将其安装在每个赛场上。现在 Second Spectrum 成为联盟的官方光学跟踪提供商。它提供先进的统计数据，包括速度，距离，驱动器和防御性影响，同时与团队合作定制解决方案。
	NBA 里 22 支球队都在用 Second Spectrum 的数据服务。Second Spectrum 是由美国南加州大学（USC）的两位教授创立的人工智能公司，通过优秀的人工智能算法，精准追踪、实时分析视频数据，提高运动员运动水平。
德国国家队	2014 年世界杯上，德国国家队依靠全球首套大数据系统来提升训练和比赛水平，把出脚的时间从三秒钟降到了一秒钟，7：1 大胜巴西队，大数据也自此在足球领域引起了广泛的关注。
阿森纳	阿森纳花费数百万英镑，在体育场部署 8 个摄像机捕捉球员动作，每场比赛大约产生 140 万个数据点。
MLB	在美国的棒球比赛中，有 97% 的棒球俱乐部雇有专门的数据分析师，有 30 个 MLB 球场设置了帮助裁判来决策的智能系统。
F1	F1 赛车的每辆赛车约装了 120 个传感器，实时采集分析赛车手的心跳甚至出汗的数据。

运动表现数据系统始终是体育科技竞争激烈的领域。在专业可穿戴设备和场地方面，NBA 中的勇士队在训练时开始使用内置 sensor 的压力衣 Athos；在加州的训练馆里还装上了 PlaySight Smart Court 系统，通过九个高清摄像头追踪并实时通过视频传输球员训练情况（已经有十数个球队在用 Catapult Sports 的装置）。世界上最大的篮球装备提供商之一的 Spalding，与创业公司 ShotTracker 合作将联合推出全球一项能追踪到多名球员的篮球追踪技术。ShotTracker 能够通过植入到篮球内部、球鞋的芯片，以及球场边的便携式传感器，统计分析生成实时的、多名球员的表现数据。ShotTracker 去年发布了第一款产品，其技术已经被多名知名篮球人所运用。

在科技企业方面，科技公司布局体育资源最常见的形式还是技术输出，英特尔、微软等企业以投资、自主或联合研发新产品的形式进入体育产业，其中，微软成立了全球体育创新中心（GSIC），旨在支持全球体育产业创新；由微软和战略合作伙伴合作，建立 1700 万欧元的初始投资基金，目标是在五年内为 50 家初创企业提供孵化器，并支持 200

家企业。英特尔组建了 Intel Sports Group 进行体育领域的投资和研发；以下为部分科技企业针对体育领域的新产品和收购（见表53）：

表53 全球主要科技企业体育产品及投资

投资企业	类别	企业	详细
英特尔	视觉技术	Replay Technologies	收购：企业以其独有的"FreeD"360度视频重放技术实现身临其境的运动体验，让观众从任何角度体验体育赛事的亮点。
		Chronocam	收购：Chronocam 传感器模拟人眼对高速移动物体的捕捉，可应用于捕捉高速物体的转播中，像赛车、冰球等项目。
	运动芯片	Curie	研发：Curie 的数据记录芯片，并将它与滑雪板或其他可穿戴设备组合在一起，对运动中的各种参数进行实时记录、分析和显示。
		CubeWroks	收购：CubeWorks 为可穿戴设备打造的芯片都被强制限定在1平方厘米。适用于轻量化可穿戴设备。
	VR	Dysonics	是一家提供3D听觉技术的初创公司，其产品能通过内置的8个麦克风设备进行360度的声音记录和播放，使得VR转播的体验得到进一步的升级。
		Voke	Voke 旗下的 Ture VR 技术能够提供180度到360度的VR收视体验。
	健康数据	Kinduct	投资：对于运动员和普通人在体育运动中各种数据信息的采集、分析和呈现，为运动成绩提升、保护身体机能、健康做出科学的参考依据。
微软	管理软件		微软就为纳斯卡赛车开发了一款全新的赛车管理软件，这款软件可以帮助车队收集比赛数据，并将它们整理成更容易阅读的格式。
	运动机器人	Bing Sportscaster	微软为 Facebook 推出了名为 Bing Sportscaster 的运动机器人。用户告知机器人自己喜欢球队的名称，它就会在球队比赛时发送比赛相关信息。
	运动数据管理	Sports Performance Platform	微软推出 Sports Performance Platform 运动表现平台，这是一套解析运动员训练、比赛表现的数据化管理系统。

此外，大量科技企业与体育品牌合作推出产品；苹果和耐克紧密合作；三星与运动品牌 Under Armour 针对三星的智能腕表 Gear Fit2、Gear S2 与 Gear S3 打造了专门的 App 应用，组成了一套4款 App 的应用套件。

运动品牌还大量推出智能服饰，如 Under Armour 推出了一款名为运动员恢复睡衣（Athlete Recovery Pajamas）的产品。是用一种特殊的生物陶瓷面料裁剪而成的，有助于改善血液循环，减少炎症，可以帮助运动员睡得更香，恢复得更快。跑鞋品牌 New Balance 成立了新的部门：数字运动（Digital Sport），推出了智能手表和蓝牙耳机以及 UA Band 运动手环、UA Heart Rate 心率监测仪、UA Scale 智能秤多款产品。

VR 与体育的结合备受瞩目。NextVR、STRIVR Labs、EON Sports VR 等虚拟现实设备，针对体育领域推出了 VR 产品和服务。NextVR 与高通公司合作，为骁龙 820 处理器开发出专门的软件，向手机端传送 360 度全景虚拟现实内容。此前 NextVR 完成了首场 VR NBA 直播（金州勇士对阵新奥尔良鹈鹕）。此外，还与英超、NHL 合作。

在体育科技初创企业投资方面：在 2016 年欧美开始出现专注于体育科技投资的风投机构。如，美国的 Courtside Ventures、Revolution Growth 和 SeventSix Capital、Fullstack Sports Ventures、R／GA Ventures、RSE Ventures 等。据国际市场机构统计，欧美地区近年涌现出超过 1000 家体育科技创业企业。

在体育科研方面：美国南加州大学人体计算中心是全球第一个人体计算中心，中心包括哈佛创新实验室，麻省理工体育科技研究小组等学术合作伙伴。该中心既是创业孵化中心，也是移动远程医疗、可穿戴设备、智能终端 Apps 研发实验室。该中心集结了医生、计算机和人工智能科学家；移动通讯和远程医疗专家；以及跨专业领域高手——如工艺设计、企业策划、风险投资等。中心与企业合作，将研究成果大量转化为体育和医疗健康产品。如 VSP Global 与其合作了 Level 的眼镜（具备健康记录功能的眼镜）等。

3. 国际文化科技案例

案例一：Kinduct——让数据产生更有意义的结果

基本情况：Kinduct 是一家运动数据分析管理软件供应商。在体育创新实验室（SPORTS INNOVATION LAB，SIL）[①]的运动科技企业评估中，是处于第一梯队的两家企业之一（另外一家是 Fusion Sport[②]）。Kinduct 的运动员管理系统（AMS）与可穿戴设备，评估和数据收集部门中最优秀的公司整合在一起。如 NFL、NBA、MLB、NHL、MLS、NCAA 和其他职业或精英联盟运动队的首选软件供应商。投资者包括英特尔，CFFI Ventures Inc. 和 Elysian Park Ventures。

技术和运营特色：Kinduct 的绩效管理平台可帮助运动队和组织在一个集中的平台上收集，组织，分享和分析数据，从而为运动员做出明智的决策和强有力的结果。因此，团队可以更快地处理平板电脑，智能手机或手持设备上的信息。Kinduct 的软件是团队访问全联盟球员追踪数据的唯一来源。Kinduct 绩效管理平台与 STATS 的 ICE 平台相结合，提供对球场上的表现数据的深入分析，用于球探和比赛规划。Kinduct 的基于云的平台允许体育和人类绩效组织花费更少的时间管理数据，并有更多的时间使用它来获得竞争优势。Kinduct 与高级运动员合作，其核心是专门针对人类表现的数据汇总，分析和推荐引擎。

Kinduct 将其大部分资源集中在产品开发和数据科学上，公司现在与许多 NBA，MLB，NFL，NHL 和 NCAA 的球队合作。Kinduct 已经与数百名职业运动生理学家，训练教练以及物理治疗师合作，以便更好地理解和削减无数的指标和数据。此外，Kinduct 还与体育遗传学公司

[①] 体育创新实验室（SPORTS INNOVATION LAB，SIL）：该实验室是一家以技术为动力的美国市场研究公司，专注于体育与创新的交叉点，发现趋势并评估将推动体育未来发展的技术产品与服务。为用户提供 1000 多种体育和健身技术供应商资料，并将其组织成各个部门，深入描述每个公司在所服务的市场中的能力。与 IBM、谷歌、美国职棒联盟、英特尔、麻省理工创新实验室、USC 人体计算中心都是合作伙伴。

[②] Fusion Sport：运动数据管理公司，其运动数据产品是 2015 年麻省理工学院斯隆体育分析会议 Alpha 奖的获得者。

Athletigen Technologies[①]进行合作,将遗传学和运动表现数据整合在一起。合作后,用户将有机会获得遗传标记与性能数据,生物识别评分,帮助动员理解和改善他们在比赛中的表现。

同类项目:关于赛事、训练相关的数据收集与信息处理服务,国外已有很多企业在做,如赛事视频处理与数据分析平台 InStat,已拥有十年数据产品经验,建立了全球最大的数据及视频处理库。InStat 运营着一个对每年超 20000 场比赛进行数据实时分析的模型,已有超 400,000 名球员的相关数据信息。全球已有超过 1500 个俱乐部和国家队正在使用 InStat。Synergy Sports Technology 开发了大数据分析产品,用以寻找新运动员,制定策略,是 NBA 的战略合作伙伴。PlaySight 是一家以色列公司,也是科技杂志评选的 2017 年最具创新力的体育公司,公司的旗舰产品是面向网球的 SmartCourt,包括一套"摄像头一体机"系统,它可以瞬间从多个角度重播视频,为每一个镜头提供详细统计数据。系统用先进的图像处理和分析算法捕捉、分析数据,比如击球类型、球的路线速度旋转度、深度镜头数据、运动员的移动数据。PlaySight 已经在全球安装了 600 多个 Smart Courts 系统,大多数位于美国、欧洲。Orreco 是一家以色列公司,它将各种不同的科技分析技术混搭在一起,通过 IBM 沃森,Orreco 用 AI 技术分析结构化、非结构数据,包括运动员的生物指标、运动员表现、饮食、睡眠、天气、旅行计划数据,包括可能会受伤或者疲劳,系统也能识别。Orreco 已经与 2000 多名运动员合作,包括约 40 位奥运会奖牌获得者。

案例二:DraftKings——Fantasy 体育竞猜带动新消费市场

基本情况:Fantasy 体育[②]在美国非常流行,年消费已超过 100 亿美元。

---

① Athletigen Technologies:以分析运动员的遗传构成而闻名,并用它来帮助运动员达到他或她的表现目标。

② Fantasy 体育:目前没有固定的中文翻译名称,媒体上主要有幻想体育、虚拟体育、梦幻体育等多种翻译,报告里采用了原文。

DraftKings 成立于 2012 年，主要开发在线虚拟体育游戏，涉及棒球、足球、篮球等多个领域。玩家可以在观看体育直播的同时，在 DraftKings 网站或移动应用上参与游戏。公开数据称 Draftkings 在美国与加拿大两国拥有 3700 万用户以及超过 100 万的活跃付费玩家和 Fantasy 体育拥有 80% 的市场占有率。这个人数在 2014 年转换为 6.22 亿美元的入场费以及超过 5.64 亿美元的现金支付款。成为全球最大的两家 Fantasy 体育游戏企业之一。2016 年，迪士尼公开宣布投资 DraftKings2.5 亿美元。

技术和运营特色：DraftKings 主要业务是经营一种虚拟角色扮演游戏，它让用户扮演球队经理，挑选球员组成球队，经营球队参加比赛，这些球员的表现都是依照真实世界中的表现来决定的；然后在网络上进行比赛反馈结果。游戏还允许玩家竞猜下注。在盈利模式方面，报名费是主要来源之一，Fantasy 体育游戏的规模最近几年迅速增长到几十亿美金。2013 年他们的游戏报名费收入只有 4500 万美元，而在 2014 年已经达到了 3.04 亿美元。此外，许多 Fantasy 体育游戏是免费的，DraftKings 也有免费选择，但在它的大多数项目里，玩家需要付费才能挑选到大牌球星，这是他们报名费之外的另一盈利方式。2016 年，DraftKings 进军英国，成为首家被授予欧洲经营许可的美国虚拟体育公司，将在 11 个体育项目中提供虚拟体育竞赛。

同类项目：Fantasy 体育游戏近几年发展迅速，目前已经吸引了不少大型媒体企业的关注。DraftKings 的主要竞争对手是 FanDuel，该企业获得 2.7 亿美元融资，并收购了一家 App 公司来协助他们开发和完善移动端体验；此外还有 Boom Fantasy。对比来看，Fantasy 体育游戏在北美地区发展迅速，但在国内仍然处于较为早期阶段。随着近两年以 NBA 为代表的多个体育赛事网络版权的引进，以及移动互联网和直播带来的球迷互动性大幅提高，天众体育、GameDay 和酷竞体育等企业开始探索 Fantasy 体育游戏市场。其中，平台天众体育，完成 2000 万元人民币 A

+轮融资，姚明旗下曜为资本领投，A 轮投资方北极光创投跟投。在国内 Fantasy 体育游戏领域，天众体育是目前融资规模最大的一家；目前，天众体育已经完成签约的赛事版权有 NBA、NFL 和中超等。

由于数字技术、人工智能、新材料、物联网的全面渗透，为文化创意领域带来了前所未有的改变；在过去，数字技术更多是给媒体业带来巨大增长，数字化的内容通过互联网和智能终端传送到消费者手中，而随着新一轮信息技术（人工智能、物联网、大数据、云计算、新材料等）的介入，让更多传统实体的文化创意领域发生了变化；如在时尚领域，大数据帮助设计师把握流行趋势和售卖渠道；机器人、智能管理系统（人工智能）实现高度自动化的生产流程，数据实现发服装个性化定制、柔性化生产。随着跨境电商和物流的发展，手工艺品交易范围已扩大至全球。以下报告初步归纳了 2017—2018 年度文化创意领域与高新科技融合发展的趋势特征。

三、2018 年文化科技趋势总结

（一）文化产业从消费互联网转向产业互联网

从产业发展来看，高新技术与文化产业的深度融合，是文化产业从消费互联网转向产业互联网的过程。在消费互联网阶段，互联网使文化内容和服务变得更加方便快捷。极大的推动文化产业的娱乐、内容消费。但随着新兴技术的成熟，与文化产业进一步融合，带来的已经不再局限于便捷的内容获取，而是更为深入的产业服务，即文化产业的互联网化，其中基础技术、服务对象、服务内容都有极大不同（见图 36）。

图 36　产业互联网与消费互联网

物联网、云计算、智能化技术的飞速发展，带动了新一轮与产业的深度融合，从案例中看主要的变化有三方面：一服务的主体从消费者变为文化企业和创意者，二服务的方式从便捷获取内容到网络应用贯穿于文化创意产品的整体工作流程（设计、生产、交易、流通、融资等）。三人人互联变为人人、人机、机与机互联。其中数据是核心——除了消费、搜索、社交数据，还需要行业、企业内部运营数据等。这种变化将会为时尚、手工艺品等涉及实体生产的传统创意部门带来更多提升。

从文化各领域案例中可以看到，时尚领域的企业和在利用机器人技术、商务智能系统，改变供应链和业务流程。唱片公司在利用社交媒体数据快速找出具有商业价值的新秀、演出公司使用数据分析调动线下演出人力配置；新闻机构利用机器人自动写作，摆脱繁重的重复性新闻写作，提供更深度的报道；出版企业应用数据贯穿于整个选题、发行、售卖的流程。文化企业通过互联网技术、云计算和大数据分析在重构企业内部的组织架构，改造和创新生产经营模式以及企业与外部的协同交互方式，人工智能、区块链、智能材料，这些颠覆性技术将进一步提升文化企业创新能力。为消费者提供更好的服务体验，创造出不仅是流量的更高价值的产业形态。案例中已经体现了部分变革趋势。

（二）数字创意阶层崛起，带动周边专业性服务

从创意生产来看，互联网的广泛连接促使创意者和小型团队大量涌现，案例中可以看到在文化各领域涌现出大量专业和非专业的创意个体——独立音乐人、知识社区答主、时尚网红、网络小说作家、设计师、手工艺品制作者、视频主播以及小型团队等。这些个性鲜明的个人和小型创意组织通过网络和数字技术已经创造出巨大价值，如时尚博主推出的个人品牌可以带来过千万美元的收入，国内的网络作家收入可以过亿元人民币。游戏主播也得到可观的收入。

而这些新兴创意阶层带动了一系列的专业性服务。围绕时尚博主和设计师，是街拍服务、时尚趋势数据分析、网红经纪公司、内容营销服务。围绕音乐、出版领域从平台数据分析到数字版权代理、分销等。这些细分领域的数字化的专业性服务极大地推动了文化创意的发展和繁荣。推动了新兴技术在文化领域的广泛应用，使个体的创意能力发挥到极致。从国际经验来看，这种创意个体和专业性服务的协作方式是文化创意领域未来的发展趋势。随着国内大量文化小微企业和独立创意者的涌现，也将催生文化领域的数字专业性服务。

（三）个性化定制成主流，小众市场方兴未艾

从生产消费来看，互联网的长尾效应使小众产品浮出水面，大数据和人工智能实现了"资源有效配置"和个性化生产；消费心态的转变，使消费者在面对多元选择时更注重稀缺性、个性化的商品。

如，在音乐领域，曾经边缘的"独立音乐人"受到大众关注；在时尚领域主要的增长点来自于小众的"设计师品牌"；大规模生产的服装企业变为量体裁衣的个性化定制、柔性化生产。特色非量产的"手工艺品"通过电商在全球各地找到买家。以上都说明消费者的心态、习惯已发生巨大变化。在国内，艾瑞《2016年中国消费市场发展报告》也指出，

个性化的家居饰品、各种小电器、自制手工艺品等具有体验性、定制化、个性化的消费尽管规模不大但前景非常好。

由于消费习惯的转变,未来对于文化创意产品的需求将更为多元化、个性化,对于创意生产者提出了更高的要求,只有培养大批量、多元化、具备鲜明特色、适应数字环境的文化创意从业者才能够满足市场的需求。企业在技术上对于人工智能、机器人、商务智能(BI)、供应链系统、传感器、物联网等均会产生大量需求。

(四)社群实现价值认同,网红打造粉丝经济

从网络营销来看,互联网时代的营销方式发生巨大改变。具有价值观认同的"社群经济"[①]和明星效应的"粉丝经济"[②]正大行其道。

社群靠输出特定内容博取参与者的认同,改变企业行销产品的方式,以及消费者与企业和产品的互动方式。案例中手工艺品社区(Etsy)、知乎、"单向街沙龙"等。均是依靠群体价值认同和情感连接。实现人的群聚和购买。而"网红"的名人效应打造的"粉丝经济"又是另一种运营模式。如时尚博主在网络上营造一种生活方式,输出"美好"的自我形象,通过为品牌代言,与时尚品牌合作进行市场营销活动进行变现。在国际上,品牌和零售投入的网络营销的年支出将达45亿美元。在国内,"网红"经济也已初具规模。

营销方式与受众心态的变化,给创意产品的销售、发行环节带来变化;在人方面,需要更多具有网络影响力和专业意见的"意见领袖";技术方面,企业在制定营销策略时需要考虑网络效应以及各平台数据分析的辅助。对企业营销人员的素质提出新的需求,能够利用数据构筑方

---

① 社群经济:指互联网时代,一群有共同兴趣、认知、价值观的用户抱成团,发生群蜂效应,在一起互动、交流、协作、感染,对产品品牌本身产生反哺的价值关系。

② 粉丝经济:泛指架构在粉丝和被关注者关系之上的经营性创收行为,被关注者多为明星、偶像和行业名人等。

法论，解决问题。

（五）内容付费渐成共识，推动版权保护变革

从付费模式来看，数字内容付费已逐渐成为必然趋势。国际文创各领域企业都开始采用内容付费模式，音乐，直播，视频，数字阅读均为用户订阅付费率较高的内容。国内音乐流媒体服务也逐步采用付费模式；问答社区初步实现问答知识变现。出版领域有声书的订阅付费逐步增长。这意味着在广泛连接的互联网时代，优质独特的"内容"为王，将带来最大价值。

同时，游戏、影视、小说、音乐等领域的版权争议事件逐渐增多，国内知乎社区[①]的问答内容被侵权使用，独立音乐人互联网原创作品被侵权，时尚产品、手工艺品被"山寨"，使创意者不能得到相应回报，阻碍了文化产业的良性发展。

随着内容的价值受到认可，目前各国创意者、政府都在考虑与数字环境相适应的版权法框架，以欧盟近年发布的草案为例，主要有几方面：考虑适宜现状的法律框架；平衡内容制作者与数字渠道的价值差距；考虑新的技术解决方式。同时，在国际上，创意生产者周边的数字版权服务等较为成熟，可以解决部分版权问题。

（六）线上线下加速融合，打造无缝消费体验

从销售渠道来说，在网购发展初期，线上线下存在竞争。但随着网购不断发展，这种竞争逐步变成合作和融合。线上线下融合的经营方式几乎发生在所有领域。

案例中，时尚零售、书籍报刊领域书店与网店的融合、音乐领域音乐节于线上直播的联动、虚拟博物馆与实体访问的结合都体现出融合态势。线上的优势是广泛的信息流和用户流、资金流，而实体店在物流、服务和体验

---

① 知乎联合《中国知识产权报》等单位共同发起"尊重数字创意，保护网络版权"倡议。

方面具有优势。商家利用新兴技术为消费者打造了"无缝"消费体验，线上线下融合已成为各个领域未来的发展趋势。在人的方面，需要对商业模式构建者、服务人员的数字素养和能力再提升（新技术应用、软件使用、消费者沟通），在技术方面，物联网、大数据和云计算、移动互联网、VR 的发展使连接成为可能，同时，企业供应链、销售管理系统也蕴含了新的应用商机。

（七）新兴与传统企业引领，文化科技企业协作创新

从创新模式来说，在文化细分领域出现的引领性企业更多是新兴企业，而科技巨头大多数是采取跟随战略或在某个特定领域与传统企业合作。如案例中，流媒体音乐的引领者是 Sotify、在线手工艺品销售 Etsy、旅游民宿在线预订 Airbnb 等，而苹果、亚马逊、谷歌都紧随其后开始相同的业务。在智能服饰领域，科技企业均是与知名服装品牌合作开发。时尚零售巨头与 IBM 采取合作方式，利用人工智能改善用户体验。而更专业性的演出公司由于已经积累了大量数据，内部成立了数据挖掘部门。可以看到，在国际上，文化细分领域，新兴企业更具创新活力，传统企业由于在领域深耕，对于内容的理解、供应链的熟悉、行业数据的积累更具优势；而科技巨头更多是投入巨资做通用性技术研发和收购，或是与文化创意领域企业展开协作式创新，促使文化创意品牌与新兴科技的跨界融合。在文化产业与科技深度融合过程中，文化企业与科技企业需要加强协作，共同推动创新。

整体来说，以上这些发展趋势对于文化创意领域企业、创意者的数字化提升都提出了新的要求。目前，采用新兴技术的主要是科技企业（流媒体、音视频、游戏等数字内容），大型文化企业（出版、时尚集团等），国内文化领域小微企业占据了 98% 的比例，而传统的文化小微企业对于技术采用并不普遍。并且相较于国际上完善的数字化的周边服务（数字版权代理、数据分析等）几乎处于空白，而文化企业传统的运作模式对互联网、新兴技术还没有产生普遍性需求。以上对于政策制定者在统计框架、教育、产业融合创新政策方面也提出了新的问题。

附件一：国内外企业机构网站运营状况

表54　文创主要领域网站排名及活跃度（更新时间：9月28日）

类别	网站（国际） 国际排名、PV、本土访问比例	网站（国内） 国际排名、PV、本土访问比例
博物馆	纽约大都会博物馆 （12775，120854，60.5%） MoMA（16821，74385，58.5%） 泰特美术馆（23026，88112，37.8%） 卢浮宫博物馆（39297，38475，47.4%）	中国国家博物馆 （76202，26552，93.5%） 故宫博物院（120987，7695，62.2%） 龙美术馆（700228，5700，94.6%） 湖南省博物馆（793180，646，无数据） 数字敦煌 Digital DunHuang （1229120，1045，无数据） 秦始皇兵马俑博物 （1300658，1900，无数据）
音乐	Spotify（214，5055235，1.3%、32.7%） MTV（2014，379050，48.9%）	QQ官网（10，105374000，93.2%） 酷狗（4558，339197，85.0%） 音悦台（5658，467875，90.4%）
出版	Pearson（4854，378152，9.5%） 亚马逊（8，185419100，68.8%） Quora（98，4341500，19.1%）	外研社（120327，13300，95.5%） 当当（2118，746130，96.4%） 京东（148，15424199，96.8%） 知乎（115，12192300，91.3%）
手工艺	Esty（169，12530310，59.6%）	中国手艺网（无排名）
时尚	Polyvore（1703，1072170，35.9%）	凡客诚品 （10875，190190，96.0%） 茵曼官方商城（5571213，无数据，无数据）
视频	YouTube（2，1227329700，12.7%） Netflix（46，19068875，41.1%） HBO（6318，137308，56.2%） Twitch（91，13652735，24.5%）	优酷网（68，15827997，92.9%） 爱奇艺（275，2945665，92.5%） 乐视（674，961922，85.7%） 虎牙（3167，226100，93.6%）

2020年文化科技融合前沿趋势研究

报告摘要：本报告是对2019年度至2020年初发生在文化科技领域动态趋势的观察研究；使用的研究方法主要是根据《2009年联合国教科文组织文化统计框架》中文化产业类别框架中的关键词与Gartner新兴技术成熟度曲线涉及的关键词综合检索案例；数据及案例来源包含了各种主流媒体新闻来源、博客、研究报告、流行文化作者独立观察等。今年报告主要包含5G、人工智能、知识图谱、增材制造、视觉传感器、区块链等新兴技术在文化产业中的应用发展状况。

关键词：5G、区块链、人工智能、增材制造、视觉传感器、文化科技

一、2019年全球文化科技发展趋势综述

（一）全球经济：疫情带来发展不确定性，全球经济加速向数字化过渡

2020年初，一场突如其来的新型冠状病毒（COVID-19）疫情打乱了所有的经济预测，在世界货币基金组织（IMF）2019年10月发布的《世界经济展望》（以下简称展望）中曾认为，2019年全球预期增长率为3.0%，并预计2020年全球经济增长率将小幅上升至3.4%。而在报告即将结题的2020年6月，世界货币基金组织（IMF）认为2020年全球经济增长率将为-4.9%；并认为"新型冠状病毒（COVID-19）疫情对2020年上半年经济活动的负面影响比预期的更为严重，预计复苏将比之前预测的更为缓慢。"IMF预计2021年全球增长率为5.4%。这将使2021年GDP比2020年1月COVID-19疫情之前的预测低6.5个百分点。另一份联合国经社部《2019年世界经济形势与展望》报告也有相似的

结论，全球经济再次放缓，美国经济增长预计将在 2019 年减缓至 2.5%，并在 2020 年减缓至 2%。欧盟经济预计将保持 2% 的速度稳步增长；中国经济增长将从 2018 年的 6.6% 减缓至 2019 年的 6.3%。总体而言，近年来，全球经济增速已呈现明显放缓态势，而新型冠状病毒疫情的全球大流行给世界经贸格局调整带来了更多不确定性，需要在全局中谋发展，在挑战中寻机遇。

另一方面，数字经济在世界经济中所占比重不断上升，新冠肺炎疫情带来的全球危机可能进一步推进数字经济发展。联合国贸发会议发布的《2019 年数字经济报告》（即过去的《信息经济报告》，以下简称"报告"）显示，数字经济的规模估计占世界国内生产总值的 4.5% 至 15.5% 之间（估算根据的定义不同）；同时，报告着重指出了数字时代价值创造的两个主要驱动力——数字数据和平台化，以数据为中心的数字平台在短时间内创造了巨大的财富，全球 70 家最大数字平台公司中，七个"超级平台"（以规模排序依次是微软、苹果、亚马逊、谷歌、脸书、腾讯和阿里巴巴）占总市值的三分之二；这些数字平台在某些领域取得了非常强劲的市场地位，例如，谷歌占有约 90% 的互联网搜索市场，脸书占据了全球三分之二的社交媒体市场；在中国，微信（腾讯）拥有超过 10 亿的活跃用户，阿里巴巴拥有中国电子商务市场近 60% 的份额，而二者的支付解决方案（微信与支付宝）合起来几乎占领了中国整个移动支付市场。中国和美国占全球前 7 个最大数字平台市值的 90%。报告认为，就目前发展趋势，中美两国同世界其他地方，特别是非洲、拉丁美洲等地区的差距会越来越大。此外，虽然疫情阻碍了经济的发展，但也加速了全球的数字化进程。联合国贸发会议 2020 年 4 月的研究认为，"新冠肺炎疫情大流行带来的全球危机进一步推进了数字经济发展，疫情危机提高了数字解决方案、工具和服务的使用。并且，随着消费者在疫情期间寻求娱乐和购物新方式，数字平台蓬勃发展。目前，已出现了一些令人惊喜的积极信号，显示出了数字化改造世界的潜力，如数字化使远程医疗、远程工作和在线教育得以普及，电子商务也因此出现重大转变。"这些变化可能将在全球经济复苏后产生持久影响，也加速了全球经济向数字化过渡。

（二）科技发展：步入 5G 商业元年，新技术蓄势待发

全球科技创新正进入空前密集活跃时期，数字化的优势渗已透至各行各业，让各方从数字生产力中获益。2019 年 8 月 6 日，信息技术咨询及分析机构高德纳公司（Gartner）发布了 2019 年 Gartner 新兴技术成熟度曲线（见图 38）研究报告，在 2019 年的新兴技术曲线中，有大量新技术首次出现，包括：3D 视觉感应、自适应机器学习、增强现实云、增强智能、去中心化自治组织（DAO）、去中心化 Web、数字化运营、纳米级 3D 打印、边缘分析、情绪 AI、沉浸式工作空间、下一代内存、拟人化、合成数据、迁移学习等。

与 2018 年的新兴技术曲线相比，2019 年的新兴技术曲线一方面出现了很多新的技术，另一方面，大量 2018 年新兴技术曲线中的技术消失了，由新的技术概念的替代了原有的技术词汇，如在 2018 年处于"泡沫低谷期"的区块链技术和处于"技术萌芽期"的区块链数据安全，在 2019 年新兴技术曲线上已消失，取而代之的是去中心化自治组织（DAO）和去中心化网络，其中，中心化自治组织（DAO）基于智能合约保持运转，并将其金融交易和规则编码在区块链上，并独立于人类运作，有效地避免了对于中央权威机构的依赖。此外，新入榜的 3D 视觉感应是物联网视觉传感技术的革新，纳米级 3D 打印也是 3D 打印的再发展。自适应机器学习、边缘 AI、边缘分析等也属于人工智能的范畴，可以看到每类技术的更迭在加速。

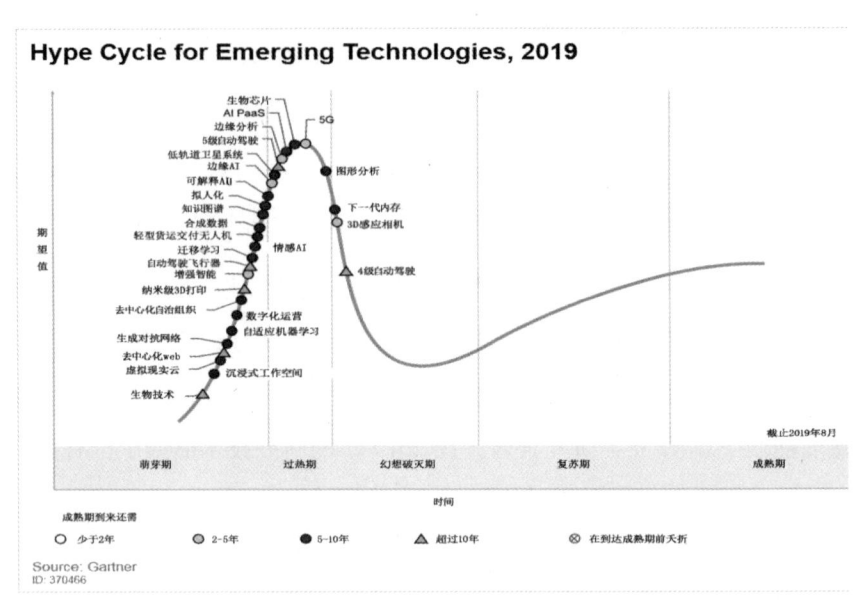

图38 2019年Gartner新兴技术成熟度曲线（来源：高德纳公司2019年8月）

报告将以上新兴技术归纳为5类不同趋势（见表55）：（1）传感与移动技术。传感技术是物联网的核心组成部分，能够收集大量数据，再结合智能技术则能获得可应用于许多场景的信息。这一趋势主要是通过将传感器技术与人工智能相结合，让机器可以更好地了解周围环境，更好地移动和操纵物体。（2）增强人类技术。该类技术可帮助人类变得更加健康强大、更具有洞察力。（3）后经典计算和通信技术。下一代计算和通信技术采用了全新的架构。后经典计算和通信技术不仅包括了全新的方法，还包括了可能产生巨大影响的渐进式改进。（4）数字生态系统。数字生态系统通过相互依赖的参与者群体（企业、人和事物）共享数字平台而实现互利。数字化促进了对产业价值链的解构，有利于产品和服务的改进。（5）先进AI及分析技术。前沿AI技术不同于传统的商业智能，先进分析方法使用复杂技术和工具对数据或内容进行自主或半自主检查，可用于发现更深入的见解、进行预测、提出建议。

就地区来看，美国和中国目前占有超过75%的区块链技术相关专利，

50%的全球物联网支出，75%以上的云计算市场。占据了第一梯队。

表55　2019年Gartner新兴技术曲线主要技术趋势及关键技术

趋势	传感和移动技术	增强人类技术	后经典计算和通信技术	数字生态系统	先进AI及分析技术
关键技术	3D视觉感应	生物芯片	5G	数字化运营①	自适应机器学习
	增强现实云	拟人化	下一代存储器	知识图谱	边缘AI
	轻型货物无人机	增强智能	低轨道卫星系统	合成数据②	边缘分析
	自动驾驶汽车	情感AI	纳米级3D打印③	去中心化Web④	可解释AI
	4级/5级自动驾驶（即高度自动驾驶/完全自动驾驶）	沉浸式工作空间		去中心化自治组织（DAO）⑤	AI平台即服务（AI、PaaS）
		生物技术			迁移学习、生成对抗网络和图形分析

对于文化产业而言，过去几年中，数字化技术逐步瓦解了传统文化产业价值链，相互关联的参与者（企业、人和物）通过使用跨地域和跨行业的数字平台，向网状结构的数字生态系统转变，并在持续转型的过程中创造出更好的新产品和服务。今年的报告从以上技术趋势中选取了

---

① 数字化运营：该技术可以快速开发和调整动态、实时、可扩展的业务产品和应用程序，从而促进数字业务技术平台的出现。

② 合成数据：合成数据是一类不需要从直接来源获得的、人工生成的数据。合成数据解决了AI模型训练中存在的数据稀疏、数据缺乏或难以获取等问题，还可以通过取代个人信息来降低管理个人信息的监管风险。

③ 纳米级3D打印：虽然该技术目前处于实验室研发阶段，但在小型化工作、开发新药、体内医疗设备、间谍工具、微传感器、艺术品、微机器人和可印刷电子产品等领域大有用武之处。

④ 去中心化Web：该技术用于开发分布式Web应用程序，可让用户控制其身份和数据，有望实现真正的点对点交互和交易，摆脱对集中式平台和中介的依赖。

⑤ 去中心化自治组织（DAO）：DAO基于区块链技术，依靠智能合约与其他实体合作，在整个业务生态系统中交换价值。这种类型的组织是一个数字实体，可以与其他数字代理和公司实体进行交互，而无需传统的人工管理。

5G、增强现实云、3D视觉感应、人工智能、区块链、知识图谱、纳米级3D打印/4D打印等具有代表性的新兴技术,这些技术相互作用形成支撑,在未来数年中将会作用于文化产业中的各个环节,文化娱乐领域中新型的、先进的应用将来自5G与以上人工智能(AI)和物联网(IoT)、区块链、3D打印等技术的融合,这些技术的融合将创造一个智能连接的世界,对所有个人、行业、社会和经济产生积极影响,创建新的数字文化生态系统,并成为产业增长的核心。

(三)文化产业:科技推动文化产业变革,创意促进经济发展

在2014年撰写第一次文化科技报告时,全球刚刚开始4G的商用探索,这5年中,科技与文化的融合创造了巨大的经济价值;没有4G技术,Airbnb、Netflix和Spotify、Etsy、今日头条等文娱领域独角兽企业可能无法出现。同时,科技革命带来了文化产业的三个重要转变:(1)降低创作者和企业的准入门槛:音乐,电影,电视和文学等传统创意内容正在以数字方式制作,分发和存储。数字格式使创作者可以负担得起创意内容的生产,由于较低的边际成本,企业可以更轻松地进行扩展和投资。(2)互联网推动跨境销售机会:随着世界各地的消费者在全球范围内使用数字创意产品和服务,创意作品的曝光度、需求和影响日益增长,如,2018年,Netflix花费了120亿美元来创作原创和国际性的内容,其中大部分是非英语内容。而互联网的连接使创意和企业突破了地理限制吸引更多的用户,例如,基于云计算的应用程序使内容营销机构可以轻松地与外国用户签约,进行本国市场以外的推广工作。此外,相关企业可以更容易的在本国以外寻找工作机会,以英国创意服务[1]出口为例,2018年达到356亿英镑,占英国所有服务出口的12%;比2017年增长了8.9%。[2](3)向以用户为中心转变:新兴技术为消费

---

[1] 创意服务:包含建筑设计、设计服务、广告与营销、影视拍摄制作等。
[2] 资料来源:DCMS经济统计,2020年1月。

者提供了更多的文化娱乐内容和体验选择，如今，世界上几乎任何地方的消费者都可以连接到 Internet 并在移动设备上收听音乐或观看电视连续剧。通过人工智能和基于机器学习的数据分析的进步，创作者和企业可以通过收集分析的消费者行为来提升用户体验和预测市场需求，以用户为中心制作、选择、匹配内容服务和产品。

除了模式的转变，科技变革还使得文化产业中各行业部门的数字收入节节攀升：2019 年，美国电影协会发布的最新报告显示，在 2019 年美国影视行业收入首次突破千亿大关，达到了 1010 亿美元。其中，全球票房收入为 422 亿美元，家庭/移动娱乐收入为 588 亿美元。由于数字化的发展，推动了家庭娱乐 14% 的整体增长。此外，2019 年全球唱片业收入达到 202 亿美元，较 2018 年同比增长 8.02%，其中，流媒体业务收入达到 114 亿美元，较 2018 年同比增长 23.91%，首次占比达到唱片行业总收入的一半以上。① 据市场研究公司欧睿国际（Euromonitor International）发布的最新研究显示，预计到 2024 年，全球旅游业将接近 3 万亿美元（增长 3.3%），在线旅游销售份额将达到 52%。根据市场研究机构 SuperData 近日公布的年终报告，2019 年全年游戏行业规模达到 1201 亿美元，同比增长 3%。除此以外，艺术品收藏领域的在线销售额连续五年增长，虽然 2019 年艺术品收藏市场整体下滑带来线上销售的放缓，但仍强于市场的整体下滑态势。②

另一方面，消费者群体特征、需求和行为变化是推动产业和市场变化的决定性力量。近一百年来，工业化效率提升导致休闲时间的日益膨胀，推动全社会大众娱乐消费需求的释放。根据 Carat 统计，受益于工作时长下降、电子设备普及等因素，人均每周娱乐时长从 1970 年的 40

---

① 国际唱片业协会 IFPI 发布：《全球音乐报告：2019 年数据与分析》，2020。
② 瑞银（UBS）和巴塞尔艺术展：《巴塞尔艺术展与瑞银集团环球艺术市场报告》，2019。

小时增长至 2020 年的 90 小时（见图 38）；其中电视时长从占比接近 70% 下降至 40%，互联网则上升至 20%。女性和千禧一代[①]日渐成为文化消费主体。有数据显示，在美国，千禧一代的人口总数为 7550 万，每年花费约 2000 亿美元，被认为是几代人中最具有消费能力的一代人。在中国，千禧一代约占中国总人口的 31%，而随着他们平均年收入从 2014 年的 5900 美元增长至 2024 年的 1.3 万美元，他们将主导未来 10 年的消费格局。此外，随着女性的经济独立，在文化消费领域的消费速度和数量也逐渐超过男性。在影视视频方面，数据显示，Netflix 在美国的核心订户是 X 世代和千禧一代，女性用户已超过半数。[②] 旅游方面，千禧一代前往具有文化或历史意义的目的地的可能性要高 13%[③]；97% 的千禧旅行者会在旅行时在社交媒体上分享旅行照片。[④] 在艺术品收藏领域，当前全球藏家群体中，千禧一代几已近半（49%）；其中，92% 的千禧一代藏家有过线上购买艺术品的行为。而且尽管女性藏家在数量上比男性少，但平均支出多于男性藏家。[⑤] 游戏方面，全球范围内已有超过 10 亿的女性游戏爱好者[⑥]；市场机构 Playgroundz 发布的研究显示，2016 年全球电玩游戏市场女性玩家人数占比达 47%，2019 年女性玩家的占比已超过 50%，2018 年全球有 68% 的移动游戏收入来自女性。

[①] 千禧一代：是指在 1980 年至 2000 年间出生的人群。
[②] 资料来源：皮尤研究中心（Pew Research Center）
[③] 资料来源：The Case for Responsible Travel: Trends & Statistics 2017, https://www.responsibletravel.org/docs/The%20Case%20for%20Responsible%20Travel%202017_Final%20for%20Release.pdf.
[④] 资料来源：The Impact of Social Media on Travel Inspiration，https://www.olapic.com/resources/ the-impact-of-social-media- on-travel-inspiration_blog-p1aw-f1tr-v1th-t1sm.
[⑤] 瑞银（UBS）和巴塞尔艺术展：《巴塞尔艺术展与瑞银集团环球艺术市场报告》，2019。
[⑥] 资料来源：Newzoo 数据。

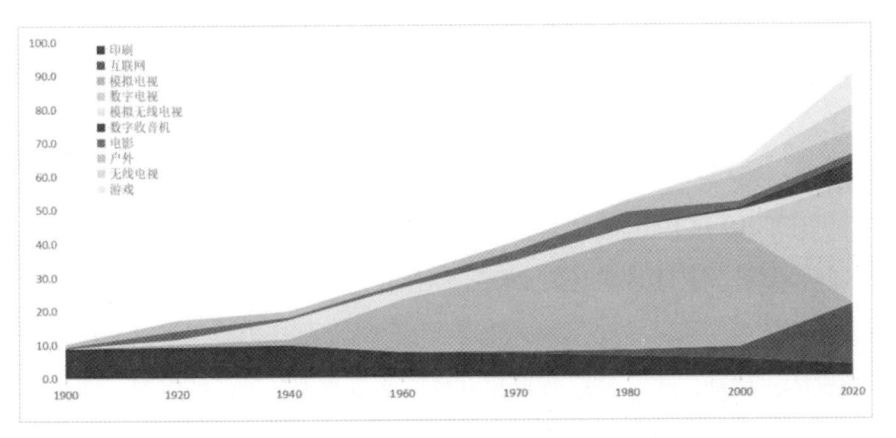

图 38 近 100 年来，全球人均每周娱乐时间持续增长（数据来源：Carat）

在全球游戏市场上，已经出现了一个庞大的且拥有消费和支付能力的女性消费群体。增长主要来自新兴市场，无论是影视、音乐、游戏还是手工艺品等创意产品，近年来，主要的市场增长都来自于拉美、印度、东南亚等新兴市场，其中，中国的创意产品贸易更是在 2002 至 2015 年间每年以平均 14% 的速度增长（而其他创意经济大国的增速为 7% 左右）。2019 年《创意经济展望报告》认为，"中国在文化创意方面的优异表现在困难时期有力推动了创意经济的发展。"

对于文化产业来说，在未来几年中，从技术、经营和服务模式、消费者群体、偏好都会产生巨大变革，从而将为文化产业开辟新的市场、创造新的收入模式，驱动新增长。为实现这一目标，需要将 5G、人工智能、区块链、增材制造等新兴技术的优势渗透至文化产业各领域，让文化产业从数字生产力中获益。为了让新一轮技术变革在文化娱乐应用场景充分实现数字经济的溢出效应，需要各利益相关人（包括政府）的共同协作，政策制定者面临的挑战是营造一个更好促进数字商业发展的环境。政府需要建立辅助性基础设施和机构，鼓励公众和企业使用网络并激励文化企业和创作者的数字化创新。文化企业和从业者需要了解新兴技术以应对新技术带来的机遇与挑战。

二、2019年文化科技趋势及案例

（一）趋势1 流媒体的内容革命：5G技术的广泛应用

在2019年Gartner新兴技术成熟度曲线中，5G进入了期望膨胀期区间，预计离技术成熟还有2—5年时间。相比前几代网络，5G是一次重大的技术变革，《5G娱乐报告》预测5G将加速内容消费——包括移动媒体，移动广告，家庭宽带和电视；并将改善各种新的沉浸式和互动技术的体验，释放增强现实（AR）、虚拟现实（VR）和新媒体的全部潜力；随着几十亿台物联网设备遍布全球各地——当前智能家居、可穿戴、智能服饰等多种形态的终端已进入竞争的白热化阶段，未来5G将会拓展出更多文化娱乐消费场景。

1. 定义与应用

5G技术（5th Generation Mobile Networks 或 5th Generation Wireless Systems，以下简称5G）是最新一代蜂窝移动通信技术，其峰值理论传输速度可达每秒数十Gb。与4G技术相比，主要的优势在于超高的速率（由4G的大概3～5M/S的下载速度变为1G/S的下载速度），海量的物联网连接以及在关键通信领域的优秀性能（比如，"低延迟"为使用云服务提供实时交互性）。由于这些技术性能的提升，5G被认为将对行业数字化和数字经济产生巨大影响，因为从1G到4G，通信技术的服务主体都是人类，但是到了5G时代，通信服务的主体将从人逐步迁移到物——"将来20%左右的5G设施是用于人和人之间的通信，80%用于人与物，物与物的通信。[①]"因此，5G时代基于设备共享或数据共享可以产生更多的应用创新，特别是文化创意、娱乐与智能城市、网络制造、农业、交通、医疗、教育等各领域将有更多商业融合、协同创新的机会。

---

① 苗圩：工信部部长苗圩在全国两会"部长通道"讲话，2020年3月，工信部部长苗圩在全国两会"部长通道"讲话。

5G 的高速率和低延迟将推动社会进入崭新的智慧城市和物联网（IoT）时代。业界已确定了若干 5G 网络可能的用例，国际电信联盟 ITU-R 将这些用例确定为三个重要应用场景（见图 39）：（1）增强的移动宽带（eMBB）——增强的室内和室外宽带、企业协同、3D/超高清视频等大流量移动宽带业务、增强和虚拟现实。（2）广泛的机器类通信（mMTC）——IoT、资产跟踪、智慧农业、智慧城市、能源监测、智慧家居、远程监测。（3）超可靠和低延迟通信（URLLC）——自动驾驶汽车、智能电网、远程患者监测和远程医疗、工业自动化。

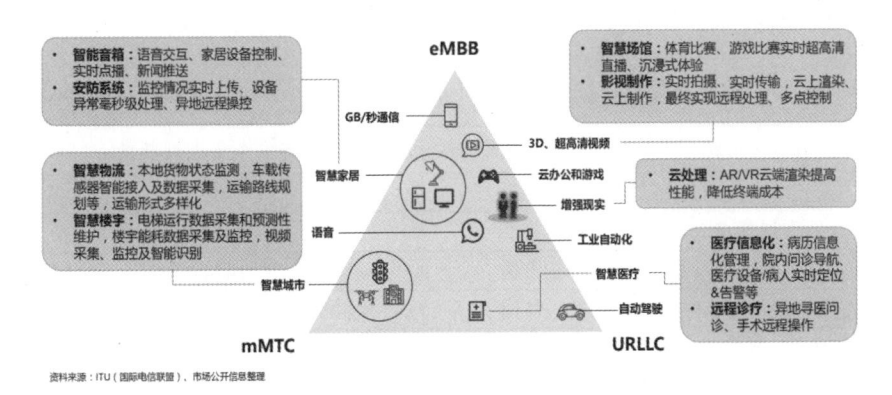

图 39　5G 典型应用场景（资料来源：ITU〔国际电信联盟〕、公开信息整理）

根据当前各方看法，增强的移动宽带（eMBB）预计成为 5G 部署早期的主要落地场景，eMBB 将使消费者得以享受家庭高速流媒体、点播屏幕和移动设备，并使企业协作服务得到发展。有研究预计，5G 个人用户的平均每月流量将从 2019 年的 11.7GB 增长到 2028 年的每月 84.4GB，视频将占所有 5G 流量的 90%；当前，联通、中国移动等运营商目前均聚焦超高清视频、云游戏、AR/VR 和大屏 4K/8K 等业务。可以说，文化娱乐领域既是 5G 的最先受益者，也将是 5G 落地商用的重要推手，旺盛的文化娱乐需求将带动 5G 快速应用。

2. 技术与专利

从全球技术专利来看，中国已经成为世界第一大专利申请国，截至

2019年4月,中国的5G专利数量占到了全球5G专利的40%;美国排在第4位,5G专利占比为13.91%,日本排在第六位;[1]但是对科技行业来说,最核心的专利是标准必要专利,也就是SEP专利,指的是包含在国际标准、国家标准和行业标准中,且在实施标准时必须使用的专利。当这样的标准草案成为正式标准后,实施该标准时必然要涉及其中含有的专利技术。根据在IPlytics公布的5G标准必要专利(SEP)排名中,华为以2160个排名第一;诺基亚和中兴分别为例第二、第三,拥有1516和1424项(见表56)。[2]此外,列表中5G专利前六位企业主要在无线技术、切换技术和资源管理三大领域进行专利布局。

表56　5G标准必要专利按公司排名(截至2019年4月)(来源:IPlytics)

公司名称	所在国家	5G标准必要专利数量
华为	中国	2160
诺基亚	芬兰	1516
中兴	中国	1424
LG电子	韩国	1359
三星	韩国	1353
爱立信	瑞典	1058
高通	美国	921
夏普	日本	660
英特尔	美国	618
中国信通院(CATT)	中国	552
欧珀(OPPO)	中国	222
InterDigital	美国	43
KT	韩国	42
ETRI	韩国	30

从技术到产业,(1)5G产业链从前期的规划设计,到组建器件材料、搭建设备网络,再通过运营商或终端投放应用到各个领域;可以归

---

[1] 德国专利数据公司IPlytics:《5G专利报告》,2019。
[2] IPlytics: Who is leading the 5G patentrace, 2019.

纳为3部分：（1）5G设备，为下游提供网络建设所需设备的环节，主要包括AAU、射频、光模块、光纤、芯片等设备，按照网络架构可分为核心网设备和、接入网（无线基站＋传输网）设备。（2）5G网络，包括网络建设和网络运营两个环节，网络建设是指相关配套设施铺建和网络建设、维护、优化。（3）5G应用，利用5G网络提供终端应用和解决方案的环节，是5G最终的商业化形式（见图40）。

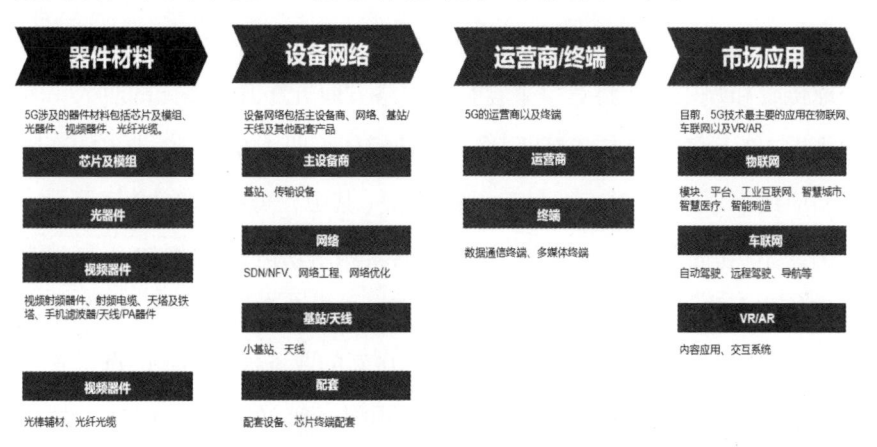

器件材料	设备网络	运营商/终端	市场应用
5G涉及的器件材料包括芯片及模组、光器件、视频器件、光纤光缆。	设备网络包括主设备商、网络、基站/天线及其他配套产品	5G的运营商以及终端	目前，5G技术最主要的应用在物联网、车联网以及VR/AR
芯片及模组	主设备商 基站、传输设备	运营商	物联网 模块、平台、工业互联网、智慧城市、智慧医疗、智能制造
光器件	网络 SDN/NFV、网络工程、网络优化	终端 数据通信终端、多媒体终端	车联网 自动驾驶、远程驾驶、导航等
视频器件 视频射频器件、射频电缆、天塔及铁塔、手机滤波器/天线/PA器件	基站/天线 小基站、天线		VR/AR 内容应用、交互系统
视频器件 光棒辅材、光纤光缆	配套 配套设备、芯片终端配套		

图40 5G产业链（来源：根据公开信息整理）

5G时代迎来了运营商ICT转型和融合，全球设备厂商数量从2G的14～15家，下降至3G时代的6～7家，目前只剩下4家（华为、爱立信、诺基亚和中兴四家）。4家设备商中以华为产业链布局最广，不仅涉及5G，还包含AI、云、软件、芯片开发以及物联网，其他三家在产业布局上稍逊。目前5G发展仍在起步阶段，中国5G网络建设处于全球第一阵营。按照建设周期，上游射频、天线、PCB等零部件，以及中游无线基站、光通信设备等主设备、系统集成与服务行业或将率先受益。后续5G将会成为农业、零售、汽车、制造、文化娱乐和公用事业行业数字化的主要推手，而真正的收益机会也将从5G解锁多个垂直市场的潜在需求开始。据市场机构Ericsson和A.D. Little的最新调研显示，通过推动5G在这些行业的应用，预计运营商到2026年的收入增幅将高达36%。

3. 市场与企业

2019年被媒体称为5G商用元年，全球领先运营商都在部署5G网络，5G终端陆续面市；市场调研机构IHS Markit研究和发布的《5G经济》[①]报告中认为，到2035年5G将为全球经济创造13.2万亿美元；同时，全球5G价值链也将创造2230万个工作岗位，这是目前同等经济产出水平所支持的工作岗位数量的3.4倍。就5G在文化产业应用来看，英特尔和Ovum发布的《5G娱乐报告》认为，从2019年到2028年，全球传媒和娱乐企业将竞争来自移动网络方面近3万亿美元的收入，其中接近1.3万亿美元来自5G网络。全球媒体行业[②]将从5G带来的新服务和应用中累计获得7650亿美元的收入（其中，美国为2600亿美元，中国为1670亿美元）。借助5G带来的新网络功能，未来10年移动媒体的年收入将翻一番，到2028年将达到4200亿美元。5G的变革性影响将不仅限于增强型移动媒体。它将利用新的业务模型和新的沉浸式互动体验在多个层面上破坏行业。报告还预测，到2022年，5G为传媒带来的营收将会达到470亿美元，在该领域无线所带来营收中的比重也会提升到18.5%；到2025年全球传媒业来自无线网络方面的营收为3210亿美元，在无线所带来营收占到57%，约1830亿美元。到2028年，5G将会为传媒产业带来3350亿美元的营收，在无线所带来营收中的比重会提升到79.9%。

在企业方面，《2019年全球电信基础设施调查报告》显示，2019年全球前五大电信设备供应商分别是华为（Huawei，28%）、诺基亚（Nokia，16%）、爱立信（Ericsson，14%）、中兴通讯（ZTE，10%）和思科（Cisco，7%）；这5家电信供应商在2018年的营收市占分别是28%、17%、14%、8%和8%。华为和中兴营收占有率分别较前一年成长，

---

① IHS Markit: *The 5G Economy, How 5G will contribute to the global economy*, 2017.

② 该报告中，全球媒体行业包含5G，视频，游戏，音乐，广告，AR和VR等。

而诺基亚和思科的营收占有率均略下滑 1%。在应用方面，当前，已经有部分娱乐和媒体企业开始探索 5G 的商业应用，如福克斯体育和中国中央广播电视总台等公司已经通过 5G 试播 4K 高动态范围（HDR）视频。① 迪士尼正在与 Verizon 合作，测试用于内容分发的 5G 应用。② 美国电话电报公司在直播 2018 年美国高尔夫公开赛时尝试了通过 5G 传输 4K 流媒体视频。③

4. 文化娱乐领域应用

5G 技术的应用，将打破空间的局限，在教育、文娱消费及智慧家居等多个生活场景优化人们的生活。以下为 5G 为文化娱乐领域可能带来的几大变化：

（1）使终端入口分散化，产生更多的内容消费"接触点"。5G 通过消费电子拉动终端和系统产业链后，将以良性循环促进物联网和更多形态的终端系统发展。智能家居、可穿戴、自动驾驶、虚拟现实等一批硬件和屏幕（见图 41）将打破目前内容分发集中于手机 App 的状态。市场调研机构 IDC 和《2019 年的互联网趋势报告》数据显示，2017 年和 2018 年，全球智能手机出货增长率分别为 0% 和 –4%，呈负增长趋势。中国信息通信研究院数据显示，全球智能硬件出货量不断增长，到 2020 年将达到 64 亿部以上，年复合增长率超过 30%。而 2019 年全球物联网支出预计为 7260 亿美元，2020 年将超过 1 万亿美元。④ 其中，

---

① Thomson, Stuart: "Fox Sports to broadcast US Open in 4K HDR over 5G." Digital TV Europe. May 16, 2019, https://www.digitalteurope.com/2018/05/16/foxsports-to-broadcast-us-open-in-4k-hdr-over-5g.

② Alarez, Edgar: "Verizon and Disney think 5G can 'transform' entertainment." engadget. January 8, 2019, https://www.engadget.com/2019/01/08/verizon-disney-the-new-york-times-5g.

③ Munson, Ben: "Fox Sports details 5G livestreaming trial with AT&T, Ericsson at .S. Open." FierceVideo. December 10, 2018, https://www.fiercevideo.com/tech/fox-sportsdetails-5g-livestreaming-trial-at-t-ericsson-at-u-sopen.

④ 数据来源：国际数据公司（IDC）。

智能家居场景预计到2023年有望成为物联网最大支出市场之一。来自高德纳公司（Gartner）的数据显示，到2022年，预计全球穿戴设备的出货总量会增加到4.53亿台；并认为耳戴式设备出货量将会由大幅增长（见图42）；根据高德纳公司（Gartner）的数据，到2021年，已使用的已连接设备（传感器，智能手机）的数量将从2019年的142亿增加到250亿。全球消费者中拥有智能音箱的比例从2018年的8%～10%提高到2019年底的16%～20%。这将对网络产生更大的依赖性。[①] 这些多形态设备需能够支持更高的性能，以支持启用5G的新用例和业务模型。

图41 市场主要智能硬件分类表（来源：根据公开信息整理）

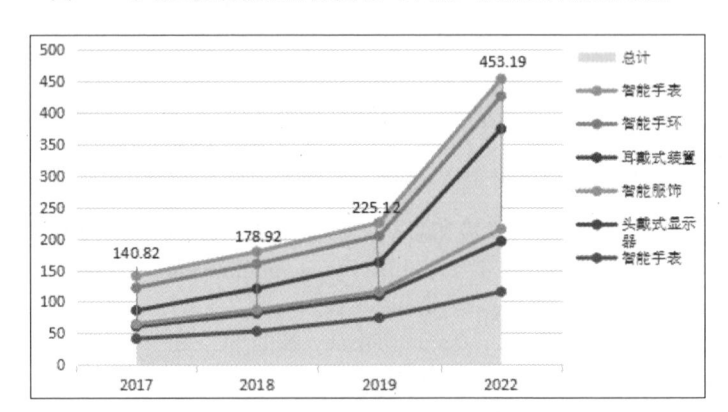

图42 2017—2019和2022年全球穿戴设备的出货量预估
（单位：百万台；数据来源：高德纳公司）

---

① 2019年世界人工智能大会：GSMA智库《在5G时代拥抱AI》，2019。

（2）多终端将带来数据量的进一步爆发，推动更为个性化的内容服务。IDC数据显示[①]，全球大数据储量规模爆炸式增长，2018年全球大数据储量达到33.0ZB（泽字节）；预计未来几年全球大数据规模也都会保持40%左右的年增长率；同时预测，全球数据将从2018年的33ZB增至2025年的175ZB。其中，从2015到2025年，全球娱乐数据[②]将增长7.8倍，文化娱乐相关产业数据量和数据维度将呈现指数级增长。在区域方面，随着中国物联网等新技术的持续推进，到2025年中国产生的数据将有可能超过美国。

在4G时代，只有当终端用户打开软件应用，内容分发软件才能获取终端用户的交互数据；消费者对于不同文创产品的数据被不同类型的软件分割了。因此采集到的不是连贯的、多维度的、可靠的数据；由于获取的数据并不充分，内容平台都需要购买海量内容，并采用统一收费模式（所有人都支付相同的订阅费）。但5G技术带动的智能硬件爆发，使厨房的冰箱乃至身上的衣服都可以接收和播放内容；内容商可以主动的获取更多维的数据——内容消费者每天的时间安排、生活习惯、活动区域、喜好等等；当获取的数据维度足够充分，就可以基于每个人使用习惯进行更个性化的服务和收费，同时也为文创产业创造崭新的赛道。

（3）低延迟提升"云端内容"体验，视频业务构成5G第一波基础业务。5G的接入速率和低延迟，支持了高画质和高频率，避免了卡顿延迟；将内容都在服务器端运行，并将渲染完成的游戏画面压缩后通过网络传输给用户。使游戏和影视产业给用户的体验大幅提升，用户在用户端不再需要依赖任何高端处理器和显卡，只需要基本的视频解压能力即可，这大大降低了用户获取优质内容的硬件门槛。"云端内容"的概念在2010—2012年左右的游戏圈曾火爆一时，SONY、英伟达、谷歌

[①] 国际数据公司（IDC）：《数字化世界——从边缘到核心》，2019。

[②] 娱乐数据：数字电视、在线视频、音乐和游戏等领域产生的数据。

等公司均有布局，但由于因虚拟化技术、网络带宽因素一直推进缓慢。5G 的推出将提高固定宽带和移动宽带用户的可靠性，网速和延迟问题都将得到改善，将为"云端内容"的快速发展奠定基础。由需求驱动的 eMBB 大视频类业务，将在 5G 产业中占据长期战略地位；uRLLC 和 mMTC 业务也将在标准、技术、产品逐步成熟后不断发展。

（4）全新的个性化媒介，推动更多体验式消费。增强型移动宽带被认为是 5G 网络面向个人消费市场最早落地的应用场景，将主要用于两个关键领域：视频和 AR/VR 应用。在 5G 的加持下，VR 有可能成为智能手机、电视以外的第三块屏幕，而相比手机和电视，VR 视野更广阔、感受更真实。随着 5G 商用化的加速，芯片、显示技术和算法等技术的不断进步，VR 产业将迎来新一轮爆发。VR/AR 等沉浸式游戏场景的通信传输短板将被弥补。根据第三方预测，2020 年，全球 VR 产业规模将达到 1600 亿元，国内市场规模将达到 900 亿元。目前，VR/AR 在游戏、教育培训、仿真设计等多个领域都有实际用例，未来将推动更多体验式消费。

（二）趋势 2　创意经济：人工智能全面解放生产力

近年人工智能（AI）在新兴技术曲线中一直受到关注，人工智能能够对海量数据进行更精细的挑拣，提供决策支持，替代一部分人力，同时助推其他技术的发展。人工智能是所有技术中对文化产业影响、渗透最为广泛和深入的技术，在音乐和视频、影视、游戏、旅游、创意设计等几乎所有行业的创作生产、分发、展示、消费环节都有人工智能的身影，人工智能几乎渗透到了其他所有领域和环节中。

1. 定义与应用

人工智能（Artificial Intelligence，英文缩写为 AI）人工智能是一个很宽泛的概念，概括而言是对人的意识和思维过程的模拟，利用机器学习和数据分析方法赋予机器类人的能力。人工智能将提升社会劳动生产率，特别是在有效降低劳动成本、优化产品和服务、创造新市场和就业等方面为人类的生产和生活带来革命性的转变。该领域的研究包括机器人、语言识别、图像识别、自然语言处理和专家系统等多个方向。人工智能近年来发展迅猛，主要原因是数据的指数级增长和计算能力的日益增强。人工智能与大数据、云计算+边缘计算在产业应用中密不可分——基于5G的万物互联和高速传输，云计算结合边缘计算利将帮助用户更快捷迅速、更便宜地调用算力、数据与存储资源。而人工智能可以利用算法和基于规则的逻辑来识别和处理数据流,能够实现多行业的自动化，与工业、商业、金融业、文化娱乐等行业深度融合，促使经济和商业形态发生变革；因此，不仅获得全球各国政府的高度重视，也是数字时代全球最重要的技术竞争领域之一。

当前人工智能技术已步入全方位商业化应用阶段，并对各个产业产生不同程度的影响。总体来说，这种变革体现在三个层次；第一层是企业变革：人工智能技术参与企业管理、生产、推广、销售流程，数字化程度高的企业已能够通过各类技术手段对多维度用户信息进行收集与利用，并向消费者提供具有针对性的产品与服务，同时通过对数据进行优化洞察发展趋势，挖掘消费者潜在需求并提升用户体验。文化娱乐领域的Spotify、Netflix、字节跳动等数字原生企业就是典型代表。第二层是行业变革：人工智能技术带来的变革造成传统产业链上下游关系的根本性改变。人工智能的参与导致上游产品提供者类型增加，同时用户也会可能因为产品属性的变化而发生改变，由个人消费者转变为企业消费者，或者二者兼而有之；以文娱领域为例，已经有越来越多的科技公司以各种形式介入该领域。第三层是人力变革。人工智能等新技术的应用将提升信息利用效率，机器人的广泛应用将取代从事流程化工作的劳动力，导致企业人力结构和劳动力知识技能的需求、人机协作形式均会发生变化，如生成式设计。可以看到，AI技术的发展和应用将重构整个各个产业的价值链，对于文化产业，从创意的产生、企业管理到用户体验也将产生巨大变革。

2. 技术与专利

人工智能产业技术划分为深度学习技术、语音识别、计算机视觉、云计算、自然语言处理、智能驾驶、智能机器人七个一级的技术分支。从当前技术专利来看，2019年1月，世界知识产权组织（WIPO）发布了一份关于人工智能技术趋势的报告（2019）显示，在1998年至2017年间，美国和中国在人工智能专利总数上遥遥领先，日本专利局、欧洲专利局和韩国知识产权局紧随其后（见图43）。

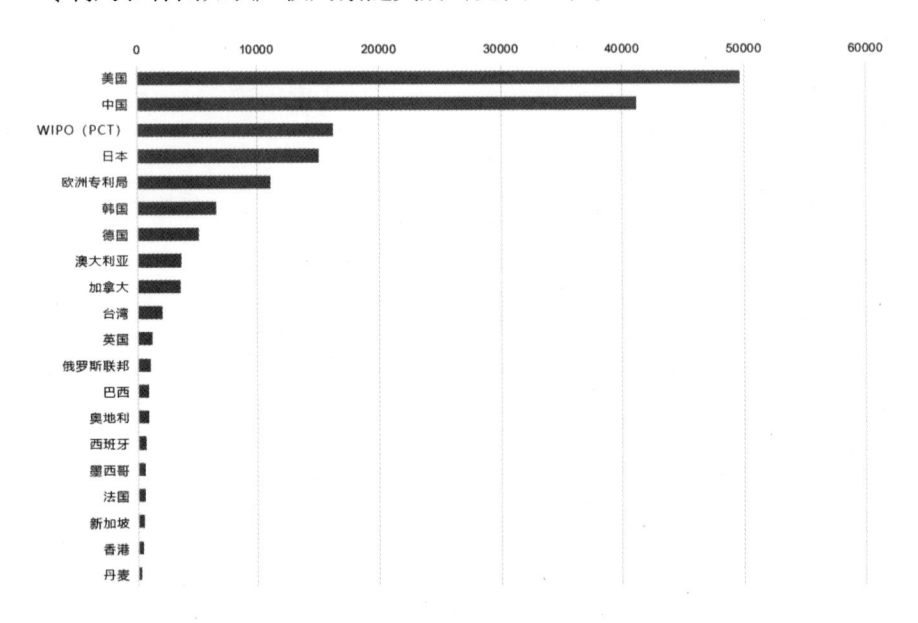

图 43　全球人工智能专利（来源：世界知识产权组织）

从专利申请领域来看，深度学习、语音识别、人脸识别和机器人等热门领域均成为各国重点布局领域。其中，美国几乎全领域领跑，而中国在语音识别（中文语音识别正确率世界第一）、文本挖掘、云计算领域优势明显。具体来看，多数国内专利于AI科技热潮兴起后申请，并集中在应用端（如智能搜索、智能推荐），而AI芯片、基础算法等关键领域和前沿领域专利技术主要仍被美国掌握。由此反映出中国AI发展存在基础不牢，存在表面繁荣的结构性不均衡问题。

总体来看，美国重点领域布局前沿而全面，尤其是在算法和芯片脑科学等领域布局超前。此外，美国聚焦人工智能对国家安全和社会稳定的影响和变革，并对数据、网络和系统安全十分重视。伦理价值观引领，欧洲国家抢占规范制定的制高点。2018年，欧洲有28个国家（含英国）签署了《人工智能合作宣言》，在人工智能领域形成合力。从国家层面来看，受限于文化和语言差异阻碍大数据集合的形成，欧洲各国在人工智能产业上不具备先发优势，但欧洲国家在全球AI伦理体系建设和规范的制定上抢占了"先机"。欧盟注重探讨人工智能的社会伦理和标准，在技术监管方面占据全球领先地位。日本寻求人工智能解决社会问题。日本以人工智能构建"超智能社会"为引领，将2017年确定为人工智能元年。由于日本的数据、技术和商业需求较为分散，难以系统地发展人工智能技术和产业。因此，日本政府在机器人、医疗健康和自动驾驶三大具有相对优势的领域重点布局，并着力解决本国在养老、教育和商业领域的国家难题。整体来看，国内人工智能完整产业链已初步形成，但仍存在结构性问题。从产业生态来看，我国偏重于技术层和应用层，尤其是终端产品落地应用丰富，技术商业化程度比肩欧美。但与美国等发达国家相比，我国在基础层缺乏突破性、标志性的研究成果，底层技术和基础理论方面尚显薄弱。初期国内政策偏重互联网领域，行业发展追求速度，资金投向追捧易于变现的终端应用。人工智能产业发展较为"浮躁"，导致研发周期长、资金投入大、见效慢的基础层创新被市场忽略。"头重脚轻"的发展态势导致我国依赖国外开发工具、基础器件等问题，不利于我国人工智能生态的布局和产业的长期发展。短期来看，应用终端领域投资产出明显，但其难以成为引导未来经济变革的核心驱动力。中长期来看，人工智能发展根源于基础层（算法、芯片等）研究有所突破。

全球人工智能产业的生态系统正逐步成型。依据产业链上下游关系，可以将人工智能划分为基础支持层、中间技术层和下游应用层（见图44）。基础层是人工智能产业的基础，主要提供硬件（芯片和传感器）及软件（算法模型）等基础能力；技术层是人工智能产业的核心，以模拟人的智能相关特征为出发点，将基础能力转化成人工智能技术，如计算机视觉、智能语音、自然语言处理等应用算法研发。其中，技术层能力可以广泛应用到多个不同的应用领域；应用层是人工智能产业的延伸，将技术应用到具体行业，涵盖制造、交通、金融、医疗等18个领域，其中医疗、交通、制造等领域的人工智能应用开发受到广泛关注。

全球范围内，中国和美国构成人工智能第一梯队，日本、英国、以色列和法国等发达国家乘胜追击，构成第二梯队。同时，在顶层设计上，多数国家强化人工智能战略布局，并将人工智能上升至国家战略，中国人工智能起步较晚，发展之路几经沉浮。自2015年以来，政府密集出台系列扶植政策，人工智能发展势头迅猛。由于初期我国政策侧重互联网领域，资金投向偏向终端市场。因此，相比美国产业布局，中国技术层（计算机视觉和语音识别）和应用层走在世界前端，但基础层核心领域（算法和硬件算力）比较薄弱，呈"头重脚轻"的态势。当前我国人工智能在国家战略层面上强调系统、综合布局。

图44 人工智能产业架构图

3. 市场与企业

人工智能发展迅速，据美林证券数据显示，2015年，人工智能及相关技术的收入为20亿美元，2025年，将增长至1270亿美元，复合年增长率达到51%。德勤预测，未来2025年世界人工智能市场规模将超过6万亿美元，2017—2025年复合增长率达30%。据中国电子学会预测，2022全球人工智能市场将达到1630亿元，2018—2022年CAGR达31%。人工智能作为新一轮产业变革的核心力量，将重塑生产、分配、交换和消费等经济活动各环节，催生新业务、新模式和新产品。从衣食住行到医疗教育，人工智能技术在社会经济各个领域深度融合和落地应用。同时，人工智能具有强大的经济辐射效益，为经济发展提供强劲的引擎。据埃森哲预测，2035年，人工智能将推动中国劳动生产率提高27%，经济总增加值提升7.1万亿美元。目前，人工智能技术几乎渗透到创意相关产业的每一环节，在音乐、教育、旅游、新闻出版等文化领域都有了大量应用。

从企业来看，FAANG（脸书、苹果、亚马逊、网飞和谷歌）以及BAT已经大举投资人工智能领域，成为人工智能研究及应用的领导者。从专利来看，1998年至2017年期间提交的AI专利族数量最多的专利申请人包括IBM，Microsoft，Google和其他软件公司，还有如东芝，三星和索尼等制造和消费电子公司，研究机构CB Insights从全球3000家AI公司中评选出100家最有前景的人工智能创业企业。其中有6家中国公司：商汤、依图、第四范式、旷视、Momenta、地平线。另外，估值达到10亿美元独角兽等级的中国公司也有11家，其中商汤以估值45亿美元登上宝座，在融资金额排名部分，前两名是中国的商汤及旷视。这些公司大多位于美国、韩国、日本和中国。

4. 文化娱乐领域应用

基于对近年对电影、音乐、新闻、设计等行业人工智能新创案例的追踪，人工智能技术正在推动产业在向智能化迅速迈进，在创作、分发、消费全链条发挥巨大作用，逐渐颠覆创意产业的价值链。AI通过学习和分类用户的偏好来帮助创作者更有效地将内容与受众匹配，从而使提供商能够推荐专门定制的内容。人工智能被用于创作创意产业的内容，包括音乐，艺术，时尚和电影。它同样可以通过执行对人类来说太困难或太耗时的任务来辅助生产。

筛选海量创意作品，挖掘更具潜力的艺人：在文化娱乐领域，创意的产生到生产成作品在电影和出版等领域需要大量的人工筛选，如，在美国，每年在电影协会（MPAA）注册过的电影剧本超过一万五千本，但一个电影公司每年产出的大小电影不过二三十部。所以，在原有产业链上有一个专门的职业叫做"剧本分析师"，分析师需要了解市场环境和潮流，要对整个剧本/项目做出评价，给出推荐、可考虑、通过或否决的意见。在传统唱片业里，有一个部门叫A&R（Artist and Repertoire），负责艺人的发掘和培养，这个部门筛选出的艺人代表了公司的生产力，尤为重要。但是，随着互联网渠道的转变和AI技术的介入，以上领域涌现出大量创业公司，利用AI技术对海量剧本进行筛选或挖掘更具商业价值的艺人（见表57）。

表57 利用人工智能筛选创意作品和挖掘艺人的部分企业用例
（来源：公开资料整理）

企业或产品	功能描述
剧本筛选预测	
Cinelytic（美）	通过让用户自定义电影角色等，预测电影票房。
ScriptBook（比利时）	其算法通过分析脚本即可预测电影的收入。
Vault（以色列）	追踪同类型电影播放数据，预测哪些人群将观看新电影。
海马轻帆（中）	利用机器学习对小说和剧本进行质量预测。
艺人挖掘/评估	
Instrumental（美）	Instrumental通过流媒体平台数据追踪全球独立音乐人，推荐给唱片公司。
Music Gateway（美）	根据艺人的社交数据趋势来判断艺人的商业潜力。
Cinelytic（美）	人工智能电影选角。
casting app（中）	通过推荐算法把演员推荐给导演及制片方。
SNAFU Records（美）	以AI技术为驱动的独立唱片公司，用AI技术迅速挖掘新人。
Sodatone（美）	华纳收购的数据工具，依靠它来寻找值得关注的新兴人才。

内容自动生成，辅助创意生产：近年来，人工智能领域深度学习的蓬勃兴起，特别是生成对抗网络所呈现出的强大自主学习能力，使"人工智能开始具有创造性"。在创意制作生产阶段，人工智能将实现人类创意过程的自动化与增强化，可以生成原创音乐、剧本、艺术作品甚至视频游戏。以音乐为例，自上世纪90年代，索尼（Flow Machines）、谷歌（Magenta）等企业都建立了自己的音乐自动生成项目或实验室；近年，涌现出了像musical.ai（美）、Jukedeck（英）、Amper Music（英）、Popgun（澳）等多家音乐自动生成新创企业。在其他领域，文化产业从业者能够运用人工智能制作初级产品或设计模板，还能优化工作流程；如人工智能电影剪辑（IBM）、在时尚零售业辅助设计师为用户提供个性化形象设计服务（Amazon）、辅助生成产品模型（Autodesk）等案例都显示了自动化和人机协作的强大威力，为艺术家和创作者提供创意的协助。在广告行业中，Adobe的Sensei软件等人工智能已经广泛用于快速制作广告模板，让创作团队选择最具吸引力的广告。

表58 利用人工智能生成创意内容或辅助创意生成的部分企业用例
（来源：公开资料整理）

功能描述	企业或产品
内容生成	自动生成音乐： 谷歌Google Magenta（美）、索尼Flow Machines（日）musical.ai（美）、Jukedeck（英）、Amper Music（英）、Popgun（澳）、Endel（德）、微软小冰音乐专辑
	利用人工智能生成图像、海报、banner等： Netflix（美）根据用户喜好生成不同角色、语言、色彩的电影海报；阿里巴巴鹿班系统（中）
	自动化写作： 微软小冰作诗；本杰明（机器人名字）撰写短片《Sunspring》剧本；道琼斯公司、彭博社、路透社、美联社利用机器人自动编写新闻
辅助创意生产	文字生成视频： Wibbitz（以色列）：以文本新闻故事为基础，利用人工智能来制作短视频。
	剧本自动生成视频（美）：杜克大学的人工智能算法可以分析剧本后产生一段视频。

续表

功能描述	企业或产品
辅助创意生产	电影自动剪辑： IBM 的 Watson 使用电影原片自动剪辑出预告片。
	产品设计： Autodesk 生成设计模型（美）：设计师输入限定条件后，算法根据材料、尺寸、功能等条件约束生成大量设计模型。 生成游戏背景。
	时尚： Amazon Lab 126（美）：通过分析特定的服装合集，算法主动为用户生成独特的时尚潮品。 AIFashion（中）：实现供应链管理、时尚趋势预测 EDITED（英）：通过分析大量图片，找到未来流行趋势。

以上企业的用户中不乏华纳兄弟公司、索尼影业公司及三大唱片公司，以及 Corite、Live Nation、Image Sound 以及 Paradigm、美国天气频道、路透社、彭博社、考克斯传媒集团（Cox Media Group）和时代公司等大型娱乐、媒体巨头。

更好地理解用户，精准匹配内容、智能定价：当前，利用基于神经网络的算法学习用户偏好并进行分类推荐已成为数字平台的必备工具——如 Musicmetric（苹果）、Echonest（Spotify）、Next Big Sound（Pandora）、Netflix、亚马逊、腾讯音乐、今日头条等等。但是，进入 5G 时代将面临跨物联网多平台大规模个性化分发、匹配，而基于 5G 带来的碎片化内容消费场景，在内容提供商和海量软硬件内容分发商之间，将更需要以智能技术去自动匹配和分发内容。此外，Airbnb 等企业根据旅游地点的淡季旺季、订房数量等多种因素给予房东智能定价参考。在共享出行企业 Uber、滴滴上也有类似应用。

未来几年中，人工智能与文化产业的深度融合，将创造颠覆性影响和大量创新，无论是数字原生企业还是传统文化企业，都需要把握这一技术发展趋势。

（三）趋势3　文化产品和服务营销：知识图谱和算法推荐

很多行业经过十数年的信息化建设，基本上完成了数据的采集与沉淀，为各行业智能化升级与转型奠定了良好的基础。但是，当前各行业在智能化升级与转型时，大数据威力并未得到充分释放。在行业智能化的实现过程中，迫切需要将行业知识赋予机器并且让机器具备一定程度的行业认知能力，从而让机器代替行业从业人员从事简单知识工作。知识图谱为各领域提供了一种便捷的知识表达、积累与沉淀方式，为文化产业大数据的理解与洞察提供了丰富的背景知识。文化产业智能化升级势必走上数据驱动与知识引领相融合的新型路径。

1.定义与用途

知识图谱（Knowledge Graph）是人工智能领域的重要分支技术；于2012年由谷歌提出并成功应用于搜索引擎当中。它以结构化的形式描述客观世界中概念、实体及其之间的关系，将互联网的信息表达成更接近人类认知世界的形式，提供了一种更好地组织、管理和理解互联网海量信息的能力。

知识图谱在2018年进入Gartner新兴技术成熟度曲线，之所以近年受到广泛重视，是由于随着大数据红利的消失殆尽，以深度学习为代表的感知智能水平日益接近其"天花板"。以深度学习为代表的统计学习严重依赖大样本，这些方法只能习得数据中的统计模式。很多自然语言处理任务，即便数据量再大，模型再先进，达到一定准确率之后，就很难再改进了。然而，在行业智能化升级的进程中，需要人工智能具备理解、推理、解释等认知智能，以知识图谱为代表的这一波知识工程的一系列技术，在认知智能的实现中起到非常关键的作用。因而搭建知识图谱是认知智能可以参与生产的基础锚点，是进一步释放人工智能产能的关键。

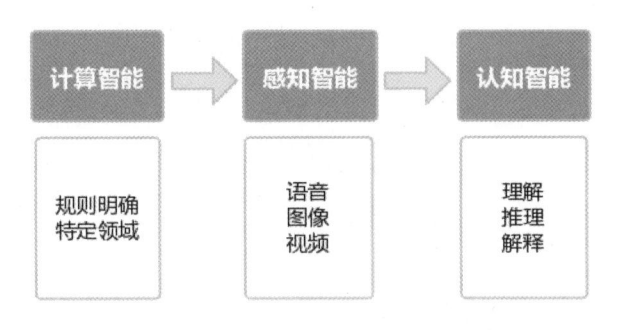

图45 人工智能发展阶段

知识图谱的典型应用包括智能语义搜索、推荐系统、智能问答以及可视化决策支持：

语义搜索：当前基于关键词的搜索技术在知识图谱的知识支持下可以上升到基于实体和关系的检索，称之为语义搜索。语义搜索可以利用知识图谱准确地捕捉用户搜索意图，进而基于知识图谱中的知识解决传统搜索中遇到的关键字语义多样性及语义消歧的难题，借助于知识图谱，语义检索需要直接给出满足用户搜索意图的答案，而不是包含关键词的相关网页的链接。

智能推荐系统：知识图谱作为认知智能的重要一环，知识赋能的智能推荐将成为未来推荐的主流。智能推荐表现在多个方面，包括场景化推荐、任务型推荐、冷启动场景下推荐、跨领域推荐、知识型推荐。

智能问答：智能问答系统（或自然语言问答）被看作是未来信息服务的颠覆性技术之一，亦被认为是机器具备语言理解能力的主要验证手段之一。智能问答需要针对用户输入的自然语言进行理解，从知识图谱中或目标数据中给出用户问题的答案，其关键技术及难点包括准确的语义解析、正确理解用户的真实意图、以及对返回答案的评分评定以确定优先级顺序。典型应用是苹果Siri、小冰、IBM Watson、公子小白以及度秘和Google Allo，还有像阿里小蜜这样的智能客服。

可视化决策支持：可视化决策支持是指通过提供统一的图形接口，结合可视化、推理、检索等，为用户提供信息获取的入口。例如，决策支持可以通过图谱可视化技术对创投图谱中的初创公司发展情况、投资机构投资偏好等信息进行解读，通过节点探索、路径发现、关联探寻等可视化分析技术展示公司的全方位信息。可视化决策支持需要考虑的关键问题包括通过可视化方式辅助用户快速发现业务模式、提升可视化组件的交互友好程度、以及大规模图环境下底层算法的效率等。

2. 技术与专利

知识图谱技术是指知识图谱建立和应用的技术，是融合认知计算、知识表示与推理、信息检索与抽取、自然语言处理与语义 Web、数据挖掘与机器学习等交叉研究，属人工智能重要研究领域知识工程的研究范畴。一个完整的知识图谱主要涉及：知识抽取、知识表示、知识融合、知识加工、知识评估，此外，还需要考虑图谱的存储。以下为知识图谱的技术简介：

知识抽取：可以从一些公开的半结构化、非结构化和第三方结构化数据库的数据源中提取出实体、属性以及实体间的相互关系，在此基础上形成本体化的知识表达；具体分为：实体抽取、关系抽取和属性抽取。

知识表示：通过一定有效手段对知识要素表示，便于进一步处理使用。分布式的知识表示形成的综合向量对知识库的构建、推理、融合以及应用均具有重要的意义。

知识融合：指的是将多个数据源抽取的知识进行融合。知识融合包括两部分内容：实体链接和知识合并。通过知识融合，可以消除概念的歧义，剔除冗余和错误概念，从而确保知识的质量。

知识加工：对于经过融合的新知识，需要经过质量评估才能将合格的部分加入到知识库中，以确保知识库的质量。

知识评估：可以对知识的可信度进行量化，保留置信度较高的，舍弃置信度较低的，有效确保知识的质量。除此之外，大规模知识图谱构建，还需要多种技术的支持：分布式存储和计算、图数据库、图推理、内存数据库等。

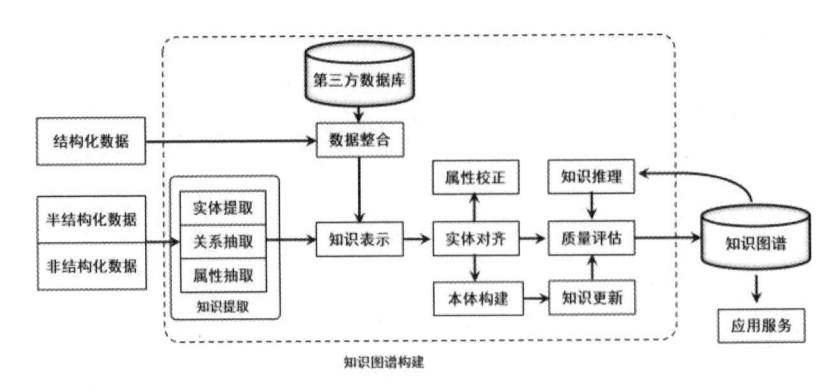

图 46　知识图谱架构（来源：根据公开信息整理绘制）

随着近几年知识图谱技术的进步，知识图谱研究与落地发生了一些转向。其中一个重要变化就是越来越多的研究与落地工作从通用知识图谱转向了领域或行业知识图谱。知识图谱技术与各行业的深度融合已经成为一个重要趋势。行业知识图谱与通用知识图谱在技术重点上略有区别。通用知识图谱以互联网开放数据为基础，如维基百科或社区众包为主要来源，逐步扩大规模。以三元组①事实型知识为主，较多的面向开放域的 Web 抽取，对知识抽取的质量有一定容忍度，以知识融合提升数据质量，应用领域主要在搜索和问答方面，对推理要求较低。如：百度、谷歌、Facebook 等等。而行业知识图谱以领域或企业内部的数据为主要来源，要求快速扩大规模，构建行业壁垒，知识结构更加复杂，通常包含本体工程和规则型知识。知识抽取的质量要求很高，较多依靠从企业内部的结构化、非结构化以及半结构化数据进行联合抽取需要依靠人工进行审核校验，来保证质量。通常需要融合多来源的领域是数据扩大规模的有效手段。应用形式更加全面，除搜索问答外，还包括决策分析、业务管理等，并对推理的要求更高，并有较强的可解释性要求。换句话说，构建行业知识图谱系统应以海量数据汇聚融合、快速感知和认

---

① 三元组：每一条知识都可以表示为一个 SPO 三元组，SPO 是英文（Subject, Predicate, Object）的首字母缩写。

知、强大的分析和推理、自适应与自优化和行业智能决策为导向，其核心在于对业务的理解以及对知识图谱本身的设计，把数据转化成为真正的行业知识，满足行业应用的需求。业内专家认为，在技术领域上我国与国外的水平是不相上下的，但是在知识图谱资源的开放性上，还存在着较大的差距。

3. 市场与企业

2019年是知识图谱相关技术飞速发展的一年。艾瑞咨询发布的《中国知识图谱行业研究报告》显示，2019年涵盖大数据分析预测、领域知识图谱及自然语言处理（NLP）应用的大数据智能市场规模约为106.6亿元，预计2023年将突破300亿元，年复合增长率为30.8%。

图47　全球互联网公司知识图谱布局

由于知识图谱对于人工智能发展的重要性，近年科技巨头和创业公司都在创建相关知识图谱，如微软（Microsoft）的Bing知识图谱和Google知识图谱。Facebook拥有世界上最大的社交图谱，其中还包括有关音乐、电影、名人和Facebook用户关心的其他信息。阿里巴巴和亚马逊则分别构建了庞大的商品知识图谱，eBay上的产品知识图将对有关产品，实体以及它们与外部世界之间的关系的语义知识进行编码。百度知识图谱致力于构建最大最全的中文知识图谱（见图47）。此外，国内外学术界和产业界创建的大规模通用开放知识图谱包括（见表59）：

表 59　全球知名大规模通用开放知识图谱

知识图谱名称	机构	特点·构建手段	应用产品
Freebase	MetaWeb 2010 年被谷歌收购	·实体、语义、属性、关系； ·自动+人工：部分数据从维基百科等数据源抽取；另一部分数据来自人工协同编辑。	Google Search Engine、Google Now
Knowtedge Vault（谷歌知识图谱）	Google	·实体、语义、属性、关系；超大规模数据库；数据从维基百科、Freebase、《世界各国记录实践》等数据源抽取。	Google Search Engine、Google Now
DBpedia	莱比锡大学、柏林自由大学、OpenLink Software	DBpedia 是一个大规模的多语言百科知识图谱。从维基百科抽取	DBpedia
Wikidata	维基媒体基金会（Wdumedia Foundation）	Wikidata 是一个可以自由协作编辑的多语言百科知识库，将维基百科、维基文库、维基导游等项目中结构化知识进行抽取、存储、关联。 ·实体、语义、属性、关系；与维基百科结合紧密。	Wikipedia
		人工协同编辑	
Wolfram Alpha	Wolfram Research	实体、语义、属性、关系、知识计算。 部分知识来自于 Mathematical，其他知识来自于各个垂直网站。	Apple Siri
Bing Satori	Microsoft	实体、语义、属性、关系、知识计算。 自动+人工	Bing Search Engine，Microsoft Cortana
Yago	马克斯普朗克研究所	·自动，从维基百科、WordNet 和 GeoNames 等数据源抽取信息。	YAGO
Facebook Social Graph	Facebook	Facebook 社交网络数据	Graph Search
百度知识图谱	百度	搜索结构化数据	百度搜索
搜狗知立方	搜狗	搜索结构化数据	搜狗搜索
ImageNet	斯坦福大学	搜索引擎 亚马逊 AMT	计算机视觉相关应用

在国内，除了百度、搜狗等企业，目前可用的中文大规模开放知识图谱还有 Zhishi.me、Zhishi.schema 与 XLore。其中 Zhishi.me 是第一

份构建中文链接数据的工作，与 DBpedia 类似，拥有约 1000 万个实体与一亿两千万个 RDF 三元组。Zhishi.schema 是一个大规模的中文模式（Schema）知识库，Zhishi.schema 抽取自社交站点的分类目录（Category Taxonomy）及标签云（Tag Cloud），目前拥有约 40 万的中文概念与 150 万 RDF 三元组，正确率约为 84%，并支持数据集的完全下载。此外，中文开放知识图谱联盟（OpenKG）作为推动中文知识图谱的开放与互联的平台，它已经搭建有 OpenKG.CN 技术平台，目前已有多家机构入驻。吸引了国内最著名知识图谱资源的加入，如 Zhishi.me、CN-DBPedia、PKUBase。并已经包含了来自于常识、医疗、金融、城市、出行等 15 个类目的开放知识图谱。

除了通用的大规模知识图谱，各行业企业也在建立行业和领域的知识图谱，美团 NLP 中心正在构建全世界最大的餐饮娱乐知识图谱"美团大脑"。另外，还有 IBM Watson Discovery 产品的知识图谱。这些知识图谱都可作为自动问答系统的知识来源，由此产生了诸如 Siri、IBM Waston、微软小冰、Google Allo、淘宝小蜜、公子小白等多种成熟的自动问答系统和聊天机器人。在文化娱乐领域，国内外各类视频、音乐、旅游平台（如 Youtube、Netflix 和 Softify、携程等）都建立了基于知识图谱的推荐系统，如 Netflix 会根据用户观看和评分的内容，利用其类型，情节，演员等分类推测用户的喜好，并推荐适合用户喜好的电影。随着人工智能在行业逐步落地，时尚、旅游等领域涌现越来越多的创业企业在创建行业知识图谱并提供智能解决方案。此外，文化遗产、图书情报领域也是知识图谱的重要应用领域；大量博物馆、图书馆或文化机构建立了基于馆藏的知识图谱。文化娱乐行业知识库的典型代表有：IMDB（电影数据）、MusicBrainz（音乐数据），MusicBrainz 存储有关艺术家，他们的作品及其关系的信息。记录的作品在数据库中报告，输入专辑名称，歌曲名称和每首歌曲的持续时间。这些报告由志愿者编辑维护，他们遵循 MusicBrainz 社区以前采用的准则和规则。记录中还可能包含发行日期和国家/地区信息，CD标识，封面等。截至2016年7月，MusicBrainz包含有关约110万名歌手，160万张专辑和1600万张唱片的信息。当前知识图谱的应用包括语义搜索、问答系统与聊天、大数据语义分析以及智能知识服务等，在智能客服、商业智能等真实场景体现出广泛的应用价值，而更多知识图谱的创新应用还有待开发。

4. 文化娱乐领域应用

特定领域或者行业知识图谱也对数据与认知服务有着强烈需求。在图书情报、文博机构、出版传媒、招聘就业、知识产权等相关领域，缺乏头部企业，第三方平台发展空间较大。并且这些领域数据相对公开、容易获取，使得构建独立的第三方服务平台成为可能。知识图谱支持了文化企业或机构的多种应用，如智能检索、智能推荐、用户画像、精准营销、商业智能、智能问答等。

智能检索：基于知识图谱的智能搜索，可以更精准的理解搜索意图。可以使搜索对象复杂化、多元化。传统搜索对象以文本为主，未来越来越多的应用希望能搜索图片和声音，甚至还能搜索代码、视频、设计素材等。搜索粒度多元化。传统的知识管理大多只能做到文档级搜索，这种粗粒度的知识管理已经难以满足实际应用中细粒度的知识获取需求。智能搜索不仅要做篇章级的搜索，还希望能做到段落级、语句级、词汇级的搜索。实现跨媒体协同搜索。传统搜索以面向单质单源数据的搜索居多，难以满足用户的信息检索需求。比如，针对文本的搜索难以借助视频、图片信息，针对图片的搜索主要还是利用图片自身的信息，对于大量文本信息的利用率还不高。跨媒体的协调搜索需求日益增多。

用户画像：智能时代，无论是文化企业还是文博机构等公共部门，都需要解他们的用户，如果企业或组织希望为用户提供个性化的产品服务，个性化的前提就是用户画像。通常的方式是基于用户行为数据"打标签"，但在用户数据不完整、跨领域数据稀疏或机器不能理解标签的情况下，可以利用知识图谱来做标签扩展，标签推断，来提高机器对标签的理解水平，实现基于知识图谱的精准推荐。

精准营销：根据用户画像，针对特定用户群体进行广告投放，广告主就能够借由这些标签来圈定用户，更好的触达目标人群，减少不必要的广告费用。以 Facebook 的广告投放系统为例，广告主可以选择地域范围、年龄范围、性别、兴趣标签等。通过选择兴趣标签，系统也会实时反馈给广告主目前框定的候选人数。

智能推荐：通过分析用户数据的关联性，构建面向用户的个性化推荐系统，对服务或产品做到千人千面的定制化部署。冷启动阶段下的推荐。在各类数字内容平台和电商平台中，推荐系统的两大挑战是数据稀疏[①]和冷启动[②]，以知识图谱为表现形式的附加信息能够在某种程度上缓解数据稀疏和冷启动带来的负面影响，进而提高推荐的准确度。典型应用有 Netflix、阿里巴巴、美团大脑、Spotify 等内容和本地服务平台。场景化推荐。任何搜索关键词、购物车里的任何一件商品背后，都体现着特定的消费意图，很有可能对应到特定的消费场景。建立场景图谱，实现基于场景图谱的精准推荐，对于电商推荐而言至关重要。知识型的内容推荐。消费行为背后的内容与知识需求将成为推荐的重要考虑因素。跨领域推荐。互联网上存在大量异质平台，实现平台之间的跨领域推荐有着越来越多的应用需求。

智能问答：知识图谱的应用将使人机交互变得越来越自然、简单。自然人机交互包括自然语言问答、对话、体感交互、表情交互等。自然语言交互的实现要求机器能够理解人类的自然语言。对话式交互（conversation UI）、问答式交互（QA）将逐步代替传统的关键词搜索

---

① 数据稀疏：指的是相对于数量庞大的用户和物品，仅有少量的物品获得了用户的评价或者购买，难以据此获得相似的用户或相似的物品，使得传统推荐方法失效了。

② 冷启动：是系统由于并不知道新加入用户的历史行为，无法给他们推荐物品，同样新加入的物品也由于没有被用户评价或购买过而无法被针对性的推荐。

式交互。各类虚拟助理、智能客服、聊天机器人是智能问答的主要应用方式，阿里巴巴商品知识图谱把淘宝天猫中上百亿种商品构建成一个非常庞大的商品知识图谱，在淘宝和天猫平台治理、智能客服、导购等许多方面发挥了重大作用。此外，各大互联网公司开发的加载语音控制的智能音箱的出货量近年大增。

文物数字资源建设：是知识图谱的重要应用方向——知识图谱可实现世界范围内文物知识的集成和共享、文物知识精确检索和全面摘要、文物知识聚集及关联分析和挖掘、知识可视化呈现。目前，欧盟文化知识图谱建设项目（Europeana）整合了欧洲27个国家200多家博物馆、图书馆和档案馆数据资源，发布了三千万条数据记录，几百万个外部链接，成为关联云中最大的文化节点；大英博物馆的知识图谱构建项目共发布了超过一亿条信息；荷兰国立博物馆截至2014年9月发布的藏品数量超过54万件，并与盖蒂中心的词表建立了链接；俄罗斯的知识图谱项目构建了全国最大的文化知识图谱，内容来自俄罗斯各地的博物馆、图书馆和档案馆，提供了丰富的知识呈现方式，包括时间轴、地图、关系图等，并支持多终端使用；美国史密森尼学会的知识图谱建设涵盖了四万多件艺术品和八千多个艺术家及机构。通过浏览、检索、关系可视化及论文四个方面建立网络虚拟平台上的美国艺术博物馆。

图书馆情报行业：在图情界和数字人文领域，研究较多的是语义知识图谱。欧洲的威尼斯时光机器项目、芬兰数字人文关联开放数据基础设施（http://seco.cs.aalto.fi/projects/lodi4dh）等都已成为数字人文领域应用关联数据技术的典范。2015年6月18日，大英图书馆、新西兰国家图书馆、牛津大学图书馆、哈佛大学等29个非营利性图像资源存储机构共同成立国际图像互操作（IIIF）组织，旨在确保全球图像存储的互操作性和可获取性，对以图像为载体的书籍、地图、卷轴、手稿、乐谱、档案资料等在线资源进行统一展示和使用。IIIF中的一系列API都以 JSON-LD 格式进行定义，关联数据和 IIIF 这两项开放共享标准已成为 GLAM（艺术馆、图书馆、档案馆和博物馆）的研究热点，并将开启数字人文研究的新时代。

伴随着行业智能化转型、简单知识工作自动化、机器智脑的发展、感知智能产业的升级等一系列进程的推进，知识图谱技术的应用与产业化将迎来一波热潮。

（四）趋势4　创意确权：基于区块链的信任机制重塑

区块链技术（Blockchain）的独特特性能较理想地解决数据交换、数据可追溯性和欺诈等问题。在过去几年中，区块链技术急剧演变并趋于成熟。越来越多的公司开始投资区块链技术。区块链正在改变诸多行业的应用场景和运行规则，是未来在数字经济中构建新型信任体系的重要技术手段之一。特别是在智能时代数字内容的确权、分发等环节，被认为有巨大的应用潜力。在2017年的趋势报告中，全球文化领域对于区块链已表现出巨大兴趣，经过两年，区块链已在文化产业中涌现出越来越多的应用和服务。

1.定义与用途

区块链（Blockchain）也称为分布式账本技术（Distributed Ledger Technology），是分布式数据存储、点对点传输、共识机制、加密算法等计算机技术在互联网时代的创新应用模式。本质是一种数字分布式账本，它由一系列算法、技术、工具集构成的架构组合而成，以分布式、不可篡改和可信的方式保证所记录交易的完整性、不可反驳和不可抵赖性。在2019年新兴技术曲线中，区块链概念被"去中心化网络"和"去中心化自治组织（DAO）"替代。DAO是随着区块链技术和智能合约的发展出现的一种技术组织形态，DAO通过区块链和智能合约来实现部分流程和决策自动化。它旨在减少人力投入，提高组织的自动化和协作能力。DAO是区块链技术最受期待的应用之一，目前发展尚处于早期，主要应用于金融领域，随着技术成熟将拓展更多领域应用。

区块链的"去中心化""去信任""不可篡改"等特性构筑了区块链的核心应用能力。以下为近年落地应用的几个主要场景：

金融服务：该领域的区块链应用目前最受关注，区块链带来的潜在优势包括降低交易成本、减少跨组织交易风险等。全球不少银行和金融交易机构都是主力推动者。部分投资机构也在应用区块链技术降低管理成本和管控风险。

征信和权属管理：征信和权属的数字化管理是大型社交平台和保险公司重点关注的。区块链被认为可以促进数据交易和流动，提供安全可靠的支持。目前该领域的主要技术问题包括缺乏足够的数据和分析能力；缺乏可靠的平台支持以及有效的数据整合管理等。

资源共享：以 Airbnb 为代表的分享经济公司将欢迎去中心化应用，可以降低管理成本。该领域设计空间大，受到大量的投资关注。

贸易管理：区块链技术可以帮助自动化国际贸易和物流供应链领域中繁琐的手续和流程。基于区块链设计的贸易管理方案会为参与的多方企业带来极大的便利。另外，贸易中销售和法律合同的数字化、货物监控与检测、实时支付等方向都可能成为创业公司的突破口。

物联网：物联网也是很适合应用区块链技术的一个领域，预计未来几年内会有大量应用出现，特别是租赁、物流等特定场景，都是很合适结合区块链技术的场景。

2. 技术与专利

区块链被纳入新型基础设施，以及区块链服务网络的全球商用，将推进区块链自身的技术体系和标准化工作进一步完善，推动区块链技术的应用领域不断延展。随之而来的市场竞争也会越来越激烈，企业能否率先攻克关键核心技术并且获得对应的专利保护，在商业现实场景的落地上占据竞争优势显得尤为重要。

从专利来看，知识产权产业媒体 IPRdaily 与 incoPat 创新指数研究中心联合发布《2019年全球区块链发明专利排行榜（TOP100）》显示，2019年1月1日至12月31日公开的全球区块链技术发明专利前100名企业主要来自9个国家和地区，中国占比60%，其次为美国占比22%，日本占比6%，韩国和德国分别占比5%和3%，芬兰、安提瓜和巴布达、爱尔兰和瑞典各占比1%。其中，阿里巴巴（支付宝）以1505件专利位列第一，腾讯以724件专利排名第二，中国平安以561件专利排名第三（见图48）。从2019年区块链发明申请专利全球区域分布来看，阿里巴巴（支付宝）已在中国、美国、新加坡、加拿大、韩国、墨西哥、印度、澳大利亚等全球16个国家、组织和地区进行专利布局；腾讯已在中国、美国、印度、韩国等全球6个国家、组织和地区进行专利布局。中国平安已在中国、新加坡、日本等全球6个国家、组织和地区进行专利布局。

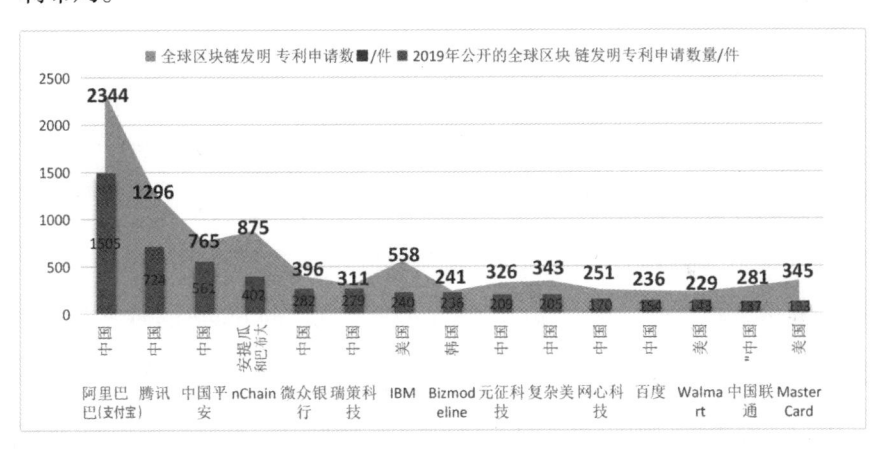

图48　2019年全球区块链专利榜（来源：IPRdaily与incoPat创新指数研究中心）

3. 市场与企业

据IDC预测，到2022年，50%的服务器平台将在其硬件和操作环境中嵌入静态数据加密技术，超过50%的安全警报将由人工智能自动化处理，1.5亿人将拥有基于区块链的数字身份。各种下一代产品将提高数据（通过普遍加密）和数字身份（在区块链上注册）的信任度，并带来利用分析、机器学习和其他数据科学模型的实时威胁管理。[①] 机构预计，区块链将在 2030 年之前创造 3.1 万亿的商业价值[②]。市场机构 Research and Markets 数据显示，2017 至 2022 年间，区块链市场的年复合增长率为 42.8%，预计到 2022 年，全球区块链市场规模将达到 139.6 亿美元。从地区上看，美国区块链解决方案的支出占到全球区块链支出的 40%。西欧将成为仅次于美国区块链支出的第二大地区，其次是中国和亚太地区。

从企业应用来看，相比 2017 年初步探索阶段，基于文化娱乐领域的区块链产品和服务案例增长显著。特别是在音乐产业，各类区块链应用创新案例激增，全球三大唱片公司在区块链领域其实也已经进行了相关的布局尝试。2019 年 9 月，华纳音乐集团投资了区块链游戏公司 Dapper Labs1120 万美元，共同合作开发新的公共区块链平台 Flow，以创建新的数字资产。虽然 Flow 与音乐无关，但是华纳音乐公司内部正在研究如何使用加密货币让粉丝给自己喜欢的艺人进行打赏，并在两个不同的区块链平台上测试，试图让音乐人和粉丝更直接的联系，而不需要通过发行公司。

2019 年，环球音乐奥地利公司与以色列初创公司 HyperSpace 以及瑙河克雷姆斯大学达成合作，开展了一个名为 Amplitude 的研究项目。该项目意在研究基于区块链技术的媒体平台将如何影响音乐行业，尤其是在寻找新兴音乐人和培养粉丝忠诚度方面。用户可以在 HyperSpace 的平台内开辟自己的社群，通过分享内容吸引其他用户的加入或订阅，而平台每天通过"通用基本收入模型"为平台上的所有用户分配 AMP 通证。环球音乐集团将密切观察实验过程中表现良好的用户，得出相关

[①] IDC FutureScape: *Worldwide IT Industry 2019 Predictions*, 2018, IDC, https://www.idc.com/getdoc.jsp?containerId=US44403818.

[②] 高德纳公司（Gartner）：《2019 年十大战略性技术趋势》，2019。

结论，实验结果将计划于 2020 年 1 月发布。2018 年 10 月，索尼集团宣布开发了基于区块链技术的版权管理系统，并将应用于电子书、音乐、视频、虚拟现实内容等数字内容的版权管理。该项目是由日本索尼音乐娱乐集团和索尼全球教育集团合作完成。除了三大唱片，流媒体音乐平台也有跟进区块链。2017 年 4 月，Spotify 已经收购了区块链初创公司 Mediachain Labs。该公司创建了一个对等数据库，用于注册、识别和追踪音乐作品的线上分布，利用区块链技术来帮助解决版权归属问题；2019 年 4 月，Spotify 还参与投资了区块链艺术注册初创公司 Artory，该公司可以利用区块链技术，跟踪每一件作品的来源和数据，以及记录销售的艺术作品。

表 60 区块链技术应用场景

价值	企业	服务
数字版权管理	Mycelia	用区块链技术为音乐人建立数字身份标识，让音乐人可以高效管理个人音乐元数据，能够让版权流通更加的健康。
	Mediachain	通过 metadata 协议，将内容创造者与作品唯一对应。
	Ziggurat	基于区块链提供文字、图片、音视频版权资产的登记和管理服务
	Ujo	通过使用智能合约来创建一个透明的、去中心化的版权和版权所有者数据库，进行音乐版权税费的自动支付
Token 化的权利流通	Musicoin	区块链流媒体服务，用户和音乐人之间没有第三方中间商参与，用户的播放、分享都会帮音乐人增值，在 Musicoin 的体系内，流通的是 MUSIC（音乐币）。
	Emanate	流媒体服务，围绕 EMT token 体系建构，用户免费播放，音乐人从每一次播放获得数字货币收入。Emanate 的目标是把制作端带入生态链条，上传作品即有收入。
自动化支付	Musicoin	Rock The Blockchain（歌单）前面提到的 Musicoin，曾经发布过一个叫"Rock The Blockchain"的歌单，任何使用在几分钟内即完成支付。
	Choon Choon	基于以太坊（带智能合约的开源公链）建构的流媒体平台，在 Choon 上，艺人可以为每一首歌建立智能合约，系统根据 DLT 纪录来完成实时支付。
	Xhai Studios	游戏开发者可以在游戏架构中直接调用支付功能，消除对第三方支付的依赖；玩家则可以自由地将 XEM 和游戏内货币、点数等进行双向兑换。

续表

价值	企业	服务
直接面向粉丝营销	VOISE	为独立音乐人提供作品货币化的P2P交易场所，独立音乐人可以自主定价并寻求音乐社群的支持。
开源和透明化的数据库	Open Music Initiative（OMI）	由伯克利音乐学院的创造性创业研究院和麻省理工学院的数字货币计划项目组联合创办。为音乐权利人和创作者提供一套开源协议，帮助他们建立自己的音乐数据库，梳理和管理版权数据。并提供接口供流媒体平台和唱片公司等合作方调用数据。
产品身份溯源	Chronicled	为正品球鞋添加电子标签，记录在区块链上

4. 文化娱乐领域应用

内容场景碎片化，智能合约确权： 在未来万物互联的数字创意世界中，内容版权会按场景切分得更为分散——如，智能汽车、智能眼镜等多种设备场景，当内容需要分发到上千个不同场景去，区块链技术可以在非常分散的情况下，不由中心化来确权，由智能合约去完成庞大的工作量。音乐产业2015年就开始进行区块链版权研究和项目实践，2017年，世界上最大的三家表演权组织——法国SOCAN[①]（音乐作者，作曲家和出版商协会），英国音乐PRS[②] 和美国ASCAP[③]（美国作曲家，作者和出版商协会）为了应对音乐产业数字化带来的挑战，共同筹建一个使用区块链技术管理音乐版权信息的权威共享系统，这是迄今为止全球音乐界最大的科技推动计划[④]。该平台由Hyperledger的开源Fabric分布式分

[①] SACEM：法国专业音乐协会（SACEM）是一家法国专业协会，负责收取艺术家权利，并将权利分配给原作曲家，作曲家和音乐出版商。

[②] PRS：PRS for Music Limited（前称MCPS-PRS联盟有限公司）是英国领先的版权社团，由机械版权保护协会（MCPS）和表演权社会（PRS）合并而成。它代表12.5万名会员为音乐作品进行集体权利管理。

[③] ASCAP：美国作曲家、作家和发行商协会。

[④] ASCAP, SACEM, And PRS For Music Initiate Joint Blockchain Project To Improve Data Accuracy For Right sholders, https://www.ascap.com/press/2017/04-07-ascap-sacem-prs-blockchain.

类账本提供技术支持，IBM 公司进行管理。该项目可以通过区块链跟踪大量音乐内容复杂数据。

建立点对点透明交易，促进高效动态定价：不仅是对于大型机构，数字时代催生了大量的独立创作者，对于资金和人力都不足的独立创作人来说，区块链技术可以跨过中间分发商环节，实现多平台的版权和微交易管理，使版权、收入更为透明、结算速度更为高效。2017 年，MIT 的 Media Lab 媒体实验室和美国伯克利音乐学院，联合推动了一个音乐区块链应用项目，能做到去中心化分发内容。三大唱片公司、英特尔、Spotify、Netflix 都参与其中，目前项目已经开始试运行。

产品信息可溯源，建立身份认证体系：奢侈品零售、艺术品等实体产品交易已开始使用区块链技术，2018 年，天猫推出了"全球首个基于奢侈品的正品溯源功能"，商品的原材料生产过程、流通及营销过程中产生的产品信息都被整个写入区块链，这样每件奢侈品都将拥有属于自己的区块链 ID "身份证"，让奢侈品正品保证问题得到解决。在艺术品溯源的应用方面，也涌现初一批企业，如在 2015 年成立的美国企业 Verisart，使用区块链让艺术家、收藏家和经销商能够验证艺术品出处并溯源。2016 年创立的 Artchain.info 公司是提供区块链技术生成的真品证书的创业公司。

直接面向粉丝营销，提升粉丝弱价值：直接面向粉丝的营销是近年来的一类行业趋势，在传统模式下，粉丝对于艺人的支持很难做到真正有效的"直接"。很多营销都必须借助第三方中间商支持，而在区块链体系内，每个人都是一个经济体，消费者对于音乐创作者和制作人的支持可以更加直接、高效。通过区块链带来的新价值认可及价值分配机制，让所有参与者在生态中直接获得来自对方的价值奖励。基于粉丝经济发行通证（TOKEN），通过区块链技术的防篡改、去中心化、透明和公开的特性，利用通证投票来保证投票、决策、调查、评测等场景中的公平、公开、公正，避免投票等结果被外界干扰，去除数据造假，让投票更可信。此外，各路明星、网红等也可以经由通证与粉丝互动，进一步实现"个人价值数字化"。

区块链能够为未来的内容运营商、独立创作者和小型工作室提供相关的版权、交易、信用等方面技术支撑，在生产端、创意服务部门将会发挥巨大作用，从而构建数字经济环境中的信用体系。

（五）趋势5　文化旅游：在增强现实中畅享多维世界

增强现实（以下简称AR）技术是近年来最令人兴奋的技术发展之一，被称为"下一代计算平台"，2012年就出现在Gartner新兴技术成熟度曲线中，被认为将在10年内走向成熟应用；近年来，无数的娱乐和科技企业都希望能够掌握、利用增强现实（AR）技术开拓新的市场。以苹果、Google、Facebook等为首的巨头公司都宣布了自己的AR战略，期待在这个"下一代计算平台"中占得先机。然而，时至今日，我们依然没有看到AR技术的大规模应用，缓慢采用的原因之一是，基础架构不够强大，无法支持AR的大规模采用。而当5G通信网络、边缘计算等周边技术逐步成熟进入商用，业界又迎来了新的期待——"增强现实云"，该技术是将物理世界中的对象和位置持续映射到数字内容层。一旦该技术发展成熟，将可以创造出一个物理世界的数字孪生世界，全面推动增强现实的商业应用。

1. 定义与应用

增强现实（Augmented Reality）技术是一种将虚拟信息与真实世界巧妙融合的技术，广泛运用了多媒体、三维建模、实时跟踪及注册、智能交互、传感等多种技术手段，将计算机生成的文字、图像、三维模型、音乐、视频等虚拟信息模拟仿真后，应用到真实世界中，两种信息互为补充，从而实现对真实世界的"增强"。增强现实被广泛认为是继电脑、智能手机之后的下一代计算平台。但实现对真实世界"增强"的前提是万物数字化。需要每一个房间、场景，甚至这些不同尺度空间里的所有物体，被数字化之后连接起来，被智能终端所识别、索引。因此，增强现实未被广泛应用的问题出在虚拟世界和物理世界的连接上，缺乏连接的介质，而这个介质就是增强现实云。

增强现实云（AR Cloud，以下简称 AR 云）的概念最早于 2017 年提出，定义为"现实世界的持久 3D 数字副本，可以在多个用户和设备之间共享 AR 体验"[①]。更为通俗的解释是 AR 云是整个世界的数字化，它是连接物理空间与虚拟世界的基础设施，是 AR 大规模应用的关键。AR 云是一个持续的点云地图与真实世界坐标的结合，通过对现实世界扫描建立实时更新的 3D 数字世界模型，为智能终端提供索引、融合虚拟信息的能力。增强现实云还不是一个严谨的技术定义，同时也被称为数字孪生，实时地理空间地图，并行数字宇宙等等。业内人士认为，认为 AR 云将成为计算机中最重要的软件基础设施，认为其价值远远超过 Facebook 的社交网络和谷歌的搜索引擎。

AR 云的应用能够从几方面弥补和增强目前增强现实技术：第一个能力是持久化，长期以来，AR 的体验不具备可持续性，用户通过智能设备在物理空间中摆放一个虚拟物体关闭设备后再次打开就无法看到先前设置的内容，这极大地限制了 AR 的应用场景，而 AR 云因为获得了物理空间的绝对位置，使得 AR 具备了持久化能力。第二个能力则是多人共享，改变了此前 AR 只能单用户体验的局面，使得 AR 的应用场景进一步拓展，AR 社交、AR 多人在线游戏等等，都成为可能。

2. 技术与专利

AR 云一般指在重定位技术下实现的多人互动、持久化的技术载体，广义的 AR 云是指和云存储、计算相关的 AR 内容的一种表现形式。与区块链类似，AR 云是多种技术重新组合的创新应用，包含的技术已经

---

① 增强现实云（AR 云）：这个概念由增强世界峰会（AWE，）的创始人 Ori Inbar 以及 OARC 于 2017 年提出。

都较为成熟。以华为 Cyberverse 为例,大致包括 4 类技术功能,分别为:3D 高精地图、全场景空间计算、强环境理解、超逼真的虚实融合渲染。同时需要 3D 视觉传感摄像头技术配合感知周围环境和数据采集。

表 61　华为 Cyberverse 技术功能

技术功能	详细
3D 高精地图	目前华为已完成了从"地图采集"到"生产可用地图"的 90% 以上自动化流程,每天可生成出 10 万平方米的地图,在采集的隔天就能生成出可用地图文件,加速推进了 Cyberverse 的开发和应用进程。
全场景空间计算	使手机可以计算出自己的厘米级定位,实现虚实世界的无缝融合。
强环境理解	Cyberverse 融合了深度学习技术和地理位置信息后,还具备可极大提升手机准确识别物理环境与物体的能力。Cyberverse 较高效率的构建,可以自动化提取周围环境特征信息,使得手机能准确获取周围世界的 3D 信息。
超逼真的虚实融合渲染	添加了虚实融合的渲染能力,希望能使绘制效果更加逼真。

另一方面,就数据采集来说,一般有两种地图数据采集方式,第一种是中心化的采集,第二种是去中心化的众包采集。中心化采集如同传统的地图采集方式,完全由企业测绘构建地图数据。这种方式存在一个弊端,由于每个用户所处空间不同,采取中心化的方式无法构建一个完整的 AR 云。世界是无限的,而我们日常活动的区域、感兴趣的区域是有限的,所以我们如果先从有限的兴趣点做起,不同的用户会通过手机摄像头建立不同的数据,将这些数据积攒起来,就能形成一个完整的 AR 云,通过这种众包、渐进式、分而治之的去中心化采集方式,则可逐步建立一个完整的、实时更新、能进化的 AR 云,成本也比中心化方式低得多。当然,这个过程中手机或设备搭载的 3D 感应相机非常重要,能够感知你周围环境并重构高精准 3D 地图,同时能够被其他用户在 AR Cloud 上共享使用,但产生的数据隐私问题值需要关注。

据公开信息,华为 Cyberverse 的功能已经涵盖包括识物百科、识人辨人、识字翻译、识车安保、3D 地图识别等等，其应用场景也包括景区景点、博物馆、智慧园区、机场、高铁站、商业空间等公共场所，为游客提供导览服务。华为自身具备的 5G 优势将进一步提升其可用性。

3. 市场与企业

AR 云具有直接影响大多数 AR 价值链的潜力，从提供与无线套餐捆绑在一起的服务（或作为单独的独立订阅提供）的连接提供商，到应用内 AR 云购买，都将开启大量新收入来源。全球技术市场咨询公司 ABI Research 预测，到 2024 年，其市场价值将达到近 1020 亿美元。

从企业来看，虽然 AR 云的研发还处于早期阶段，但谷歌、苹果、微软、亚马逊、Facebook、Snap、Niantic Labs、三星等大公司正密切关注 AR 云（见表62）。

表 62　全球主要科技企业及 AR 云相关布局

企业	国家	发布时间	AR 云相关布局
Google	美国	2018 年	ARCore（增强现实 SDK）已经具备 AR 云能力，官方称其为 Cloud Anchors。 谷歌推出的 Cloud Anchors API 基本上可以为 Android 和 iOS 创建共享的跨平台 AR 体验，实现通过 Google 的云服务托管锚点。用户可以将虚拟对象添加到场景中，并与其他人共享互动。最近的更新中，谷歌对云锚 API 进行了改进，托管和解决锚点更加高效。谷歌将进一步开发 Persistent Cloud Anchors，以便用户在更大的区域和更长的时间内映射和锚定内容。
Apple	美国	2017 年	之前收购 Ogmento 公司的 Flyby Media，成为 ARkit（增强现实 SDK）的基础；苹果推出的 AR 软件开发套件 ARKit 2.0 支持多个用户跨平台访问其 AR 数据。
Microsoft	美国	2012 年	Hololens：是迄今为止最完整的 AR 眼镜系统，完成了非常强大的点云构建功能，并且能够储存在本机上。但还没有达到可以跨平台共享。
Facebook	美国	2019 年	Live Maps：使用计算机视觉，本地化和众包制图技术来生成反映物理世界的共享虚拟地图。Facebook Reality Labs 正在构建 LiveMaps，称其为"将支撑未来 AR 体验的核心基础架构"。 收购创业公司 13th Lab，一家计算机视觉/增强现实公司。主要项目专注于根据图像数据创建3D地图。
Amazon	美国	2019 年	亚马逊公布了 Amazon Sumerian，能帮助开发人员打造虚拟现实、增强现实和3D应用。

企业	国家	发布时间	AR 云相关布局
Niantic	美国		游戏 Niantic Real World Platform，连接数字世界和物理世界的操作系统。
三星	韩国	2018 年	推出新的名为 Project Whare Cloud 的 AR 云服务和一款新的 AR 头戴设备。可以让多个 AR 开发者、设备和用户查看共享信息和真实世界中叠加的虚拟物体。
Magic Leap	美国	2019 年	发布跨平台 AR 云项目 Magicverse，对 Lumin OS，以及 Unity、Unreal、iOS 和安卓系统的支持，开发者可以用它来开发支持跨平台（Magic Leap One、移动设备等）的 MR 应用。
特斯拉等自动驾驶	美国	不详	无人驾驶车企业，机器人企业，已经具备了创建三维世界的能力，但并不一定会专注于 AR 方面的服务。
华为	中国	2019 年	华为 Cyberverse 支持跨平台（安卓和 iOS）的虚实结合，是一个基于 3D 高精度地图、空间计算能力、环境理解能力和 5G、端管云架构的融合功能。被视作是未来 AR/MR 的重要组成部分。华为 Cyberverse 是国内科技巨头中首次提出这个概念。

从短期来看，由于 AR 云将会产生大量收入，以上企业将构建为自己的生态圈服务的 AR 云，而不是无缝连接、无所不包的 AR 云系统。因此为创业公司留下空间去创建跨平台的 AR Cloud。2018 年前后，出现了许多"AR 云"创业公司，如 YOUAR（美）、Scape（英）、Escher Reality（美）、Aireal（美）、Sturfee（圣克拉拉）、Paracosm（佛罗里达）、Fantasmo（美）、Insider Navigation（奥地利）、InfinityAR（以色列）、Augmented Pixels（乌克兰/硅谷）、Kudan（英）、DottyAR（澳大利亚悉尼）、Meta（美）、Daqri（美）、Wikitude（奥地利维也纳）、6D.ai（美）、Postar.io（美）。

4. 文化娱乐领域应用

AR 云在未来将推动增强现实的落地和广泛应用，目前可见的 AR 云应用案例覆盖了旅游导航、游戏、教育培训、运动、时尚零售等。从应用发展来看，AR 云会是一个持续不断的过程，按规模可以划分为四个发展阶段（见表 63）：

表 63　AR 云发展阶段

场景规模	桌面尺度	房间尺度	建筑物尺度	城市尺度
大小	超小	小	中	大
数据量	较小	小	大	较大
应用场景	AR 说明书	全息房间	AR 导航	AR 城市

桌面尺度：数据量较小，一般本地即可存储。在这个场景规模下会出现"AR 说明书"等应用场景，比如宜家、视+AR 做的家具或汽车 AR 说明书，用户通过手机或者智能眼镜扫描就能获得家具组装或汽车各个部位的详细说明介绍和使用指南，省去了翻阅纸质说明书的麻烦。

房间尺度：数据量较小，一般本地即可存储。这种场景规模下"全息房间"会成为一个很强的使用场景，如名胜古迹游览游览，在故宫御书房，你可以看到古代皇帝在御书房批阅奏折的虚拟 3D 场景。

在这一尺度中，体育训练也是一个重要的应用场景，哈佛视觉计算小组（Harvard Visual Computing Group）与运动公司 SportsXR 研究团队正在与大学篮球队合作，为球迷，运动员和教练开发基于 AR 云的 SportsXR 体验。其中，利用运动分析数据的增强现实显示为球迷提供独特的比赛观察视角。此外，SportsXR 技术将在现实的训练环境中为教练和运动员提供直接的视觉反馈。如，显示球员的运动信息——球场上当前位置、球的轨迹、最佳射门角度，可以通过即是时视觉反馈来帮助运动员提高训练表现。将虚拟信息与现实世界中的动作相结合，可以增强运动员的锻炼能力。对于教练来说，该技术可以提供沉浸式显示的数据分析，例如以热场图形式显示在球场上的投篮命中率，以进行实时评估和决策。对 SportsXR 的研究是将 AR 云带入体育领域的开创性工作。

建筑物尺度数：据量已经较大，一般来说不建议存储在本地。这个场景规模下可以应用"AR 导航"，我们不会再因为城市复杂的道路而走错，另外还能直观显示眼前商家的折扣活动，AR 导航在零售、生活服务场景上的应用非常有想象空间。像嘀嘀打车这样的服务可以在街道上覆盖一个按钮，用户可以按此按钮呼叫出租车。剧院可以在物理剧院表演海报的上方叠加一个"购买门票"按钮，供用户购买座位。

Google 的 AR 导航是最先进的基于 AR 云的应用程序之一，它利用 Google 的视觉定位服务（VPS）和 AR 云来实现环境中设备的定位，其精度要高于 GPS。AR 室内和室外导航是最有前途的基于云的用例之一，需要大规模映射以及持久的本地化和数字内容。此外，一家名为 Sturfee 的公司利用 VPS 和 AR 云进行 AR 城市导航，而 6D.ai 是利用 AR 云进行室内导航的主要示例。

城市尺度：通常指城市规模。数据量很大，不可能在本地存储，而且面临高并发的场景。这是形成"AR 城市"的最后一步，此时，最终实现了万物数字化、物理和数字空间完全连接。可以实现企业的各种 AR 业务形式。

这四个阶段应该是 AR 云发展的必经之路，从技术角度看不存在跳跃式发展的可能。但这不意味着我们必须刻板的遵循这个阶段，而应该充分考虑市场变化而做调整，灵活应对，从而满足市场需求。除了场景应用，随之而来的是与增强现实相关的整个业务生态系统——已经有像 Cognitive3D 这样的公司，其业务旨在通过 VR，AR 和 MR 设备捕获用户操作产生的数据进行详细的分析。此外像 Scape Technologies，Visualix，YOUAR 和 Ubiquity6 这样的企业在该领域也很活跃，它们提供了 SDK，用于通过利用移动设备来构建物理世界的基于云的 3D 地图。

（六）趋势6 游戏：3D 传感器打造视觉新纪元

3D 视觉传感技术能够获取现实三维场景完整的几何信息，利用带有深度信息的图像来实现对于场景的精准的数字化，从而实现高精度的识别、定位、重建、场景理解等机器视觉的关键功能。以 2010 年的 Kinect 体感游戏机和 2017 年的 iPhoneX 的发布为标志，3D 视觉传感技术从传统意义上只应用于专业领域的高端技术变成了消费级产品。

近年来，视觉技术从 2D 向 3D 快速发展，2019 年的新兴技术曲线预计 3D 感应相机能在 2—5 年内成熟并大规模应用。目前 3D 视觉传感在文化领域和消费电子的应用仍在渗透的初始期，但 3D 视觉传感已开始结合深度学习算法，在智能制造、自动驾驶、无人机、体感游戏机、AR/VR、动作捕捉、人机界面、3D 打印、三维重建、人脸识别等领域取得了优异的应用效果。未来将与文化产业需求结合，拓展更广泛的用途。

1. 定义与应用

视觉传感技术包含了 3D 视觉传感、智能视觉传感等多个类别，3D 视觉传感即通过 3D 摄像头采集视野内空间每个点位的三维坐标信息，通过算法复原智能获取三维立体成像，不会轻易受到外界环境、复杂光线的影响，技术更加稳定，能够解决以往 2D 视觉传感体验和安全性较差的问题。从计算机视觉的角度来看，在许多 2D 信息已足够的任务中，计算机视觉算法已显示出很大的希望。但是，当他们处理真实的 3D 世界时，研究人员发现计算机视觉存在瓶颈。人类有两只眼睛，使我们能够自然地感知深度。但是，大多数计算机视觉应用程序都依靠一台摄像机来捕获和解释其周围的环境。丢失的三维尺寸严重限制了计算机视觉的性能。相对于 2D 视觉传感技术，3D 视觉传感技术是增强了摄像机进行面部和目标识别的能力，除了显示对象的 X 和 Y 值之外，还可以提供记录场景或对象的深度值，在感知和处理日常活动的方式上带来了独特的进步，该技术利用光学技术模拟人类视觉系统，促进了增强现实、人工智能和物联网的出现和应用。3D 视觉传感也被称为深度信息摄像头技术、3D 视觉技术、深度图像技术等。

3D 视觉传感（3D vision sensing）拓展了图像传感器的应用范围，但是在成本的压力下，目前它不会完全替代 2D 视觉传感。3D 视觉传感主要应用在 2D 不能实现的"痛点型应用场景"——如人机交互、3D 人脸识别、三维建模、AR、动作捕捉、智能安防和辅助驾驶等，被誉为"让人工智能真正做到'睁眼看世界'的技术"。3D 视觉传感技术问世以来便备受追捧，在消费领域，制造商争相将这项新的技术进步融入手机、体感游戏机、虚拟现实/增强现实等消费电子产品中。从2016年开始，3D视觉传感技术便应用在人脸识别领域，但是更多地集中在智能手机端。如OPPO、华为和苹果等公司推出的3D+AI识别功能，通过扫描人脸三维结构完成手机解锁；此外，3D视觉传感技术让硬件设备感知环境，实现人脸识别、手势识别、人体骨架识别、三维测量、环境感知、三维地图重建等，可广泛运用于数字娱乐设备、机器人、无人机、物流、VR/AR、智能家居、智能安防、汽车驾驶辅助等多领域；但整体而言，3D视觉传感目前还处于早期，但随着体感交互与控制、3D物体识别与感知、智能环境感知以及动态地图构建等技术与市场的发展，各大应用场景都开始对3D视觉与识别技术产生日益浓厚的兴趣和日益旺盛的需求，AR和消费电子目前被认为是3D视觉传感大规模应用的重要驱动力。

2. 技术与专利

目前市面上主流的3D视觉传感技术（消费级）有以下三种类型：双目立体视觉法（Stereo Vision，在下文称双目法）、结构光法（Structured Light，在下文称结构光）以及飞行时间法（Time of Flight，ToF在下文称ToF）；其中，双目法属于被动测距传感；ToF（Time of Flight）、结构光法属于主动测距传感。不同的技术路线决定了精度曲线，进而也决定了应用场景。目前较为成熟的方案是结构光和ToF，其中结构光法的知名产品案例就是微软的体感游戏机Kinect一代和iPhone目前的Face ID面孔识别，此外，2014年英特尔发布全球首款内嵌于各种智能设备的3D景深摄像头RealSense，采用3D结构光技术，应用在联想、戴尔等多款超极本电脑以及无人机等设备中。ToF则是测量发射光和反射光之间的飞行时间并根据光速来直接估计深度。2013年，微软在第二代Kinect中采用了ToF技术，ToF技术首次应用到智能手机是在2016年，Google和联想合作推出了全球首个搭载ToF模组的智能手机PHAB2 Pro，采用的是pmd/英飞凌的ToF方案，该手机可实现一些如三维测量等简易的 AR 应用，目前除小米以外，主要安卓手机厂商均发布了搭载 ToF 模组的智能手机，其中华为和三星发布的机型数量相对较多。

表64 三种主流消费电子 3D 视觉方案对比及应用（资料来源：公开资料整理）

	结构光	ToF	多目（双目）法
类别	主动	主动	被动
原理	单相机和投影条纹斑点编码	红外光反射时间差	双相机和图像相关
响应时间	慢	快	中
低光环境表现	良好，取决于光源	良好（红外激光）	弱
强光环境表现	弱	中等	良好
深度精确度	mm-cm. 中等	um-cm. 高	cm. 低
分辨率	中等	低	高
识别距离	极短（mm）至中等（4-6m），受光斑图案限制	短距离（不足1m）至长距离（10m），受光源强度限制	中等，依赖于两颗摄像头的距离
软件复杂程度	中等	低	高
材料成本	高	中等	高
功耗	中等	低	低
缺点	容易受光照影响，强光照下不适合	总体性能好，但是平面分辨率低	昏暗环境中不适合、特征不明显
代表厂商（国外）	PrimeSense、英特尔、谷歌	微软、谷歌、英飞凌、德州仪器、意法半导体	英特尔、微软、Leapmotion
代表厂商（国内）	图漾科技、奥比中光和华捷艾米	海康威视、舜宇光学和乐行天下	图漾科技、纵目科技、凌云光技术、西纬科技和弼智仿生
文化相关领域应用			
增强现实（AR）		√	√
体感游戏	√	√	
3D 影院			√
3D 扫描	√	√	
用户界面控制		√	
产品应用	体感游戏机 Kinect 一代；苹果在 2018 年和 2019 年的 iPhone 新产品中全部搭载了 3D 结构光模组；小米、华为和 OPPO 手机。	体感游戏机 Kinect 二代；除小米以外，主要安卓手机厂商均发布了搭载 ToF 模组的智能手机，其中华为和三星发布的机型数量相对较多。	英特尔

综合来看，在人脸识别等短距离、精度要求较高的应用场景，3D结构光方案更为适合。在AR应用、手势识别等较长距离、精度要求较低的应用场景，ToF方案更为适合，预计未来包括苹果以及安卓主流厂商都会导入后置ToF镜头。同时由于3D结构光产业链基本掌握在苹果手中，因此部分安卓厂商也会采用前置ToF的方案替代3D结构光，来实现人脸识别。5G时代推动物联网应用，从而带来各类智能设备对三维感知能力的需求。ToF凭借其成本优势、优秀的实时感知能力将成为主流的3D感测方案。尤其是在VR/AR应用领域，对于时延有很高要求，从而避免眩晕感，ToF则是相对最适合的空间定位技术。

3D视觉传感专利目前主要被欧美巨头所垄断，2012年以来，3D视觉传感开始受到全球各大科技巨头的重视，包括苹果、微软、英特尔、谷歌、索尼、三星等公司纷纷加码3D视觉传感，作为全球消费电子的王者，苹果公司投入最为积极，早在2010年左右便开始在3D视觉传感方面展开布局。2010年9月苹果收购了瑞典三维图像识别公司Polar Rose；2013年11月以3.6亿美元收购了3D视觉结构光方案先驱PrimeSense，获得大量专利和技术；在2015年之后，在3D视觉、人脸识别、图像识别等方面，苹果先后收购了Linx、Faceshift、Emotient、Flyby Media、RealFace等多家公司，形成了全面的产业布局（见表65）。以色列科技公司PrimeSense是全球知名3D视觉方案供应商，于2006年研发出结构光3D视觉传感器，是3D视觉结构光方案的先驱，随后成功应用至微软Kinect一代（2010年）、华硕Xtion（2011年）等产品中。通过收购结构光先驱PrimeSense，苹果掌握了3D视觉最核心的技术。

表65 苹果在3D视觉领域的布局（资料来源：The Verge、苹果官网）

时间	标的	金额	主要产品/技术
2010.9	Polar Rose	2900万美元	利用人工智能技术从事视频分析，可从二维图像中提取三维信息。
2013.11	PrimeSense	3.6亿美元	全球知名3D视觉方案供应商，结构光方案的先驱，掌握3D视觉核心技术。方案成功应用于微软Kinect l代、华硕Xtion等产品中。

续表

时间	标的	金额	主要产品/技术
2015.4	LmX	2000万美元	以色列多摄像头技术公司,致力于通过多摄像头技术提高拍摄质量,布局多角3D成像领域。
2015.8	Faceshift	不详	利用3D视觉传感实现动作、脸部表情捕捉,曾面向动画软件Maya和Unity推出脸部动作捕捉解决方案Faceshift Studio。
2015.1	Percepbo	不详	利用深度认知能力的图像识别系统对手机中的图像进行分类。
2016.1	Emotient	不详	利用人工智能技术扫描人脸,用于解读消费者观看广告后的脸部表。
2016.1	Flyby Media	不详	专注于3D虚拟现实和增强现实技术,相关技术应用在谷歌Project Tango项目中。
2017.2	Real race	200万美元	以色列人脸识别技术公司,开发面部识别软件可提供生物识别登录服务。

3. 市场与企业

根据Research Dive对全球3D传感器市场的分析,2018年全球市场达到14.46亿美元;预计到2026年,该行业的收入将达到112.768亿美元,并且复合年增长率为28.0%。亚太地区市场在预测期内将实现显著增长,预计到2026年底将获得30.673亿美元的收入。北美地区在2018年占据了相当大的全球市场份额,并且预计在该地区将继续增长。预计的时间。这种优势主要是由于3D传感器在汽车和消费电子领域的广泛使用。

对3D视觉传感和3D数据处理技术的需求在很大程度上一直由消费电子领域推动;根据市场研究机构Yole数据,2019年全球3D成像和传感市场规模为50.48亿美元,其中,移动与消费电子应用占比40%,是最大的应用领域;工业、国防与航空航天、汽车应用占比分别为21%、17%、17%。Yole预测2025年全球3D成像和传感市场规模达150.79亿美元,2019—2025年复合增长率超过20%,移动与消费应用继续为最大的应用领域,2025年市场规模预计为81.65亿美元,占比为54%,汽车应用上升为第二大应用领域,2025年市场规模为36.73亿美元，占比为 24%。其中 ToF 传感器未来几年在终端将迎来高速增长。据 IHS Markit 报告，2018 年全球 ToF 传感器市场规模为 3.7 亿美元，占整个 3D 视觉传感市场的 33%，2019 年其市场规模同比增长 35%，达到 5 亿美金。基于 ToF 方案的多方面优势，尤其是成本优势，预计 2022 年，ToF 传感器市场规模有望达到 7 亿美金。这一市场的增长主要是由于汽车行业对 ToF 传感器的需求和智能手机中使用 3D 相机的需求不断增加所推动的，Digitimes 预计 2019 年使用 ToF 3D 传感器技术的智能手机出货量将达到 2000 万台。

从产业链来看，整个 3D 感测产业链包括 3D 摄像头模组（包括 3D 结构光和 ToF）、软件算法以及系统整体解决方案提供商 3 个环节。而 3D 结构光和 ToF 模组基本组成相同，都由光源（illuminator）、传感器阵列（Sensor Array）和光学器件（Optics）等零部件组成。据 Yole 预测，2023 年整个 3D 摄像头模组的市场规模可达 155 亿美元，其中光源市场占 14%，传感器市场占 17%，光学器件市场占 28%，模组市场占 40%。在全球 3D 视觉传感产业链整体解决方案提供商包括：

表 66 全球 3D 视觉传感产业链整体解决方案提供商

类别	企业	国家	产品与服务
方案商（结构光）	苹果（收购 Prime Sense）	美国/以色列	3D 视觉传感器生产商。使用传感器和可视化引擎（如摄像机和红外线）来捕捉和分析数据
	Intel（英特尔）（RealSense 产品）	美国	CPU 处理器制造商，该公司为计算机工业提供关键元件，包括：微处理器、芯片组、板卡、系统及软件等，这些产品是标准计算机架构的重要组成部分
	AMS	奥地利	拥有 3D 结构光和 ToF 两种解决方案，且基本全产业链都有布局。专注于光学、成像、环境和音频传感器领域。
	高通/Himax、Mantis Vision	美国	主要产品为芯片、高科技专利等。
方案商（结构光）	华为	中国	Mate 30 Pro 采用的是 Sony 的方案，另外前后两颗 ToF 摄像头的模组厂商主要有欧菲光和舜宇光学、镜头供应商主要为大立光和舜宇光学，Diffuser 由美国厂商 Viavi 和国内舜宇光学供应，VCSEL 由 Lumentum、纵慧等供应。

续表

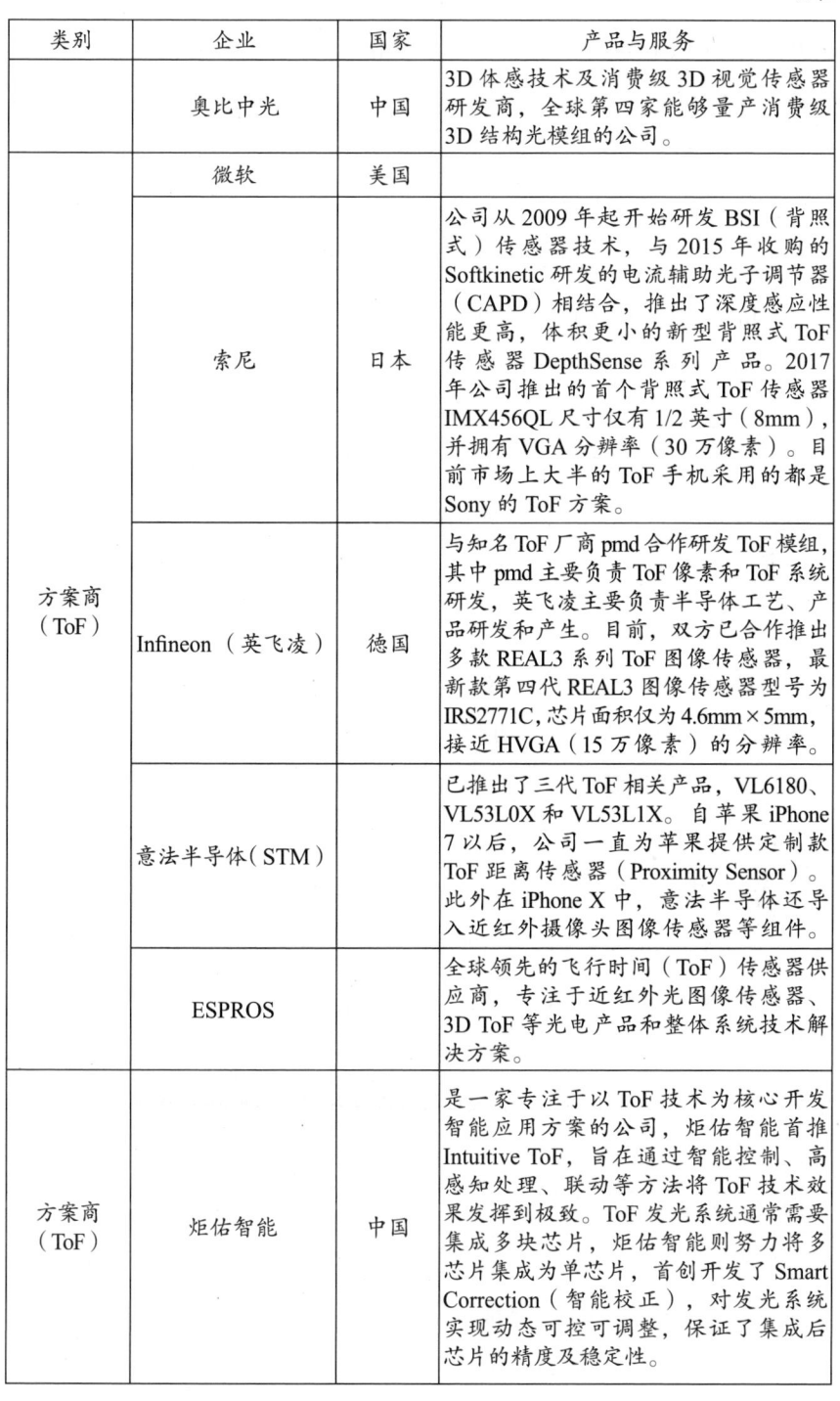

类别	企业	国家	产品与服务
	奥比中光	中国	3D体感技术及消费级3D视觉传感器研发商，全球第四家能够量产消费级3D结构光模组的公司。
方案商（ToF）	微软	美国	
	索尼	日本	公司从2009年起开始研发BSI（背照式）传感器技术，与2015年收购的Softkinetic研发的电流辅助光子调节器（CAPD）相结合，推出了深度感应性能更高、体积更小的新型背照式ToF传感器DepthSense系列产品。2017年公司推出的首个背照式ToF传感器IMX456QL尺寸仅有1/2英寸（8mm），并拥有VGA分辨率（30万像素）。目前市场上大半的ToF手机采用的都是Sony的ToF方案。
	Infineon（英飞凌）	德国	与知名ToF厂商pmd合作研发ToF模组，其中pmd主要负责ToF像素和ToF系统研发，英飞凌主要负责半导体工艺、产品研发和产生。目前，双方已合作推出多款REAL3系列ToF图像传感器，最新款第四代REAL3图像传感器型号为IRS2771C，芯片面积仅为4.6mm×5mm，接近HVGA（15万像素）的分辨率。
	意法半导体（STM）		已推出了三代ToF相关产品，VL6180、VL53L0X和VL53L1X。自苹果iPhone 7以后，公司一直为苹果提供定制款ToF距离传感器（Proximity Sensor）。此外在iPhone X中，意法半导体还导入近红外摄像头图像传感器等组件。
	ESPROS		全球领先的飞行时间（ToF）传感器供应商，专注于近红外光图像传感器、3D ToF等光电产品和整体系统技术解决方案。
方案商（ToF）	炬佑智能	中国	是一家专注于以ToF技术为核心开发智能应用方案的公司，炬佑智能首推Intuitive ToF，旨在通过智能控制、高感知处理、联动等方法将ToF技术效果发挥到极致。ToF发光系统通常需要集成多块芯片，炬佑智能则努力将多芯片集成为单芯片，首创开发了Smart Correction（智能校正），对发光系统实现动态可控可调整，保证了集成后芯片的精度及稳定性。

2012年左右，微软收购了3D-ToF相机公司canesta和3dv；2013年，英特尔推出RealSense实感技术，谷歌推出Project Tango项目，苹果收购结构光先驱PrimeSense；2015年索尼收购了3D视觉综合技术供应商SoftKinetic，Facebook旗下Oculus收购3D手势识别公司Pebbles。英飞凌科技股份公司于2019年5月发布了新产品"REAL3™IRS2381C"，这是最重要的3D图像传感器，专门为智能手机设备市场设计，在德国Embedded Vision Alliance奖中获得了传感器类别的年度产品奖。在2019年，华为、三星手机相继开始应用后摄ToF，带动市场高速发展；非苹机型渗透率将继续提升，行业保持高增速发展。增强现实（AR）是未来3D视觉传感市场空间从百亿迈向千亿的关键。目前各大终端厂商正积极探索AR生态，3D传感在门锁、门禁、支付等人脸识别类，智能家居领域的应用也开始渗透。

4.文化娱乐领域应用

增强现实和虚拟现实在游戏中越来越受欢迎，正在为全球3D视觉传感器市场创造巨大的增长机会。此外，对更好的视觉效果的需求不断增长，导致3D视觉传感器在游戏、娱乐、电影特效、3D打印和机器人、相机、3D电视屏幕等诸多领域都有应用。从具体应用领域来看，未来三年3D传感ToF方案主要的应用市场还是来自智能手机市场，预计2020年对应市场规模超过6亿美元，占整个市场的90%以上。

体感游戏（Motion Sensing Game）：2010年，微软与PrimeSense合作，推出了XBOX360体感周边外设——Kinect一代。颠覆了游戏的单一操作，使人机互动的理念彻底地展现出来。在Kinect上市后60天内，微软总计卖出了800万台，成功拿下了"吉尼斯世界纪录中销售速度最快消费者设备"的头衔。2012年微软先后收购了ToF（飞行时间光）相机公司canesta和3dv，自行开发了Kinect二代，采用ToF原理，在精度、分辨率和响应时间都有很大的提升。2015年，微软研究院的发明Handpose，目的是让计算机精确地识别手势动作，并应用在2016

年问世的 AR 头戴式显示器 HoloLense。目前，国外游戏主机厂商游戏机上都配置了 3D 摄像头提升体感体验：任天堂 Nintendo Switch、索尼 PlayStation、微软 XBox One，国内厂家有 Soomax 享动家用体感游戏机、小霸王 G90 Pro、舞霸王体感游戏跳舞毯。此外，Kinect 也拓展应用于时尚零售试衣和医疗等方面。据 Newzoo 数据显示，2019 年，全球游戏市场预计将产生 1521 亿美元的收入，年同比增长 9.6%。其中主机游戏市场份额为 32%，并预计主机游戏市场产生的收入将会以一个正向的年复合增长率（9.7%）提高，在 2022 年达到 611 亿美元。另一方面，有了 3D 视觉传感技术（ToF）加持，后续智能机也能够化身为体感游戏机。

3D 动作捕捉（3D Motion capture）：3D 动作捕捉系统是一种用于准确测量运动物体在三维空间运动状况的高技术系统设备，是 3D 视觉传感的重要应用领域，它通过排布在空间中的数个视频捕捉设备（视觉传感器）将运动物体的运动状况以图像的形式记录下来，然后使用计算机对数据进行处理，得到不同时间计量单位上不同物体（跟踪器）的空间坐标（X，Y，Z）。当前数字文化、娱乐和教育等领域内容制作过程中越来越多的运用到动画特效制作——如文化遗产、游戏和广告、游戏开发、电影和视觉特效、现场娱乐表演、演唱会和路演、训练和模拟、虚拟现实等领域。使用 3D 动作捕捉[①]能够加快电影，电视或视频游戏的复杂三维 CGI 角色的开发周期。根据市场机构 Fior Markets 发布的报告，全球动作捕捉市场预计将从 2018 年的 1.632 亿美元增长到 2026 年的 2.617 亿美元，在 2019—2026 年预测期内，年复合增长率为 8.13%。从区域来看，2020 年到 2025 年，北美将是 3D 运动捕捉系统的最大市场。这主要是由于美国是娱乐，体育和医学领域的最大市场之一。另外，亚太地区，中国和印度等国家 / 地区是 3D 运动捕捉系统市场中增长最快

---

① 动作捕捉（Motion capture，简称动捕 Mocap），是指记录并处理人或其他物体动作的技术。

的地区。同时，由于3D动画、影视特性的需求旺盛，这一市场还将不断增长——美通社研究显示，3D动画在媒体和娱乐、医疗和生命科学、制造业、教育和科研等行业的应用日益广泛，预计2025年全球3D动画市场规模将达到283.1亿美元。目前，全球3D运动捕捉系统领先企业集中于欧、美、日地区：

表67 全球3D运动捕捉系统主要企业

国家	企业/成立时间
美国	Metria Innovation（2008）、Motion Workshop（2007）、Motion Analysis（1982）、Motus Digital（2007）、Phasespace（1994）、Nansense（2010）、Noraxon（1987，运动研究）、Dari Automation（运动分析）
加拿大	Northern Digital（1981，运动医疗）、OptiTrack（1996）、Phoenix Technologies（不详，工业+动画）
英国	Vicon Motion System（1980）、Codamotion（超过35年，运动分析）、Synertial Labs Ltd（综合解决方案）
荷兰	Xsens Technologies（2000）
德国	AR Tracking（1999用于虚拟现实和增强现实的高端光学跟踪系统）、Simi Reality Motion Systems（1992，综合解决方案）
瑞典	Qualisys AB（1989，综合解决方案）
丹麦	Rokoko Electronics（2014，综合解决方案）
西班牙	STT Systems（1998，运动分析）
中国	诺亦腾（2012，综合解决方案）、青瞳视觉（2015，综合解决方案）、国承万通（2013，综合解决方案）、深圳瑞立视、北京度量科技有限公司等

注：未标注业务企业为动画、娱乐领域

对比国内外3D运动捕捉企业，中国3D动作捕捉系统企业几乎都在2010年以后成立，技术积累不足，行业经验少，市场份额小，还处于发展初期阶段，主要以价格优势取胜，技术方面仍与欧美、日本有一定的差距，在市场上的整体竞争力较弱。在科研、设计、创新等方面，还有不少薄弱环节。目前，国内主要的3D动作捕捉系统市场也被国外知名品牌产品所占据。此外，目前，我国3D动作捕捉系统行业集中分布在北京、上海、广州等地区，产业链缺失现象严重，无论是上游的传感器等领域，还是下游的应用领域，都有待于进一步的完善。

3D 扫描仪：3D 扫描仪是一种测量仪器，能在数码环境中，透过计算机辅助建模技术，以光学辨识、分析、搜集和显示出几何形状或 3D 环境。在文化和消费领域主要应用于建立精确的文物三维数字化模型和时尚零售在线 / 智能试衣等方面。

3D 扫描对文物保护研究、鉴赏与展示等具有重要意义，珍贵文物的三维数字化要求比较严格，并且要保证无损检测的安全性。目前，文物三维重建的方法主要有摄影测量技术、基于 ToF 的三维激光扫描技术和结构光扫描技术等。以其强大的重建灵活性，可以快速得到被测物体的密集点云，在大范围场景三维重建领域应用广泛，如斯坦福大学教授 Levoy 等人对米开朗琪罗雕塑的数字化处理，我国对三星堆遗址一号祭坑和秦始皇兵马俑二号坑等遗址的数字化建设。基于线结构光的扫描技术应用也比较广泛，如天津大学的田庆国等人利用线结构光扫描仪获取人体的点云，进而完成对人体特征的测量；浙江大学的任卿等利用投影编码结构光技术，完成了对金沙玉凿和良渚文物黑陶鼎的三维模型重建。IDC 预计全球 3D 扫描仪的出货量在 2022 年将超过 2.73 亿台，复合年增长率（CAGR）将在 2018—2022 年期间达到 18.0%。2022 年的总市值预计将达到 17.4 亿美元，五年的 CAGR 为 11.5%。

3D 智能试衣间通过 3D 扫描，可精确提取身体上 100 多个身材数据，并自动拼接成三维人体模型，整个采集过程可在 1 秒钟以内完成。3D 试衣间可为顾客智能匹配个性选择，定制专属衣物。可根据商家需求，提供智能试衣间整机配备及传统试衣间智能改造服务。

裸眼 3D/ 三维全息影像：2010 年举办的虚拟偶像初音未来全息投影演唱会。投影机直接背投在全息投影膜，但仍是 2D 全息投影。随着全息影像通信利用 5G 网络高速率的特性，传送大数据量的 3D 视频信号，可为用户展现出更加真实的世界，或成为互联网社交的颠覆性技术。目前，三星、Facebook 等科技巨头均加入该领域技术研发，显示出技术应用前景广阔。目前，国内从事全息投影领域的企业数量也有大幅度的提升，据数据统计，已达到千余家全息投影公司，市场容量也上升到了百亿级别。全息技术的潜力使各行各业的人们为之兴奋，包括电视、游戏、医学成像、自动化机器人系统、空中交通管制、教育和文化遗产。

（七）趋势 7　文创衍生品：4D 打印/纳米级 3D 打印创造新形态

4D 打印和纳米级 3D 打印分别是 Gartner 新兴技术成熟度曲线中 2017 年和 2019 年新入榜技术，被认为将在 10 年后成熟应用，他们同属增材制造技术（也称 3D 打印技术），是 3D 打印技术家族的细分领域和技术的再发展。纳米级 3D 打印主要是提升了 3D 打印的精度；4D 打印是近 2013 年兴起的颠覆性制造技术概念，已然成为增材制造技术的重点研究方向。纳米级 3D 打印和 4D 打印在航空航天、生物医疗、汽车、电子以及日常生活领域都具有十分广阔的应用前景。3D 打印技术和材料技术的飞速发展将为娱乐与文化产业的个性化生产制造带来更快捷、更迅速的实现方式，进一步缩短创意与市场转化的距离。

1. 定义与应用

纳米级 3D 打印（Nano 3d printing）和 4D 打印（4D Printing）同属增材制造（Additive manufacturing）技术的研究分支（在 2016 年的文化科技趋势报告中对增材制造技术进行过详细介绍）。近年来，增材制造技术被广泛应用于生物医学、电子学、自愈技术、工程应用以及文化娱乐和个人消费领域。但是，尽管增材制造技术目前已能够打印出各式各样的物体，仍存在精度不足、难以产生复杂的结构及抑制应变控制的尺寸变化和各向异性行为的技术难题。为了克服其打印精度不足、尺寸复杂性和不灵活性，科学家持续推进技术的发展，推出了 4D 打印和纳米级 3D 打印。

纳米级 3D 打印技术是指 3D 打印技术的精度提升到了纳米级别，

打印成品通常小到肉眼看不见，精密度在数百纳米级别，有望成为迄今为止3D打印领域最重要的进步之一。纳米级3D打印具有灵活性和无穷无尽的生产小批量和大批量产品的能力，因此非常适合制造个性化产品。可以用于各种各样的应用中，例如在微小的计算机芯片上创建3D逻辑电路，制造工程超轻型飞机组件，还能创建具有不同特性的各类新型纳米材料等。4D打印技术的概念是麻省理工学院的Tibbits在2013年的娱乐和设计会议上提出的，他演示了将一段绳状物放入水中后，该物体能自动折成MIT字样的立体结构，由此开启了4D打印技术的研究热潮。4D打印是智能材料，软件程序和3D打印技术的跨学科结合。4D打印技术是指由3D打印出来的结构能够在外界激励下发生形状或者结构的改变——3D打印机在打印阶段将程序嵌入到智能材料中，这些智能材料在暴露于水、热、压力、能量等外部刺激时，会对外部条件做出反应，并根据其嵌入的程序进行转换。因此，4D打印技术使用户可以打印随时间推移而自我变形或自我组装的对象，实现了产品设计、制造和装配的一体化融合。当前，纳米级3D打印和4D打印仍处于商业化早期，主要在制造、医疗、航空、个人消费领域中应用；其中，市场机构预计，4D打印技术在短期内将对时尚、家居、建筑等文化创意领域产生影响。

2. 技术与专利

全球范围内的科研机构、3D打印企业、制造业应用企业不断进行技术迭代，特别是过去十年间，全球3D打印专利申请数量得到了快速增长，根据IPlytics的专利数据，2007—2019年2月，共检索到与3D打印相关的专利95302项，专利簇43418项。根据专利所提交的地点来看，在美国提交的专利最多，共44177件，其次是中国与欧洲，分别为18838、15049件（见图49）。在中国提出申请的专利中，仅在2018年公开的3D打印专利数量已达9932项，但是，其中包括在中国提出申请的美国企业或欧洲企业，如GE、福特、西门子和涡轮机欧洲股份公司、空中客车等，在这些专利中，中国本土发明专利数量在2018年达6457项。目前在具体技术——纳米级3D打印、4D打印技术方面，由于涉及技术庞杂尚没有细分统计。但主要解决方案提供商和设备企业主要聚集于欧美国家。

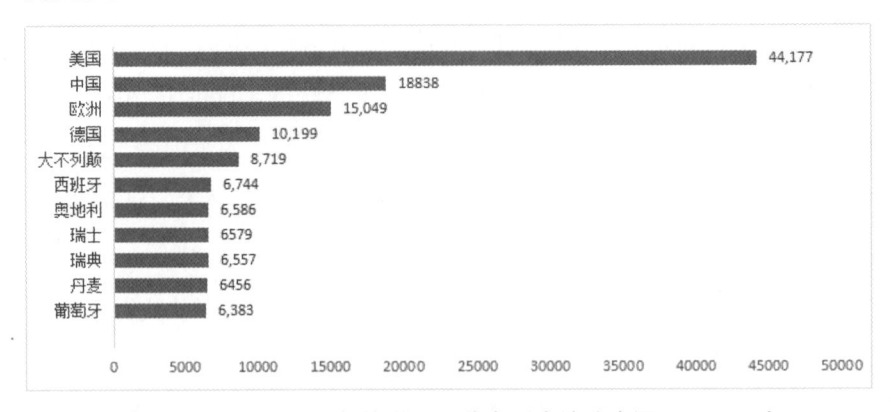

国家	专利数
美国	44,177
中国	18838
欧洲	15,049
德国	10,199
大不列颠	8,719
西班牙	6,744
奥地利	6,586
瑞士	6579
瑞典	6,557
丹麦	6456
葡萄牙	6,383

图49　2000—2018年的增材制造专利申请（来源：IPlytics）

从技术来看，在纳米级3D打印方面，常用的打印方法有聚焦电子束诱导沉积（FEBID）法[①]、双光子光刻技术（TPL，Two-Photon Lithography）[②]和双光子聚合（TPP）。双光子聚合是使用激光串逐点写入，再分层打印，这种打印方式速度很慢（约每小时0.1mm3），此外，激光光源一般每套机器只能使用约两万小时，长时间使用就造成了TPP打印的高昂成本。因此，纳米级3D打印技术一直由于打印速度慢、成本高未能实现更广泛应用。为此，相关领域研究人员一直在探索新的技术，目前，媒体报道的最新成果是香港中文大学与劳伦斯利弗莫尔国家

---

① 聚焦电子束诱导沉积（FEBID）法。该打印技术是由橡树岭国家实验室团队与田纳西大学和奥地利格拉茨科技大学的科学家合作，开发的一个建模仿真指导的初步工艺，用于3D打印纳米结构的集成设计和构建。通过3D模拟引导电子束，可以重建从1微米大小到10纳米的复杂晶格和网格。其他的纳米加工方法可能会快一些，但FEBID是生产高度精确3D纳米结构的唯一方法。

② 2012年3月，维也纳大学的研究人员宣布利用双光子光刻（Two-Photon Lithography）突破了3D打印的最小极限。

实验室合作研发的飞秒投影双光子光刻（FP-TPL）打印技术，将原有打印速度大幅提升数千至一万倍，并变相节省成本，减幅达98%。此外，我国近年在纳米先导专项3D打印技术研发取得系列进展，突破了一批具有自主知识产权的3D打印核心关键技术，其中，超快速连续数字投影打印技术、高精度多层柔性电路全打印制备技术、金属3D打印技术居于国际领先水平。

4D打印技术的实现方式有两种：一种是智能材料[①]增材制造技术；另一种是混合增材制造技术。利用智能材料增材制造技术实现4D打印的方法是：首先借助增材制造技术实现智能材料或结构的快速成形，然后在环境（光、电、湿度、温度）等刺激下，使3D结构发生变形，从而实现4D结构。智能材料的增材制造技术克服了传统工艺难以制备复杂形状和结构的缺点，使制备任意复杂形状三维智能材料结构成为可能，进一步扩大了智能材料的应用范围。利用混合增材制造技术实现4D打印的方法是：在增材制造而成的物件中埋入智能材料或者打印多种智能材料从而构成智能结构，该结构整合了不同材料之间的属性，兼具了几何形状的复杂性和实用的多功能性两大优点，是目前实现4D打印的另一个重要方向。

3. 市场与企业

增材制造行业经过30多年的发展，正在逐步由导入期进入成长期；增材制造行业产业链包括上游的各类原材料、中游的3D打印设备及服务，及航空航天、汽车、医疗、教育等众多下游应用领域。近年来3D打印行业整体规模保持高速增长，其中，中游的3D打印设备及服务仍是产值最大的环节，根据市场研究机构IDC预计，2019年全球3D打印的市场规模将达到138亿美元，比2018年扩大21.2%。其中，53亿美

[①] 智能材料：一般是指以特定条件响应环境变化，具有自感知、自诊断、自驱动、自修复的能力，以及多功能性和感受环境变化的响应的材料。

元来自打印机销售，42亿美元来自打印材料销售，38亿美元来自打印服务（见图50）。

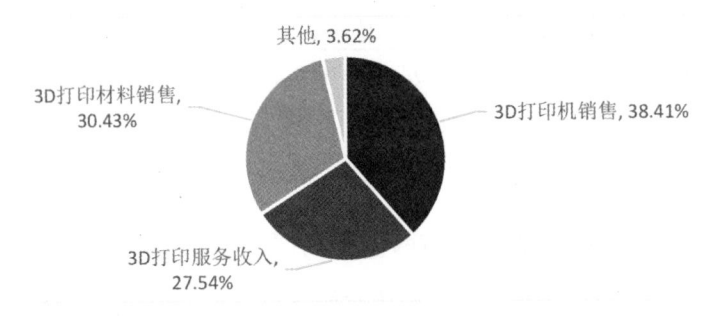

图50　2019年全球3D打印行业市场收入结构（来源：IDC，单位：%）

在区域方面，2019年美国市场规模预计为50亿美元，在全球3D打印市场中持续领先，欧洲和中国分别以36亿美元和20亿美元紧随其后。[①] 此外，对于细分领域——4D打印技术和纳米级3D打印，各研究机构预测数值不尽相同；4D打印技术，市场研究机构FutureBridge认为4D打印市场将从2019年的3500万美元增长到2025年的2亿美元，年复合增长率为41.96%。其中，作为4D打印基础的各种可编程材料市场预计将以20%或更高的年复合增长率增长。[②] 在纳米级3D打印方面，从地域上来看，北美地区是纳米级3D打印主要市场，在纳米级3D打印领域占有36%的市场份额。但在亚太地区（不包括日本在内），预测期内的复合年增长率有望达到23.1%。

从企业来看，欧洲和美国是最大的设备和应用的市场，同时也是企业专利技术数量最多的地区。在2016年，课题组对4D打印进行初步调研时发现，主要案例来自于麻省理工学院（MIT）的自组装实验室，3D打印制造商Stratasys和软件公司Autodesk。时至今日，已经有越来越多的3D打印领先企业在公开信息中显示提供4D打印和纳米级

---

① 数据来源：IDC德勤。
② 来源：FutureBridge。

3D打印解决方案，或是行业企业申报4D打印和纳米级3D打印专利（见表68）。

表68 全球主要增材制造企业和机构及纳米3D打印/4D打印技术解决方案
（来源：公开资料整理）

企业	国家	纳米级3D打印	4D打印技术
GENERAL ELECTRIC	美	√	
United Technologies	美	不详	
SIEMENS	德	√	
HP	美	√	√
Stratasys	美	√	√
3D SYSTEMS	美	√	√
Nike	美	√	
Stratasys Ltd.	美	√	
SLM Solutions	德	√	
ExOne Co.	美	√	√
Nano Dimension	以色列	√	
Voxeljet AG	德	√	
MIT自组装实验室	美		√
Hewlett-Packard Corporation	美		√
Autodesk Inc.			√
ARC Centre of Excellence for Electromaterials Science（ACES）			√
Proto Labs		√	
Spok Inc.		√	

相比国外3D打印项目，国内的项目普遍市值不高，发展规模也并不比前者更大。反观人工智能，不到20年，市场规模就已经突破1500亿人民币，截至目前就有1914亿元投资进入到了该行业。而在3D打印领域，不论从投资额度抑或是市场规模都不能和人工智能行业相提并论。在人工智能行业，中国公司已经收获635亿人民币投资，占该行业的33%左右。而在3D打印行业中，美国企业所占市场规模约占全行业的60%，中国企业仅占10%。全球3D打印产业研究机构沃勒斯公司研

究认为，中国的 3D 打印市场虽然具较大潜力，但中国若想成为全球领先的相关市场仍需要较多时间。

4. 文化娱乐领域应用

预计 4D 打印技术将主要应用于医疗保健、汽车、航空航天、工业和文化领域的时尚家居、建筑、消费电子等，有研究机构认为，文化领域的时尚、家居、建筑、个人消费需求可能是在短期内可以拉动 4D 打印技术快速落地（见表 69）。而纳米级 3D 打印目前仍处于商用早期，预计其主要应用于电子、工业等领域，目前，直接作用于文化消费领域的案例主要集中于珠宝首饰打印，但是随着材料类别的增多，应用将更为广泛。

表 69　4D 打印对各个行业的应用可能产生影响的时间
（来源：FutureBridge Analysis）

行业	近期产品	中期产品	长期产品
电子产品	智能传感器	自适应传感器	纳米技术
卫生保健	人造组织	生物打印	人工器官
工业机械	建筑和管道	机器设备，反向工程	
汽车和航空航天		航天器	汽车车身零件
消费应用	时尚与生活方式（4D 打印的连衣裙，鞋子、家具等）	家用电器	

时尚和设计领域是目前 4D 打印技术应用案例最多的文化领域，自 2015 年，麻省理工学院的自动组装实验室利用 4D 打印技术制造出了全球第一件"自组装连衣裙（Self-assembling dress）"和"自组装鞋（Self-assembling Shoe）"，其后，自组装可变形首饰、家具等一系列 4D 打印的创意概念产品逐步涌现。在时尚领域，目前已有多个知名品牌开始布局 4D 打印技术，如运动服装公司 Nike 申请多项 4D 打印专利、New Balance 与 4D 打印企业 Formlabs 合做开发运动鞋新产品（2018 年），4D 打印带领时装领域进入真正的私人订制时代。据咨询公司 Wohlers Associates 的预计，至 2024 年，4D 打印服装市场规模可达 500 亿～ 1000 亿美元的总量。在时尚和设计领域，作为一种全新的制造方式，通过

4D打印给时尚市场带来的影响，可以预计未来给文化创意生产环节创造以下价值：

有效简化制造环节，大幅降低生产成本。在当前的制造技术与环境下，小批量、个性化订制服饰的成本还是处于一个比较高的位置；其中，密集型人力加工、复杂的结构和工艺、昂贵的厂房和设备、库存等都需要企业付出大量生产成本。而4D打印可以通过缩短环节、降低工艺难度、减少设备投入和人力等多个方面降低生产成本。此外，4D打印将使产品不良率在生产制造过程中降低为零，也就是说伴随技术进步，未来在制造环节将缩短和降低目前的品控环节及成本，而设计环节是决定产品能否满足用户需求的关键。

降低制造专业性，提升创意空间。当前的服装制造不论是简单或复杂，都在一定程度上对生产工人提出了专业和熟练要求，而且技术的培养都需要经过多年的训练和沉淀，中间还存在所培养技术人才流失的较大风险。4D打印技术的应用，大大降低了对于复杂制造服饰的专业技能要求，并且可以承担相当部分的"高难度"工艺制作，从而有效降低服装制造的专业门槛和人才流失风险。

对于服装设计师而言，设计和生产环节的脱节将造成最后成品与原型效果产生差异。而4D打印技术可以让设计师描绘的创意构想不打折扣地得到实现，做到让创意设计的价值充分实现。此外，传统的服装制造机器在纺织或成型过程中不能轻易地将多种原材料融合在一起。其成本与不良率都相对较高。4D打印技术可以将多种不同材料通过同一台设备进行混合打印，不论是聚合物类、生物质类或是其他的合成纤维。

减少资源环境的破坏，柔性生产零库存。传统的服装生产过程往往伴随着原材料浪费和污染。在许多方面，4D打印服装将会减轻浪费和碳排放。比如4D打印制作服装只借助于光、声、热、水、气、温等触发介质，而不需要各种复杂繁重的机械与设备；又如4D打印只使用构成产品的材料，极大地提高了原材料的利用率，大大减少材料浪费。

此外，伴随4D打印的普及，生产和装配可以在当地或个人身边进行。只有原材料才是唯一需要运输的东西，而且它们占用更少的运输空间。所以大大减轻了服装开发商、生产商与销售商们技术服务的压力。

对于当前服装制造企业来说，一旦销售周转放缓将直接导致资金周转率降低，进而影响利润。4D打印服装将可以让厂家根据消费者的想法随时提供服装设计、打印制造的服务，做到"即买即造、即造即销"，真正取代传统的库存销售方式。

（八）趋势8 设计产业：当思想成为核心竞争力

随着社会、经济和企业运营方式的数字化转变，技术的创新和提升日益放缓，技术带来的差异减小，摩尔定律已不再是满足顾客的关键之道；需要通过"设计"提升产品形式、功能、体验的差异和更为系统化的服务。技术公司和投资人也越来越重视设计者价值——近年来，科技公司对设计企业的收购并购增多，对设计师主导的创新企业的投资额上升。另一方面，在这样的大趋势、大环境中，设计产业也在发生巨大变革，设计的范畴越来越宽泛，设计师面临的问题越来越复杂，这需要"设计师"深刻理解需求的同时充分考虑当前技术语境；人工智能技术改变了设计师的工作内容，企业对于设计师的能力诉求和内部流程管理也非同以往，需要适应人机协同的新工作方式，本文综合了近年设计领域的研究报告、文献等研究了当前智能环境下设计变革的四个方面：设计概念、设计工具、设计师的职能、设计管理与组织。

需要说明的是，《2009年联合国教科文组织文化统计框架》中设计和创意服务仅包含了"时装设计、平面造型设计、室内设计、园林设计、建筑服务、广告服务"6个细分子领域，但由于当前设计概念和范畴已发生巨大变化，本文所谈及的"设计"是更为宽泛的设计和创意领域（按国际设计组织WDO，2015年发布的设计定义）。

1. 设计概念：从"艺术设计"到"设计思维"

设计的理念受到每个时期的社会环境、技术、思潮影响而发生变化。

在十九世纪设计萌芽时期，设计对象聚焦在单一产品时，设计任务在当时多体现在形式的赋予上，设计师也多是由艺术、美术从业者转行而来，这一阶段设计决策取决于设计师自身的灵感与经验，尚没有系统科学的设计方法形成。工业革命之后，产品的技术、功能、结构日益复杂，设计对象随之扩展，设计任务日益复杂繁重，设计方法的考量维度也在逐渐增多。越来越多的学科内容被纳入设计过程之中。从20世纪60年代开始，对设计方法的研究开始在设计界受到极大关注[1]，设计界开展了设计方法运动（design method movement），这场运动尝试借助科学理论来建立独立于其他学科的设计领域的科学体系和方法，开创了"设计科学"（Design Science）思潮。其中，美国数学家诺伯特·维纳出版的《控制论：动物与机器的控制与交流》[2]，为设计领域提供了看待系统的新方法——从系统及其目标的角度来构建世界。设计理论学家霍斯特·里特尔（Horst Rittel）[3]在乌尔姆设计学院教授运筹学和控制论课程，以构建设计教育新的重心，他把控制论和设计联系起来，把设计活动描述成一个控制论的过程。此外，人机工程学[4]使用了生理学与心理学等领域的研究方法，为人与科技产品互动设立了客观而通用的标准，通过收

---

[1] Woodham、J.M：《20世纪的设计》，周博等译，上海人民出版社，2012。

[2] 《控制论：物与机器的控制与交流》（英：Cybernetics: Or Control and Communication in the Animal and the Machine）：本书是控制论的奠基之作，其内容涵盖了自动控制、传播学、电子技术、无线电通讯、神经生理学、心理学、医学、数学逻辑、计算机技术和统计力学等多种学科，控制论与系统论和信息论一起被认为现代信息技术的理论基础。

[3] 霍斯特·里特尔（Horst Rittel）：设计理论家，出生于柏林。从1958年到1963年，任德国乌尔姆设计学院（Hochschulefür Gestaltung-HfG Ulm）的设计方法学教授。

[4] 人机工程学：把人—机—环境系统作为研究的基本对象，运用生理学、心理学和其他有关学科知识，根据人和机器的条件和特点，合理分配人和机器承担的操作职能，并使之相互适应，从而为人创造出舒适和安全的工作环境，使工效达到最优的一门综合性学科。

集详尽的人体生理尺寸数据，更好地将人与工作环境融合在一起[1]。以设计师 Bruce Archer（《设计师的系统方法》〔1965〕）为代表，主张通过有序的系统设计方法整合不同学科知识，并以创造性的方案解决设计问题[2]。2010 年，知名设计公司 IDEO 的创办人 Tim Brown 提出了"设计思维"，发展至今，"设计思维"已经从产品规划方法，演化成为了一套系统化的创新方法论。既包含产品设计模式，也包含组织协作模式；从产品优化，进一步拓展到服务重构、流程设计，乃至实现突破性的商业模式创新。

国际工业设计组织（ICSID）对于设计的定义可以很好地展现以上变化，在 1959 年成立之初所发布的定义将工业设计师的工作范围界定在产品的"材料、机构、形状、色彩、表面工艺及装饰"，及随后修订版定义中的"服务、效率与满意度"，到 2015 年国际工业设计组织更名为国际设计组织（WDO）并发布的新版定义，将"产品、系统、服务和体验"都囊括在设计的范畴。设计的对象从狭义具象的工业产品逐渐扩展到广义抽象的系统、体验、服务、组织等。设计对象的变化，既与技术发展提供的可能性增多有关，也受日益复杂的社会现象的影响，这一过程中，非物质化与系统创新的特征尤为凸显，形象体现了设计的对象和结果并非"物"，而是包括物、服务、功能、环境、文化等多方面因素在内的"系统"。

时至今日，设计被定位为技术文化背景下的新人文学科[3]，综合符号、物、行为、环境因素，体现了人在多元环境中的具体需求和价值。同时，当设计学将自己的研究视野置入全球范围人类的社会、环境和经济等艰巨问题之后，设计的方法与途径进一步扩展为面向复杂现实问题

---

[1] Dreyfuss H：《为人的设计》，陈雪清等译，译林出版社，2012。

[2] Archer B. L.：Systematic method for designers，Design188，1964，p56-59.

[3] Richard Buchanan：Wicked Problem in Design Thinking，Design Issues8（2），1992，p5-21.

的求解。例如，2016年，欧盟委员会向设计公司进行招标，以帮助重新思考欧盟委员会和议会中政策的设计和实施方式。可以看到，在智能时代，"设计"不再只是创造产品和服务以直接销售给个人的活动，如今，它已经成为一种思维方式，一个跨越整个组织的创造性过程。设计已经从有形与无形的物体设计演变为复杂的自适应系统的设计。这个演化也在转变设计师的角色；他们不再是核心的计划制定者，而是所处系统中的参与者。

2. 设计工具：人工智能构建创作工具3.0

设计的历史也是创造力自动化的历史。上世纪中叶，科学家将计算机设想为扩展人类创造力的一种工具。[①] 围绕这一构想，后续无数科学论文和实验探索了计算机如何协助人类执行"创造性"的任务。发展至今，计算机对于辅助创意主要有三种模式（见表70）：（1）创作支持工具：支持人类用户创造力的应用程序或程序，允许他们使用基于数字技术的方法来表达他们创造力。在80年代，结合PC产生了第一代计算机辅助设计（CAD）系统。代表性的企业和工具有Photoshop、AutoCAD、Auto Tune、Word等。（2）自主创作的系统：利用计算机算法模拟人脑创意过程，计算机在没有人类帮助的情况下产生创意的方式。使用的技术工具包括数据、机器学习，生成规则和进化方法。这一类型的系统已经应用于各种领域，包括音乐、绘画、设计、游戏和机器人。代表性的企业和工具有谷歌和索尼实验室音乐自动生成算法、微软小冰生成的诗歌、阿里巴巴鹿班系统、亚马逊和Netflix海报生成系统、各个媒体企业的新闻自动撰写机器人等。（3）协同创作系统：随着人工智能的发展，研究人员开始开发协同创作的计算机程序，从而将新的自动化技术带入计算机辅助设计（CAD），使计算机和人类相互协作，共同创造作品。

---

① 20世纪60年代，鼠标发明人道格拉斯·恩格尔巴特（Dr. Douglas C. Engelbart）提出了"不仅使流程自动化，而且通过创建增强我们的才智、人性和创造力的系统来扩大人员和合作者的力量。"

目前火热的生成式设计（Comprehensive Designer）就是一种协同创作系统，典型软件有 Autodesk Dreamcatcher、Drawing Apprentice 等。

表 70　计算机对于辅助创意的三种模式（来源：公开资料整理）

支持模式	发展进程
创作支持工具（辅助设计）	1963 年，伊凡·苏泽兰在麻省理工学院开发的 Sketchpad 成为图形化户界面的原型，被视为奠定了现代计算机辅助设计（CAD）系统基础。
	1980 年代，结合 PC 产生了第一代辅助创作系统：Photoshop、AutoCAD、Pro-Tools、Word 等。
	1976 年，徕卡第一款电子化的自动对焦单反相机[①] 被认为是第二代辅助创作系统的早期案例——主要由于此类产品的特征是使人与机器通过紧密的动作反馈循环来完成创意的过程。
创作支持工具（辅助设计）	1991 年，微软的 Dean Hachamovitch 发明的书写自动校正（Autocorrect）[②]，改变了大众书写方式。1998 年，安迪·希尔德布兰德发明的 Autotune[③] 改变了音乐制作形式，二者属于第二代系统的代表产品。
自主创作的系统（自动生成）	1950 年，克劳德·香农使用计算方法生成句子。
	1960 年代，贝尔实验室的研究人员利用早期的计算机系统生成了图形、动画和艺术作品[④]。
	1975 年，布莱恩·伊诺等艺术家开始使用算法和生成原理来创作音乐[⑤]。

---

① Leica (then Ernst Leitz Wetzlar GmbH) invented its autofocus knowledge and patented it between 1960 and 1973 to sell the technology to Minolta who produced the first autofocus camera: the Minolta Maxxum 7000. Reference patent US 4047022 A, Holle, W.H. (1977) Auto focus with spatial filtering and pairwise interrogation of photoelectric diodes.

② 1993 年，微软 Word 6.0 中推出了 AutoCorrect 自动纠错功能，后来这一功能被大量产品借鉴，现在几乎所有主流文字处理软件和应用都采用了自动纠错，苹果公司也在 iPhone、Mac OS 中深度整合了这一功能。

③ Auto-Tune 音频处理软件，是专用于测量和改变人声音高及乐器音乐声音表现的设备。软件最初用来掩盖或纠正跑调的不准确性，使得人声轨道更为谐调。

④ An excellent historical overview is given in: Holbrook, B.D. and Brown, W.S. Computing Science Technical Report No. 99：A History of Computing Research at Bell Laboratories (1937–1975). A more visually oriented overview all the way to contemporary digital art is given by Paul, C. (2015) Digital Art, 3th ed. Thames & Hudson (pp 15–18 focuses on the period we are mainly interested in).

⑤ Brian Eno：lecture in Rio de Janeiro, October 20th, 2012 [Video (citation at: 52m 35s)].

续表

支持模式	发展进程
自主创作的系统 （自动生成）	1979年，本华·曼德博（Benoit Mandelbrot）发现了曼德博集合（Mandelbrot Set），并使用计算机和算法生成分形几何图像。分形是数字艺术的基础，在游戏、音乐等创意领域产生了深远的影响。 1978年左右，游戏开始使用程序系统来定义游戏地图和角色行为[①]。 随着机器学习的进步，可以将来自不同"模式"的数据纳入单个模型。多模式机器学习可以完成从文本生成图像[②]，从视频生成文本，从运动生成音乐[③]，从购物数据生成3D形状等复杂任务。
协同创作系统 （生成式设计）	随着人工智能和交互技术的发展，协同创作系统正朝着开放、集成和智能化的方向发展。

协同创作系统（生成式设计）使设计活动中人与机器承担的设计智能部分的比例发生变化。第一代辅助创作系统只能处理计算型工作，用来绘制项目图形或输入材料和几何图形，设计智能活动是由人类设计师或专家完成。而在"协同创作系统"中，智能活动由人机共同承担，计算机和人工智能成为项目的合作者，设计师仅输入参数—目的、尺寸、材料、强度、重量、制造方法等约束条件。生成式设计软件应用计算算法生成设计方案，探索所有可能的解决方案提供数千种设计选项（见图51）。设计师选择最能满足其需求的结果。然而，尽管计算机可以生成这些方案并确定其优先级，但它们无法做出最终决策，需要人类设计师做出最终决定。协同创作系统适用于许多领域。这种创造性的生成模型已应用于生成时装、工业设计和建筑、绘画，音乐、新闻、图像和视频效果等。

---

① Beneath Apple Manor：1978年为Apple II发布的游戏，是最早使用程序生成地图和游戏对象的游戏之一。

② Brian Eno：lecture in Rio de Janeiro, October 20th, 2012 [Video(citation at : 52m 35s).]

③ "Beneath Apple Manor", a rogue-like dungeon crawl released in 1978 for the Apple II, was one of the first games to have procedural generated maps and game objects. Available to play online at [archive.org].

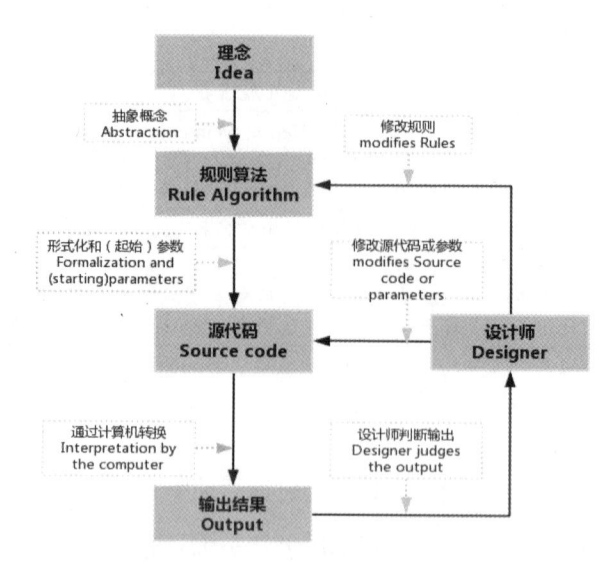

图 51　协同创作系统（生成设计）工作流程（来源：Wiki–Generative design）

以上流程显示出人工智能正在塑造未来的设计工具和设计人员角色，人工智能将使创意和设计的门槛不断降低、提升创意效率，大大缩减概念到原型和成品的时间和成本；同时拓展了更广范围的协作。另一方面，在智能时代，传统上由设计师执行的解决问题任务现在已进入机器学习的自动循环，这些循环与设计人员的思考方式截然不同，它们通过数学的方式解决复杂的设计问题。结合人工智能，设计师可以实现大规模复杂、个性化的产品/服务设计，并重新定义和整合线上线下生产、消费、服务的关系。

3. 设计师：核心竞争力的转变

科技提升了设计过程的自动化，也使设计师角色和职能发生转变。19 世纪的设计师的设计任务更多是作为绘图者，关注的对象是外观、纹饰；上世纪五六十年代，技术飞速发展，设计任务的复杂性提升，设计师和工程师巴克敏斯特·富勒前瞻性地提出了"综合设计师"的概念，富勒认为"设计师是艺术家、发明家、机械师、客观经济学家和进化战略家的新兴综合体"。并且，综合设计师与专家不同，"是站在产业和科学的殿堂之外，处理他们产生的信息，观察他们开发的技术，并将它们转化为人类幸福的工具。"英国设计委员会最近的研究中显示，"大多数设计都发生在传统设计行业之外"，这意味着设计师需要在航空，汽车，制造业，娱乐，建筑，零售或银行业等许多不同行业中工作。设计过程涉及许多学科领域：人机交互、人工智能、行为经济学和工程心理学，以及创新和新商业模式的发展。因此，当前一个设计师或团队是商业、技术、艺术最主要的联结者与产品具体化的开发者，在设计过程中须同时平衡艺术（生活文化）、经济（生产与营销）、科学（工程）等多领域问题。随着社会环境和需求的不断变化，使用科学的方法和工具去理解消费群体、理解用户、理解使用场景、理解商业和社会环境逐渐成为不同领域的设计师都需要掌握的能力和挑战。

麦肯锡的一份研究[①]对当前设计工作的7项主要工作内容（管理、创意创造、沟通、非重复性体力劳动、素材收集、信息处理、重复性体力劳动）进行了量化研究，机器能替代人力比例的百分比数值为：管理9%、创意创造18%、沟通20%、非重复性体力劳动25%、素材收集64%、信息处理69%、重复性体力劳动81%（见图52）。从这份研究的结果中可以看到，智能时代，设计师的工作重心、核心价值、知识技能将发生巨大改变。英国设计委员基于当前数字化环境提出了四项设计师需要掌握的能力——跨学科工作能力、软技能、设计领导力、数字能力。其中，跨学科工作能力是指设计师需要具备在多个行业中工作的知识及持续学习能力。软技能是指团队合作能力以及社交智慧、批判性思维，需要设计师在工作程中清晰认识到自身在组织中的角色，并有能力

[①] Michael Chui, James Manyika, and Mehdi Miremadi: *Where machines could replace humans—and where they can't (yet)*, 2016, PDF, https://www.mckinsey.com/~/media/McKinsey/Business%20Functions/McKinsey%20Digital/Our%20Insights/Where%20machines%20could%20replace%20humans%20and%20where%20they%20cant/Where-machines-could-replace-humans-and-where-they-cant-yet.pdf.

将人们团结在一起，同时能以批判性思维审视设计结果。设计领导力是指在传统设计行业之外设计师正越来越多地担当领导角色，如，共享经济（Airbnb）、社交（Snapchart）、智能家居（小米）、电商（阿里巴巴）等，在这些企业之中，均有设计师作为创始人或联合创始人，他们需要具备领导力成为整个组织的设计促进者。数字能力，设计师需要掌握技术，在工作中的物理世界和数字世界之间随意切换。企业对于设计师的职能需求也发生转变，阿里巴巴、腾讯等高科技企业，都在公司内部重新定义设计师的角色——设计线上线下系统闭环反馈的系统设计师、训练计算机进行设计的训机设计师、设计人机协同体验的体验设计师等角色纷纷出现。

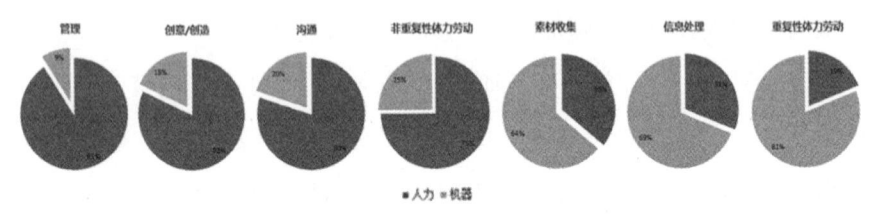

图 52　机器智能在设计 7 项工作中的替代率（来源：麦肯锡）

　　随着设计实践的变化，设计师被赋予越来越复杂的任务挑战，设计教育也需要相应进行调整。这是设计教育的挑战，也将是教育面对社会变革的机遇与使命。全球文化创意发达国家的政府、组织对于当前数字化环境下的设计教育都在不断探讨和探索；在中国，面向智能环境的设计教育也在不断完善，2016 年同济大学设计创意学院率先开始培养"人工智能与大数据设计"方向的研究生，并成立全球首个"设计人工智能实验室"；之后，浙江大学、清华大学、湖南大学、中央美术学院等国内知名院校纷纷投入资源，设立相关专业方向或实验室。

　　科技的发展提升了设计师的工作能力，未来几年，人工智能，5G 通信网络，功能强大的传感器和 VR 等沉浸式设备逐步进入人们的生活，用户行为模式、使用方式、使用场景、社会环境都将发生变化。设计师需要具备系统化的思维，借助技术和多学科知识迎接更为复杂的设计挑战。

4.设计管理：如何实现设计驱动的商业文化

设计是企业的一种战略性资源，好的设计管理能够积极有效地调动设计师的创造性思维，把市场动向与消费者需求转换为新的产品，以更合理、更科学的方式影响和改变人们的生活，同时为企业创造高的经济价值。近年来，关于设计价值和企业如何发挥设计能力的文章和研究越来越多，如国际设计管理协会（下简称"DMI"）发布的《设计价值研究报告》（2013—2015年）和设计价值指数[1]、麦肯锡发布的《设计的商业价值》报告（2018）和MDI（麦肯锡设计指数）[2]以及设计软件企业InVision发布的《设计成熟度》报告，以下为这三份报告都以量化的方式显示了设计为企业带来的巨大价值（见表71）：

表71 对于设计价值的研究报告概况
（来源：网络、国际设计管理协会、麦肯锡、InVision）

类别	DVI（国际设计管理协会）	MDI（麦肯锡）	设计成熟度(InVision)
研究对象和方法	研究对象包含：苹果、可口可乐、福特、耐克、宝洁、星巴克、喜达屋、霍尼韦尔等美国上市企业。	用5年时间，跟踪调查了300家不同国家和不同领域的上市公司，收集了超过200万份财务数据，上面记录了超过10万次设计行为。构建麦肯锡设计指数MDI模型，用该指数对公司的设计实力进行评估，并将其与每个公司的财务绩效联系起来。	对来自全球2200多个组织（从小型企业到大型企业，非政府组织到《财富》500强）的设计师进行了调查。建立设计成熟度模型，并以问卷形式对机构设计师进行调研。

---

[1] 设计价值指数：始于2013年，由国际设计管理协会和Motiv Strategies合作开发了一个市场指数，该指数可用来追踪以设计为重点的公司构建，用于追踪满足特定设计管理标准的上市公司投资组合的价值。相对于总体标准普尔指数（S&P Index），该工具可以监控其在十年内对设计的投资对其股票价值的影响。

[2] 麦肯锡团队深入研究全球300家上市企业，收集这些企业5年间近10万个设计举措，200万个财务指标，建立设计数据库对标分析，首次全球发布麦肯锡设计指数MDI（McKinsey Design Index），开创性定量关联设计及设计的商业价值，量化它对企业营收、市值、总股东回报增长的正向贡献。

续表

类别	DVI（国际设计管理协会）	MDI（麦肯锡）	设计成熟度（InVision）
设计的价值	2013—2015年的设计价值指数显示，"以设计为中心"的公司在标准普尔指数（一种股票市场指数）上的表现分别要比设计处于弱势的公司高出228%（2013）、219%（2014）、211%（2015）。	在5年的时间里，MDI指数排名前25%的公司收入和股东总回报（TRS）的增速远高于同行业竞争者——收入增长提高了32%，总体提高56%。	将研究对象分为五个成熟度级别。发现具有较高设计成熟度的公司更有可能通过其设计工作来节省成本，增加收入，提高生产率，加快上市速度以及提高品牌和市场地位(未显示明确数据)。
结论和建议		1. 设计思维与企业的业绩表现呈现出强相关性。深度利用设计思维的头部企业，业绩全面超越整体行业水平。 2. 强者愈强，赢家通吃。深度利用设计思维的头部企业成为了整体行业商业价值增长的主要原动力。	1. 只有5%的公司"赋予设计以最大的收益"，而41%的公司"有很大的增长空间"。 2. "设计团队的规模并不总是表明业务影响或公司的设计成熟度"。

此外，类似的区域性研究还有英国设计委员会发布的《事实：设计的价值报告》（2007）[①]；瑞典工业设计基金会设定了"设计阶梯"就企业的设计管理和重视程度分级，并进行比较。欧盟委员会发布"Innobarometer"报告汇总了设计对创新影响的多项调查，以上数据和结果体现了设计的经济价值。

另一方面，以上研究显示，当前智能环境下，实现设计价值最大化的企业往往都将设计作为企业核心战略，并建立起设计驱动的企业文化，将设计思维贯彻所有部门（见图53）。具体实施有四个方面：（1）以用户需求导向的分析模式：将数据、人工智能与设计结合，从市场和消

---

① Design Council: *The value of design factfinder report*, 2007, https://www.designcouncil.org.uk/resources/report/factfinder-value-design.

费者的需求中挖掘尚未被满足的服务机会，寻找弥补需求断层的机会；
（2）创新式的组织内协作模式：设计过程应跨团队、跨部门共同讨论完成；企业的商业模式、产品、技术和运营，都需要秉承以用户为中心的理念，无论部门团队或是具体岗位，都需要具备持续创新的意识。
（3）产品化的问题解决模式：设计过程的实质是解决问题，而交付的结果应是可不断迭代的产品。持续倾听用户的反馈、测试和迭代，多次发布调整，不断改进，降低设计风险。（4）完整统一的用户体验：企业必须打破实体产品、数字化体验和服务体验之间的隔阂，力求在不同产品形式切换时，用户能获得一致性的最佳体验。

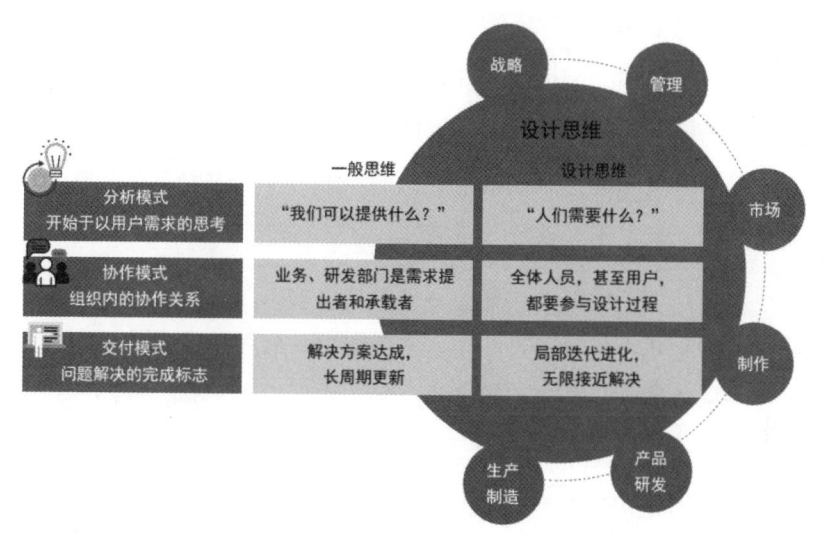

图53 设计思维赋能企业（来源：公开资料整理）

综上所述，在新的智能环境下，企业将面临全新的商业局面，尤其当目前硬件、软件及服务之间的界限越来越模糊，企业需要有能力即时满足消费者需求，孕育大规模定制型的专属市场。无论是对B2B企业、B2C企业或者公共部门而言，通过实施系统化的设计战略把握这些机遇，拥有顶尖设计能力的企业才能在激烈的竞争中脱颖而出。《设计的商业价值》中，富有影响力的头部企业，如苹果、迪士尼等，都是将设计思维作为企业使命的一部分。苹果公司便是一个典型的案例，公司将科技与设计思维紧密结合，在产品、服务、体验等多个层面构建了设计驱动的企业文化和使命。在中国，大量企业领导层也意识到了设计思维的重要性。小米在创建之处就吸纳设计师黎万强作为联合创始人，并建立了全套的产品和体验体系。招商银行在2017年年报行长致辞中提出：招行要打造最佳客户体验银行，把客户体验作为前行的北斗星，一切工作都以提升客户体验为准则。

5. 智能时代设计的变革与挑战

基于以上的观察，在接下来的十年中，人工智能将使大部分工作实现自动化。对于设计领域，它可以使设计更加易于管理，并使设计师能够实现更高的目标——提高设计师制作设计原型速度和效率，分析大量数据并提供最优化的设计建议，方便地创建最有效的设计测试，使以用户为中心的解决方案达到极度个性化的水平，并通过跨越产品整个生命周期的机器学习来不断迭代、更新。

对于设计师的挑战，主要是设计的任务的进一步复杂化；从功能化设计转向场景化/系统化的设计。从规则指令交互转到自然语言和多模态交互。从单屏/多屏交互到跨越数字和物理世界，整合产品、服务的无处不在的交互。在智能时代，设计师的工作不是思考如何将产品大规模商业化，而是构想新产品/服务系统，设计问题解决的循环，并为特定用户开发个性化的解决方案。但更大的挑战来自于企业，一方面，在接下来的5—10年中，大量新兴技术将进入市场，产生大量机会。另一方面，随着人工智能带来的自动化将替代部分劳动力、颠覆整个业务流程。因此，设计——这种人类对于事物的规划能力和解决问题的能力，被前所未有的重视。企业或组织的领导者如果想充分发挥设计的作用，抓住技术变化带来的机遇，必须进行组织结构和企业文化的变革来适应智能时代。

三、2019 年文化科技趋势总结

在过去的十年里，3G、4G、云计算、人工智能推动文化产业一直处于持续性的变革中；流媒体平台和其他数字化娱乐服务的激增，为消费者提供了广播、有线电视和传统实体文化体验之外的选择，对传统文化行业形成重大竞争的同时也在促使其进行数字化转型——如迪士尼全面改革了迪士尼主题公园的数字基础设施[①]；教育出版巨头培生和麦格劳希尔等，在保留自身内容优势的同时，利用新技术提升体验、拓展内容接触渠道，并成功从内容出版发行商转向数字学习服务商。随着 2019 年第五代无线网络技术（5G）的步入商用，预示着中国已经走在了第四次工业革命的起点和风口上。文化产业也正在进入新的创新周期，通过上一章节对于新兴技术与文化产业融合应用的现状梳理，可以看到，新技术为文化产业的持续高速发展提供了新的价值、带来新的市场机遇，同时也涌现出了新的挑战——技术、监管、人才、企业、创新生态、全球化等各个方面；因此，政府、文化企业、技术公司、教育从业者、基础设施提供商等各利益相关人必须携手合作，形成一个多边反应协调机制来应对数字化挑战。

（一）新兴技术开启第四次工业革命，产业技术短板和瓶颈亟待破解

在技术方面，5G 将掀起各类技术的爆发式发展，人工智能、物联网、增强现实/虚拟现实、区块链等技术将实现快速发展，5G 网络高速率、大容量、低时延的特性可支持长时间、大规模连接需求的物联网应用。设备嵌入的传感器将收集更多数据，并与人工智能相结合，让机器可以更好地了解周围环境、移动和操作。另一方面，通过 5G，在终端侧实

---

① BOB CROSLIN, *Disney's $1 Billion Bet on a Magical Wristband*, 2015, WIRED, https://www.wired.com/2015/03/disney-magicband.

现人工智能将变为现实。此外，随着5G网络的全面覆盖，"万物互联"产生的海量数据，先进AI及分析技术对数据或内容进行自主或半自主检查，可以发现更深入的用户需求、进行预测、提出建议。而区块链解决了物联网中数据的安全、溯源、可信与定价问题，让可信连接和可信数据成为真正具备价值的生产"原材料"。它们之间的相互融合会开启第四次工业革命的大门。

综观各国都在积极制定激励战略，加速数字元技术、产品和服务创新，支持数字化转型。美国政府发布《联邦云计算战略》《大数据的研究和发展》《美国创新战略》；德国建立大数据中心、工业4.0、生命科学、医疗健康创新；英国也鼓励数字科技企业成长，吸引世界科技企业；《欧洲数字议程》则重视数字技术标准和兼容性，确保技术、应用程序、数据库和服务无缝接轨。

文化科技融合催生的"数字创意产业""数字文化产业"已被纳入战略性新兴产业。新兴技术支撑的战略性新兴产业是引领国家未来发展的重要力量，是国际主要经济体竞争的焦点。然而，我国在大数据、人工智能的一些关键核心技术仍然受人制约。未来推动文化科技深度融合，"数字创意产业""数字文化产业"快速发展，仍有大量产业技术短板和瓶颈问题亟待破解。文化产业在不断与新兴技术融合的过程中，服务和产品的安全性、标准化、质量保障体系、用户数据保护等方面均存在着不足和隐患。

（二）把握新兴技术周期，为文化产业创造新价值

随着5G网络步入商用，5G、人工智能、大数据和物联网技术的融合发展将推动社会和各个产业进一步迈向"万物智联"的形态。文化产业也将受以上技术趋势影响，将更多利用区块链物联网、大数据、人工智能等技术，改变生产或服务方式。本年度所列出的新技术也将在文化产业创意、生产、传播、展示和消费各个环节提供以下新价值：

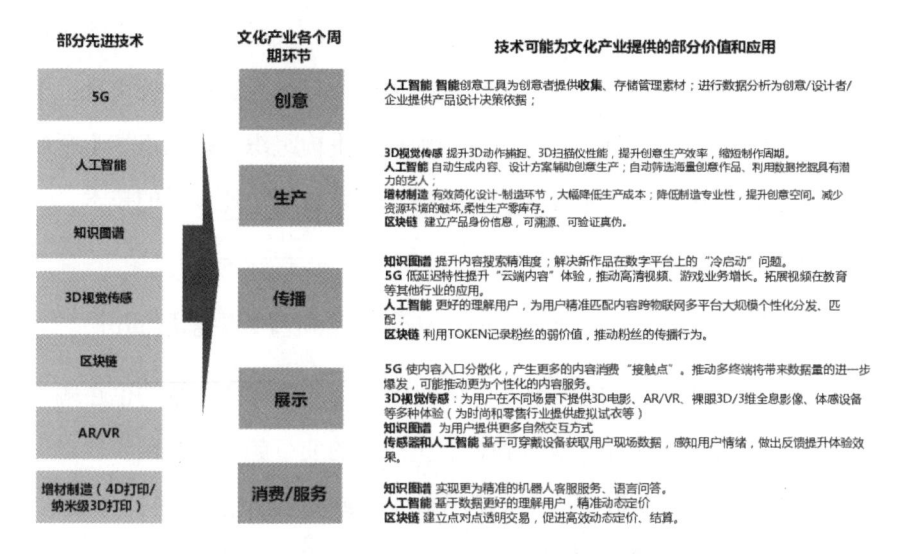

图 54　新兴技术为文化产业各环节提供的价值

从文化企业来看，在创作/生产阶段。在5G为代表的一系列新技术推动下，文化创意和娱乐利用"网络+数据+算法+算力"构建以人为核心的创作体系，实现智能化创意。在传播/展示环节，5G、智能和沉浸技术将极大提升内容传输速度、分发的精准度和体验的多样性。另一方面，智能互联产品的大规模增长，使企业与用户之间的关系发生重构。企业通过互联平台或数字化产品/服务直接面向用户，可获得大量用户数据；企业将不再提供单一的创意产品，而是更多向"产品+服务"转型；数字产品/服务的交付将不再的一次性的，而是通过企业运营，实时掌握产品运行情况，可与用户形成深度互动，并与用户协作并共同完善产品和服务的迭代；企业与用户的联系纽带更加多元、紧密、系统化，最终使产品成为服务系统集成的载体，使企业服务关系长期化、多维度。

当前，各类行业及全球经济围绕数字化创新迅速调整和整合，研究报告显示①，2022年，全球GDP的60%以上将从数字化部门产生，每

---

① IDC: *IDC Futurescape: Worldwide IT Industry 2019 Predictions*, 2019.

个行业的增长都是由数字化增强的产品、运营和关系驱动。而未能实现产品和运营模式转型的企业，无论规模大小，将来只能在传统市场上争夺日益缩小的市场份额。文化企业必须加紧重构组织，抓住市场不断变化的需求，利用新技术构建新的业务模式，以适应快速发展的技术、经济环境。

（三）更加流动的产业结构，文化产业向智能生态群演进

基于5G网络带来的多维度、智能化连接，文化产业结构也在解构和重构，显现出从线性产业链到智能生态群的变革趋势。像阿里巴巴、腾讯、Airbnb、苹果等数字原生企业开放生产或交易系统，提供信息设施、数据分析等方面的综合功能，提升生产经营与交易活动的效率，聚集多边用户，相互合作与竞争，形成新的文化产业生态群。

在文化产业生态群中，上下游企业、生产者与消费者的边界将日渐模糊。企业内外部界限被打破，任何能够与智能生态群核心平台进行对接的组织、个人和用户，都将成为企业的一部分。企业的规模不再受自有资产、产业属性、产能条件、人力资源等硬性条件约束，可以通过接入和整合外部资源，灵活调整产品或服务输出能力。不断发展的数字生态群将为所有参与者提供丰富的机会。

随着云计算、大数据和人工智能技术的发展，以及电子商务、工业互联网等各类平台企业的涌现，建立在基于位置，个性化和按需的创意内容消费之上的创新业务模型正在重新定义行业。基于数据和分析的预测性和针对性服务正在重塑内容所有者、平台和消费者之间的价值链。企业还根据数据洞察力确定新的收入来源。新的数字功能很可能首先由创意部门的非传统参与者引入。因此，传统和新的参与者之间的联盟和伙伴关系对于新的创意生态系统的成功至关重要；没有一个玩家可以自己提供全面的数字体验。企业家快速思考，理解并有意识地选择竞争地点和联合力量的能力将成为未来数字世界中最关键的能力。

（四）积极应对新技术挑战，建立灵活、敏捷的管理机制

在第四次工业革命到来之际，世界各国政府都在探索新的监管法规和政策，更好地支持新兴技术为市场带来的利益。文化产业是全球经济中最具活力的部门之一，而当前传统法规无法有效解决新兴技术在产业应用时出现的问题，为了确保创意经济的持续健康发展，文化生态系统中的不同利益相关者更加需要协作并共同设计监管方法，积极应对新挑战。从近年各国的实践来看，有几方面经验值得借鉴：

人性化的研发机制。这种研发机制最典型的代表就是麻省理工学院的媒体实验室，媒体实验室的研究范围包含传媒技术、计算机、生物工程、纳米和人文科学。有三种基本研发合作方式供不同的企业及政府部门选择：咨询式合作、课题群合作、公司级合作。另一个具有代表性的机构则是台湾工业技术研究院，它于2004年专门成立创意中心，从事人文科技跨领域整合创新工作。跨界融合的决策机制。如，新加坡为了迎接广播电视、电信及信息技术的进一步融合，对新闻通讯及艺术部下辖的媒体发展管理局以及资讯通信发展管理局的职能、监管方式及措施进行了相应的改革和调整，明确了两家独立监管机构的监管范围，但同时又在两者间建立了合作机制通道；之后，为了更好地监管信息技术与媒体产业领域的工作，又于2012年11月将新闻通讯及艺术部更名为"通讯与信息部"。互有分工的协作机制。英国技术战略委员会加强与文化企业、公共部门和组织的协作，共同开展产业发展形势与机遇分析，促进多部门联合实施项目，充分发挥公共机构对创意产业增长的作用。敏捷治理框架，基于近年来各国的一些实践经验，世界经济论坛也提出了包含"实行行业自律、设定道德标准、创建协作治理生态系统、在技术创新中建立透明性和信任感"在内的"创意经济4.0敏捷治理框架"[1]，

---

[1] World Economic Forum: *Agile Governance for Creative Economy 4.0*, 2019, World Economic Forum, http://www3.weforum.org/docs/WEF_ Agile%20Governance for Creative Economy 4.0 Report.pdf.

在敏捷治理中，政府仍然是政策制定和执行的主要参与者，但需要与创新者和私营企业与其密切合作，这种紧密的合作将使公共部门和私营部门能够利用其互补的能力共同设计最适合数字革命的治理框架和政策。

无论是各个国家的实践经验还是敏捷治理，都旨在确保其政策以人为中心，在产业中具有适应性、包容性和可持续性。联合国创意经济报告指出，发展中国家可能采用不同的轨道形成他们的创意经济。发达国家创意经济的跨越式 发展都是在较为完善的制度安排下实现的。研究和发展出一套适合中国国情和现状的创意经济发展模式是非常必要的。

（五）重视创意人才的培育，增加就业的灵活性

人才是文化产业的核心要素。当今社会，无论是科技的发展还是文化消费风潮的变迁都处在一个快速进步和更迭的进程中。数字文化消费观念不断更新，数字产品形态不断变化，硬件设备和软件技术不断迭代升级，这都导致了在企业生产当中，新的技能不断被开发和应用。文化产业不仅需要新的和快速变化的技能，还需要一种全新的教育方法，需要将传统艺术、科学和技术学科之间的协作学习和相互尊重将至关重要。这便对人才培养环境的营造提出挑战。

另一方面，需要增加就业的灵活性。从事创意产业的企业主要为中小型企业或以自雇形式经营，英国国家统计局数据显示，创意产业中多达98%的公司，员工人数低于5名。同时预测，自雇人士将在2020至2024年间，每年增长5%。随着文化科技融合走向深入，灵活就业人员的数量会越来越多，大量人员将以非全日制、临时性和弹性工作等方式实现灵活就业，这与就业机会、技术发展、生活方式等方面的发展趋势密切相关。灵活从业人员在劳动时间、收入报酬、工作场所、保险福利、劳动关系等方面不同于建立在工业化工厂制度基础上的传统就业方式，需要国家在劳动合同、社会保险、就业政策等方面提供相应的政策支持和保障。

突如其来的新冠疫情使文化产业遭受重创，截止报告截稿时，已对全球现场表演、时尚、艺术、手工艺品等领域造成重大打击，市场需求大大减少。此外，电视和电影制作长期处于停工状态，内容供应几近枯竭。美国3月份对时尚服装的需求下降了45%，依赖大型聚会的体验经济受到严重打击，业界预测，市场恢复可能需要12到18个月。牛津经济研究院的最新报告预计，新冠疫情将在2020年使英国电影、电视、视频和摄影产业萎缩57%，一年损失453亿美元收入。影视产业将减少102,000个工作机会，有42%的人将面临失业。同时，有60%的公司正面临财务危机，许多小型文化创意企业将倒闭。[①] 在国内，依赖线下体验的文化旅游业、演艺业、电影院线、节庆会展业、体育休闲业等遭受的冲击最为严重。有研究显示，2019年文化旅游业、演艺业、电影票房、体育休闲业收入分别约为57585亿元、187亿元、477亿元、1950亿元，合计53199亿元。那么2020年上半年上述行业收入将合计减少约11092亿元至17822亿元。

新冠疫情也为人们与公司之间以及公司与市场之间建立联系的新方式打开了大门。业内认为，此次疫情成为一个分水岭，将加速线上媒体消费、在线办公、自动化生产、在线教育的进程。据外媒报道，疫情危机之下，全世界有数十亿人寻求从文化、娱乐中得到慰藉，全球多部影片提前开放线上视频点播，与此同时，HBO Max、Peacock、Quibi等流媒体服务即将陆续上线，争夺用户家庭娱乐时间。据相关数据显示，国内视频网站的会员人数及点击量均有显著增长。截至2月底，榜单Top100网剧视频播放量总和为电视剧视频播放量的1.26倍。而在2019年同期，这个数字为0.38倍。疫情形势下，对于文化娱乐的需求此消彼长。把握新兴技术的周期，推动文化科技进一步融合，才能将危机转变为机遇。

---

① 来源：英国创意产业联合会。